Studientexte zur Soziologie

Herausgegeben vom Institut für Soziologie der FernUniversität in Hagen, repräsentiert durch

D. Funcke, KSW Neubau, Gebäudeteil D, Institut für Soziologie, FernUniversität in Hagen, Hagen, Deutschland

F. Hillebrandt, FernUniversität in Hagen, Hagen, Deutschland

U. Vormbusch, Insitut für Soziologie, FernUniversität, Hagen, Nordrhein-Westfalen, Deutschland

S. M. Wilz, KSW-Neubau, EG, D.0.012, Insitut für Soziologie, FernUniversität in Hagen, Hagen, Deutschland

Die „Studientexte zur Soziologie" wollen eine größere Öffentlichkeit für Themen, Theorien und Perspektiven der Soziologie interessieren. Die Reihe soll in klassische und aktuelle soziologische Diskussionen einführen und Perspektiven auf das soziale Handeln von Individuen und den Prozess der Gesellschaft eröffnen. In langjähriger Lehre erprobt, sind die Studientexte als Grundlagentexte in Universitätsseminaren, zum Selbststudium oder für eine wissenschaftliche Weiterbildung auch außerhalb einer Hochschule geeignet. Wichtige Merkmale sind eine verständliche Sprache und eine unaufdringliche, aber lenkende Didaktik, die zum eigenständigen soziologischen Denken anregt.

Herausgegeben vom Institut für Soziologie der FernUniversität in Hagen, repräsentiert durch
Dorett Funcke
Frank Hillebrandt
Uwe Vormbusch
Sylvia Marlene Wilz

FernUniversität in Hagen, Deutschland

Weitere Bände in der Reihe http://www.springer.com/series/12376

Heiner Minssen

Arbeit in der modernen Gesellschaft

Eine Einführung

2. Auflage

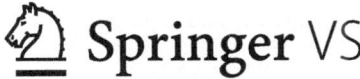

Heiner Minssen
Ruhr-Universität Bochum
Bochum, Deutschland

Studientexte zur Soziologie
ISBN 978-3-658-22357-1   ISBN 978-3-658-22358-8   (eBook)
https://doi.org/10.1007/978-3-658-22358-8

Die Deutsche Nationalbibliothek verzeichnet diese Publikation in der Deutschen Nationalbibliografie; detaillierte bibliografische Daten sind im Internet über http://dnb.d-nb.de abrufbar.

Springer VS
© Springer Fachmedien Wiesbaden GmbH 2012, 2019
Das Werk einschließlich aller seiner Teile ist urheberrechtlich geschützt. Jede Verwertung, die nicht ausdrücklich vom Urheberrechtsgesetz zugelassen ist, bedarf der vorherigen Zustimmung des Verlags. Das gilt insbesondere für Vervielfältigungen, Bearbeitungen, Übersetzungen, Mikroverfilmungen und die Einspeicherung und Verarbeitung in elektronischen Systemen.
Die Wiedergabe von Gebrauchsnamen, Handelsnamen, Warenbezeichnungen usw. in diesem Werk berechtigt auch ohne besondere Kennzeichnung nicht zu der Annahme, dass solche Namen im Sinne der Warenzeichen- und Markenschutz-Gesetzgebung als frei zu betrachten wären und daher von jedermann benutzt werden dürften.
Der Verlag, die Autoren und die Herausgeber gehen davon aus, dass die Angaben und Informationen in diesem Werk zum Zeitpunkt der Veröffentlichung vollständig und korrekt sind. Weder der Verlag noch die Autoren oder die Herausgeber übernehmen, ausdrücklich oder implizit, Gewähr für den Inhalt des Werkes, etwaige Fehler oder Äußerungen. Der Verlag bleibt im Hinblick auf geografische Zuordnungen und Gebietsbezeichnungen in veröffentlichten Karten und Institutionsadressen neutral.

Springer VS ist ein Imprint der eingetragenen Gesellschaft Springer Fachmedien Wiesbaden GmbH und ist ein Teil von Springer Nature
Die Anschrift der Gesellschaft ist: Abraham-Lincoln-Str. 46, 65189 Wiesbaden, Germany

Vorwort

Natürlich freut es den Autor, wenn er vom Verlag um eine Neuauflage seines Buches gebeten wird. Allerdings ist bei einer Neuauflage mehr Arbeit erforderlich als zunächst vermutet, sodass die anfängliche Freude sich im weiteren Verlauf als etwas verfrüht herausstellt. In der Regel ist es ja nicht mit einer Aktualisierung der Literatur und einer möglicherweise erforderlichen Glättung der Argumentation getan, sondern neue Entwicklungen müssen eingearbeitet werden. Dies gilt besonders im vorliegenden Fall, denn seit der Erstauflage des Buches im Jahr 2012 hat die sozialwissenschaftliche Arbeitsforschung im Zusammenhang mit den Stichworten ‚Industrie 4.0' bzw. ‚Arbeit 4.0' – die Unterschiede werden in diesem Buch erläutert – eine Art Renaissance erlebt. Die Aufnahme dieser Entwicklungen führte letztlich zu einer grundlegenden Überarbeitung der einzelnen Kapitel, die dann auch eine Veränderung der Gliederung notwendig machte. Und da ich nun schon mal dabei war, habe ich gleich noch die gelegentlich geäußerte Kritik an der Erstauflage berücksichtigt, dass zwar ‚Lehrbuch' draufstände, es aber keines sei (so Kleemann 2015); jedes Kapitel endet nun mit Verständnisfragen und bei Beibehaltung zahlreicher Querverweise und der ausführlichen Zitation ist das Buch insgesamt mit einem Register versehen, sodass auch Studierende der Anfangssemester mit dem in der Tat nicht ganz einfachen Stoff zurechtkommen sollten.

Nun könnte natürlich gefragt werden: Wozu die Neuauflage eines Lehrbuchs über Arbeit, wo doch vor kurzem ein weiteres zur Arbeits- und Industriesoziologie erschienen ist (Ruiner und Wilkesmann 2016), das Lexikon der Arbeits- und Industriesoziologie mittlerweile in einer zweiten Auflage vorliegt (Hirsch-Kreinsen et al. 2017) und für das Handbuch der Arbeitssoziologie (Böhle et al. 2010) aktuell, also zum Zeitpunkt der Fertigstellung dieses Manuskripts, eine zweite Auflage angekündigt ist? Die Antwort ist recht einfach: Erstens beabsichtigt dieses Buch keine Einführung in die Arbeits- und Industriesoziologie. Das wird schon daran deutlich, dass die Klassiker des Fachs keine Rolle spielen und zudem Befunde aus anderen Disziplinen (etwa Personalforschung, Organisationssoziologie) aufgenommen werden. Zweitens ist die Argumentationsabfolge einer Monografie grundlegend anders als die eines Lexikons bzw. eines Handbuchs; diese sind immer aspektbetont, während in dem vorliegenden Buch Befunde sozialwissenschaftlicher Arbeitsforschung gewissermaßen von einem Oberthema, dem Finanzmarkt-Kapitalismus und den dadurch ausgelösten Prozessen der Vermarktlichung, durchdekliniert werden. Deswegen scheinen mir die genannten Schriften keine überflüssige Doppelung zum Thema, sondern eine sinnvolle Ergänzung zu sein, die zusammengenommen einen profunden Ein- und Überblick in die sozialwissenschaftliche Arbeitsforschung bieten.

Schwerte
im Frühjahr 2018

Heiner Minssen

Inhaltsverzeichnis

1	**Einleitung**	1
2	**Finanzmarkt-Kapitalismus und Vermarktlichung**	11
3	**Die Transformation von Arbeitskraft in Arbeit**	25
	3.1 Das Problem	25
	3.2 Die Funktion des Personalmanagements bei der Lösung des Transformationsproblems	32
	3.3 Betriebliche Sozialordnung und psychologischer Vertrag	39
4	**Dezentralisierung**	45
	4.1 Entscheidungen in Organisationen	45
	4.2 Strategische Dezentralisierung	51
	4.3 Operative Dezentralisierung	55
	4.3.1 Vom Taylorismus zur schlanken Produktion	56
	4.3.2 Formen operativer Dezentralisierung	59
	4.3.3 Partizipation und diskursive Koordinierung	66
	4.4 Eine neue Phase der Dezentralisierung? Industrie 4.0	70
5	**Entgrenzungen**	79
	5.1 Flexibilisierung des Arbeitsortes	82
	5.2 Flexibilisierung der Arbeitszeit	85
	5.3 Krise des Normalarbeitsverhältnisses?	94
	5.4 Entgrenzungen und die Bedeutung von Bindungen	98
6	**Subjektivierung der Arbeit**	103
	6.1 Die Bedeutung subjektiver Eigenschaften und Fähigkeiten im Arbeitsprozess	105
	6.2 Veränderungen in der Gestaltung von Lohn und Leistung	108

	6.3 Anerkennung und Leistung	115
	6.4 Veränderungen des psychologischen Vertrages	117
7	**Der Arbeitskraftunternehmer**	**121**
8	**Arbeitsmarkt, Ausbildung und Weiterbildung**	**129**
9	**Dienstleistungsarbeit**	**143**
	9.1 Merkmale von Dienstleistungen	143
	9.2 Unterschiede von Dienstleistungsarbeit am Beispiel von Wissensarbeit und von Arbeit in Call Centern	145
	9.3 Vermarktlichung im Dienstleistungsbereich	149
10	**Management und Karriere**	**159**
	10.1 Management und Führung	159
	10.2 Zugangswege ins Topmanagement	163
	10.3 Kaminkarriere oder „boundaryless career"?	165
	10.4 Mobilität von Managern	169
	10.5 Manager und Familie	172
11	**Neue Aufgaben der betrieblichen Interessenvertretung**	**175**
	11.1 Veränderungen im System der industriellen Beziehungen	175
	11.2 Verbetrieblichung: Interessenregulierung auf der betrieblichen Ebene	180
	11.3 Betriebsräte als Co-Manager	184
12	**Schlussbetrachtung**	**191**
Literatur		**195**
Sachverzeichnis		**233**

Abbildungsverzeichnis

Abb. 5.1	Durchschnittliche Wochenarbeitszeit von Vollzeitbeschäftigten in ausgewählten Ländern der Europäischen Union (EU-28) im Jahr 2016 (in Stunden)	86
Abb. 5.2	Anteil der Schichtarbeiter an den Erwerbstätigen in den Jahren von 1992 bis 2015 (in Prozent)	88
Abb. 5.3	Anteil unterschiedlicher Formen von Arbeitszeit an Arbeitszeitmodellen insgesamt (in Prozent)	89
Abb. 5.4	Teilzeitquoten 2014 in ausgewählten Ländern der EU – Anteil der 20- bis 64-jährigen Erwerbstätigen (in Prozent)	90
Abb. 5.5	Entwicklung des Normalarbeitsverhältnisses im Vergleich zum atypischen Arbeitsverhältnis 1991 bis 2016 (ohne Selbstständige, in Prozent)	96
Abb. 8.1	Weiterbildungsangebote in Unternehmen und Teilnahmequote von 1995 bis 2015 (jeweils in Prozent)	139
Abb. 11.1	Ausfalltage durch Streik nach Ländern (pro 1.000 Beschäftigte, Jahresdurchschnitt 2005–2012)	176

Tabellenverzeichnis

Tab. 6.1	Modi der Subjektivierung und Objektivierung	108
Tab. 6.2	Vorteile und Probleme von Zielvereinbarungen	112
Tab. 6.3	Charakteristika marktförmiger Leistungssteuerung in Arbeitsorganisationen	113
Tab. 6.4	Traditioneller und neuer psychologischer Vertrag	118
Tab. 7.1	Merkmale des Arbeitskraftunternehmers	122
Tab. 8.1	Arbeitsmarktsegmente und betriebliche Beschäftigungs-Subsysteme	131

Einleitung 1

Es ist noch gar nicht so lange her, dass mit der Behauptung, der Arbeitsgesellschaft ginge die Arbeit[1] aus (Dahrendorf 1983), generell die Bedeutung von Arbeit bestritten wurde. Zwar kann nicht mehr umstandslos von der modernen Gesellschaft als Arbeitsgesellschaft gesprochen werden, also einer Gesellschaft, die auf Massenproduktion und -konsumption beruhte und flankiert wurde durch soziale Sicherungssysteme, lebenslange Anstellung bei einem Arbeitgeber und einer weitgehenden Vollbeschäftigung. Diese Gesellschaftsformation, in der Arbeits- und Industriesoziologie manchmal auch als Fordismus bezeichnet, ist seit den 1980er-Jahren aus einer Reihe von Gründen, auf die noch eingegangen wird, an ihr Ende gekommen. Doch der herausragenden Bedeutung von Arbeit auch in der heutigen – modernen – Gesellschaft tut dies keinen Abbruch. Arbeit ist Grundlage für die Teilhabe an gesellschaftlicher Wohlfahrt; nur durch Arbeit werden Personen mit Einkommen versorgt, über die Entlohnung einer Tätigkeit erfahren sie Anerkennung auf der gesellschaftlichen Ebene (Kropf 2005, S. 169) und das soziale Prestige eines Menschen in modernen Gesellschaften beruht ganz wesentlich auf Arbeit (Voswinkel 2005a, S. 244). Grund genug also, sich mit Arbeit in der modernen Gesellschaft ausführlicher zu beschäftigen.

---

[1]Hier und im Folgenden ist mit ‚Arbeit' immer Erwerbsarbeit gemeint. Dies entspricht zwar dem üblichen Sprachgebrauch, ist aber eine beträchtliche Verkürzung, da Arbeit auch ohne Erwerb verrichtet wird; man denke nur an Hausarbeit, an Sorgearbeit oder auch an Arbeit im Rahmen von Nachbarschaftshilfe. Diese Verkürzung wiederholt sich auch in der sozialwissenschaftlichen Arbeitsforschung, die sich (fast) ausschließlich mit Erwerbsarbeit beschäftigt; nicht zu Unrecht wird deswegen von manchen (etwa Jürgens 2005) eine Perspektivenerweiterung eingeklagt.

© Springer Fachmedien Wiesbaden GmbH 2019
H. Minssen, *Arbeit in der modernen Gesellschaft*, Studientexte zur Soziologie,
https://doi.org/10.1007/978-3-658-22358-8_1

Allerdings ist dies schwieriger als es zunächst scheint. Die sozialwissenschaftliche Arbeitsforschung, namentlich die Arbeits- und Industriesoziologie[2], hat, was schon immer ihre Stärke war, mit zahlreichen empirischen Studien eine Vielfalt von Befunden zutage gefördert, die zeigen, wie und unter welchen Bedingungen gearbeitet wird. Das Problem freilich ist: Diese Befunde sind je nach Untersuchungsbereich so disparat, dass sie sich gegen die (vor-)schnelle Interpretation einer einheitlichen Tendenz sperren. Die Lage ist unübersichtlich – jedenfalls im Vergleich zu früher, im Vergleich zu den Nachkriegsjahrzehnten.

Da schienen die Verhältnisse überschaubarer. Allerdings war diese Überschaubarkeit auch einer gewissen Verkürzung der Diagnosen geschuldet, denn die Übersichtlichkeit der Verhältnisse war um den Preis erkauft, „dass ‚fordistischer Industriearbeit' stillschweigend eine Sonderstellung zuerkannt wurde" (Mayer-Ahuja 2011, S. 6). Arbeit außerhalb des industriellen Sektors fand nur wenig Aufmerksamkeit, da empirische Analysen von Industriearbeit Aufschluss versprachen über Arbeit insgesamt, ja selbst über Gesellschaft, da (Industrie-)Arbeit als Strukturkategorie für Gesellschaftsanalyse galt. Zugleich dominierten mit der damals sehr populären marxschen Theorie deterministische Vorstellungen, die es ermöglichten, die empirischen Befunde in Richtung auf Gesellschaftstheorie zu verallgemeinern. So konnten die Klassiker des Faches (vgl. als Überblick Minssen 2006a, Kap. 4) bspw. noch davon ausgehen, dass Technik einen determinierenden Einfluss auf die Arbeit oder die Arbeitsbedingungen einen determinierenden Einfluss auf das Arbeiterbewusstsein hatten.

Vor dem Hintergrund moderner Forschungsergebnisse können solche Kausalketten heute nicht mehr gezogen werden. Dies liegt nicht nur daran, dass es inzwischen an einer allseits akzeptierten ‚Großtheorie' mangelt, vor allem kann als Arbeit nicht mehr nur die Arbeit im industriellen (Groß-)Betrieb gelten. Zwar gibt es in der sozialwissenschaftlichen Arbeitsforschung immer noch Untersuchungen in den klassischen Bereichen des industriellen Sektors, etwa der Automobilindustrie und dem Maschinenbau, aber der forschende Blick der

---

[2]Die Arbeits- und Industriesoziologie hat in der deutschsprachigen Soziologie eine lange Tradition. Allerdings ist die Bezeichnung ‚Industriesoziologie' etwas irreführend. Das Bestreben dieses Fachs ist keineswegs eine Soziologie der Industrie oder gar des industriellen Sektors allein, sondern mit dem Begriff ‚Industrie' soll darauf hingewiesen werden, dass heutzutage auch viele Prozesse im Bereich der Dienstleistungen „industriellen Charakter" haben; vgl. Sauer und Menz (2014, S. 51).

1 Einleitung

Arbeitssoziologen[3] hat sich weit darüber hinaus ausgeweitet; die Arbeitsverhältnisse im Einzelhandel oder im Bankenbereich werden ebenso untersucht wie die Arbeitsverhältnisse von Piloten, von Filmschaffenden oder von Managern. Dabei handelt es sich nicht nur um Analysen von Arbeit im engeren Sinne, also um die Analyse von Arbeitsbedingungen und Arbeitsinhalten, sondern es werden auch die Voraussetzungen und die Folgen der Veränderungen von Arbeit untersucht. Arbeit kann nur verstanden werden im Rahmen der Organisation, in der sie ausgeübt wird. So gibt es, um an dieser Stelle nur einige Forschungsergebnisse zu nennen, vielfältige Befunde zur Bedeutung von betrieblichen Sozialordnungen, durch die informell Rechte und Pflichten auch jenseits der formellen Hierarchie zugewiesen werden, zur Bedeutung von Mikropolitik in betrieblichen Entscheidungsprozessen oder zum Zusammenhang von Arbeit und alltäglicher Lebensführung.

Diese Befunde zeigen, dass der Untersuchungsgegenstand selbst einer ständigen Veränderung unterworfen ist. Arbeit hat in den letzten zwei Jahrzehnten in rasanter Geschwindigkeit ihr Gesicht gewandelt. Körperliche Arbeit ist nicht bedeutungslos geworden, aber sie hat längst nicht mehr die dominierende Stellung wie früher; stattdessen sind heute eher Tätigkeiten charakteristisch, die gern als ‚Wissensarbeit' bezeichnet werden. Vor allem hat die Vorstellung, man könne hohe Leistungen am besten dadurch erzielen, dass den Arbeitenden möglichst exakt vorgeschrieben wird, wie sie ihre Arbeit zu erledigen haben, der Überzeugung Platz gemacht, dass es erfolgversprechender sei, den Beschäftigten bei der Arbeit stärkere Autonomie zuzugestehen und damit in gewissem Rahmen ihnen selbst die Entscheidung zu überlassen, wie das Ziel zu erreichen ist. Schmidt (1999, S. 18 f.) hat diese Entwicklung in einprägsamen Formeln zusammengefasst: „von Produkt zu Projekt", „von Erledigung zu Erfolg", „von Schweiß zu Adrenalin". Solche Arbeitsformen markieren einen fundamentalen Unterschied zu fordistischer Industriearbeit, in der die Arbeitsausführung rigide vorgeschrieben war.

Dieser Wandel von Arbeit ist eingebettet in gesellschaftliche Veränderungsprozesse. Bereits in den 1980er-Jahren diagnostizierte Ulrich Beck als Folge der ‚reflexiven Modernisierung' eine Individualisierung der Lebensverhältnisse, die drei Dimensionen umfasst: die Herauslösung der Individuen aus historisch gegebenen Sozialformen und -bindungen (Freisetzungsdimension), der

---

[3] ... und selbstverständlich auch Arbeitssoziologinnen; hier und im Folgenden wird aus Gründen der Lesbarkeit auf geschlechtsdifferenzierende Präzision verzichtet.

Verlust traditionaler Sicherheiten, die Glauben und Normen besessen hatten (Entzauberungsdimension), sowie das Erfordernis, sich selbst um neue Arten der sozialen Einbindung zu bemühen (Kontroll- bzw. Reintegrationsdimension) (vgl. Beck 1986, S. 206). Das Ende des Fordismus war mithin Teil übergreifender gesellschaftlicher Entwicklungen; „lebensweltliche Kategorien wie Klasse und Stand, Geschlechtsrollen, Familie, Nachbarschaft usw." (Beck und Beck-Gernsheim 1994, S. 11) lösten sich auf; die Individuen wurden mit neuen institutionellen Anforderungen, Kontrollen und Zwängen konfrontiert. Soziale Ungleichheiten wurden umdefiniert „in eine *Individualisierung sozialer Risiken*" (Beck 1994, S. 58; Hervorhebung im Original).

Nun sind gegen diese ‚Individualisierungsthese' eine Reihe von theoretischen und vor allem empirischen Einwänden angeführt worden (vgl. etwa Hartmann 2001; Münch 2002), doch unstrittig dürfte sein, dass Lebenswege nicht mehr wie früher vorgegeben sind. Von „der Notgemeinschaft zur Wahlverwandtschaft", so hat Beck-Gernsheim (1994) diese Entwicklung in Bezug auf die Familie charakterisiert. Doch betrifft dies nicht die Familie allein; stärker als zuvor sind die Individuen zu „Bastlern" ihrer eigenen Existenz geworden (Hitzler und Honer 1994). Individuen sind anders als früher eingebunden in die Gesellschaft; gefordert sind eigenständige individuelle soziale Akteure, „so dass traditionelle Instanzen der direkten gesellschaftlichen Integration an Bedeutung verlieren" (Scherger 2010, S. 120). Integration wird zur Aufgabe des Individuums selbst. Dies schafft Freiräume, aber die Wahl zwischen Alternativen bedeutet nicht nur Freiheit, sondern auch Zwang. Angesichts individualisierter Lebensverhältnisse können Entscheidungen nur noch sehr begrenzt an andere delegiert werden, sodass ein Wahlzwang entsteht. Individuen müssen fortwährend wählen – „zwischen Alternativen freilich, die sie sich nicht ausgesucht haben" (Bröckling 2007, S. 12). Dies gilt auch für die Sphäre der Arbeit: Bei vorgegebenen Zielen können und müssen die Beschäftigten die Wahl treffen, wie das Arbeitsziel am besten zu erreichen ist.

Die Arbeitsgesellschaft hat sich also gewandelt zu einer Gesellschaft, für die Soziologen sehr unterschiedliche Begriffe finden. Die „Risikogesellschaft" von Beck (1986) ist nicht der einzige Vorschlag, die Veränderungen begrifflich zu fassen. Es ist auch die Rede von der „Organisationsgesellschaft", der „Wissensgesellschaft" oder der „funktional differenzierten Gesellschaft" (vgl. die Zusammenstellungen bei Kneer et al. 1997; Schimank und Volkmann 2007); es wird, da Akteuren unter Bedingungen hoher Komplexität die Notwendigkeit von immer mehr Entscheidungen zugemutet wird, von „Entscheidungsgesellschaft" (Schimank 2005) gesprochen und besonders gern genommen wird seit einiger Zeit auch „Dienstleistungsgesellschaft" (Häußermann und Siebel 1995). Alle

1 Einleitung

diese Benennungen bezeichnen wichtige Aspekte moderner Gesellschaft(en) und können mehr oder minder gute Gründe für ihre Charakterisierungen anführen. Die Vielfalt der Bezeichnungen zeigt aber auch die Schwierigkeiten, die Soziologen haben, ihren Gegenstand ‚auf den Begriff' zu bringen. Dies gilt ebenso für die Arbeits- und Industriesoziologie. Hier hat sich eingebürgert, das jetzige Produktionsmodell als ‚postfordistisch' zu bezeichnen. Das Präfix ‚post' indiziert freilich auch eine gewisse Hilflosigkeit hinsichtlich der Interpretation der neuen Verhältnisse: Offenbar haben wir keinen Fordismus mehr, ohne dass das Neue schon genau benannt werden könnte.

Nun wäre es allerdings, worauf Deutschmann (2008c, S. 131) zu Recht hinweist, zu kurz gegriffen, würde man die Schwierigkeit, Gesellschaft begrifflich zu fassen, „nur auf einen Mangel an Professionalität des Fachs oder auf die Eitelkeit der Theoretiker" zurückführen. Die moderne Gesellschaft hat „unermessliches Potential für Überraschungen, ist virtuelle Information" (Luhmann 1997, S. 46), sie ist so komplex und ausdifferenziert, dass es kaum möglich ist, sie mit einem Begriff präzise zu charakterisieren[4]. Für alle genannten Gesellschaftsbezeichnungen lassen sich gute Gründe anführen; sie sind nicht ‚richtig' oder ‚falsch', sondern stellen eine Heuristik dar, mit der die empirisch vorfindlichen Phänomene geordnet werden sollen.

In diesem Buch wird eine andere Heuristik verwandt. Unter Rückgriff auf wirtschaftssoziologische Überlegungen wird vorgeschlagen, die moderne Gesellschaft als ‚Finanzmarkt-Kapitalismus' zu bezeichnen – nicht deswegen, weil damit beansprucht würde, die Gesellschaft soziologisch besser ‚auf den Begriff' zu bringen als mit der Bezeichnung ‚Risikogesellschaft', ‚Organisationsgesellschaft', ‚Wissensgesellschaft' etc., sondern weil das Begreifen der modernen Gesellschaft als Finanzmarkt-Kapitalismus besonders geeignet scheint, die Veränderungen in der Arbeitswelt zu erklären. Denn die als Shareholder-Value-Orientierung bekannt gewordenen, auf den Finanzmarkt-Kapitalismus rückführbaren Leitlinien wirtschaftlichen Handelns haben die Organisation von Arbeit nachhaltig verändert, weil sich im Übergang von der Stakeholder-Value-Orientierung, die die Berücksichtigung aller Interessengruppen eines Unternehmens zum Ziel hat, zur Shareholder-Value-Orientierung, die vorrangig die Interessen der Anteilseigner berücksichtigt, sich „der strategische Zugriff auf Arbeit kategorial" (Schmidt 2010, S. 141) verändert hat.

---

[4]Luhmann zieht daraus bekanntlich den Schluss, die moderne Gesellschaft einfach nur als ‚moderne' Gesellschaft, als ‚funktional differenzierte' Gesellschaft zu bezeichnen.

Der Titel dieses Buches kann also genauer gefasst werden als „Arbeit im Finanzmarkt-Kapitalismus". Damit ist selbstredend nicht die Arbeit von Bankern und/oder in Banken gemeint, sondern es geht um die Erklärung der empirischen Phänomene der Veränderungen, die die Arbeit erfahren hat, durch den Bezug auf spezifische Leitlinien, die mit dem Finanzmarkt-Kapitalismus verbunden sind. Dies darf nicht missverstanden werden in dem Sinne, dass der Finanzmarkt-Kapitalismus die Formen und Bedingungen von Arbeit determiniert; es handelt sich stattdessen bei dem Zusammenhang von Finanzmarkt-Kapitalismus und Arbeit um ein wechselseitig aufeinander bezogenes Entsprechungsverhältnis. Reorganisations- und Dezentralisierungsprozesse von Arbeit haben nach dem Ende des Fordismus stattgefunden, ohne dass man bereits von Shareholder-Value-Orientierung oder Finanzmarkt-Kapitalismus gesprochen hätte; ein Beispiel dafür sind etwa die unter dem Label „lean production" Anfang der 1990er-Jahre durchgeführten – und im vierten Kapitel ausführlicher behandelten – Veränderungsprozesse in der industriellen Produktion. Aber auch hier deuten sich schon neue Leitlinien der Reorganisation wie etwa der Übergang von der Prozesskontrolle zur Ergebniskontrolle an, die im Finanzmarkt-Kapitalismus gewissermaßen auf den Punkt gebracht werden, in dem nicht mehr Mühe und Anstrengung zählen, sondern vorrangig das Erreichen vereinbarter oder verordneter Kennzahlen.

Ebenso hat die Digitalisierung der Arbeit, die neuerdings, z. T. etwas alarmistisch, unter den Schlagworten ‚Industrie 4.0' oder ‚Arbeit 4.0' auch in der breiten Öffentlichkeit diskutiert wird, lange vor dem Finanzmarkt-Kapitalismus begonnen. Ihre Entstehung lässt sich bis in die 1980er-Jahre zurückverfolgen, als die Mikroelektronik zunehmend für die Organisation von Produktionsprozessen genutzt wurde. Aber die rasante Entwicklung des Internets verbindet sich in ganz besonderer Weise mit den Leitlinien des Finanzmarkt-Kapitalismus; Kennziffern zur Leistungsüberwachung können in Echtzeit abgerufen werden, Autonomie bei der Arbeit bis hin zu ortsungebundener, mobiler Arbeit kann verknüpft werden mit früher nicht für möglich gehaltenen Formen der Kontrolle.

Es wäre allerdings ein Missverständnis anzunehmen, dass der Finanzmarkt-Kapitalismus bis in die letzten Bereiche menschlichen Zusammenlebens dringt, wie es in (populär-)wissenschaftlichen Veröffentlichungen beschrieben wird, in denen vom „Terror der Ökonomie" (Forrester 1998) gesprochen wird oder in denen der Mensch als Opfer der Ökonomie beschrieben wird, der ständig bereit sein muss, Arbeitsstelle, Arbeitsform und Wohnort zu wechseln (Sennett 2010). Mit solchen Beschreibungen werden einzelne, unbestreitbar vorhandene Phänomene so akzentuiert, dass andere, auch gegenläufige Entwicklungen nicht mehr angemessen berücksichtigt werden und letztlich ein der Realität von Gesellschaft nicht mehr entsprechendes Bild gezeichnet wird. Um zu einer realistischen

Einschätzung von Arbeit in der modernen Gesellschaft zu gelangen, werden in diesem Buch deswegen auch gegenläufige Entwicklungen beschrieben; zwar ist es richtig, dass ein hohes Maß an Flexibilität gefordert wird, aber Menschen sind diesen Anforderungen nicht ohnmächtig ausgeliefert. Arbeitsorganisationen stellen trotz aller formalen Hierarchie immer auch eine Arena mikropolitischer Akteure dar, in der auch die Machtbetroffenen über Macht verfügen (Minssen 2017b). Zugleich halten die Individuen an sozialen Bindungen fest, und zwar auch an Bindungen an die Organisation, bei der sie beschäftig sind. Arbeitskraft und Person sind unauflöslich miteinander verknüpft und deswegen sind Arbeitskräfte nie völlig auf die Ökonomie auszurichten.

Wie sich der Finanzmarkt-Kapitalismus auf die Organisation der Arbeit auswirkt, welche Reorganisationsprozesse in der Industrie und im Dienstleistungssektor stattgefunden haben, was die Voraussetzungen dafür waren und welche Risiken, aber auch welche Chancen damit verbunden sind, soll im Folgenden dargestellt werden. Dabei ist keine lückenlose Analyse der Veränderungen der letzten dreißig Jahre angezielt und ebenso wenig ist eine Behandlung aller thematisch relevanten Aspekte angestrebt. Dies würde den Rahmen eines halbwegs lesbaren Buches bei weitem überschreiten und ist schon deswegen nicht notwendig, weil es bereits andere Publikationen[5] gibt, die zur Vertiefung einzelner Aspekte herangezogen werden können. Einer möglichen Vertiefung dient auch die ausführliche Zitation, die Hinweise für weitere Lektüre gibt.

Das Buch ist so aufgebaut, dass die Kapitel sich einzeln lesen lassen; an den geeigneten Stellen wird auf Passagen in anderen Kapiteln verwiesen und abgeschlossen wird jedes Kapitel mit einigen Verständnisfragen. Es beginnt mit einer genaueren Erklärung, was unter Finanzmarkt-Kapitalismus zu verstehen ist und warum dieses Gesellschaftsmodell Auswirkungen hat, die über börsennotierte Unternehmen weit hinausreichen. Der Grund ist, kurz gesagt, darin zu suchen, dass der Finanzmarkt-Kapitalismus erheblichen Einfluss hat auf die Annahmen, wie moderne Unternehmen zu führen sind und an welchen Zielen sich das Wirtschaften auszurichten hat, kurz: was modernes Wirtschaften ist.

Dem folgt ein Kapitel zu dem zentralen Problem von Arbeit, nämlich dem Problem der Transformation von Arbeitskraft in Arbeit. Damit gemeint ist das Problem, dass die Fähigkeit zu arbeiten in tatsächliche, motivierte Arbeit übersetzt werden muss, oder einfacher ausgedrückt: Warum sind Menschen überhaupt bereit, im Dienste ihrer Organisation wie gewünscht zu arbeiten und sich dabei

---

[5]Ich verweise nur auf die im Vorwort genannte Literatur.

auch noch anzustrengen? Mit dem Abschluss eines Arbeitsvertrages ist dieses allein nicht zu erklären, weil er in dieser Hinsicht unvollständig ist; motiviertes und engagiertes Arbeiten kann vertraglich nicht vereinbart werden. Deswegen muss das Transformationsproblem ständig neu bewältigt werden. Unternehmen, zumindest die größeren, haben mit dem Personalmanagement eigens Abteilungen herausgebildet, die sich gewissermaßen hauptamtlich mit der Lösung des Transformationsproblems beschäftigen. Es wird allerdings deutlich, dass dessen Möglichkeiten doch geringer sind als oftmals angenommen; stattdessen spielt der sogenannte psychologische Vertrag, also die Erwartungen, die Beschäftigte an die Organisation, die sie beschäftigt, haben, eine herausragende Rolle.

Die Annahmen, wie das Transformationsproblem am besten zu lösen ist, haben sich nun mit dem Finanzmarkt-Kapitalismus drastisch gewandelt. Dies wird im vierten Kapitel beschrieben, in dem die Prozesse der Dezentralisierung untersucht werden, zunächst auf der Mesoebene, der Ebene der Unternehmen, und dann auf der Mikroebene, der Ebene der Arbeit. Auf beiden Ebenen lassen sich Versuche der Vermarktlichung beobachten, das heißt Versuche, die unternehmensinternen Prozesse stärker am Markt auszurichten und/oder Marktelemente für die unternehmensinterne Koordination und Steuerung zu nutzen. Die derzeit viel diskutierte ‚Industrie 4.0' kann als ein Element einer forcierten Dezentralisierung betrachtet werden, wobei aber schon an dieser Stelle darauf hingewiesen sei, dass es sich bei ‚Industrie 4.0' derzeit noch mehr um ein Vorhaben als um eine real ablaufende Entwicklung handelt.

Durch die Prozesse der Dezentralisierung erodieren ehemals sichere Grenzen. Diese Entgrenzung ist Gegenstand des fünften Kapitels, die nicht unwesentlich verschärft wird durch ‚Arbeit 4.0', also die Digitalisierung der Arbeit. Im Mittelpunkt dieses Kapitels steht die Flexibilisierung von Arbeitsort und Arbeitszeit, die auch die Frage aufwirft, inwieweit noch von einer Existenz des Normalarbeitsverhältnisses gesprochen werden kann. Prozesse der Entgrenzung sind verbunden mit gestiegener Unsicherheit und Ungewissheit, die, wie dieses Kapitel abschließend erläutert wird, abgefedert werden durch Bindungen.

Die subjektiven Fähigkeiten und Eigenschaften der Beschäftigten sind stärker gefragt als früher. Im sechsten Kapitel wird herausgestellt, dass damit durchaus auch eigene Ansprüche verwirklicht werden können; zugleich sollten die Beschäftigten ihre Fähigkeit aber auch einbringen. Insofern handelt es sich um einen Prozess der doppelten Subjektivierung: Eröffnung von Handlungsspielräumen als Chance auf der einen und die strikte Aufforderung auf der anderen Seite, diese Handlungsspielräume auch tatsächlich im Interesse des Unternehmens zu nutzen. Dies hat, wie anschließend gezeigt wird, Folgen für die Gestaltung des Verhältnisses von Lohn und Leistung, weil sich der Begriff

1 Einleitung

von Leistung fundamental geändert hat: Nicht mehr die Mühe zählt, sondern der Erfolg. Damit verändern sich auch die Grundlagen, auf denen die Beschäftigten Anerkennung erfahren; Betriebszugehörigkeit als Basis von Würdigung verliert, Erfolg als Basis von Bewunderung gewinnt an Bedeutung. Es ist naheliegend, dass dies auch den psychologischen Vertrag, dem ein wichtiger Einfluss bei der Transformation von Arbeitskraft in Arbeit zukommt, nicht unberührt lässt; die Veränderungen sind aber, wie gezeigt wird, weniger gravierend als oftmals angenommen wird. Vor allem lösen sich die Bindungen der Beschäftigten an ihr Unternehmen nicht in dem Maße auf, wie es in der wissenschaftlichen Diskussion ab und an behauptet wird.

Alle diese Veränderungen haben einen Arbeitskrafttypus auf den Plan gerufen, für den sich die Bezeichnung Arbeitskraftunternehmer eingebürgert hat. Was es mit diesem auf sich hat, wird im siebten Kapitel erläutert, bevor es im achten Kapitel um die Folgen der Prozesse von Dezentralisierung und Flexibilisierung für Aus- und Weiterbildung geht. Dem für Deutschland typischen dualen System der beruflichen Ausbildung wird von manchen eine zu hohe Inflexibilität attestiert, da die Arbeitskräfte aufgrund der Ausbildung zu Berufen nur unzureichend auf den Umgang mit sich flexibel ändernden Anforderungen vorbereitet sind. Allerdings ist die Forschungslage in diesem Punkt nicht eindeutig; andere verweisen auf die hohen Anpassungsleistungen des Berufsbildungssystems, die zu dem nach wie vor vorhandenen Erfolg des deutschen Produktionsmodells beigetragen haben. Einigkeit besteht aber darin, dass die duale Berufsausbildung durch die zunehmende Akademisierung der Ausbildung unter Druck gerät; die zunehmende Entscheidung junger Menschen für eine akademische statt einer beruflichen Ausbildung birgt die Gefahr eines schleichenden Ausblutens der Berufsausbildung. Doch gleichgültig, wo die Ausbildung erfolgt, ob im Betrieb oder an Hochschulen: Mit einem Abschluss allein ist es nicht getan. Die erlernten Inhalte müssen permanent aktualisiert werden, sodass Weiterbildung und lebenslanges Lernen unumgänglich sind; zudem müssen in der Ausbildung vermittelte Qualifikationen durch Kompetenzen im Sinne von dispositiven Fähigkeiten zur Selbstorganisation ergänzt werden.

Versuche der Vermarktlichung lassen sich, wie im neunten Kapitel erläutert wird, auch im Bereich der Dienstleistungsarbeit nachweisen. Allerdings erweist es sich als einigermaßen schwierig, genauer zu bestimmen, was Dienstleistungsarbeit eigentlich ist, weil darunter Tätigkeiten höchst unterschiedlicher Qualität gefasst werden. Und ebenso problematisch erweist sich eine Steuerung mittels Vermarktlichung. Bereits in der industriellen Produktion erzeugt die mit Vermarktlichung verbundene Orientierung an Kennziffern unerwünschte Effekte, wenn die einzelnen Unternehmenseinheiten in Konkurrenz zueinander treten.

Noch deutlicher treten solche nicht-intendierten Folgen im Dienstleistungsbereich hervor, in dem, wie am Beispiel von Universitäten gezeigt wird, Vermarktlichung bedeutet, qualitative Leistungen zu quantifizieren und damit nicht oder nur schwer zu spezifizierende Leistungen zu spezifizieren.

Auch die Karrierewege im Management sind von den Veränderungen betroffen, wie im zehnten Kapitel gezeigt wird. Dies betrifft zum einen das Topmanagement, in dem sich eine stärkere Kurzfristorientierung als früher nachweisen lässt, das betrifft aber auch zum anderen – und vor allem – das mittlere Management. Hier war früher die sogenannte ‚Kaminkarriere' üblich: Man stieg in ein Unternehmen nach der Ausbildung ein und dann in diesem, gleichsam wie in einem Kamin, langsam auf. Diese Kaminkarriere gibt es zwar immer noch, aber sie wird ergänzt durch andere Elemente. Mobilität hat eine größere Bedeutung erlangt; vor allem Auslandserfahrungen scheinen eine größere Rolle zu spielen. Allerdings führt dies, wie am Beispiel von sogenannten Expatriates – das sind Angehörige des Managements, die im Auftrag ihres Unternehmens für längere Zeit im Ausland tätig sind – gezeigt wird, nicht dazu, dass die Organisationsbezogenheit von Karrieren sich vollständig auflöst.

Die zuvor beschriebenen Entwicklungen lassen die betriebliche Interessenvertretung nicht unberührt; sie sieht sich permanent mit massiven Veränderungsprozessen konfrontiert. Was dies für die industriellen Beziehungen bedeutet, wird im elften Kapitel behandelt, wobei insbesondere auf die beobachtbare Verbetrieblichung der Interessenvertretung eingegangen und die Herausbildung eines neuen Typs von Betriebsräten, den sogenannten Co-Manager, skizziert wird. Abgeschlossen wird das Buch mit einer kurzen Schlussbetrachtung.

Finanzmarkt-Kapitalismus und Vermarktlichung 2

Es gibt, wie eingangs erwähnt, viele Angebote, wie die moderne Gesellschaft bezeichnet werden kann. In der Arbeits- und Industriesoziologie wird besonders gern die Bezeichnung ‚Post-Fordismus' genommen. Vergleichsmaßstab ist damit der Fordismus, der das bis in die 1980er-Jahre in Deutschland vorherrschende Produktionsmodell darstellte. Er basierte auf stark standardisierter Massenproduktion, die Massenkaufkraft voraussetzte; dazu waren relativ hohe Löhne erforderlich, wie schon Henry Ford erkannte, der diesem Produktionsmodell seinen Namen gab. Er entlohnte seine Arbeiter überdurchschnittlich und versetzte sie damit in die Lage, das von ihnen gebaute Auto, das berühmte T-Modell, das zudem wegen der hohen Auflage und des geringen Variantenreichtums vergleichsweise preiswert angeboten werden konnte (zusammenfassend Schmidt 2017a), auch zu kaufen. Dies ging einher mit einer trotz aller Konflikte auf Ausgleich angelegten Sozialpartnerschaft zwischen Kapital und Arbeit[1], die flankiert wurde durch die Stabilisierung eines keynesianischen Wohlfahrtsstaats und den Erhalt einer zumindest relativen Wirtschafts- und Währungsstabilität durch die Regulierung des Finanzmarktes.

Das Ergebnis war „eine doppelte Dekommodifizierung der Ware Arbeitskraft" (Köhler et al. 2017, S. 279). Zum einen wurde das Beschäftigungsverhältnis tarifvertraglich und gesetzlich geschützt und damit der Marktmechanismus eingeschränkt; zum anderen wurde für den Fall von Krankheit und Arbeitslosigkeit, also dann, wenn die Ware Arbeitskraft nicht dem Arbeitsmarkt zur Verfügung steht, ein staatliches Netz der sozialen Sicherheit geknüpft. Flankiert wurde dies

---

[1]Diese Sozialpartnerschaft war keineswegs konfliktfrei, sodass Müller-Jentsch (1999) die Bezeichnung „Konfliktpartnerschaft" vorgeschlagen hat; vgl. dazu auch Kap. 11.

durch ein Normalarbeitsverhältnis, das gekennzeichnet war durch sozialversicherungspflichtige, im Prinzip lebenslange Beschäftigung bei einem Arbeitgeber und geregelte Normalarbeitszeiten. Diese Arbeitsverhältnisse waren auf Männer zugeschnitten; die Reproduktion blieb den Frauen überlassen, die zu Hause arbeiteten. Es war das Modell des männlichen Familienernährers.

Die Phase des Fordismus ist, da sind sich alle Beobachter einig, vorbei, denn die standardisierte Massenproduktion stieß wegen ihrer inhärenten Inflexibilität und Starrheit an Grenzen, als die Märkte sich von Anbieter- zu Käufermärkten wandelten und mehr Produktvariabilität erforderlich wurde. Die Folge war, wie wir noch ausführlich sehen werden, eine Flexibilisierung von Arbeitsorganisation und Arbeitszeit, eine Verkleinerung der Produktserien, eine Differenzierung der Produkte und eine Abflachung der Hierarchien; zugleich wurden die Leistungen der staatlichen Sicherungssysteme eingedämmt und z. T. privatisiert.

Doch was sind die Triebfedern, die zu der ‚modernen Gesellschaft' geführt haben, wie wir sie heute kennen? Oftmals wird in diesem Zusammenhang auf die ‚Globalisierung' hingewiesen, also die Veränderungen, die aus dem Wachstum des Welthandels, dem Wachstum der ausländischen Direktinvestitionen, der Zunahme globaler Unternehmenskooperationen und der zunehmenden Verbreitung sogenannter ‚Global Player', das heißt weltweit operierender Konzerne, herrühren. Allerdings ist Globalisierung keineswegs eine ‚Errungenschaft' der modernen Gesellschaft; denn auch wenn Globalisierung im Gewand des Neuen daherkommt, ist die damit bezeichnete Entwicklung so neu nicht. Bereits im „Kommunistischen Manifest" von 1848 kann man lesen, dass das „Bedürfnis nach einem stets ausgedehnteren Absatz für ihre Produkte (…) die Bourgeoisie über die ganze Erdkugel (jagt). Überall muss sie sich einnisten, überall anbauen, überall Verbindungen herstellen" (Marx und Engels 1974, S. 465), und das wurde immerhin in Zeiten geschrieben, als die ersten Eisenbahnen gerade gebaut waren, Transporte nach Übersee nur per Schiff abgewickelt werden konnten und von Automobilen oder gar Flugzeugen noch nicht einmal geträumt wurde.

Und die ‚Global Player' sind keineswegs so ‚footloose', wie oftmals behauptet wird; zwar hat die Mobilität der deutschen Unternehmen innerhalb Europas aufgrund des Binnenmarktes und der Öffnung Osteuropas deutlich zugenommen, doch „kaum etwas legt (…) die Vermutung nahe, dass es auf der globalen Ebene zu einem sprunghaften Anstieg der Mobilität gekommen ist" (Wortmann 2008, S. 192). Standort und regionales Umfeld sind wichtige Faktoren; selbst transnationale Unternehmen agieren innerhalb nationalstaatlicher Rechtsräume und unterhalten besondere Beziehungen zu dem Land, in dem die Konzernzentrale liegt (Holzer 2008, S. 267); sie sind eingebunden in institutionelle Kontexte, die sie nicht ohne Weiteres aufgeben und verlassen können.

Insofern wird bei genauerem Hinsehen etwas unklar, was unter Globalisierung überhaupt zu verstehen ist, denn „insgesamt ist die Internationalisierung der multinationalen Unternehmen in den letzten zwei Jahrzehnten (…) nicht durch einen quantitativen Sprung gekennzeichnet, der diese Zeit, etwa als Epoche der ‚Globalisierung‘, deutlich von der Zeit davor absetzen würde" (Wortmann 2008, S. 189). Dieses Resümee findet sich schon bei (Trinczek 1999), der nach einem Durchgang durch die vielfältige Literatur zu Globalisierung festhält, dass die Frage, wie viel Globalisierung es überhaupt gibt, nur in Paradoxien zu beantworten ist: „Nicht dramatisch viel und doch in erheblichem Ausmaß" (Trinczek 1999, S. 72): „nicht dramatisch viel" angesichts der Indikatoren, die gemeinhin herangezogen werden, um Globalisierung unter Beweis zu stellen, „in erheblichem Ausmaß" allerdings, wenn auf die (politische) Bedeutung des Globalisierungsdiskurses in Deutschland und auf dessen Folgen geschaut wird.

Insofern scheint mit Globalisierung gar nicht viel an tatsächlichem Wandel für Arbeit verbunden zu sein; mit Ausnahme allenfalls der Direktinvestitionen hat sich nicht so viel geändert, dass es soziologisch gerechtfertigt wäre, dafür einen neuen Begriff zu finden. Politisch allerdings haben die mit Globalisierung bezeichneten Entwicklungen eine erhebliche Wirkung entfaltet, suggerierten sie doch ein neuartiges Bedrohungsszenario. „Globalisierung als Option" (Dörre et al. 1997) hat ein erhebliches Drohpotenzial entfaltet, da es zunehmend unerheblich erscheint, ob im In- oder im Ausland produziert wird. Oftmals reicht schon die bloße Drohung einer Betriebsschließung und einer Standortverlagerung in das Ausland aus, um unternehmerische Interessen durchzusetzen; Beschäftigten und ihren Interessenvertretungen wird durch solche Drohungen – und natürlich erst recht durch die Realisierung solcher Drohungen – buchstäblich der Boden unter den Füßen weggezogen[2]. Dabei sind solche Verlagerungen von Betriebsstätten ins Ausland keineswegs immer erfolgreich, da divergierende organisatorische, kulturelle und politische Bedingungen der unterschiedlichen Standorte aufeinander abgestimmt werden müssen und Standortbedingungen sich rasch ändern können; nicht ohne Grund wird mittlerweile auch eine Rückverlagerung zuvor internationalisierter Unternehmensteile diagnostiziert (etwa von Hirsch-Kreinsen und Schulte 2002).

---

[2]wie sich in Bochum im Jahre 2008 bei der Schließung des Nokia-Werkes und im Jahr 2014 bei der Stilllegung des Opel-Werkes gezeigt hat, die den Beschäftigten nach hilflosen Drohgebärden letztlich nur die Aushandlung eines halbwegs erträglichen Sozialplans übrig ließ.

Auch wenn Standortverlagerungen von Unternehmensteilen keine jederzeit spielbare Option sind, auch wenn Unternehmen viel weniger ‚footloose' sind als oftmals angenommen wird, kann eben doch nicht vollständig ausgeschlossen werden, dass diese Karte gezogen wird. Deswegen genügt häufig schon die Drohung mit einer Standortverlagerung, um Zugeständnisse – sei es von den Betriebsräten, sei es von den Gewerkschaften, sei es von der Politik – zu erreichen. Das Bedrohliche der Globalisierung entsteht auch dadurch, dass damit ein Bedrohungsszenario aufgebaut werden kann, das unabhängig vom Realitätsgehalt geglaubt wird, weil Beispiele angeführt werden können, in denen die Drohung realisiert wurde.

Also alles nur eine Frage des Glaubens? Auch, aber nicht nur. Wie Soziologen im Anschluss an das Thomas-Theorem wissen, wird eine Situation dann real, wenn sie kollektiv als real definiert wird. Wenn geglaubt wird, dass die moderne Gesellschaft eine globalisierte Gesellschaft ist, dann ist diese Gesellschaft auch globalisiert. Insofern ist Globalisierung ein durchaus sinnvoller Begriff der Zeitdiagnose für Feuilletons und Talkshows. Für eine soziologische Gesellschaftsdiagnose freilich ist der Begriff aus den genannten Gründen etwas dünn. Es gibt im Kontext von Globalisierung aber eine Entwicklung, die so erhebliche Auswirkungen hat, dass sie die Struktur der Gesellschaft verändert hat: der Siegeszug des Internets seit der letzten Dekade des zwanzigsten Jahrhunderts und die dadurch erwachsende Möglichkeit, ungeheure Finanzsummen global in Echtzeit zu transferieren. Dies hat zu einem erheblichen Bedeutungszuwachs des Finanzmarktes geführt, der es gerechtfertigt erscheinen lässt, von der modernen Gesellschaft als ‚Finanzmarkt-Kapitalismus' zu sprechen[3].

---

[3]Faust und Kädtler (2017, S. 83) halten „den Begriff der Finanzialisierung für geeigneter als den Formationsbegriff des Finanzmarktkapitalismus (sic) (-ierung statt -ismus)", weil sie offen lassen wollen, ob der damit bezeichnete Wandlungsprozess eine neue Kapitalismusformation hervorbringt. Dies ist in seiner Vorsicht durchaus einleuchtend; allerdings scheinen die durch Finanzialisierung ausgelösten Veränderungen im Institutionengefüge moderner Gesellschaften so nachhaltig, dass der Formationsbegriff durchaus seine Berechtigung hat. Deutschmann (2017, S. 117) etwa arbeitet heraus, dass es sich bei dem Prozess der Finanzialisierung um eine historisch außergewöhnliche Bewegung handelt, von der nicht „nur die Finanzmärkte und die Wirtschaft als gesellschaftliches System (…) betroffen (sind), sondern die gesamte Gesellschaft, angefangen von der Ebene der globalen Märkte über die der Nationalstaaten, der Banken und Nichtfinanzunternehmen bis hin zur Ebene der Individuen und privaten Haushalte". Deswegen gebe ich weiterhin dem Formationsbegriff ‚Finanzmarkt-Kapitalismus' den Vorzug.

2 Finanzmarkt-Kapitalismus und Vermarktlichung

Auf dem Finanzmarkt wird Kapital in Form von Geld (Währungen), Wertpapieren (Aktien, Anleihen) oder anderen Finanzkontrakten (Derivate) gehandelt. Der Unterschied zu anderen Märkten besteht darin, dass er zukunftsorientiert ist; während auf Gütermärkten bereits produzierte Güter und auf dem Arbeitsmarkt Arbeitskräfte eines bestimmten Zuschnitts getauscht werden, werden auf dem Finanzmarkt „Zahlungsversprechen gehandelt" (Lütz 2017, S. 385); es werden Optionen auf die Zukunft verkauft und gekauft.

Durch die mit dem Internet gegebenen Möglichkeiten sind nun internationale Akteure auf den Finanzmarkt getreten, die zu einem deutlichen Bedeutungszuwachs des Finanzmarktes beigetragen haben: institutionelle Anleger wie Investmentfonds, Pensionfonds und Versicherungen. Sie hat es auch schon früher gegeben, doch sie haben durch die Rücknahme politisch gesetzter Beschränkungen seit den 1980er-Jahren (Kädtler 2010) erheblich an Zahl und Einfluss gewonnen; 1950 gab es in Deutschland grade mal zwei Investmentfonds, 50 Jahre später nahezu 1900 Publikumsfonds und 5800 Spezialfonds (Mayntz 2014, S. 11). Diese Fonds sammeln das Geld von Anlegern ein und investieren es in unterschiedlichen Anlagebereichen. Sie sind risikofreudiger und weniger reguliert als traditionelle Banken (Herr 2009, S. 638). Da sie über gewaltige Finanzsummen verfügen, üben sie einen gar nicht zu überschätzenden Einfluss auf das Wirtschaftsgeschehen aus.

Diese institutionellen Anleger haben in Deutschland zu einem Rückzug des ‚Rheinischen Kapitalismus' geführt. Dieser hatte sich als Folge eines kreditbasierten Finanzierungssystems im Nachkriegsdeutschland herausgebildet und zeichnete sich u. a. durch enge wirtschaftliche Verflechtungen zwischen Banken und Unternehmen, eine ausgewogene Machtbalance zwischen Anteilseignern und Management, durch Sozialpartnerschaft zwischen Gewerkschaften und Arbeitgebern und eine staatliche Regulierung wirtschaftlichen Handelns aus (vgl. Albert 1992). Mit der Hinwendung der deutschen Großbanken zum Investmentbanking hat sich dies grundlegen geändert; die Dichte der Netzwerke zwischen Banken und Unternehmen hat abgenommen, die Konzernstrukturen wurden flexibilisiert und aufgrund eben des Einflusses der Investmentfonds haben Veränderung der Eigentümerstruktur stattgefunden (vgl. Windolf 2002).

Im Vergleich zum ‚Rheinischen Kapitalismus' ist das Institutionensystem des Finanzmarkt-Kapitalismus anders konfiguriert. Das „dominante Finanzierungsinstrument ist nicht der Kredit, sondern die Aktie" (Windolf 2005, S. 23); die Finanzierung hat sich „von den Kredite gebenden Banken auf Aktienbeteiligungen durch Investment-Fonds – einschließlich der Renten- und Immobilien-Fonds – verlagert" (Schimank 2007, S. 51). Die Fonds werden damit zu Eigentümern von Unternehmen, unterscheiden sich in ihren Interessen aber deutlich von den Interessen des früheren Unternehmers. Denn die Funktion des Eigentümers und die Funktion des Unternehmers haben sich getrennt. Während Individualeigentümer – und im Prinzip auch kreditgebende Banken – die langfristige Gewinnentwicklung im Auge haben, beurteilen Anteilseigner ‚ihre' Unternehmen danach, ob der Wert des Unternehmens gesteigert und die Ausschüttung maximiert wird. Anleger wie Fonds investieren in Unternehmen „nicht mit der Absicht, aus seinen Operationen einen Gewinn zu erzielen, sondern mit dem Ziel profitablen Wiederverkaufs nach einem erwarteten Anstieg der Kurse" (Deutschmann 2005, S. 63), was, wie Untersuchungsergebnisse aus Japan andeuten, insbesondere bei ausländischen Eigentümern der Fall ist (David et al. 2010). Mit dieser Ausrichtung am Shareholder-Value, also der Ausrichtung von Entscheidungen in Unternehmen an der Aktionärsrendite, geht ein Strategiewechsel einher; „nicht mehr Wachstum, sondern *Profitmaximierung* ist das dominante Ziel" (Windolf 2005, S. 24; Hervorhebung im Original), und zwar die „Maximierung des Aktionärsgewinns" (Beyer 2010, S. 313).

Aus der Sicht der Aktionäre sind nicht die Gewinne eines Unternehmens interessant, sondern die Wertentwicklung ihrer Aktien. Diese „Finanzialisierung macht das Kapital ‚ungeduldig'" (Bosch et al. 2007, S. 334); die Folge ist eine ausgeprägte Kurzfristorientierung in den Anlagestrategien, die bis in die Unternehmensführung durchschlägt (Herr 2009). Wenn das Unternehmen abgeschöpft ist, können Anleger „problemlos Exit-Optionen realisieren" (Schumann 2005, S. 10) und sich in andere Kapitalanlage-Sphären absetzen. Die Intentionen der Akteure sind nicht auf eine langfristige Unterstützung, sondern auf einen möglichst frühzeitigen Ausstieg bei hoher Gewinnerzielung ausgerichtet. Die Exit-Option ist also „keine Option bei Unzufriedenheit, sondern angestrebter Endpunkt des ökonomischen Handelns der zentralen Akteure" (Kühl 2005a, S. 121).

Der frühere Individualeigentümer wird dadurch marginalisiert (Jürgens 2008). Die neuen Eigentümer sind die Fonds und sie sind „Eigentümer ohne Risiko" (Windolf 2008); sie haben die Eigentumsrechte, tragen aber kein Risiko, da sie jederzeit Exit-Option realisieren können. Und sollte es doch mal schiefgehen, können große Unternehmen der Finanzindustrie und vor allem Banken damit rechnen, dass der Staat rettend eingreift, da sie, wie es so schön heißt, ‚systemrelevant' sind. Zu Recht weist Dörre (2012, S. 117) darauf hin, dass dies den ‚moral hazard' verstärkt, „die Bereitschaft von Finanzmarktakteuren, aus Eigeninteresse hohe Risiken einzugehen, was als zusätzlicher Krisenverursacher wirkt"; man handelt bedenkenlos, weil man sich vor Risiken geschützt fühlt (Neckel 2011, S. 51) – eine wesentliche Ursache der Finanzkrise von 2008.

Den Fonds ist es also möglich, Risiken einzugehen, die sie nicht eingehen würden, wenn sie die Risiken zu tragen hätten. Während sich der Fordismus (auch) durch eine Trennung von Eigentum und Kontrolle – die Eigentümer gaben die Kontrolle an Manager ab – auszeichnete, beruht der Finanzmarkt-Kapitalismus auf der „Trennung von Eigentum und Risiko" (Windolf 2008, S. 526; im Original hervorgehoben). Dies geht einher mit einer deutlichen Beschneidung der Entscheidungsmöglichkeiten des Topmanagements, das sich durch eine strikte Orientierung seines Handelns an den Interessen der Aktionäre zu legitimieren hat. Durch die Orientierung am Shareholder-Value erhöht sich der Druck, die Entscheidungen an den Interessen der Kapitalgeber auszurichten und Entscheidungen für diese transparent und berechenbar zu machen. Das traditionelle Leitbild des Unternehmers ist brüchig geworden; die Unternehmer sind ersetzt worden durch Manager, die – oftmals nur für eine begrenzte Zeit – ihre Funktion ausüben und dabei „sowohl zu treibenden als auch zu getriebenen Kräften im globalisierten Konkurrenzkampf geworden sind" (Imbusch und Friedrichs 2012, S. 121).

Es wäre verkürzt, die Herausbildung des Finanzmarkt-Kapitalismus allein auf raffgierige und skrupellose Manager zurückzuführen, die sich die Taschen füllen wollen; die gibt es natürlich auch, doch vor allem handelt es sich um Akteure, die unter erheblichem Konkurrenzdruck stehen und sich im Rahmen ihrer Möglichkeiten rational verhalten. Fonds müssen ihren Kunden hohe Renditen versprechen und übertragen diesen Konkurrenzdruck auf die Unternehmen, von denen sie immer höhere Gewinne fordern (Windolf 2008, S. 517). Denn Fonds werden ebenso wie Manager daran gemessen, wie hoch der Gewinn ist, den sie erwirtschaften, und vor allem, wie hoch die Steigerung des Gewinns ist, den sie verantworten; sie müssen das „erwirtschaften, was Anleger vorab verlangen" (Kädtler 2005, S. 33).

Solche Gewinnerwartungen hegen keineswegs nur die Vorstandsvorsitzenden von Großbanken und Investmentfonds, sondern auch die Eigentümer solcher Fonds, die Aktionäre, die „glauben, ein Naturrecht auf Gewinn zu haben" (Deutschmann 2008b, S. 515). Zu diesen Aktionären zählen freilich nicht nur die (Super-)Reichen, sondern auch – und vor allem – die Anleger aus den Mittelschichten, denen (Deutschmann 2008b, S. 515) deswegen nach Beginn der Finanzkrise im Jahre 2008 ein „in hohem Grade selbstwidersprüchliches Handeln" attestiert; sie geben sich der „egozentrischen Illusion absoluten Reichtums hin" und übersehen dabei, dass Reichtum durch „schöpferische Zerstörung" (Schumpeter) geschaffen wird, nicht aber durch Transaktionen auf Finanzmärkten. Auf diese Weise tragen die Mittelschichten selbst zu den Dynamiken bei, deren Effekte gerade in diesen Schichten Ängste vor gesellschaftlichem Abstieg auslösen (Groh-Samberg et al. 2014, S. 220).

Die Finanzkrise hat sicherlich Zweifel ausgelöst, ob „eine Gesellschaft (...) als ‚Ansammlung' von Märkten gedacht werden" (Heinze 2009, S. 19) kann, aber es ist alles andere als ausgemacht, dass diese Zweifel das Marktparadigma und die Leitlinie der schnellen Gewinnmaximierung nachhaltig zu erschüttern vermögen, denn das Postulat der Nutzenmaximierung ist „buchstäblich in alle Poren des menschlichen Lebens" (Soeffner 2010, S. 49) eingedrungen. Schon nach dem Abflauen der Börseneuphorie in der Zeit nach der Jahrtausendwende war eine Wiederherstellung des ‚Rheinischen Kapitalismus' nicht in Sicht (Höpner 2003, S. 212) und es spricht nichts dafür, dass dies nach der Finanzkrise 2008 anders sein sollte, dass also von den sich in den letzten zwei Dekaden herausgebildeten Leitbildern ökonomischen Handelns abgewichen wird[4]. Denn wenn „sich in einer ausdifferenzierten kapitalistischen Wirtschaft sowieso alles um Gewinne dreht, liegt es nur nahe, bei fehlenden Stoppregeln des Gewinnstrebens immer mehr zu erwarten – so wie es auch im Spitzensport keine Obergrenzen für Rekorde gibt" (Schimank 2008, S. 221). Solche Stoppregeln aber sind kaum vorhanden und es ist auch nicht absehbar, dass sie in naher Zukunft geschaffen werden. Eher ist davon auszugehen, dass den Wirtschaftsakteuren weiterhin Leitbilder, Realitätskonzepte und Erfolgsmaßstäbe als Normen und Interpretationsroutinen dienen, die dem Finanzmarkt-Kapitalismus entsprechen; die Profitabilität des Unternehmens bleibt die zentrale Steuerungsgröße, „an der sich andere Leistungskriterien auszurichten haben" (Dörre und Holst 2009, S. 669). Das Konzept des Shareholder-Value kann in die Kritik geraten, ohne dass damit die wertorientierten Strategien, das heißt Strategien, die an den Interessen der Kapitalgeber orientiert sind, an Bedeutung verlieren; gerade darauf beruht ja „die Macht der Finanzmärkte" (Kädtler 2005, S. 36). Auch ohne Shareholder-Value-Orientierung wirken die globalen Finanzmärkte in Richtung einer stärkeren marktförmigen Logik in der betrieblichen Steuerung (Brinkmann 2011, S. 17). So wie börsennotierte Unternehmen von Analysten anhand von Kennziffern beurteilt und (oftmals falsch) bewertet werden, so werden auch unternehmensinterne Prozesse anhand von Kennziffern gesteuert, mit denen marktbezogene Leistungsziele abgebildet werden sollen.

Nun weisen Faust et al. (2011, S. 59) zu Recht darauf hin, dass Unternehmen „je nach Eigentümerstruktur und damit gegebener Kapitalmarktexposition unterschiedliche Spielräume haben, gegebenenfalls dominanten und gleichgerichteten

---

[4]Was ohnehin nicht ohne Weiteres möglich ist. Leitbilder im Sinne einer (informellen) Richtschnur für das Handeln der Akteure können sich zwar ändern, aber haben sie sich erst mal etabliert, sind sie sehr stabil; zu Leitbildern wirtschaftlichen Handelns vgl. auch weiter unten Abschn. 4.1.

Erwartungen der Kapitalmärkte in sachlicher und zeitlicher Hinsicht zu entsprechen". Zudem ist bekanntlich nur eine Minderheit der Unternehmen in Deutschland an Börsen notiert; die kleinen und mittleren Unternehmen, die für die deutsche Industrie prägend sind, sehen sich zwar durchaus der Gefahr ausgesetzt, Opfer von Private-Equity-Fonds zu werden, sind aber nur selten an der Börse vertreten. Daraus kann aber nicht geschlossen werden, dass sie vom Finanzmarkt-Kapitalismus gewissermaßen unberührt geblieben sind. Denn mit dem Finanzmarkt-Kapitalismus haben sich, und das ist die zentrale Ausgangsthese dieses Buches, gesellschaftlich gültige Leitbilder des Wirtschaftens verändert; sein Einfluss geht weit über die unmittelbar an der Börse notierten Unternehmen hinaus. Er besteht nicht nur in der Abhängigkeit der Unternehmen von finanziellen Ressourcen, die auf dem Finanzmarkt besorgt werden müssen, sondern auch nicht-börsennotierte Unternehmen bis hin zum mittelständischen Betrieb orientieren sich an Prinzipien der Unternehmenssteuerung, die durch den Finanzmarkt entstanden; diese sind „zum Vorbild für Unternehmen (geworden), die sich eigentlich gar nicht an dem entsprechenden Zielsystem orientieren müssen" (Hertwig 2016, S. 81). Finanzindikatoren „bezeichnen ein Leistungssoll (benchmark), das die Unternehmen zu erfüllen haben" (Windolf 2017, S. 137), und zwar alle Unternehmen, selbst die, die als Unternehmen im Familienbesitz oder als Stiftungsunternehmen „gar nicht auf den Kapitalmärkten präsent sind" (Haipeter und Slomka 2014, S. 214).

Der Shareholder-Value-Prozess der 1990er-Jahre in den börsennotieren Unternehmen war „ein Prozess der Ausbreitung von Märkten und deren Internalisierung durch die Unternehmen" (Höpner 2003, S. 229), der sich insbesondere in einem Bedeutungszuwachs von Kennziffern niedergeschlagen hat, an denen der Unternehmenserfolg gemessen werden sollte. Nicht-börsennotierte Unternehmen waren diesem Prozess nicht in gleicher Weise ausgesetzt, weil sie nicht die Interessen von Kapitalgebern zu bedienen hatten, doch auch hier erfolgen interne Steuerungsprozesse zunehmend mit hilfe der Nutzung von Marktelementen (etwa durch gegenseitige Rechnungslegung, durch Konkurrenz etc.). „Re-kommodifizierende Managementpolitiken" (Dörre und Holst 2009, S. 667), also Managementpraktiken, bei denen die Verwertung im Vordergrund steht, sind in börsennotierten Unternehmen entstanden, sie haben jedoch eine Strahlkraft entwickelt, die weit über diese Unternehmen hinausreicht. Die Methoden der Unternehmensführung in börsennotierten Unternehmen wurden Leitlinie modernen Managements: Das „normative Zielsystem der Wirtschaft" (Hertwig 2016, S. 94) hat sich verschoben in Richtung Vermarktlichung.

Märkte sind der zentrale Referenzpunkt in kapitalistischen Ökonomien (Aspers und Beckert 2017). Sie sind „eine auf dauerhaften, freiwilligen und eigennützig motivierten Tausch hin ausgelegte Konstellation wechselseitiger

Beobachtung zwischen untereinander konkurrierenden Anbietern als Verkäufern und knappen Nachfragern als Käufern von Waren" (Schimank 2009, S. 338). Sie stellen Arenen sozialen Handelns dar, in denen Rechte an Gütern und Leistungen getauscht werden und die durch eine Vielzahl sozialer Faktoren strukturiert sind, die von Beziehungsnetzwerken zwischen Firmen über ökonomische Theoriemoden bis hin zu staatlichen Regulierungsversuchen reichen (Lamla 2010, S. 675). In der Literatur werden drei Konstitutionsbedingungen von Märkten hervorgehoben, und zwar erstens Marktteilnehmer, zweitens Konkurrenzbeziehungen zwischen diesen Marktteilnehmern und drittens ein zu tauschendes Gut, „das als Äquivalent zu einer möglichst unbegrenzten Menge potenzieller anderer Güter betrachtet werden muss" (Engels 2010, S. 70).

Schon daraus ist ersichtlich, dass Vermarktlichung eine Metapher darstellt. Ein Unternehmen ist realiter kein Markt in diesem Sinne, denn die ‚Marktteilnehmer', also die Unternehmensangehörigen, betreiben ihre Aktivitäten nicht aus freien Stücken. Sie sind in ihrem Handeln nicht frei, sondern an Hierarchien gebunden, und nicht zuletzt sind ihre Konkurrenzbeziehungen begrenzt; schließlich kann es in einem Unternehmen nicht darum gehen, den ‚Konkurrenten' – eine andere Abteilung, ein anderes Unternehmensteil – aus dem Feld zu schlagen.

Dennoch ist die Metapher ‚Vermarktlichung' nützlich als Bezeichnung für Veränderungen in den letzten zwei Dekaden. Mit ihr soll auf zwei zentrale Entwicklungen hingewiesen werden. Die bestehen zum einen darin, dass Unternehmen sich gegenüber den Anforderungen externer Märkte geöffnet haben, und zwar nicht nur gegenüber den Finanzmärkten, sondern auch gegenüber den Gütermärkten; der Erfolg am Markt soll für alle Unternehmensangehörigen zum Bezugspunkt ihres Handelns werden. Zum anderen ist damit „die Internalisierung des Marktes" (Moldaschl und Sauer 2000) in Unternehmen gemeint; die unternehmensinterne Steuerung erfolgt zunehmend als (indirekte) Steuerung mit hilfe von Kennzahlen, mit denen Markterfordernisse abgebildet werden sollen (Hirsch-Kreinsen 2010, S. 451; Sauer 2010, S. 553). Gewinnmargen und Ergebniserwartungen werden zu verbindlichen Zielgrößen der Unternehmenseinheiten erklärt (Dörre und Holst 2009, S. 669). Dies betrifft Unternehmensteile, die in Profit-Center aufgesplittet werden und in gegenseitige Beziehungen treten, die über Geld definiert werden. Statt hierarchischer Kontrolle werden marktorientierte Anreizsysteme eingesetzt bis hin zu einer faktischen oder fiktiven Konkurrenz von Unternehmenseinheiten (Döhl et al. 2000, S. 8). Dies betrifft aber auch die Unternehmensangehörigen; die Kontrolle ihres Arbeitsverhaltens erfolgt über marktlich bewertete Outputgrößen und weniger als direkte Kontrolle ihres Leistungsverhaltens (Faßauer 2009, S. 106). Herrschaft ist damit nicht außer Kraft gesetzt, sie ist nur „etwas weniger offensichtlich" (Huchler et al. 2012, S. 91).

Bislang gültige Standards der Arbeitsbedingungen, bisher übliche Formen der Beschäftigung und die bisher übliche Organisation von Arbeit werden dadurch verändert; das Entgelt der Beschäftigten enthält zunehmend erfolgsabhängige Bestandteile, Arbeitszeit und Personaleinsatz werden flexibilisiert und seitens der Unternehmen wird vermehrt auf Selbstorganisation im Rahmen von Projektgruppen und Gruppenarbeit gesetzt (Frey 2009, S. 19). Vor allem aber werden dabei zwei Prinzipien der Koordination miteinander in Beziehung gesetzt, die eigentlich (in der Transaktionskostentheorie) als grundlegende Alternativen gelten (Kieser und Walgenbach 2010, S. 3): nämlich Markt und Hierarchie. Hierarchie empfiehlt sich dann, wenn man es mit vorab nicht genau zu definierenden Leistungen zu tun hat, während die Transaktion über den Markt sich dann anbietet, wenn die Vertragsbedingungen wie etwa bei einem Kaufvertrag vorab festgelegt werden können. Zwar sind entgegen der Theorieannahme reine Markttransaktionen ebenso wie ein rein hierarchisch geregelter Austausch empirisch nicht relevant (vgl. Hirnle und Hess 2005), weil es sich immer um Mischformen handelt, aber die Koordination über den Markt und die Koordination durch Hierarchie stellen zwei grundsätzlich unterschiedliche Modi der Koordination dar. Und wenn die Hierarchie in Betrieben im Zuge der Vermarktlichung durch Marktelemente zwar nicht ersetzt, aber doch zumindest ergänzt wird, dann ist absehbar, dass dies mit Brüchen und Widersprüchlichkeiten versehen ist.

Vermarktlichung steht in einem unmittelbaren Zusammenhang mit dem Konzept des Shareholder-Value und schlägt durch auf den gesamten Wertschöpfungsprozess; das fordistische Verhältnis von Markt und Produktion hat sich umgekehrt. Während es im traditionellen fordistischen Unternehmen darum ging, „die konkreten Produktionsabläufe gegenüber den Unwägbarkeiten des Marktes abzuschotten, setzen die neuen Konzepte darauf, den Markt zum Motor der permanenten Reorganisation der Binnenstrukturen zu machen" (Sauer 2010, S. 554). Der Markt ist zum unmittelbaren Bezugspunkt unternehmensinterner Prozesse geworden, die „Herstellungsprozesse in den Unternehmen werden zur abhängigen Variablen" (Sauer 2005b, S. 180). In diesem Anspruch an ökonomisches Handeln auf allen Ebenen, sich über einfache Kosten-Nutzen-Kalküle zu legitimieren, und der damit einhergehenden Herausbildung einer einheitlichen Orientierungs- und Legitimationsordnung für Managementhandeln sowie deren Umsetzung in allen Unternehmensbereichen sehen Kädtler und Sperling (2001, S. 40) „die wichtigste übergreifende Dimension" einer Vermarktlichung.

Vermarktlichung unterstellt und zielt auf die Rechenbarkeit und damit Kalkulierbarkeit aller unternehmensinternen Vorgänge; sie ist ein organisatorischer und ein normativ kultureller Vorgang zugleich. Einerseits ist Vermarktlichung zu verstehen als organisatorisches Phänomen, da sie auf indirekte

Steuerung abhebt, indem Marktsignale nicht allein vom Management, sondern von den Beschäftigten selbst in Anweisungen zu übersetzen sind; Steuerung qua Hierarchie kann zurücktreten zugunsten einer verstärkten Selbststeuerung, deren Erfolg mittels Kennziffern gemessen werden soll. Vermarktlichung ist andererseits aber auch ein kulturell-normatives Phänomen, ein „kognitives Leitbild und normatives Wertmuster, in dem der Markterfolg zum Legitimationsgrund und Orientierungspunkt organisatorischen Handelns" (Voswinkel 2005b, S. 289) wird: Beschäftigte sollen sich selbst verstehen als unternehmerisch denkende und handelnde Angestellte. Die Ergebnisse, nicht der Arbeitsaufwand, werden für die Beurteilung relevant, pflichtgemäße Erledigung der Aufgaben reicht nicht mehr. Nur dadurch können „Organisationen im Prozess ihrer Vermarktlichung die Kontingenz des Marktes in organisationale Zurechnungsbeziehungen überführen" (Voswinkel 2005b, S. 292); im Prozess der Vermarktlichung von Organisationen wird „der Markt organisational transformiert".

Mit Vermarktlichung wird eine Reduzierung der Ungewissheit angestrebt, die durch dynamische Märkte entstanden ist. Zugleich aber wird durch Vermarktlichung auch Ungewissheit erzeugt. Denn das Arbeitsergebnis ist bei komplexer werdenden Aufgaben nicht vorab sicherzustellen. Vermarktlichung ist nicht nur ein Steuerungsmodell für das Management, sondern schlägt durch bis auf die Beschäftigten; es zählt nicht mehr allein die Mühe, die sie für ihre Leistungsergebnisse aufwenden, sondern nur, ob sie die Ziele erreichen, die mit ihnen vereinbart worden sind[5]. Damit ihnen dies gelingt, müssen ihnen aber Handlungsspielräume zugestanden werden; Vermarktlichung und eine erweiterte Autonomie im Arbeitshandeln bedingen einander. Es verbietet sich von selbst, mit Kennzahlen als Leistungsmaßstab operieren zu wollen, wenn Arbeitsgänge und -aufgaben so vorstrukturiert sind, dass Variationen überhaupt nicht möglich sind; die Vermarktlichung lässt „das individuelle Arbeitshandeln außerhalb, neben und innerhalb seiner betrieblichen Steuerung immer wichtiger werden" (Dunkel und Weihrich 2010, S. 185). Aber die dadurch ermöglichten Freiräume reduzieren sich „auf die Freiheit und zugleich den Zwang, *unternehmerisch* frei zu handeln, also genau so zu handeln, wie der Markt und die Verwertungszwänge es erfordern" (Sauer und Menz 2014, S. 57; Hervorhebung im Original).

Dies impliziert ein grundlegend verändertes Verständnis von Arbeitskraft. Es geht nun nicht mehr um Beschäftigung, sondern um Beschäftigungsfähigkeit (Employability). Damit sind die prinzipielle Haltung und die Kompetenz

---

[5]Zielvereinbarungen sind ein immer wichtiger werdendes Element der Verhaltenssteuerung in Unternehmen und Verwaltungen; sie werden genauer behandelt in Abschn. 6.2.

jedes Einzelnen gemeint, sein „Arbeitskapital" zu mobilisieren (Franzpötter 2003, S. 134). Seinerzeit als Konzept der EU entwickelt, mit dem mittels Qualifizierung, Beratung und Vermittlung Erwerbslosigkeit bekämpft werden sollte, geht es in seinen Auswirkungen als ideologische Leitlinie mittlerweile weit darüber hinaus. Es geht um das „Ensemble an Fähigkeiten und Bereitschaften" (Kraus und Raeder 2008, S. 214), über die man verfügen sollte, um wechselnde Beschäftigungsverhältnisse eingehen zu können und damit dauerhaft in Beschäftigung zu bleiben. Diese Sicherung von Beschäftigungsfähigkeit ist zur Aufgabe aller, nicht nur der Unternehmen, sondern auch und besonders der Erwerbstätigen selbst geworden, die nicht nur das Risiko zukünftiger Erwerbslosigkeit minimieren, sondern auch ihre Karrierechancen verbessern sollen. Zentrales Element ist – neben institutionellen Regelungen zu Bildung, Berufen und Arbeit, zu Anforderungen der Arbeitgeber und formalen Merkmalen der Person – die spezifische Ausformung der Arbeitskraft, also Wissen, Auftreten, Verhalten und Einstellungen zur Arbeit (Promberger et al. 2008). Die Verantwortung dafür wird in die Verantwortung des Einzelnen überführt, „die Beschäftigten sind für ihre Fähigkeiten selbst verantwortlich" (Legnaro 2008, S. 57). Damit verlagert sich die Verantwortung für die Beschäftigungssicherung; sie geht über „von den Unternehmen zu den Beschäftigten" (Kraus und Raeder 2008, S. 214).

Zwar müssen seitens der Unternehmen die strukturellen, organisatorischen und materiellen Voraussetzungen geschaffen werden, damit die Beschäftigen sich marktfähige Qualifikationen aneignen können, doch von „den Mitarbeitern wird im Gegenzug erwartet, dass sie sich ‚unternehmerisch' verhalten und erkennbare Qualifizierungschancen aufgreifen" (Rudolph und Rothe 2007, S. 240). Sie müssen ihren Kompetenzerwerb auf Dauer stellen, um beschäftigungsfähig zu bleiben. Dies ist verbunden mit der latenten Drohung, „dass nur diejenigen, die permanent an ihren Fähigkeiten und Fertigkeiten feilen, damit rechnen können, in Lohn und Brot zu bleiben" (Trappman und Draheim 2009, S. 533). Beschäftigte sind damit „einer potenziell stetigen Unsicherheit des Arbeitsplatzes ausgesetzt, die eine Phase beruflicher Konsolidierung kaum noch zulässt und stattdessen die anhaltende Bereitschaft zur Neuorientierung erfordert" (Frey 2009, S. 245).

Der Finanzmarkt-Kapitalismus ist also nicht nur eine Angelegenheit von Fondsmanagern und Analysten; es sind ebenso, und zwar auf allen hierarchischen Ebenen, Beschäftigte erforderlich, die sich das Ziel der Gewinnerhöhung zu eigen machen, die bereit sind, die dafür erforderlichen Leistungen zu erbringen, und die mit Arbeitsaufgaben betraut sind, die umfangreich genug sind, dass sie Entscheidungsmöglichkeiten erlauben. Mit anderen Worten: Das Aufkommen des Finanzmarkt-Kapitalismus geht mit einem Menschenbild einher, das sich von dem im Fordismus üblichen Bild nachhaltig unterscheidet. War es früher in

Industrieunternehmen eine vielfach gehörte Antwort: „Du bist hier zum Arbeiten, nicht zum Denken!", so hat sich dies mittlerweile nachhaltig gewandelt. Denken, vor allem natürlich das Denken über betriebliche Verbesserungsprozesse, ist zum Teil der Arbeit geworden.

Verständnisfragen

- Weswegen treten im Finanzmarkt-Kapitalismus Eigentum und Risiko auseinander?
- Warum macht es einen Unterschied, ob ein Unternehmen aktien- oder kreditfinanziert ist?
- Was ist mit dem Begriff der ‚Vermarktlichung' gemeint?
- Weswegen ist Vermarktlichung nicht mit einer rigiden Vorstrukturierung des Arbeitshandelns vereinbar?

Die Transformation von Arbeitskraft in Arbeit

3.1 Das Problem

Ausgangspunkt aller Analyse von (Erwerbs-)Arbeit ist die Transformationsproblematik. Damit ist die Transformation von Arbeitskraft in Arbeit gemeint. In den Betrieben muss die Differenz zwischen Arbeitskraft und Arbeit bewältigt werden, das heißt die Differenz zwischen der Fähigkeit zu arbeiten und der Entäußerung dieser Fähigkeit, also tatsächlicher Arbeit; schließlich bedeutet die Fähigkeit zu arbeiten keineswegs, dass auch wie gewünscht gearbeitet wird. Betriebe haben mithin das ständige Problem zu lösen, „das Arbeitsvermögen in wirkliche Arbeit umzusetzen" (Berger und Offe 1982, S. 351), und vor allem: in möglichst viel, möglichst engagierte und optimal an den betrieblichen Zielen ausgerichtete Arbeit umzusetzen. Arbeitskraft ist ein ganz spezieller Produktionsfaktor, der sich von anderen wie Kapital und Boden dadurch unterscheidet, dass er „ein (in bestimmten Grenzen) mit kreativen Fähigkeiten ausgestattetes Potential (ist), das für eine im Voraus nicht vollständig bestimmbare Vielfalt von Einsatzmöglichkeiten offen ist" (Deutschmann 2008a, S. 45). Arbeitskraft ist ein Versprechen, dessen Realisierung durchaus ungewiss ist, das aber in Gewissheit überführt werden muss. Die Frage ist, wie aus der Kontingenz der Arbeitskraft die gewünschte Eindeutigkeit wird.

Der Abschluss eines Arbeitsvertrages löst das Transformationsproblem nicht, denn er ist uneindeutig. Zwar ist im Arbeitsvertrag geregelt, welche Arbeit für welche Vergütung zu leisten ist, es bleibt jedoch unbestimmt, wie die Arbeit geleistet wird; jeder Arbeitsvertrag ist in dieser Hinsicht unvollständig, da nicht alle zu erbringenden Leistungen und Gegenleistungen von Arbeitgebern und Arbeitnehmern, von Organisation und Organisationsmitgliedern im Voraus zu spezifizieren sind. Im Extremfall sind in einem Arbeitsvertrag nur Arbeitszeit und Arbeitsentgelt, also die allgemeinen Bedingungen der Verausgabung von Arbeitskraft geregelt, nicht jedoch die Art und Weise, wie gearbeitet wird. Dies ist nicht etwa einer unzureichenden Vertragsgestaltung, sondern dem Gegenstand selbst geschuldet; motiviertes und engagiertes Arbeiten kann ebenso wenig vereinbart werden wie das Verhalten in nicht vorhergesehenen Situationen.

Die sich aus dieser Unbestimmtheit des Arbeitsvertrages ergebende Problematik einer Transformation von Arbeitskraft in Arbeit ist das entscheidende Problem, das in Betrieben und Verwaltungen immer wieder neu gelöst werden muss. Es kann aus unterschiedlichen Theorieperspektiven begründet werden. Erkannt wurde es bereits von Marx, der darauf hinwies, dass die „eigentümliche Natur" der Ware Arbeitskraft es mit sich bringt, „dass mit der Abschließung des Kontrakts zwischen Käufer und Verkäufer ihr Gebrauchswert noch nicht wirklich in die Hand des Käufers übergegangen ist" (Marx 1972, S. 188). Arbeitskraft ist – und das unterscheidet sie von jeder anderen Ware – nicht vom Träger der Arbeitskraft, also von der Person zu trennen. Daraus erklärt Marx bekanntlich den grundlegenden Interessengegensatz von Kapital und Arbeit: Den Interessen des Arbeitgebers an einer möglichst hohen Arbeitsleistung steht das Interesse des Arbeitnehmers an der Erhaltung seiner Arbeitskraft und einer möglichst guten Lohn-Leistungs-Relation entgegen.

Luhmann (2000, S. 81 ff.) wiederum begründet das Transformationsproblem – ohne es so zu nennen – damit, dass Personen zur Umwelt sozialer Systeme gerechnet werden müssen, und zwar „voll und ganz, mit Leib und Seele" (Luhmann 1997, S. 30); dies gilt auch für formalisierte soziale Systeme, also Betriebe oder Verwaltungen. Sie benötigen deswegen Regeln, um Zugehörigkeit zu erkennen. Dies sind, so Luhmann (1992), Mitgliedschaftsregeln, durch die klar definiert ist, wer dazugehört und wer nicht; man tritt Organisationen formell bei und – freiwillig oder unfreiwillig – aus ihnen auch wieder aus. Zwar werden durch Mitgliedschaft prinzipiell die Erwartungen akzeptiert, die seitens der Organisation an die Person gehegt werden, doch letztlich ist das sich aus der Unbestimmtheit des Arbeitsvertrages resultierende Problem damit nicht gelöst. Da Personen eben zur Umwelt von Organisationen zählen, sagt die Tatsache einer Mitgliedschaft trotz einer prinzipiellen Akzeptanz der Erwartungen seitens der Organisation noch nichts aus über das tatsächliche Handeln der Person. Zudem umfasst Mitgliedschaft nie die ganze Person. Jede Person ist zugleich Mitglied mehrerer Organisationen, also nicht nur des Betriebes, in dem Geld verdient wird, sondern auch noch bspw. in Gewerkschaften oder in politischen Parteien. Und schließlich bringt jede Person auch noch mehr mit als das, was in der jeweiligen

3.1 Das Problem

Organisation abverlangt wird. Persönliche Befindlichkeiten, Sympathien oder auch Antipathien, Selbstdarstellungsinteressen etc. sind nicht gefragt; sie „lungern während der Arbeit funktionslos herum und stiften Schaden, wenn sie nicht unter Kontrolle gehalten werden" (Luhmann 2016b, S. 43).

Bei Mitgliedschaft in Organisationen handelt es sich also nie um Vollmitgliedschaft, sondern immer nur um Partialinklusion. Organisationen entwickeln Luhmann (2000, S. 225) zufolge deswegen Entscheidungsprogramme, also Regeln, die bestimmen, wie bei dem Vorliegen bestimmter Bedingungen zu entscheiden ist[1], und legen Kommunikationswege fest, die bestimmen, wer wem was sagen darf bzw. zu sagen berechtigt ist. Damit soll gewünschtes Verhalten konditioniert werden, doch solche Konditionierungen können Handeln allenfalls lenken, aber nicht bis ins Detail steuern.

Das Verhältnis von Person und Organisation ist höchst spannungsreich. Seit den Untersuchungen zur Bürokratie von Max (Weber 1976) ist in der Organisationsforschung bekannt, dass Organisationen sich durch ihre Regelhaftigkeit von Personen unabhängig machen; wenn die Mitgliedschaft aufgekündigt wird, zieht das eine Organisation nicht in Mitleidenschaft; sie existiert weiter wie zuvor. Aber auch Personen sind von Organisationen unabhängig; sie sind nicht, zumindest nicht prinzipiell, gezwungen, in einer bestimmten Organisation zu arbeiten; sie können die Mitgliedschaft auch wechseln.

Zugleich aber sind Personen und Organisationen auch gegenseitig aufeinander angewiesen. Personen sind auf Organisationen angewiesen, weil nur sie ihnen Erwerbsmöglichkeiten bieten. In modernen Gesellschaften erzielt man von wenigen Ausnahmen wie etwa der bezahlten Tätigkeit in Privathaushalten Einkommen durch die Mitgliedschaft in (Erwerbs-)Organisationen; selbst staatliche Transferleistungen werden durch Organisationen an ihre Mitglieder ausgezahlt und auch Freiberufler sind oftmals im Auftrag von Organisationen tätig. Organisationen wiederum sind auf Personen angewiesen, weil sie ohne diese ihre Ziele nicht erreichen würden; das müssen nicht bestimmte Personen sein, aber Personen mit einem bestimmten Qualifikations- und Kompetenzzuschnitt. Es gibt also ein ganz spezifisches Verhältnis gegenseitiger Abhängigkeit von Person und Organisation, bei dem auch die gegenseitige Unabhängigkeit in Rechnung gestellt werden muss. Diese erst macht es möglich, dass Arbeitskraft nicht wie

---

[1]Er unterscheidet zwischen Konditionalprogrammen – bei Vorliegen bestimmter Bedingungen sind bestimmte Entscheidungen vorgeschrieben – und Zweckprogrammen, bei denen es eine unterschiedliche Bandbreite von Entscheidungsoptionen gibt, um einen bestimmten Zweck zu erreichen.

gewünscht (oder erforderlich) in Arbeit transformiert wird; da Organisationen nicht zur Vollinklusion in der Lage sind, sich also nicht den ‚ganzen Menschen' einverleiben können, können sie auch die Transformationsproblematik nicht vollends beherrschen. Oder aus der Perspektive der Person, der Beschäftigten: Sie haben Wahlmöglichkeiten und Freiräume und können sich entschließen, den Erwartungen auch nicht zu entsprechen.

Der Ort, an dem die Transformationsproblematik zu lösen ist, ist die Arbeitsorganisation, also der Betrieb, die Verwaltung etc. Bei einer Arbeitsorganisation handelt es sich um einen geplanten, dauerhaften und zielorientierten Handlungszusammenhang, der „nach den Prinzipien der *Arbeitsteilung* und *Wirtschaftlichkeit* (Kosten-Nutzen-Optimierung, Gewinnmaximierung) geplant wird und dem Ziel der Erzeugung von Produkten oder der Bereitstellung von Dienstleistungen dient" (Müller-Jentsch 2003, S. 40; Hervorhebungen im Original). Wie jede Organisation ist sie gekennzeichnet durch drei Merkmale: neben der erwähnten Mitgliedschaft noch durch Hierarchie und durch Zwecke. Organisationen bilden ab einem bestimmten Entwicklungsstadium Hierarchien – in der Organisationsforschung auch als Formalstrukturen bezeichnet – aus, durch die Entscheidungswege festgelegt werden[2]. Zwecke wiederum sind Konstitutionsmerkmal von Organisationen; sie werden immer in Bezug auf einen bestimmten Zweck gegründet. Dieser Organisationszweck ist allerdings keineswegs kongruent mit den Zwecken ihrer Mitglieder, die ja nicht deswegen einer Organisation beitreten, weil sie Autos bauen, Fahrgäste in Bussen transportieren oder Personalausweise ausstellen wollen, sondern weil sie ihren Erwerbsunterhalt verdienen müssen und dabei, wenn möglich, noch eine interessante Beschäftigung haben wollen. Das Resultat ist eine „doppelte Wirklichkeit" (Weltz 2010): auf der einen Seite die offizielle Wirklichkeit der festgelegten Regeln und Abläufe, auf der anderen Seite „ein Nebeneinander vieler bilateraler Verhandlungskonstellationen zwischen jedem einzelnen Mitarbeiter und der Organisation" (Schimank 2002, S. 34). So gesehen, ist ein Verständnis von Arbeits- bzw. Erwerbsorganisationen als formalisierte Sozialsysteme verkürzt; neben und quer zur Hierarchie finden Aushandlungsprozesse und mikropolitische ‚Spiele' statt, an denen in unterschiedlichem Umfang alle Organisationsangehörigen beteiligt sind[3].

---

[2]Alle Versuche, Hierarchiebildung in Organisationen zu vermeiden, sind offenbar zum Scheitern verurteilt. Man denke nur an die Grünen in den 1980er-Jahren mit ihren Versuchen einer Basisdemokratie oder in jüngerer Zeit an die Partei ‚Die Piraten' mit ihrer ‚liquid democracy'.

[3]Die Metapher des Spiels geht zurück auf Burawoy (1979). Mit ihr soll nicht das Spielerische in den betrieblichen Aushandlungsprozessen betont werden, im Gegenteil:

3.1 Das Problem

In diesen Aushandlungsprozessen geht es um die Ausgestaltung der Tauschbeziehungen innerhalb der Organisation. In einem Arbeitsvertrag wird Arbeitskraft gegen Entgelt getauscht. Wegen der erwähnten Unvollständigkeit des Arbeitsvertrages ist das Arbeitsverhältnis aber nicht nur ein ökonomisches, sondern auch ein soziales Austauschverhältnis, das nicht auf das einfache „Tauschverhältnis *Arbeitskraft gegen Entlohnung*" (Kraus und Raeder 2008, S. 212; Hervorhebung im Original) reduziert werden kann. Im Unterschied zum reinen ökonomischen Austausch stellt das soziale Tauschverhältnis eine unspezifische, diffuse und persönlich wahrgenommene Verpflichtung dar, die ein wechselseitiges Loyalitäts- und Treueverhältnis begründet. Der Tausch von Leistung und Gegenleistung ist im sozialen Tausch nicht an exakt definierte Tauschäquivalente geknüpft (Blau 1986), sodass es den Tauschpartnern überlassen bleibt, miteinander auszuhandeln, was als angemessener Tausch gilt, und zwar nicht ein für alle Mal, sondern ständig aufs Neue.

Diese ‚Aushandlungen', bei denen es sich selbstverständlich nicht um Verhandlungen mit Tagesordnung und Protokoll handelt, finden im alltäglichen Arbeitsprozess statt und führen zu einem Geflecht gegenseitiger Erwartungen und Verpflichtungen, aber sie münden nicht in ein dauerhaftes ‚Verhandlungsergebnis'. Das ist der Grund, warum die Transformation von Arbeitskraft in Arbeit ein immer wieder zu lösendes Problem darstellt. Arbeiter, Angestellte, Beamte etc. sind wie alle Menschen „opportunistisch"[4]. Sie neigen dazu, sich strategisch und ihren Vorteilen entsprechend zu verhalten und schrecken auch vor Vertragsverletzungen nicht zurück; sie können Leistung zurückhalten, eigenmächtig Pausen verlängern, zu spät zum Dienst erscheinen oder Anstrengungen vermeiden. Dieses *shirking* ließe sich nur vermeiden, wenn der Arbeitgeber jeden einzelnen Arbeitnehmer lückenlos überwachen könnte, wenn er ausreichend Spezialkenntnisse besäße, um die Leistung jedes Arbeitnehmers zu beurteilen, und wenn er über wirksame Sanktionen bspw. in Form jederzeitiger fristloser Kündigungsmöglichkeit verfügte – das eine so unrealistisch (und unerwünscht) wie das andere. Die Transformation von Arbeitskraft in Arbeit ist deswegen eine ständige Herausforderung, vor der jeder Großbetrieb, jeder Handwerksbetrieb und jede Verwaltung steht.

Mikropolitische Spiele sind kein Vergnügen, sondern eine sehr ernsthafte Angelegenheit (vgl. Ortmann 1992). Es sind strategische Spiele, mit denen die Spieler ihre Interessen verfolgen und durchzusetzen suchen. Zur Mikropolitik insgesamt Minssen (2017a).

[4]Dies ist selbstredend kein moralisches Werturteil, sondern eine der Grundannahme über menschliches Verhalten in der Transaktionskostentheorie; vgl. Williamson (1985) und als Überblick Ebers und Gotsch (2014).

Nun halten Organisationsmitglieder natürlich nicht ununterbrochen Leistung zurück, natürlich wird bereits mit dem Abschluss eines Arbeitsvertrages auch eine innere Verpflichtung zur Leistungserbringung eingegangen und natürlich spielen Reziprozitätsverpflichtungen, wie wir gleich sehen werden, auch im Arbeitsprozess eine große Rolle, doch opportunistisches Verhalten kann eben auch nicht ausgeschlossen werden, und gerade das ist der entscheidende Punkt: Arbeiter und Angestellte müssen auch arbeiten *wollen;* sie dürfen nicht nur körperlich anwesend sein und ‚Dienst tun', es ruhiger angehen lassen, ihre Identifikation zurücknehmen – alles „Varianten des oberflächlichen Mitmachens" (Neuberger 1997, S. 503) –, sie müssen auch bereit sein, sich zu engagieren, sie müssen, um es anders auszudrücken, (intrinsisch) motiviert sein.

Deswegen ist die lakonische Frage von Berger (1995): „Warum arbeiten die Arbeiter?"[5] durch den Abschluss eines Arbeitsvertrages mit einer entsprechenden Entgeltregelung also keineswegs beantwortet. Die Bereitschaft zur Arbeit muss erzeugt werden. Lange Zeit wurde – den Überlegungen und Vorschlägen von Frederick Winslow Taylor folgend[6] – das Allheilmittel in einer möglichst exakten Vorstrukturierung und Kontrolle der Arbeitsabläufe gesehen. Die Subjektivität von Arbeitskraft wurde als potenzieller Störfaktor der Prozesse beurteilt, der mittels Standardisierung und Kontrolle möglichst ausgeschaltet werden sollte; zu einer gelingenden Transformation bedürfe es – so die lange Zeit unter betrieblichen Praktikern, aber auch unter Wissenschaftlern verbreitete Auffassung – eines möglichst engmaschigen Kontrollnetzes mit (vermeintlich) klaren Regeln von Anweisung und Ausführung. Da die Leistungen des Arbeitnehmers aufgrund der Unvollkommenheit des Arbeitsvertrages unsicher und seine Leistungen vorab nicht vollends spezifizierbar sind, wurde auf Hierarchie zurückgegriffen, um die Ungewissheit zu reduzieren. Koordination durch Hierarchie, so kann diese Strategie zur Lösung des Transformationsproblems zusammengefasst werden.

Diese Strategie ist nicht passé; in Deutschland gibt es noch immer Bereiche mit repetitiver Arbeit, also kurzzyklischen Tätigkeiten, die in hohem Maße vorstrukturiert sind. Im Jahr 2010 übten, so Abel et al. (2014), in der Gesamtwirtschaft immerhin 13 Prozent aller Beschäftigten eine sogenannte „Einfacharbeit" aus, im verarbeitenden Gewerbe war es sogar ein gutes Fünftel. Sie ist durch hohe Belastungen, minimale Spielräume zur Gestaltung von Arbeitsmethode und Arbeitstempo sowie ein hohes Maß an Fremdkontrolle und Leistungsdichte

---

[5]Oder die Verwaltungsangestellten, Beamten, Professoren, Feuerwehrleute etc.
[6]Dazu ausführlicher Abschn. 4.3.1.

3.1 Das Problem

gekennzeichnet. Vor allem in den arbeitsintensiven Bereichen der Low-Tech-Fertigung ist diese Arbeit keineswegs verschwunden und es spricht einiges dafür, dass auch durch den Einsatz digitaler Technologien diese Arbeit nicht substituiert wird (Hirsch-Kreinsen 2017, S. 9). Aber auch außerhalb des Low-Tech-Bereichs findet sich Einfacharbeit, wenn man „etwa an arbeitsteilige, IT-gestützte Sachbearbeitertätigkeiten (denkt), wie sie im Bereich der Finanzdienstleistungen oder der Logistik massenhaft zu finden sind" (Schmiede 2015, S. 57).

Das Transformationsproblem wird hier nach wie vor als Kontrollproblem, oder besser gesagt: als durch Fremdkontrolle zu lösenden Problem behandelt. Überhaupt führt die Digitalisierung der Arbeit (‚Arbeit 4.0') zu neuen Möglichkeiten der Kontrolle; jederzeitige Erreichbarkeit bedeutet auch jederzeitige Überprüfbarkeit. Am Beispiel von Amazon haben Nachtwey und Staab (2015, S. 76 f.) beschrieben, wie, „lückenlose Kontrolle und maschinelle Menschensteuerung nun (…) in die Arbeitswelt" zurückkehren, wenn die Chancen digitaler Vernetzung für umfassende Überwachung genutzt und der Aufenthaltsort und die Arbeitsleistung der Beschäftigten permanent abgefragt werden können. Es gibt, zumindest technisch, keinen Grund, solche Verfahren im Bereich routinisierter, einfacher Arbeit nicht verstärkt einzusetzen und Latniak (2016, S. 62) verweist zu Recht auf die durch die Digitalisierung geschaffenen Möglichkeiten, Arbeitsprozesse für das Management jederzeit transparent zu gestalten. Digitale Verfahren lassen sich zur Leistungsüberprüfung nutzen; das Resultat wäre eine Art digitaler Taylorismus.

Doch Einfacharbeit ist nicht typisch für Arbeit, auch nicht für industrielle Arbeit. Denn die Strategie, Arbeitshandeln durch Hierarchie und Kontrolle steuern zu wollen, hat sich in vielen Bereichen der Erwerbsarbeit mittlerweile als obsolet erwiesen – nicht zuletzt auch deswegen, weil nicht länger zu übersehen war, dass die Potenziale von Arbeitskraft nur höchst unvollständig genutzt werden, wenn die vorstrukturierten Arbeitsabläufe keinerlei Möglichkeiten der Eigenentscheidung zulassen. Zudem funktioniert das Leitbild der Vermarktlichung, wie im vorigen Kapitel erläutert, nicht ohne Handlungs- und Entscheidungsspielräume der Beschäftigten. Deshalb wird heute mehr auf Selbstorganisation und Selbstverantwortung bei der Lösung des Transformationsproblems gesetzt. Für die Lösung des Transformationsproblems werden die Beschäftigten selbst verantwortlich; zumal mobile Arbeit, also die Arbeit an wechselnden Arbeitsorten oder im Homeoffice, entzieht sich weitgehend einer Fremdkontrolle. Von der Prozesskontrolle zur Ergebniskontrolle – so könnte man diese Entwicklung zusammenfassen. Wie jemand etwas schafft, ist gleichgültig – Hauptsache, er schafft es (bis zu dem vereinbarten oder festgelegten Zeitpunkt).

Freilich bedeutet dies nicht, dass seitens des Managements auf Prozesskontrolle völlig verzichtet würde. Doch Arbeit im Finanzmarkt-Kapitalismus beruht im Vergleich zur fordistischen Gesellschaft stärker auf der Bereitschaft und der Fähigkeit der Beschäftigten, selbstständig für die Transformation ihrer Arbeitskraft in Arbeit zu sorgen. Beschäftigte können nur in Grenzen von außen zur Leistung motiviert werden, ständige Fremdkontrolle hat sich in vielen Bereichen als suboptimal erwiesen – ohne den Willen zu arbeiten, lässt sich die Transformation von Arbeitskraft in Arbeit nur höchst unzureichend bewerkstelligen.

3.2 Die Funktion des Personalmanagements bei der Lösung des Transformationsproblems

Organisationen haben mit dem Personalmanagement, oder neuerdings: dem Human Ressource Management eigens Stellen geschaffen und Abteilungen ausdifferenziert, die sich mit nichts anderem beschäftigen als mit der Lösung des Transformationsproblems. Daneben hat das Personalmanagement noch drei weitere Probleme zu lösen (Nienhüser 2006, S. 44): Es muss hinreichend qualifiziertes Personal zur Verfügung stellen (Verfügbarkeitsproblem), es muss für eine möglichst reibungslose Aneignung der geschaffenen Werte durch die Kapitalseite sorgen (Aneignungs- und Herrschaftssicherungsproblem) und die Kosten müssen begrenzt werden (Kostenproblem). Damit soll sichergestellt werden, dass das Personal bestmöglich eingesetzt wird, dass also Stellen mit Arbeitskräften besetzt werden, deren Kompetenz und deren Bereitschaft eine optimale Aufgabenerfüllung auf dieser Stelle versprechen; dazu werden spezifische Entgeltsysteme, Beförderungspraktiken, Beurteilungsverfahren, Kontrollen etc. genutzt (vgl. Neuberger 1997).

Die Aufgaben, die dem Personalmanagement zugewiesen werden, sind also beträchtlich. Allerdings stößt es bei der Bewältigung dieser Aufgabe trotz aller Vorschläge aus der Ratgeberliteratur und trotz aller einschlägigen Lehrbücher zum Personalmanagement an Grenzen. Der Grund ist ebenso einfach wie schlicht: Man hat es, wie die Bezeichnung schon sagt, mit Personal zu tun, Personal aber ist durchaus eigenwillig und fügt sich nicht ohne Weiteres den Imperativen der Organisation. Dies gilt für jedes Personalmanagement, das mehr umfasst als nur die Personalverwaltung; Personen funktionieren nicht (immer) so, wie gewünscht, sie haben eigene Interessen, die von denen der Organisation abweichen (können), und die Arbeit steht nicht unbedingt im Mittelpunkt ihrer Wünsche.

Zugleich steht das Personalmanagement unter einem nicht unerheblichen Kostendruck, der sich unter den Bedingungen des Finanzmarkt-Kapitalismus noch erhöht hat; angesichts „der Kürzung von Personalbudgets und Stellenabbau,

3.2 Die Funktion des Personalmanagements bei der Lösung ...

der Diskussion um die Verkleinerung bzw. sogar das Outsourcing von Personalabteilungen (...) stehen personalwirtschaftliche Entscheidungen auf dem Prüfstand" (Pietsch 2006, S. 171). Auch das Personalmanagement muss nachweisen, dass und in welcher Form es zum Unternehmenserfolg beiträgt. Es gibt eine Vielzahl von Studien, die einen solchen Zusammenhang untersucht haben – mit einem ernüchternden Befund: „Viele Studien sind methodisch mangelhaft und eindeutige Ergebnisse gibt es nicht" (Wächter 2013, S. 355). Dies bestätigen auch andere Untersuchungsergebnisse. Eine Metaanalyse von Forschungsergebnissen zum statistischen Zusammenhang zwischen Maßnahmen des Personalmanagements und dem Unternehmenserfolg (Gmür und Schwerdt 2005) weist jedenfalls selbst bei positiver Interpretation einen allenfalls diffusen Einfluss des Personalmanagements aus und so kommt Nienhüser (2006, S. 49) zu dem Schluss, „dass nach den vorliegenden Untersuchungen Personalstrategien insgesamt einen sehr geringen Einfluss auf den Unternehmenserfolg haben".[7]

Das Personalmanagement hat in den letzten Jahrzehnten einen erheblichen Bedeutungswandel erlebt. Folgt man Pawlik (2000), können folgende Phasen unterschieden werden: Bis in die sechziger Jahre dominierte der Personalverwaltungsaspekt, darauf folgte die Institutionalisierung der Personalarbeit durch die Ausdifferenzierung entsprechender Stellen und Abteilungen in Unternehmen, in den siebziger Jahren gewann die Personalbetreuung und die Personalentwicklung an Bedeutung und seit den neunziger Jahren hat der Gedanke der Humanressourcen Einzug in die Personalabteilungen gehalten; seitdem ist es „primäres Ziel (...), durch geeignetes Managen der wichtigen Unternehmensressource ‚Mitarbeiter' Wertschöpfung (‚added value') zu schaffen" (Pawlik 2000, S. 1). Allerdings ging dies nicht mit einer Aufwertung der dafür zuständigen Stellen einher; denn, so Kotthoff und Matthäi (2001, S. 64) in einer empirischen Untersuchung, die „Prognose, dass mit der Wichtigkeit des Personals auch das Gewicht des Personalwesens zunimmt, (wurde) widerlegt". Das Aufgabenspektrum ist gewachsen – es macht einen erheblichen Unterschied aus, ob Personal nur verwaltet wird oder ob Personal ‚gemanagt' wird mit dem Ziel, zum Unternehmenserfolg beizutragen –, die unternehmensinterne Bedeutung der dafür zuständigen Abteilungen ist jedoch nach wie vor nicht sehr groß.

---

[7]Es sind allerdings Zweifel angebracht, ob überhaupt möglich ist, einen solchen Einfluss zu ermitteln; das würde ja nicht weniger als eine nachvollziehbare Ursache-Wirkungs-Kette voraussetzen, die plausibel erklärt, welche Aspekte des – wie auch immer bestimmten – Unternehmenserfolgs auf welche Maßnahmen des Personalmanagements zurückzuführen sind.

Das ‚Managen von Personal' orientiert sich also wie andere betriebliche Entscheidungen auch an Leitbildern und die haben sich in den letzten Jahrzehnten gewandelt; das Leitbild einer bloßen Personalverwaltung unterscheidet sich fundamental vom Leitbild des Human Ressource Management. Wenn Leitbilder einmal existieren, begrenzen sie den Raum von Entscheidungsmöglichkeiten, weil Leitbilder eine prägende Kraft für Entscheidungen haben. Dafür haben Institutionen – verstanden als Strukturen und Aktivitäten, die soziales Verhalten mit Stabilität und Sinn versehen (Scott 1995) – eine wichtige Orientierungsfunktion für die Akteure, denn sie stellen Leitbilder zur Verfügung, die bspw. Vorstellungen von und Annahmen über Rationalität umfassen – Annahmen über das, was effizient und durchführbar ist, ebenso wie über das, was ineffizient und unpraktikabel ist.

Dies ist ein Grundgedanke der neo-institutionalistischen Organisationstheorie (als Überblick: Senge 2017; Walgenbach 2014), dessen Kernstück „die Infragestellung der rein zweckrationalen Sichtweise auf Organisationen" (Senge 2007, S. 55) ist. Einer Interpretation in dem berühmten Aufsatz von Meyer und Rowan (1977) zufolge ist davon auszugehen, „that the formal structures of many organizations (…) dramatically reflect the myths of their institutional environment instead of the demands of their work activities" (Meyer und Rowan 1977, S. 341). Es geht um „grundsätzliche gesellschaftliche Wertorientierungen" (Hasse und Krücken 2005, S. 133), die Organisationen zu berücksichtigen haben. Akteure in Unternehmen handeln und entscheiden in Übereinstimmung mit der jeweils gültigen Leitlinie, weil dies ein Garant für richtiges und erfolgreiches Handeln ist oder zumindest zu sein scheint, und wenn sich im Nachhinein doch herausstellt, dass eine Entscheidung falsch gewesen ist, kann immer noch darauf verwiesen werden, „dass eigentlich nur ungünstige Umstände für den schlechten Verlauf der Dinge ursächlich gewesen sein können" (Schimank 2002, S. 49).

Hat sich ein Leitbild erst einmal etabliert, erscheint es als eine Sachgesetzlichkeit, die jede Alternative verbietet (Faust et al. 1995). Vorstellungen und Annahmen können sich jedoch auch ändern und Leitbilder, durch die festgelegt wird, was als rational gilt, können durch andere Leitbilder abgelöst werden. Wenn Leitbilder sich wandeln, dann wandeln sich auch die Überzeugungen davon, was Gewinn steigernd und effizient ist, wie der Umgang mit den Beschäftigten zu gestalten ist, kurz: was modern ist.

Die Leitbilder nun, an denen Personalmanagement sich ausrichtet, haben offenbar einen derartigen Wandel durchlaufen. Ging es als Aufgabe des Personalmanagements zunächst nur um die formale Verwaltung von Arbeitskräften, ist, wie erwähnt, laut Pawlik (2000) im Laufe der Jahre immer stärker der ‚Mitarbeiter als Ressource' in den Vordergrund gerückt, dessen Fähigkeiten und

3.2 Die Funktion des Personalmanagements bei der Lösung ...

Kompetenzen es umfassend zu nutzen gilt. Darin drücken sich Annahmen aus, auf welche Weise man die Lösung des Transformationsproblems am besten zu erreichen meint. Der ‚Mitarbeiter als Unternehmensressource' – das hat wenig mit ‚Freundlichkeit' gegenüber ‚dem' Mitarbeiter, aber viel mit der Annahme zu tun, dass Beschäftigte eine Vielzahl von Kompetenzen haben, die durch standardisierte und kontrollierte Arbeitsprozessen brach gelegt werden und ungenutzt bleiben; ohne Nutzung dieser Potenziale können sie ihre Ziele aber nicht erreichen und ohne ihre Zielerreichung wiederum können sie und damit der Betrieb nicht die Kennziffern erreichen, an denen der Erfolg gemessen wird.

Mit diesen veränderten Leitbildern hat sich auch der Aufgabenbereich des Personalmanagements gewandelt. Während die frühere Personalverwaltung sich weitgehend auf administrative Tätigkeiten wie das Führen von Personalakten oder die Entgeltabrechnungen beschränken konnte, sind neben der Personalrekrutierung mittlerweile Personalführung[8] und vor allem Personalentwicklung in den Vordergrund gerückt; diese ist zu einer zentralen Aufgabe des Personalmanagements geworden. Das stellt einerseits ein Angebot an Arbeitskräfte dar, denen signalisiert werden soll, dass das Unternehmen bereit ist, etwas für sie zu tun und dabei auch finanziell zu investieren gedenkt, was die Bindung an das Unternehmen zu stärken verspricht; andererseits ist das Angebot auch eine Aufforderung, die eigene Arbeitskraft so zu entwickeln, dass sie auf die Belange des Unternehmens zugeschnitten ist.

Zur Personalentwicklung werden in erster Linie Maßnahmen der Aus- und Weiterbildung gezählt, aber auch eine lernförderliche Arbeitsgestaltung; damit sollen die Beschäftigten für aktuelle und zukünftig anfallende Aufgaben qualifiziert werden, indem ihnen die Kompetenzen vermittelt werden, die sie absehbar für die erfolgreiche Bewältigung ihrer Arbeitsaufgaben benötigen. Eine so bestimmte Personalentwicklung weist allerdings vier Probleme auf. Erstens bleibe dahingestellt, ob die Prognosefähigkeit in Unternehmen überhaupt so weit entwickelt ist, wie es notwendig wäre, um zukünftige Zustände so genau zu umreißen, dass darauf bezogene Qualifikations- und Kompetenzprofile[9] bestimmt werden können. Zweitens werden mit der Bezeichnung Erwartungen geweckt, die nicht erfüllt werden können. Denn mit Personalentwicklung ist nicht, wie es der Begriff nahezulegen scheint, die Entwicklung der gesamten Person gemeint,

---

[8]Oder besser: die Organisation von Weiterbildungsseminaren zur Vermittlung von Führungstechniken an Vorgesetzte.
[9]Zur Unterscheidung von Qualifikation und Kompetenz vgl. Kap. 8.

sondern nur die Entwicklung des Teils der Person, der für das Unternehmen interessant ist. Allein schon aus Kostengründen kann keine Organisation ein Interesse daran haben, ihr Personal in einem umfassenden Sinn zu entwickeln, und jede Person kann mehr, als es ihr als Organisationsmitglied abverlangt wird. Und anders herum: Niemand wird jemals bereit sein, seine gesamten Fähigkeiten einer Organisation zur Verfügung zu stellen.

Drittens liegen der Personalentwicklung nicht begründete und nicht begründbare Annahmen zugrunde. Einerseits zielt Personalentwicklung auf die Erhöhung von Arbeitszufriedenheit und Motivation, auf Leistungsfähigkeit, Karriereplanung, Flexibilität, persönliche Entwicklung und Entwicklung in der Organisation. Solche Bemühungen machen andererseits aber nur Sinn bei der Unterstellung, dass das Personal entwicklungsfähig und entwicklungsbereit ist – eine Annahme, die keineswegs so selbstverständlich ist, wie sie zu sein scheint. Luhmann (2000, S. 280) hat zu Recht darauf hingewiesen, dass „Personen schwer zu bewegen und kaum zu ändern" sind, jedenfalls von anderen. Bei den Maßnahmen der Personalentwicklung werden aber diese Entwicklungshorizonte des Personals selbst außer Acht gelassen; es gibt gleichermaßen Personen, die sich als resistent gegenüber der Zumutung der Entwicklung erweisen, wie auch Personen, die trotz aller Bereitschaft zur persönlichen Veränderung an die Grenze der an sie herangetragenen Erwartungen stoßen.

Und viertens schließlich tritt neben diese kaum zu begründende Annahme einer von außen zu steuernden Entwicklungsfähigkeit von Personen die Unterstellung, dass Personen nicht nur entwicklungsfähig, sondern auch entwicklungsbedürftig sind; ohne diese Mutmaßung wäre Personalentwicklung schlicht überflüssig, weil es keine Adressaten für entsprechende Maßnahmen gäbe (Minssen und Piorr 2004). Es ist also ein ganz paradoxes Bild vom Menschen in der Organisation, das jeder Personalentwicklung unterlegt ist: einerseits das an humanistische Ideale anknüpfende Bild des entwicklungsfähigen und vor allem auch entwicklungsbereiten Mitarbeiters und andererseits das Bild des Mitarbeiters, der Entwicklung nötig hat: Mitarbeiter sind nicht so, wie sie sein sollten, sie sind nicht zufrieden genug, zu wenig motiviert, zu wenig leistungsfähig etc. pp., mit anderen Worten: sie sind defizitär[10].

Die Notwendigkeit von Personalentwicklung wird nur selten bezweifelt. Dabei ist diese Annahme offenbar keineswegs so selbstverständlich, wie sie scheint. Wie oben erwähnt, machen Organisationen sich durch Hierarchie

---

[10]Erschwerend kommt hinzu, dass jeder Personalentwickler durch seine bloße Existenz zum Ausdruck bringt, dass er wüsste, wie den Defiziten abzuhelfen ist.

3.2 Die Funktion des Personalmanagements bei der Lösung ...

und Regeln unabhängig von Personen, sodass prinzipiell immer die Möglichkeit eines Personalaustauschs anstelle einer Personalentwicklung besteht. Deswegen wäre es eine denkbare Alternative, statt einer „so gut wie aussichtslosen Veränderung von (erwachsenen!) Menschen" (Luhmann 2000, S. 291) auch auf eine Rekrutierung neuer Personen für bestimmte Positionen zu setzen oder vorhandenes Personal zu versetzen. Zudem ist bekannt, dass selbst Unternehmen ohne Personalentwicklung funktionieren und das noch gar nicht mal so schlecht, wie man an kleinen und mittleren Unternehmen studieren kann, in denen der Personalentwicklung schon aus Gründen mangelnder finanzieller Ressourcen oftmals ein nicht allzu großes Gewicht beigemessen wird (Weber und Kabst 2000).

Wenn dennoch – in den Unternehmen ebenso wie in einem Teil der beobachtenden Wissenschaft – hartnäckig an der Notwendigkeit von Personalentwicklung und ganz allgemein an der Notwendigkeit von Personalmanagement festgehalten wird, das mehr umfasst als nur Personalverwaltung, dann scheinen dafür andere Gründe ausschlaggebend zu sein. Kühl (2007) verweist unter Rückgriff auf Luhmann (2000) auf die latenten Funktionen des Personalmanagements. Dessen Funktion besteht nicht, wie es auf den ersten Blick scheinen mag, darin, Personalentscheidungen zu rationalisieren und/oder das Personal zu verändern, um dadurch auch die Organisation selbst zu verändern, sondern es geht um die Wahrnehmung von Funktionen, die dem Personalmanagement eigentlich gar nicht zugerechnet werden. Solche latenten Funktionen können „eher pflegerische, ja therapeutische Aufgaben" (Luhmann 2000, S. 283) sein, die nicht nur auf Leistung bezogen sind, sondern auch Hilfen für persönliche Probleme bereitstellen. Dazu zählen laut Luhmann etwa die Planung von Eingewöhnungszeiten für Neuankömmlinge oder auch von „Auskühlungszeiten" für Versager und für Opfer von Stellenkürzungen, die Schaffung von Ersatzbefriedigungen für Personen, die keine Aussicht auf Weiterkommen haben, bis hin zur Errichtung von Scheinhierarchien, die Beförderungsmöglichkeiten bieten, ohne dass dem ein Bedarf an Kompetenzen gegenübersteht. In dieser Perspektive wäre die eigentliche, die latente Funktion des Personalmanagements in erster Linie die Ruhigstellung des Personals, um mögliche Kontroversen zu vermeiden.

Organisationen entsprechen mit der Bereitstellung von Maßnahmen der Personalentwicklung den an sie herangetragenen Erwartungen. Durch das Befolgen solcher gesellschaftlichen Wertorientierungen verschaffen sie sich Legitimität, wobei es gar nicht so sehr darum geht, ob diesen Erwartungen tatsächlich gefolgt wird, also entsprechende Maßnahmen eingeleitet werden, sondern darum, dass solche Erwartungen repräsentiert sind. Es werden Legitimationsfassaden (Walgenbach 2014, S. 317 f.) aufgebaut, mit denen die Orientierung an den herangetragenen Erwartungen symbolisiert wird.

Personalmanagement kann als eine solche Fassade verstanden werden, auf die Organisationen zwecks Legitimitätsbeschaffung angewiesen sind, weil sie damit den Erwartungen ihrer Umwelt folgen. Moderne Unternehmen, jedenfalls die großen Unternehmen, haben angesichts der veränderten Leitbilder hinsichtlich des Umgangs mit dem Personal zu signalisieren, dass Personalmanagement für wichtig gehalten wird, indem Stellen dafür eingerichtet sind. Durch die Ausdifferenzierung einer Abteilung für Personalmanagement oder der Einrichtung entsprechender Stellen wird symbolisiert, dass die Leitlinie ‚Mitarbeiter als Unternehmensressource' Berücksichtigung findet, indem sie auch in der Formalstruktur der Organisation verankert ist. Die Beschäftigten werden nicht nur als Arbeitskraft behandelt, sondern als Mitarbeiter, deren berufliche (und auch persönliche) Entwicklung dem Unternehmen so am Herzen liegt, dass dies in der Formalstruktur berücksichtigt wird.

Es kommt also auf die Symbolkraft von Personalmanagement an. Welche Auswirkungen es hat und ob damit irgendein nachhaltiger Anteil am Unternehmenserfolg geleistet wird, steht einem anderen Blatt. Die Einrichtung von Abteilungen bzw. Stellen in Organisationen, die eigens für das Personal in einem umfassenderen Sinne zuständig sind, verursacht zwar Kosten, hat aber, wie oben erwähnt, auf den Unternehmenserfolg nur wenig bis überhaupt keinen Einfluss. Doch wird dies aus Gründen der Legitimitätsbeschaffung offenbar in Kauf genommen. Ein Verzicht auf Personalmanagement wäre, selbst unter den Bedingungen des Finanzmarkt-Kapitalismus, keine akzeptable Option.

Personalmanagement kostet also Geld und soll Aufgaben erfüllen, durch die es überfordert ist – zumindest in Bezug auf eines der eingangs genannten vier Probleme, die Transformation der Arbeitskraft in Arbeit. Arbeitsengagement kann nicht durch Maßnahmen der Personalentwicklung erzeugt werden, denn Personalmanager haben es mit einer Klientel, nämlich mit erwachsenen Menschen, zu tun, die sich von außen kaum beeinflussen oder gar steuern lassen; zudem wird von dieser Klientel zunehmend erwartet, die Transformation ihrer Arbeitskraft in Arbeit selbstständig zu bewerkstelligen, und das heißt eben auch: sich selbst um die eigene Personalentwicklung zu kümmern. Der Beitrag des Personalmanagements zu einer gelungenen Transformation von Arbeitskraft in Arbeit ist jedenfalls eher bescheiden, und das liegt nicht an der Unfähigkeit von Personalmanagern, sondern an der Aufgabe selbst. Offenbar kann die Transformation von Arbeitskraft in Arbeit nur in Grenzen von außen bewältigt werden. Es kommt immer auch auf die Bereitschaft der Arbeitenden an, ihre Arbeitsleistung in entsprechender Weise abzurufen. Sie wird wesentlich beeinflusst durch die betriebliche Sozialordnung und den psychologischen Vertrag.

3.3 Betriebliche Sozialordnung und psychologischer Vertrag

Mit dem Abschluss eines Arbeitsvertrags findet immer auch eine Festlegung auf die Ziele des Unternehmens statt. Damit ist nicht nur die Legitimität betrieblicher Herrschaft anerkannt, das heißt die Legitimität der Hierarchie, sondern auch – und das ist vermutlich noch wichtiger – die Bereitschaft erklärt, sich in das System betrieblicher Regelungen einzufügen. Auf diese Weise können die mit dem Arbeitsvertrag festgelegten materiellen Anreize und die durch die Hierarchie erfolgende Kontrolle ergänzt werden durch eine „moralische Integration in die Firmengemeinschaft" (Berger 1995).

In der eher betriebswirtschaftlich orientierten Organisationsforschung wird dies unter dem Stichwort ‚Organisationskultur' diskutiert. Damit sind die spezifischen, in einer Organisation geltenden Denk- und Verhaltensmuster, Werte und Normen gemeint, die die Handlungen in Organisationen anleiten, indem sie erwünschtes Verhalten für unterschiedliche Situationen definieren (Ravasi und Schultz 2006). Eine Organisationskultur umfasst Orientierungsmuster, die von den Organisationsmitgliedern als fraglos gültig akzeptiert werden, und strukturiert damit die Mechanismen vor, mit denen Erfahrungen geordnet und die Organisation und ihre Umwelt wahrgenommen und interpretiert werden (ausführlich dazu Kieser und Walgenbach 2010, S. 132 f.). Darin eingeschlossen sind allgemein akzeptierte Annahmen über die jeweilig informellen Regelungen, die trotz ihrer Informalität eine hohe Verbindlichkeit auf- und Rechte, aber auch Pflichten zuweisen.

In der Arbeits- und Industriesoziologie wird der gleiche Sachverhalt als „betriebliche Sozialordnung" (als Überblick Kotthoff 2017) gefasst. Diese stellt einen sozialen Tatbestand dar, in dem sich vielschichtige soziale Beziehungen und deren lebensweltliche Bezüge ausdrücken. Betriebe erschöpfen sich demzufolge nicht in ihrer formalen Struktur; sie stellen nicht nur ein hierarchisches Herrschaftssystem mit festgelegten Kommunikationswegen dar, in dem Anweisungsbefugnisse festgelegt sind. Sie sind auch ein soziales System, in dem die Integration der Mitglieder immer wieder neu gewährleistet werden muss, und zwar durch ein Netz von gegenseitigen Verpflichtungen, das auf informellen und impliziten Vereinbarungen und Regeln beruht. Auf diese Weise kommt „ein überindividuelles System einer stabilen Erwartungskoordination, eine Makrostruktur von Vorstellungen, Konzepten, Regeln und Routinen richtigen und angemessenen Arbeitsverhaltens" (Kotthoff 2010, S. 429) zustande. Dadurch wird zukünftiges Verhalten erwartbar, und zwar nicht nur das der Kollegen, sondern auch das der Vorgesetzten bzw. aus deren Perspektive, das der Mitarbeiter.

Dabei spielen Erwartungen an Reziprozität eine herausragende Rolle. Reziprozität kann in aller Kürze als „the balance between what is given by ego and what is expected to be returned by alter" (Krug 2009, S. 462) definiert werden. Eine Gabe, eine Leistung soll mit einer Gegengabe bzw. mit einer Gegenleistung beantwortet werden. In den Überlegungen zur Organisationskultur bzw. zur betrieblichen Sozialordnung werden diese gegenseitigen Verpflichtungen als kollektives Phänomen behandelt, sie finden aber auch auf der individuellen Ebene statt; dort werden sie diskutiert unter dem Stichwort ‚psychologischer Vertrag', mit dem Reziprozitätserwartungen aus der Perspektive des Individuums behandelt werden[11].

Psychologische Verträge (vgl. Rousseau 1989) beinhalten Annahmen (‚beliefs') hinsichtlich eines reziproken Austauschs zwischen Arbeitnehmer und Arbeitgeber. Sie können definiert werden „as relatively stable mental models that encapsulate the perceived promises employees believe the organization has made to them in exchange for their efforts on behalf of the organization" (Zagenczyk et al. 2009, S. 237). In einem psychologischen Vertrag manifestieren sich die Erwartungen an und die wahrgenommenen Verpflichtungen gegenüber dem Vertragspartner (Coyle-Shapiro und Kessler 2000), wobei es nicht ausschlaggebend ist, was der Versprechende, also das Unternehmen meint, sondern was der Empfänger des Versprechens, der Arbeitnehmer, wahrnimmt und interpretiert (Göbel et al. 2007, S. 185). Es geht also um Erwartungen, die Beschäftigte gegenüber der sie beschäftigenden Organisation hegen, und die Pflichten, die sie beim Einlösen des Versprechens durch die Organisation zu erfüllen gedenken.

Als wesentliche Komponenten des Erwartungsabgleichs gelten Beschäftigungssicherheit, Karrieremöglichkeiten, Ansprüche an den Arbeitsinhalt, Vertrauen, Loyalität, innere Verpflichtung und Anerkennung (Robinson 1996; Rousseau 1990; Wilkens 2004b), die gegen Engagement und Leistungsbereitschaft getauscht werden. Im psychologischen Vertrag wird ein faires Geben und Nehmen erwartet; es ist ein spezifischer Austauschmodus festgelegt, demzufolge eine Leistung im Vertrauen auf eine angemessene Gegenleistung der anderen Seite erbracht wird. Die Bereitschaft zur Erbringung spezifischer

---

[11] ‚Psychologischer Vertrag' ist natürlich keine sehr glückliche Bezeichnung, eher müsste von psychischen Verträgen die Rede sein. In der Arbeitssoziologie wird aus diesem Grund des Öfteren auch vom ‚impliziten Vertrag' gesprochen. Die Bezeichnung ‚psychologischer Vertrag' wird im Folgenden dennoch beibehalten, weil sie sich als Fachbegriff eingebürgert hat.

3.3 Betriebliche Sozialordnung und psychologischer Vertrag

Leistungsbeiträge im Sinne des Arbeitgebers ist von der individuellen Wahrnehmung hinsichtlich der Einhaltung des psychologischen Vertrages durch den Vertragspartner abhängig; Individuen haben die Erwartung, dass die Organisation ihrerseits die in Aussicht gestellte Gegenleistung erbringen wird.

Ein psychologischer Vertrag ist also auf der individuellen Ebene angesiedelt und „accounts for the perceived promises that employees believe their organizations have made to them" (Dulac et al. 2008, S. 1079). Er beinhaltet die Wahrnehmung einer Person im Hinblick auf wechselseitige Verpflichtungen zwischen Individuum und Organisation; eine Leistung wird erbracht als vorweggenommene Gegenleistung für das wahrgenommene Versprechen der Organisation, wobei sich auch Verpflichtungen ergeben (können), die zusätzlich zu den formalen Regelungen des Arbeitsvertrages bestehen und „neben den individualistischen Handlungskalkülen auch moralische und prosoziale" (Andresen und Göbel 2009, S. 312) Kalküle einbeziehen.

Ein psychologischer Vertrag kommt einer ernst gemeinten Verpflichtung zur Reziprozität gleich, deren Nichteinhaltung zwar nicht justiziabel ist, aber aufgrund entsprechender Verhaltenskonsequenzen durchaus ökonomische Wirkungen nach sich ziehen kann. Eine Untersuchung des psychologischen Vertrages verspricht, die Gründe und möglichen Motive von Loslösungserscheinungen gegenüber der Organisation zu verstehen (Wilkens 2006, S. 120). Er gilt als stabil, solange das wechselseitige Geben und Nehmen seitens des Beschäftigten als angemessen und fair beurteilt wird. Erwidert jedoch die Organisation den Beitrag des Beschäftigten nicht in der Weise, die dieser als Verpflichtung der Organisation wahrnimmt, wird die Norm der Reziprozität verletzt, was einen Vertrauensbruch und damit einen Bruch des psychologischen Vertrags bedeutet (Robinson 1996). Von diesem Vertragsbruch *(„breach")* ist die Vertragsverletzung *(„violation")* zu unterscheiden: „breaches are perceived discrepancies between what has been promised and what is delivered, whereas violation is the emotional reaction that may also be experienced when such discrepancies are perceived" (Conway und Briner 2005, S. 64). Im Unterschied zum Vertragsbruch ist die Vertragsverletzung also weitergehender. Es handelt sich nicht nur um eine Enttäuschung oder Frustration, sondern vielmehr um Ärger, moralische Entrüstung oder auch ein Gefühl des Betrogenseins. Der Vertragsbruch ist eher eine Frage der Kognition, während die Vertragsverletzung mit affektiven Reaktionen verbunden ist (Dulac et al. 2008). Nicht selten führen wahrgenommene Vertragsbrüche seitens der Organisation zur Leistungsminderung (Robinson 1996), Vertragsverletzungen hingegen zu Kündigungen.

Die empirische Wirtschaftsforschung hat mittlerweile viele Einzelergebnisse zutage gefördert, die zu der Schlussfolgerung veranlassen, „dass Reziprozität der

Kitt ist, der die Gesellschaft insbesondere dort zusammenhält, wo einklagbare Rechtsnormen keine Wirkung entfalten oder nur einen Rahmen definieren" (Diekmann 2008, S. 541). Reziprozität speist sich nicht nur aus Nutzenerwägungen, sondern auch „aus Pflicht. Weil und sofern es sich gehört und moralisch geboten ist" (Göbel et al. 2007, S. 173). Es ‚gehört' sich nicht, Lohn entgegenzunehmen und die Arbeitskraft über die Maßen zu schonen, wie bereits seit den Hawthorne-Experimenten (vgl. Minssen 2006a, S. 31 ff.) bekannt ist, in denen nachgewiesen werden konnte, dass in informellen Gruppen in den Betrieben sehr genaue Vorstellungen über eine ‚gerechte' Leistung existieren, die zu Sanktionen gegenüber Leistungsverweigerern führen können. Doch Reziprozität ist auch von der Erwartung auf Erwiderung geprägt und die Bereitschaft zu arbeiten ist mit Erwartungen an den Arbeitgeber verknüpft[12]. Und wenn sich nun in den letzten zehn bis zwanzig Jahren die Konzepte, das Transformationsproblem zu lösen, gewandelt haben, wenn die Transformation von Arbeitskraft in Arbeit nicht mehr (sofern sie das überhaupt jemals gewesen ist) als ein allein von den Betrieben zu lösendes Problem angesehen, sondern auch zu einem von den Beschäftigten mit zu lösenden Problem definiert wird, dann dürften sich auch die normativen und faktischen Grundlagen psychologischer Verträge gewandelt haben; die Lösung des Transformationsproblems wird Teil des psychologischen Vertrages des Beschäftigten.

Wie gesagt: Arbeiter, Angestellte, Beamte müssen arbeiten *wollen;* dieser Wille kann weder durch Kontrolle noch durch gutes Zureden erzeugt werden. Stattdessen gibt es in Arbeitsorganisationen informelle, kollektiv geteilte betriebliche Regeln, die bestimmen, welche Leistung von einem Arbeitnehmer erwartet werden darf, und es gibt individuelle Vorstellungen aufseiten der Arbeitnehmer, was sie für die von ihnen erbrachte Leistung als Gegenleistung von der sie beschäftigenden Organisation erwarten. Dadurch entsteht ein betrieblich spezifisches Geflecht von Erwartungserwartungen: Die Beschäftigten erwarten, dass nicht nur von ihren Vorgesetzten, sondern auch von ihren Kollegen eine ihrer Bezahlung entsprechende Leistung erwartet wird, was einen erheblichen Druck, oder sanfter ausgedrückt: eine erhebliche Motivation erzeugt, diese Leistung auch zu erbringen. Die Organisation wiederum erwartet, dass die Beschäftigten eine ihrer Leistung entsprechende, nicht schriftlich fixierte Gegenleistung erwarten,

---

[12]Und dass die oftmals offenbar nicht erfüllt werden, zeigt sich in der hohen Anzahl von Beschäftigten, die ‚innerlich gekündigt' haben; immerhin jeder fünfte Beschäftigte wird dieser Gruppen zugerechnet; vgl. Scheibner et al. (2016).

3.3 Betriebliche Sozialordnung und psychologischer Vertrag

die mehr umfasst als regelmäßige monetäre Zahlungen. Dieses Geflecht von Erwartungserwartungen trägt so lange, bis eine Seite ihre Erwartungen nicht mehr erfüllt sieht.

Solche wechselseitigen Erwartungen spielen eine erhebliche Rolle bei der Transformation von Arbeitskraft in Arbeit. Sie erzeugen eine Bereitschaft zu arbeiten, die nicht in gleichem Maße durch Anweisung, Kontrolle oder Leistungsanreize sichergestellt werden kann – solange die Erwartungen nicht enttäuscht werden, oder mit anderen Worten: solange darauf vertraut wird, dass das Unternehmen seinen Teil des ‚Vertrages' erfüllt. Vertrauen (auf eine Gegenleistung) ist die Basis jedes psychologischen Vertrages.

Die Analyse von Vertrauen hat in der Soziologie eine lange Tradition. Bereits Simmel (1992) stellte Vertrauen als einen mittleren Zustand zwischen Wissen und Nichtwissen heraus: Wer alles weiß, muss ebenso wenig vertrauen wie der, der überhaupt nichts weiß. Damit gab er den Einsatz, Vertrauen als die Lösung eines Informations- und Ungewissheitsproblems zu untersuchen, was in vielen späteren Arbeiten wiederaufgenommen wurde (vgl. zusammenfassend Richter 2017, Kap. 2). Vertrauen reduziert die Komplexität komplexer Handlungssituationen, da der Vertrauensgeber davon ausgehen kann, dass der Vertrauensnehmer sich als vertrauenswürdig erweist. Dennoch bleibt Vertrauen immer eine riskante Vorleistung (Luhmann 2000), da die Vertrauenswürdigkeit des Vertrauensnehmers sich immer erst im Nachhinein erweist – oder eben auch nicht.

Im angloamerikanischen, weniger im deutschen Sprachraum ist der Versuch unternommen worden, Vertrauensforschung mit Management- und Organisationsforschung zu verbinden (vgl. etwa Bachmann 2001; Dietz und Den Hartog 2006; Krishnan et al. 2006; Skinner et al. 2014). Als ein Befund kann festgehalten werden, dass in organisationalen Kontexten Vertrauen über Personen vermittelt wird (Böhle et al. 2014, S. 33). Dabei spielt der Vorgesetzte eine ausschlaggebende Rolle (Neubauer 1997): Vertrauen in den (unmittelbaren) Vorgesetzten stärkt das Vertrauen in die Organisation insgesamt, weil dieser in der Perspektive der Mitarbeiter die Organisation repräsentiert (Shamir und Lapidot 2003). Diese Beobachtung hat Überlegungen ausgelöst, wie Vertrauen in Organisationen institutionalisiert, wie Vertrauen ‚gemanagt' werden kann, um es für betriebliche Zwecke zu nutzen. Allerdings zeigen Untersuchungen die „mangelnde strategische Nutzbarkeit von Vertrauen" (Richter 2017, S. 246); die Möglichkeiten, Vertrauen durch entsprechende Maßnahmen zu schaffen, sind begrenzt. Vertrauen kann nicht ‚gestaltet' werden, sondern stellt sich im Laufe der Zeit her.

Übertragen auf das Konstrukt des psychologischen Vertrages ist anzunehmen, dass ebenso, wie Vertrauen in das Unternehmen sich über Vertrauen in den unmittelbaren Vorgesetzten vermittelt, auch die im psychologischen

Vertrag enthaltenen Erwartungen des Individuums an die Organisation sich in Erwartungen an den Vorgesetzten äußern. Er ist der Repräsentant der Organisation, an ihn werden die Erwartungen auf eine der erbrachten Leistung angemessene Gegenleistung hinsichtlich Beschäftigungssicherheit, Arbeitsinhalt etc. adressiert und er ist derjenige, der diese Erwartungen auch enttäuschen kann. Und ebenso wenig, wie Vertrauen ‚geschaffen' werden kann, ist ein psychologischer Vertrag Resultat intentionalen Handelns. Seine Stabilität hängt ab von über längere Zeit gesammelten Erfahrungen, dass die Erwartungen erfüllt werden. Sollten sie nicht erfüllt werden, sollte es also zu einem Vertragsbruch oder gar zu einer Vertragsverletzung kommen, ist der psychologische Vertrag nachhaltig in Mitleidenschaft gezogen – ebenso wie enttäuschtes Vertrauen nur mühsam zurückgewonnen werden kann.

Verständnisfragen

- Warum ist ein Arbeitsvertrag immer unvollständig?
- Wie kommt eine betriebliche Sozialordnung zustande?
- Auf welche Probleme stößt die Personalentwicklung?
- Worin besteht die Bedeutung von Reziprozität im psychologischen Vertrag?
- Weswegen ist Vertrauen ein wichtiger Aspekt im psychologischen Vertrag?

Dezentralisierung 4

Seit den 1990er-Jahren haben in den Unternehmen (nicht nur) in Deutschland umfangreiche Reorganisationsprozesse stattgefunden. In diesen Veränderungsprozessen haben sich in zunehmendem Maße die Leitlinien herauskristallisiert, die oben als charakteristisch für den Finanzmarkt-Kapitalismus analysiert wurden und unter dem Oberbegriff ‚Vermarktlichung' rubriziert werden können. Dazu dienten vor allem Prozesse der Dezentralisierung, die in diesem Kapitel ausführlicher beschrieben werden sollen.

Solche Prozesse setzen Entscheidungen voraus, also etwa die Entscheidung, Unternehmensteile auszulagern, einzelne Unternehmensabteilungen mit einem Budget zu versehen und auf eigene Kosten wirtschaften zu lassen oder Hierarchieebenen abzubauen. Solche Entscheidungen werden, so wird oftmals angenommen, nach einem rational geführten Verfahren getroffen und sind auf die Anforderungen bezogen, vor die der Markt die Unternehmen stellt. Ganz so einfach ist die Angelegenheit aber nicht.

4.1 Entscheidungen in Organisationen

Damit es überhaupt etwas zu entscheiden gibt, darf man es „weder mit anarchischen noch mit vollständig determinierten Verhältnissen zu tun" (Baecker 1994, S. 164) haben; im ersten Fall sind Entscheidungen überflüssig, da sie keine Folgen haben, und im zweiten Fall, also in vollständig determinierten Situationen, stehen keine Entscheidungsalternativen zur Verfügung. Nun sind solche Verhältnisse natürlich der absolute Ausnahmefall – sofern sie überhaupt jemals soziale Realität sind – und deswegen werden permanent Entscheidungen getroffen. Der jeweilige Entscheidungsraum ist jedoch unterschiedlich je nach dem Determinationsgrad der jeweiligen Situation.

Wesentliche Entscheidungen in Organisationen sind auf deren Umwelten bezogen, wobei für Arbeitsorganisationen Umwelten wie der Arbeitsmarkt und der Absatzmarkt besonders relevant sind. Das Verhältnis zwischen Umwelt und Organisation ist jedoch nicht-deterministisch. Während man früher in der Organisationsforschung in dem lange Zeit sehr einflussreichen situativen Ansatz (Kieser 2014a) davon ausging, dass die Organisationsstruktur von der Umwelt (der ‚Situation') bestimmt wird, nimmt man heute an, dass Umwelt für alle sozialen Systeme, also auch für Organisationen, immer nur ein ‚Rauschen' darstellt, das erst dann zu Reaktionen führt, wenn dieses Rauschen organisationsinterne Irritationen hervorruft; ein Sachverhalt muss mithin „auf die Entscheidungszusammenhänge des Systems bezogen werden" (Luhmann 1992, S. 173), bevor er von der Organisation überhaupt als Entscheidungsproblem wahrgenommen wird. Als relevantes Problem müssen Sachverhalte erst einmal definiert werden, und zwar von Akteuren, die in der Lage sind, ihre Sichtweise für die Organisation verbindlich zu machen. Dies beruht auf Prozessen, die in der angloamerikanischen Organisationsforschung als ‚sensemaking' bezeichnet werden. Dieser Begriff geht zurück auf Weick (1995) und bezeichnet einen sozialen Prozess, in dem Organisationsmitglieder in Interaktionen mit anderen, durch mündliche wie auch schriftliche Erzählungen ihre Umwelt so interpretieren, dass sie sie begreifen und kollektiv handeln können (Maitlis 2005, S. 21), wobei Plausibilität und Pragmatismus eine erhebliche Rolle spielen (Ravasi und Schultz 2006, S. 452). Insofern basiert jede Veränderungsmaßnahme in Organisationen auf Interpretationen und Deutungen von mit Macht ausgestatteten Akteuren, denen zufolge es erforderlich ist, etwas Neues zu versuchen. Dies ist freilich immer riskant, denn Interpretationen können falsch sein, weil Umweltveränderungen, die sich im Nachhinein als relevant herausgestellt haben, nicht zum Thema geworden sind, weil die Umwelt sich gar nicht oder weil sie sich in anderer Hinsicht als vermutet geändert hat.

Obwohl in Organisationen permanent Entscheidungen getroffen werden, sind Entscheidungen, soziologisch gesehen, ein eher unwahrscheinlicher Fall, denn jede Entscheidung bedeutet den Ausschluss einer Entscheidungsalternative, für die es ebenso gute Gründe gegeben haben mag. Hinzu kommt, dass in Organisationen Entscheidungen nicht gemäß dem Modell formaler Rationalität getroffen werden, also einem Modell, das Handeln an dem Kriterium strikter Rechenhaftigkeit bemisst (Weber 1976, S. 45). Zwar sind Akteure in ihrem Handeln an einem Zweck orientiert, aber Unternehmen lassen sich nicht von einem Oberzweck aus „durchdeklinieren" (Kühl 2005b, S. 120). Entscheidungsträger agieren innerhalb spezifischer betrieblicher Sozialordnungen und haben immer auch die sozialen Folgen von Entscheidungen zu berücksichtigen; manche Themen werden vor dem

Hintergrund der betrieblichen Sozialordnung noch nicht einmal entscheidungsrelevant, da sie als mögliche Option von vornherein ausgeschlossen sind – sei es aus Gründen der Konfliktvermeidung, sei es aus Gründen der Betriebsblindheit.

Nicht *der* Markt also *fordert* irgendetwas – Flexibilität, höhere Qualität, Dezentralisierung etc. –, sondern betriebliche Entscheidungsträger müssen im Rahmen der jeweiligen betrieblichen Sozialordnung zu der Auffassung gelangen, dass derartige Anforderungen zu erfüllen sind, um wettbewerbsfähig bleiben zu können. Es war nicht der Markt, der seit den 1990er-Jahren zu den weiter unten beschriebenen Reorganisationsprozessen in den Betrieben führte, sondern es wurde geglaubt, dass diese Maßnahmen geeignet sein könnten, die diagnostizierten (Markt-)Probleme beheben zu können. Solche Problemwahrnehmungen müssen innerhalb der Organisation als entscheidungsreif anerkannt werden, bevor aus ihnen Entscheidungen werden (Ortmann et al. 1990, S. 61). Wenn Problemwahrnehmungen nicht zu dieser Entscheidungsreife gelangen, werden keine Entscheidungen getroffen oder es werden andere Entscheidungen getroffen. Entscheidungen sind also kontingent; sie können so sein, sie müssen nicht so sein – sie können auch anders sein (zusammenfassend Wilz 2017).

Reorganisation wie Rationalisierung generell verlangen eine Semantik, in der die Akteure sich über ihre Maßnahmen und Verfahren verständigen (und natürlich auch streiten) können. Diese Semantik ist eine der Rationalität. Auch die Prozesse des *sensemaking* zielen darauf, Entscheidungen und Handlungen als rational erklärlich darzustellen (Allard-Poesi 2005, S. 171). Denn Vorschläge zu Reorganisationen müssen sich den Akteuren als rational darstellen und anderen als rational vermittelbar sein, damit Maßnahmen als mögliche Optionen in den Aushandlungsprozess überhaupt eingebracht und entschieden werden können.

Die Ausdeutungen von Rationalität variieren jedoch im Zeitverlauf und stehen in einem engen Kontext zu den jeweiligen gesellschaftlich gültigen Rationalisierungsleitbildern. Veränderungen von Rationalisierungsleitbildern implizieren eine Veränderung der Semantik, in der über Rationalisierung kommuniziert wird; zwar muss an der Bedeutung von Rationalität als Entscheidungsgrundlage festgehalten werden[1], doch was heute als rational gilt, kann früher durchaus als irrational gegolten haben und deswegen noch nicht einmal thematisierungswürdig gewesen sein. Rationalität ist also ausdeutbar und Rationalitätssemantiken können sich voneinander unterscheiden – je nachdem,

---

[1] Schließlich ist es völlig undenkbar, als irrational deklarierte Problemwahrnehmungen in den Entscheidungsprozess einzubringen – jedenfalls nicht, wenn man ernst genommen werden möchte.

auf welche Ziele hin Entscheidungsoptionen als rational kommuniziert werden. Und dies schließt ein, dass dem Beobachter in Unkenntnis der jeweiligen Rationalitätssemantiken die spezifische Rationalität von Rationalität verschlossen bleibt, Entscheidungen also als irrational erscheinen; zugleich können aber auch Entscheidungen, die seinerzeit als rational beurteilt wurden, retrospektiv für völlig irrational gehalten werden[2]. Für die Funktionsfähigkeit von Organisationen kommt es offenbar weniger darauf an, ob Entscheidungen rational *sind,* als vielmehr darauf, dass sie Rationalität symbolisieren. Rationalität ist ein institutionell verankerter Mythos, dem Organisationen aus Gründen der Legitimitätsbeschaffung zu folgen haben, und zwar nicht nur nach außen, sondern auch nach innen. Entscheidungen und Rationalisierung müssen immer zumindest mit dem Signum von Rationalität belegbar sein.

Zudem sind alle betrieblichen Entscheidungen Ergebnis mikropolitischer Aushandlungsprozesse intentional handelnder Akteure und Akteurskoalitionen, die ihre eigenen Strategien verfolgen. Dies bedeutet nicht, dass die Teilnehmer an Entscheidungsprozessen sich irrational verhielten, doch ihre Intentionalität beruht auf einer je spezifischen Rationalität, vor allem der Rationalität ihrer individuellen Interessen, die keineswegs deckungsgleich sein müssen mit den Interessen der Organisation insgesamt, sondern eher auf Statusabsicherung, beruflichen Aufstieg und Verfügung über Machtressourcen ausgerichtet sind.

Dies zusammengenommen, kann zu Recht die Frage aufgeworfen werden, warum „man ausgerechnet Organisationen (…) eine besondere, wenngleich problembeladene Nähe zur Rationalität zumutet" (Luhmann 1992, S. 165), und dieses Zutrauen in die Rationalität organisierter Sozialsysteme ist auch längst einer erheblichen Skepsis gewichen (vgl. den Überblick bei Becker et al. 1992). Bereits Ende der 1940er-Jahre hielt Simon (1948) Rationalität für begrenzt, da Entscheider nicht über alle Handlungsalternativen und auch nicht über alle möglichen Folgen von Entscheidungen informiert sind, sodass sie eher zu befriedigenden als zu optimalen Lösungen greifen. Diese Sichtweise wurde nochmals radikalisiert in dem Mülleimermodell von Entscheidungen (Cohen et al. 1990; vgl. auch die Zusammenfassung bei Berger et al. 2014). Demzufolge finden sich in Organisationen, die durch problematische Präferenzen, unklare Technologien und fluktuierende Partizipation gekennzeichnet sind

---

[2]Man denke nur an die Übernahme von Chrysler durch Daimler-Benz, die 1998 von den meisten Beobachtern als wichtiger Schritt auf dem Weg zum Weltkonzern gefeiert, von den gleichen Beobachtern aber einige Jahre später als Beispiel unternehmerischen Größenwahns gebrandmarkt wurde.

4.1 Entscheidungen in Organisationen

(‚organisierte Anarchien' wie etwa Universitäten), Lösungen, Probleme, Entscheidungssituationen und Entscheidungsteilnehmer relativ unverbunden nebeneinander, sodass Entscheidungen eher zufällig getroffen werden und es auch schon mal passieren kann, dass Entscheidungen zu Lösungen führen, für die noch überhaupt keine Probleme definiert sind.

Nun zeichnen sich natürlich nicht alle Organisationen durch problematische Präferenzen, unklare Technologien und fluktuierende Partizipation aus und deswegen sind Entscheidungen nicht immer so zufällig, wie es in dem Mülleimermodell angenommen wird. Entscheidungen sind keine Einzelphänomene, denn „sie bedingen sich wechselseitig in dem Sinne, dass es ohne andere Entscheidungen nichts zu entscheiden gäbe" (Luhmann 1993, S. 353). Sie bauen auf zuvor getroffenen Entscheidungen auf und diese zuvor getroffenen Entscheidungen begrenzen die aktuell zu treffenden Entscheidungen. Dadurch kommt ein Korridor möglicher Alternativen zustande, dessen Barrieren „aus organisationalen, technologischen, ökonomischen, juristischen, informationellen und kulturellen Verstetigungen und Verfestigungen (bestehen), die zu Strukturen geronnen sind – zu Regeln und Ressourcen, die im Handeln produziert und reproduziert werden" (Ortmann et al. 1990, S. 67).

Es gibt also Leitplanken, innerhalb derer entschieden wird, und es gibt Verfahrensregeln, nach denen entschieden wird. Luhmann (2000, S. 225) spricht in diesem Zusammenhang von Entscheidungsprogrammen, die Organisationen herausgebildet haben, wobei er unterscheidet zwischen vorgegebenen Zwecken, auf die hin Entscheidungen zu treffen sind (Konditionalprogramme), und Wenn-dann-Regeln, die beim Vorliegen bestimmter Voraussetzungen zur Anwendung kommen (Zweckprogramme); bei Ersteren bleibt es in gewisser Weise offen, welche Entscheidungen getroffen werden, während es sich bei Letzteren um „durchgezeichnete Entscheidungsprogramme" (Luhmann 1976, S. 282) handelt, die Entscheidungen verbindlich vorschreiben. Mittels solcher Verfahren werden Entscheidungen legitimiert; über die Inhalte, vor allem über die Rationalität von Entscheidungen ist damit noch nichts ausgesagt.

Ohnehin gibt es kein valides Kriterium für Rationalität. Der neo-institutionalistischen Organisationstheorie[3] zufolge operieren Organisationen in „hochgradig institutionalisierten Kontexten und Vorstellungen (…), auf welche Weise bestimmte Güter und Dienstleistungen ‚rational' zu produzieren sind"

---

[3]Der Neo-Institutionalismus hat uns schon oben in Abschn. 3.2 beschäftigt; ich verweise nochmals auf die zusammenfassende Darstellung dieser sehr einflussreichen Theorie bei Senge (2017).

(Türk 1989, S. 131), und wenn die Kontexte sich verändern, können sich auch die Vorstellungen von Rationalität ändern. Solche Vorstellungen entstehen und werden kollektiv geteilt in ‚organisationalen Feldern'. Dabei handelt es sich um „intermediate systems that mediate between societal structures and individual organizations" (Scott 1995, S. 135). Diese Intermediäre werden von Organisationen gebildet, die in enger Verbindung zueinander stehen: „key suppliers, resource and product consumers, regulatory agencies, and other organizations that produce similar services or products" (DiMaggio und Powell 1991, S. 64 f.).

In diesen organisationalen Feldern sind fokale Organisationen, also Organisationen, die das Feld dominieren, von erheblicher Bedeutung. Sie strukturieren das Feld und stellen institutionelle Strukturen in Form generalisierter Modelle bereit, die als besonders erfolgversprechend gelten. Dadurch beginnen in organisationalen Feldern „Kräfte zu wirken, die dazu führen, dass sich die Organisationen in diesem Feld immer stärker angleichen" (Walgenbach 2014, S. 310). Dies bedeutet nicht, dass die zur Verfügung gestellten Modelle völlig gleichlautend sind; es können durchaus unterschiedliche, in Teilbereichen sogar konfligierende institutionelle Anforderungen vorhanden sein (Delmestri und Walgenbach 2008, S. 279). Doch zumindest im Grundsatz gibt es in einem organisationalen Feld kollektiv geteilte Annahmen über ‚Best-practice'-Verfahren. Solche Annahmen beinhalten auch Vorstellungen, wie ‚moderne' Organisationen auszusehen haben und lösen damit Isomorphieprozesse aus, also Prozesse der Angleichung von Organisationsstrukturen.

Dieser Isomorphismus wird in der neo-institutionalistischen Theorie auf drei Mechanismen zurückgeführt: auf Zwang *(coercive isomorphism)*, auf Nachahmung von bewährten Formen in der Bewältigung von Unsicherheit *(mimetic isomorphism)* sowie auf normative Gründe *(normative isomorphism)*, die aus Professionalisierungstendenzen herrühren, in denen Angehörige eines Berufes ihre Arbeitsbedingungen und Arbeitsweisen zu definieren versuchen. Dadurch finden in organisationalen Feldern Verriegelungsprozesse statt, die für die Organisationen in diesem Feld festlegen, welche Praktik – auch im Unterschied zu anderen denkbaren Praktiken – rational, effizient, modern etc. ist. Dabei kommt es nicht darauf an, ob diese Eigenschaften tatsächlich erfüllt sind (was ohnehin kaum zu beurteilen ist), sondern dass diese Eigenschaften der jeweiligen Praktik von den Feldmitgliedern zugeschrieben werden.

Den jeweiligen Formen der Produktion liegen also bestimmte Vorstellungen und Annahmen über Rationalität, Effizienz, Modernität etc. zugrunde. Sie müssen nicht gesellschaftsweit geteilt werden, sondern können auch nur in speziellen organisationalen Feldern gelten; doch erfolgreiche Praktiken in einem Feld haben Ausstrahlungseffekte auf andere organisationale Felder, sodass von einer feldübergreifenden Homogenisierung zumindest in den Grundlinien dessen, was für erfolgversprechend und rational gehalten wird, ausgegangen werden kann. Freilich bezieht diese Homogenisierung sich eher auf die Leitbilder, an denen organisatorischer Wandel orientiert ist; die organisationsinterne Umsetzung ist eine andere Frage. Prozesse des Isomorphismus stellen für Organisationen eine komplizierte Abgleichung von Leitbildern, die sie zu repräsentieren haben, mit ihren internen Strukturen dar. Und nicht selten zeigt sich, dass die treibenden Kräfte für Veränderungsmaßnahmen nicht bestimmte Probleme im Wertschöpfungsprozess sind, sondern „dass häufig die ‚Produktion' eines modernen Images im Vordergrund steht" (Kühl 2002, S. 175). Das aber kann schiefgehen, wenn Leitbilder adaptiert werden, die mit der betrieblichen Problemlage nicht kompatibel sind, wie es vor allem beim mimetischen Isomorphismus der Fall sein kann (ein Beispiel dazu bei Minssen 2006b), wenn organisatorische Strukturen oder bestimmte Praktiken nachgeahmt werden, weil sie in anderen Organisationen erfolgreich waren, ohne dass die möglicherweise anderen strukturellen Voraussetzungen in diesen Organisationen berücksichtigt werden.

Entscheidungen in Organisationen sind also kontingent und die Rationalität von Entscheidungen bemisst sich an den Vorstellungen, was rational ist. Angesichts dessen darf man sich den Ausgangspunkt der nun darzustellenden Dezentralisierungsprozesse in Unternehmen seit den 1990er-Jahren also nicht so vorstellen, als ob im Jahre 1990 (oder 1989 oder 1991) in den Geschäftsleitungen nach zweckrationaler Abwägung aller Vor- und Nachteile die Entscheidung getroffen wurde: „Jetzt wird dezentralisiert". Stattdessen handelte es sich eher um Prozesse eines mimetischen Isomorphismus, einen sozialen Prozess, in dem sich die Einschätzung breitmachte, dass Dezentralisierung eine erfolgversprechende Lösung für die Behebung der immer stärker zutage tretenden Defizite einer tayloristischen Arbeitsgestaltung sein könnte, durch die vor allem die mangelnde Flexibilität kompensiert werden sollte. Dieser Prozess lief weniger in einem klar strukturierten Entscheidungsprozess als vielmehr in einem Trial-and-error-Verfahren ab. Retrospektiv, also von den Ergebnissen her, die hier im Vordergrund stehen, erscheint dies dann alles viel (zweck-)rationaler, als es tatsächlich gewesen ist.

4.2 Strategische Dezentralisierung

Mit Dezentralisierung (zusammenfassend Funder 2017) ist die Verlagerung von Kompetenzen nach unten gemeint, also die Verlagerung von oberen auf untere Hierarchieebenen, letztlich auf die ausführende Stelle. Die Form der Dezentralisierung hängt davon ab, was mit der ‚ausführenden Stelle' gemeint ist, ob es sich dabei um Einheiten auf der Ebene der Unternehmensorganisation oder um Einheiten auf der Ebene der Arbeits- und Betriebsorganisation handelt. Für die Dezentralisierung auf der Ebene der Unternehmensorganisation haben Deutschmann et al. (1995) die Bezeichnung „strategische Dezentralisierung" vorgeschlagen[4]; sie „umfasst alle Formen, bei denen Aufgaben, Kompetenzen und Verantwortlichkeiten auf neudefinierte Unternehmenseinheiten oder im Rahmen der bestehenden an marktnahe Organisationseinheiten verlagert oder aus dem Unternehmen bzw. Unternehmensverband ausgelagert werden (Externalisierung)" (Deutschmann et al. 1995, S. 23 f.). Strategische Dezentralisierung ist keine neue Strategie, auf die Unternehmen zurückgreifen, um die gewachsene Komplexität zu bewältigen; vielmehr lässt sie sich bis in die 1960er- und 1970er-Jahre zurückverfolgen (Funder 1999); sie wurde aber in der letzten Dekade des zwanzigsten Jahrhunderts besonders intensiv verfolgt.

Die Formen der strategischen Dezentralisierung sind unterschiedlich. Es kann sich um Matrixorganisationen ebenso handeln wie um Profit-Center oder Holdings (ausführlicher dazu Minssen 2006a, Abschn. 7.2). Sie zielen auf die Implementation von Kunden- und Marktbeziehungen auch innerhalb der Organisation. Subsysteme eines Unternehmens werden zu selbstständig wirtschaftenden Einheiten, die mit anderen Subsystemen des gleichen Unternehmens in eine über Geld gesteuerte Beziehung treten. Im extremen Fall kann dies bis zu einer rechtlichen Selbstständigkeit dieser Subsysteme reichen. Davon erhofft man sich eine stärkere Kundenorientierung, vor allem aber eine Stärkung des Unternehmer-Denkens: Mitarbeiter eines Unternehmens sollen wie Unternehmer denken, sie sollen zu ‚Intrapreneurs'[5] werden.

Strategische Dezentralisierung beinhaltet die Ergänzung des für Organisationen geltenden Prinzips der Hierarchie durch Elemente des Marktes. Damit wird das Unternehmen einerseits gegenüber dem Markt geöffnet; andererseits werden Markt- und Konkurrenzmechanismen für die Unternehmenssteuerung genutzt und zwar „über erlös- und renditegesteuerte Profit-Center oder über die ‚Simulation' von Marktbeziehungen, die über interne Verrechnungspreise oder vergleichbare Steuerungsmodi, also ebenfalls wertgesteuert etabliert werden" (Sauer und Döhl 1997, S. 28). Die Leistungstiefe wird verringert, die Autonomie und die Eigenverantwortung von Organisationseinheiten werden verstärkt (Sauer 2010, S. 553).

---

[4]Im Unterschied zur „operativen Dezentralisierung ", die uns weiter unten beschäftigen wird.

[5]Dies ist ein Kunstwort für den ‚internen Entrepreneur', also für den Unternehmer im Unternehmen.

4.2 Strategische Dezentralisierung

Prozesse strategischer Dezentralisierung sind nicht widerspruchsfrei. Ihre Grundprobleme bestehen in den Widersprüchen zwischen Konkurrenz und interner Kooperation auf der einen und zwischen zentraler Kontrolle und dezentraler Autonomie auf der anderen Seite (Hirsch-Kreinsen 1995, S. 429), zwischen der gewünschten Konkurrenz zwischen den Einheiten, die die erforderliche Kooperationsbereitschaft und -fähigkeit beeinträchtigen kann, und der gewünschten Autonomie der dezentralen Einheiten, die zentrale Eingriffe erfordern kann. Einerseits ist die Dominanz hierarchischer Kontroll- und Koordinationsmuster gebrochen und marktförmige Koordinationsmechanismen treten an ihre Seite; andererseits müssen „die Einheiten jedoch zugleich Verantwortung für das Ganze übernehmen, für die Realisierung der Unternehmensziele" (Döhl et al. 2000, S. 223). Derartige „Kooperations- und Koordinationsdilemmata" (Funder 1999) können die Funktionsfähigkeit der gesamten Unternehmung gefährden; die mit Dezentralisierung eigentlich beabsichtigte Reduzierung von Komplexität durch die Mischung von Hierarchie mit Markt kann ganz entgegen der Absichten erhebliche Komplexität produzieren.

Strategische Dezentralisierung ist deswegen kein linearer, sondern ein komplexer Prozess von Dezentralisierung und Re-Zentralisierung, der Ausdruck von „teilweise recht hilflosen Suchprozessen" ist und in „eigentümlichen Pendelbewegungen" (Sauer und Döhl 1997) vonstattengeht. Funder (1999) hat in ihrer detaillierten Untersuchung von Dezentralisierungsbemühungen in drei Konzernunternehmen denn auch herausgefunden, dass nach zum Teil sehr weitgehender strategischer Dezentralisierung seit Mitte der 1990er-Jahre eine Tendenz der Re-Zentralisierung zu beobachten ist, da der Aspekt der Kohärenz an Bedeutung gewonnen hat. Diese Tendenz ist aber nicht gleichzusetzen mit einer Wiederkehr traditioneller Organisationskonzepte; an einer Dezentralisierung als Grundausrichtung der Reorganisation wird festgehalten, da große Konzernunternehmungen auf die Selbstorganisationsfähigkeit ihrer Einheiten setzen und entsprechend dem Ziel der Kundenorientierung auch angewiesen sind[6]. Doch dies wird verbunden mit stärker zentralistischen Kontrolleingriffen durch die Zentralen. Strategische Dezentralisierung ist somit ein widersprüchlicher, zum Teil eher problemgenerierender als problemlösender Prozess.

Dies ist auch ein Resultat der Steuerungsprobleme, die bei strategischer Dezentralisierung entstehen. Eine Steuerung erfolgt durch die stärkere Nutzung

---

[6]Dezentralisierung ist ein wichtiger Aspekt des Vorhabens, das in letzter Zeit unter dem Schlagwort ‚Industrie 4.0' in der Öffentlichkeit viel Aufmerksamkeit gefunden hat; darauf wird in Abschn. 4.4 eingegangen.

von Marktmechanismen und die Einführung von Konkurrenzbeziehungen zwischen den einzelnen Einheiten, sofern diese in ausreichendem Maße autonom sind. Dabei lassen sich zwei Formen der Steuerung dezentralisierter Unternehmenseinheiten unterscheiden (vgl. Hirsch-Kreinsen 1995, S. 426 f.): Zum einen kann mittels Rahmenvorgaben durch Strategie und Budget gesteuert werden; nach einer unternehmensweiten Festlegung einer mittel- bis langfristigen Strategie werden die Planungen als Budget der dezentralen Einheiten festgelegt, in dem die Aufwand- und Kostenstrukturen sowie die Investitionsvolumina fixiert sind. Zum anderen erfolgt eine Steuerung mittels indirekter Kontrolle durch Kennziffern; anhand von Maßzahlen – Auftragseingang, Umsatz, Rentabilität etc. – werden die Einheiten vergleichbar und können sich selbst vergleichen, sodass ein Wettbewerb geschaffen wird, der die einzelnen Einheiten zur selbstständigen Rationalisierung veranlassen soll.

Solange eine dezentrale Einheit die Produktionsziele erfüllt, handelt es sich bei diesen Formen der Steuerung also nicht um direkte Eingriffe. Die Steuerung erfolgt über Einflussnahme auf die Kontexte, also etwa über Budgets oder zu erfüllende Kennzahlen, sodass diese Form der Steuerung als „Kontextsteuerung" (Hirsch-Kreinsen 1995, S. 426) bezeichnet werden kann[7]. Allerdings ist eine solche Steuerung über Geld keineswegs unproblematisch, denn sie ist an abstrakten Rentabilitätskriterien orientiert, „verweist also immer wieder nur auf die Effizienz der einzelnen Prozesse und versagt in der strategischen Koordination und Steuerung dieser komplexen Prozesszusammenhänge nach Gesichtspunkten ihrer inhaltlich-stofflichen Zusammengehörigkeit" (Sauer und Döhl 1997, S. 54).

Die Konzepte einer Vermarktlichung schlagen also auf die Unternehmen zurück, sodass diese an ihre eigenen Grenzen stoßen (Döhl et al. 2000). Zwar ist Autonomie erwünscht und wird auch zugestanden, da die Wege zur Leistungssteigerung nicht vorgeschrieben sind, zugleich aber erwächst daraus die Gefahr, dass die autonomen Einheiten die übergeordneten Ziele aus den Augen verlieren und die erforderlichen langfristigen Planungen zugunsten kurzfristiger Planerfüllungen zurückstellen. Zudem stehen die einzelnen Standorte unter erheblichem Druck, vorgegebene finanzielle Ziele auch zu erreichen – durchaus

---

[7]Mit dem Begriff ‚Kontextsteuerung' wird auf die systemtheoretisch inspirierte Organisationsforschung Bezug genommen, die von der Vorstellung einer direktiven Steuerung mit dem Verweis auf die Unmöglichkeit externer Intervention in soziale Systeme wegen deren Autopoiesis Abstand genommen hat. Steuerung könne allenfalls als eine Veränderung von Rahmenbedingungen erfolgen mit der Hoffnung auf dadurch ausgelöste Irritationen im adressierten System; vgl. dazu Willke (1996).

ein Bruch mit der früheren Strategie insbesondere deutscher Unternehmen, „in der eine produktbezogene Strategie verfolgt wurde und in der einzelne Geschäftsbereiche während schwieriger Perioden Unterstützung erhielten" (Meil et al. 2003, S. 135). Eine früher in großen Konzernen durchaus übliche Quersubventionierung, von der auch die nicht so leistungsstarken Einheiten profitierten, wird aufgegeben und „nunmehr als den Gewinn verschleiernde ‚Fehlallokationen' apostrophiert und damit geradezu ein ‚Diebstahl' an den Shareholdem insinuiert" (Brinkmann 2011, S. 22).

Obwohl die einzelnen Standorte auf eigenes Risiko wirtschaften, sollen sie einen produktiven Beitrag zum Konzernganzen leisten. Mense-Petermann (2005) hat, wenn auch in einem etwas anderen Zusammenhang, darauf aufmerksam gemacht, dass dies nicht nur durch ‚harte' Steuerungsinstrumente wie Benchmarks, Kennziffernvergleiche und Vorgaben ermöglicht wird, sondern dass dazu auch ‚weiche' Steuerungsinstrumente geeignet sind. Ein solches ‚weiches' Steuerungsinstrument ist etwa Anerkennung, durch die „eine Autoritätsbindung entstehen kann, auf deren Basis das zentrale Steuerungsproblem (…), die Mobilisierung von produktiven Beiträgen der Standorte zum ‚Konzernganzen' trotz Zentralisierung von Entscheidungskompetenzen, bearbeitet werden kann" (Mense-Petermann 2005, S. 395). Die Konzernstandorte, die sich einer Anerkennung durch die Zentrale erfreuen, sind eher zu produktiven Beiträgen bereit als die, die vermeintlich oder tatsächlich weniger anerkannt sind. Allerdings ist Anerkennung von Standorten nur schwer zu messen; insofern geht es in erster Linie um gefühlte Anerkennung, genauer: um die vor allem im Management kollektiv geteilte Überzeugung, von der Zentrale anerkannt zu werden (oder eben auch nicht).

Strategische Dezentralisierung verursacht also Folgeprobleme vor allem im Bereich der Steuerung; deswegen ist, wie gesagt, in manchen Unternehmen eine Re-Zentralisierung zu beobachten, doch wird dies kaum zu einer vollständigen Rückkehr zu integrierten Unternehmen führen.

4.3 Operative Dezentralisierung

Nach der strategischen Dezentralisierung steht nun die operative Dezentralisierung im Vordergrund. Damit gemeint sind die „Versuche von Unternehmen, operative Kontrolle, Kompetenzen, Verantwortlichkeiten aus der Hierarchie bzw. den indirekten Abteilungen und Stäben (…) zu den ausführend Beschäftigten bzw. in operative Einheiten zu verlagern" (Faust et al. 1995, S. 23). Diese Dezentralisierung auf der Arbeitsebene hat die Art, wie gearbeitet wird, sehr nachhaltig verändert. Dies wird deutlich, wenn ein kurzer Blick auf die bis in die 1980er-Jahre geltenden Leitlinien der Arbeitsgestaltung geworfen wird.

4.3.1 Vom Taylorismus zur schlanken Produktion

Lange Zeit erfolgte die Gestaltung der Arbeit entsprechend den Leitlinien, die der amerikanische Ingenieur Frederick Winslow Taylor als ‚Best-practice-Modell' zu Beginn des zwanzigsten Jahrhunderts entwickelt und als ‚scientific management', wie man heute wohl sagen würde, ‚vermarktet' hatte (vgl. zusammenfassend Kieser 2014b; Schmidt 2017b). Dessen Prinzipien liefen letztlich auf vier Vorschläge hinaus: Erstens sollen Hand- und Kopfarbeit getrennt werden, um durch die Scheidung von planenden und ausführenden Tätigkeiten optimale Arbeitsabläufe zu ermitteln, deren Ausführungsdetails rigide vorgeschrieben werden. Zweitens ist ein Leistungs- statt eines Festlohns zu zahlen, damit durch die Verknüpfung von Leistung und Entgelt die Arbeitenden selbst ein Interesse an hoher Leistung entwickeln. Drittens soll die Arbeitsteilung weit vorangetrieben werden, um durch die Zerlegung der Arbeit in einzelne Teilschritte eine hohe Spezialisierung bei der Ausführung dieser Teilschritte und damit einen hohen Leistungsgrad zu erzielen. Dies wiederum setzt viertens schließlich eine Auslese und Anpassung der Arbeiter voraus; das Personal muss je nach zu erledigender Aufgabe sorgfältig ausgewählt und angelernt (oder besser: trainiert) werden, um die Arbeitsaufgabe optimal zu erfüllen.

Allerdings sind diese Vorschläge keineswegs flächendeckend umgesetzt worden, weil sie sich nur für Arbeitsprozesse eigneten, in denen – wie etwa in der Automobilindustrie oder in der Elektroindustrie – Produkte in hohen Serien gefertigt wurden und bei denen deswegen eine hohe Standardisierung und Vorstrukturierung der Arbeitsabläufe möglich waren. Gleichwohl hat der Taylorismus weit über diese Branchen hinaus eine erhebliche Bedeutung als Leitlinie des Personaleinsatzes gehabt; vor allem die mit diesem Ansatz verbundene Auffassung, das Problem der Transformation von Arbeitskraft in Arbeit als Kontrollproblem des Managements zu behandeln, also mit rigider Fremdkontrolle die Transformation sicherstellen zu können, war ein unter betrieblichen Praktikern kaum bezweifelter Glaubensgrundsatz.

Da fiel es nicht sehr ins Gewicht, dass schon frühzeitig von wissenschaftlicher Seite auf die negativen Folgen der hohen Monotonie hingewiesen wurde, die mit der Standardisierung der Arbeitsabläufe verbunden war. Ein ernsteres Problem war schon die mangelnde Flexibilität, als in den 1980er-Jahren die Absatzmärkte sich von Anbieter- zu Käufermärkten zu wandeln begannen. Bereits Mitte dieses Jahrzehnts hatten Kern und Schumann (1984) die Frage aufgeworfen, ob das Ende der (tayloristischen Prinzipien folgenden) Arbeitsteilung auf der Tagesordnung stünde. Nach Untersuchungen in der Automobilindustrie,

4.3 Operative Dezentralisierung

dem Werkzeugmaschinenbau und der chemischen Industrie kamen sie zu dem Schluss, dass ein grundlegender Wandel der Produktionskonzepte begonnen habe, da man im Management zunehmend der Überzeugung sei, dass der restringierende Zugriff auf Arbeitskraft wichtige Produktivitätspotenziale verschenke. Dieser Wandel bestand vor allem in einem ganzheitlicheren Zugriff auf Arbeitskraft durch erweiterte Aufgabenzuschnitte. Lebendige Arbeit galt nicht mehr als ein Störfaktor der Produktion, deren Unberechenbarkeit durch Vorstrukturierung der Arbeitsabläufe und durch Technisierung in Schach zu halten ist, sondern auch aus der Perspektive der Kapitalverwertung stieg die Wertschätzung der qualitativen Potenziale von Arbeit; im Management fand sich zunehmend eine Sichtweise, der zufolge es Gestaltungsoptionen auszuschöpfen gilt, um die Motivationspotenziale und damit die Leistungspotenziale von Arbeitern zu nutzen. In der Fahrzeugfertigung könne selbst eine „Reprofessionalisierung der Produktionsarbeit" (Kern und Schumann 1984, S. 98) nicht mehr ausgeschlossen werden – nicht im Sinne der Wiederentdeckung des Berufsarbeiters, aber doch im Sinne einer Arbeit mit hohen Qualifikationsanforderungen und Regulationschancen, wenngleich auch hohen Stressbelastungen. Insgesamt habe man es mit einer „an die Substanz gehenden Neufassung des Begriffs kapitalistischer Rationalisierung" (Kern und Schumann 1984, S. 24) zu tun.

Eine zehn Jahre später durchgeführte Studie in den gleichen Branchen (Schumann et al. 1994) konnte diese optimistische These nicht ganz bestätigen. Zwar war der „Wiedereinzug von Produktionsintelligenz in die Massenproduktion mittlerweile ein Faktum" (Schumann et al. 1994, S. 643), doch nicht in allen Branchen – am ehesten noch in der Automobilindustrie, in der der Taylorismus sich am härtesten an den gewandelten Fertigungsanforderungen (Flexibilität!) stieß –, doch nicht in allen Betrieben, nicht in allen Bereichen, und vor allem: nicht als verbindliche Vorstandspolitik. Die neuen Produktionskonzepte spielten eine Rolle, aber nicht in dem Maße, wie zehn Jahre zuvor angenommen worden war.

Kurz zuvor allerdings war die deutsche Übersetzung einer Studie erschienen, die am Massachusetts Institute of Technology (MIT) durchgeführt worden war (Womack et al. 1991). Ihre Autoren wussten mit dramatischen Untersuchungsergebnissen aufzuwarten: Die Produktivität japanischer Automobilwerke in Japan lag mehr als doppelt so hoch wie die Produktivität westeuropäischer Werke; auf 60 Qualitätsmängel in Japan kamen 97 in Westeuropa, die Absentismusquote war in Westeuropa fast zweieinhalb mal höher, für eine Normalisierung der Produktion nach einem Modellwechsel brauchte man die dreifache Zeit, für eine Normalisierung der Produktqualität sogar fast die neunfache Zeit etc. pp. Die Zauberformel für die japanische Überlegenheit hieß „lean production". Diese

Produktionsweise war deswegen schlank[8], weil sie von allem weniger einsetzte als die Massenfertigung und doch zu weniger Fehlern und einer größeren Vielfalt von Produkten führte (Womack et al. 1991, S. 19). Dies konnte gelingen durch eine Konzentration auf den Wertschöpfungsprozess und eine Verschlankung insbesondere im Bereich der indirekten Funktionen.

Das reale Vorbild der lean production war das Produktionssystem von Toyota. In diesem System war die Fertigung nur ein, wenngleich das zentrale Element. Letztlich ging es darum, die Abstimmung und Koordination der einzelnen Unternehmensfunktionen zu optimieren, um die Vorteile handwerklicher Produktion und die Vorteile der Massenproduktion zu kombinieren, aber deren Nachteile (hohe Kosten der handwerklichen Produktion, Starrheit der Massenproduktion) zu vermeiden. Dabei war dieses Konzept keineswegs nur auf die Automobilindustrie bezogen, sondern die Autoren gingen davon aus, „dass (sich) die Grundsätze der schlanken Produktion in gleicher Weise in jeder Industriebranche der Erde anwenden lassen" (Womack et al. 1991, S. 13).

‚Lean' wurde zu einer Metapher für eine moderne Form der Produktion, weil eine Behebung der Mängel tayloristisch orientierter Organisationsgestaltung versprochen wurde. Denn der Erfolg der bei Toyota entwickelten schlanken Produktion begründete sich, so die Autoren der MIT-Studie, nicht etwa in einer überlegenen Technik, einer weit vorangetriebenen Automation oder dergleichen, sondern in einer überlegenen Organisations- und Kooperationsform. Auf der Fabrikebene geht es um die bessere Nutzung der Qualifikation der Arbeitskräfte. Dies ist, so Womack et al. (1991), am ehesten zu gewährleisten durch eine Delegation von Verantwortung nach unten und die Organisation der Arbeit in Form von Gruppenarbeit; es ist „das dynamische Arbeitsteam, das sich als Herz der schlanken Fabrik entpuppt" (Womack et al. 1991, S. 104).

Diese Studie wurde ein Managementbestseller und hatte erheblichen Einfluss; sie trug wesentlich zu einer Veränderung der Leitlinien bei, unter denen Rationalisierung betrieben wurde. Vor allem die Botschaft einer besseren Nutzung von Qualifikationen durch die Einführung von Gruppenarbeit führte zu erheblichen Umorientierungen in der Sichtweise auf Arbeitskraft und hatte höchst praktische

---

[8]Diese Übersetzung von ‚lean' hat sich eingebürgert, obwohl sie nicht ganz korrekt ist. ‚Lean' bedeutet eher ‚mager' als ‚schlank', doch offenbar haben die Übersetzer den Verkaufserfolg des Buches im Auge gehabt und sich gedacht, dass in Zeiten der Bulimie Magerkeit ein weniger positiv besetztes Schönheitsideal als Schlankheit ist. ‚Mager' trifft die Grundaussagen von Womack et al. (1991) aber deutlich besser als ‚schlank'.

Wirkungen auf die Veränderung von Arbeitsprozessen. Dabei wurde nicht ein so umfassendes Konzept wie die neuen Produktionskonzepte von Kern und Schumann (1984) popularisiert, sondern es ging schlicht darum, die zuvor brachliegenden Potenziale von Arbeitskraft besser zu nutzen, indem den Beschäftigten – in eingeschränktem Maße, aber immerhin – mehr Handlungsspielräume zugestanden wurden. Dies war der eigentliche Zweck der Verlagerung von Kompetenzen an die ausführenden Stellen, also der operativen Dezentralisierung.

4.3.2 Formen operativer Dezentralisierung

Es gibt unterschiedliche Formen operativer Dezentralisierung, von denen Qualitätszirkel, Projektgruppen und Gruppenarbeit am weitesten verbreitet sind. *Qualitätszirkel* werden eingerichtet, um das Wissen der Beschäftigten für technisch-organisatorische Verbesserungen zu nutzen. Angehörige aus unterschiedlichen Abteilungen kommen zusammen und sollen – oftmals unter Hilfe eines Moderators – zur Lösung eines vorher (in der Regel vom Management) definierten Problems beitragen oder dieses sogar lösen. Die Lösungsvorschläge werden an das Management weitergeleitet, das dann über die Umsetzung entscheidet; Qualitätszirkel haben also keine Entscheidungsbefugnis. Treffen der Qualitätszirkel finden in der Regel außerhalb der Arbeitszeit statt; sie sind somit nicht eingegliedert in den Arbeitsablauf, sondern stellen eher eine zusätzliche Ausdifferenzierung dar.

Die Ergebnisse von Qualitätszirkeln sind ambivalent (vgl. die Übersicht über empirische Befunde bei Pekruhl 2001, S. 72 f.); häufig werden positive soziale Effekte genannt, sehr viel weniger jedoch rechenbare Fortschritte. Zudem zeichnen Qualitätszirkel sich durch eine gewisse Kurzlebigkeit aus; nur in wenigen Unternehmen existieren Qualitätszirkel über einen Zeitraum von mehreren Jahren. Insgesamt haben Qualitätszirkel an Bedeutung verloren – was unterstellt, sie hätten jemals eine hohe Bedeutung gehabt. Pekruhl (2001, S. 164) jedenfalls referiert eine Studie, die den Schluss nahelegt, dass Qualitätszirkel in Europa allenfalls in ausgewählten Unternehmen mit ausgewählten Beschäftigten vorzufinden sind. Gleichwohl gelten sie als ein wichtiger Vorläufer für den Kontinuierlichen Verbesserungsprozess (KVP).

Dabei geht es darum (Imai 1992), Veränderungsprozesse auch im ‚Kleinen' zu suchen und sie zu kontinuisieren, indem die Beschäftigten zum Träger von Verbesserungen gemacht werden und ihr Produktionswissen genutzt wird. Der Unterschied zu Qualitätszirkeln besteht darin, dass KVP als Teil der Arbeitsaufgabe begriffen werden soll und insofern auf Dauer gestellt wird. Noch gravierender ist der Unterschied zu dem in Deutschland üblichen Verfahren des betrieblichen Vorschlagswesens, mit denen das Erfahrungs- und Produktionswissen der Beschäftigten abgeschöpft werden sollte. Dieses beruht wesentlich auf einer Trennung von Planung und Ausführung, ist eher expertokratisch orientiert und fristet auch deswegen in vielen Betrieben ein Schattendasein. Allerdings bezieht der Einfluss der Beschäftigten auf Verbesserungen – auch beim KVP – sich oftmals nur auf die Arbeitsgestaltung, nicht jedoch auf die Arbeitsausführung. Diese wird ihnen – jedenfalls in der Automobilindustrie – in Form standardisierter Arbeitsanweisungen strikt vorgeschrieben, sodass Verbesserungen der Arbeitsgestaltung eine Verschärfung der Arbeitsausführung bis hin zu einem Verlust von Arbeitsplätzen nach sich ziehen können.

Besondere Beachtung bei operativer Dezentralisierung hat die *Gruppenarbeit* in der Fertigung gefunden, das heißt die Arbeit in einer dauerhaft eingerichteten Gruppe. Im letzten Jahrzehnt des ausgehenden zwanzigsten Jahrhunderts wurde in erheblichem Maße mit Gruppenarbeit in der Fertigung experimentiert. Dies hat dazu geführt, dass mittlerweile unter dem Label ‚Gruppenarbeit' eine Vielzahl höchst unterschiedlicher Organisationsformen verstanden wird. Denn bei Fertigungsgruppen kann es sich je nach Aufgabenumfang um Gruppen handeln, die nur ein Teilprodukt fertigen, wie auch um Gruppen, die eine komplette Teilefamilie herstellen. Ebenso kann die Arbeit in Fertigungsgruppen mit einem Qualifikationsschub verknüpft sein, zwingend ist dies keineswegs; eine deutliche fachliche Aufwertung durch Gruppenarbeit setzt die Integration anspruchsvoller Aufgaben wie Qualitätssicherung, Instandhaltung etc. in die Gruppe voraus. Und Unterschiede zeigen sich auch in dem Ausmaß, in dem den Gruppen Kompetenzen übertragen werden, für die zuvor hierarchisch vorgelagerte Instanzen zuständig waren.

Es gibt eine Reihe von Versuchen, diese Unterschiede begrifflich zu fassen. Vor allem in der Arbeitswissenschaft weit verbreitet ist die Differenzierung zwischen teilautonomen Arbeitsgruppen und Fertigungsgruppen. Bei teilautonomen Arbeitsgruppen handelt es sich um ein im Grundsatz normatives Konzept. Es geht zurück auf den sozio-technischen Systemansatz (vgl. dazu Ulich 1992), der in den fünfziger und sechziger Jahren am Tavistock-Institute in England entwickelt wurde und Grundlage vielfältiger Arbeitsgestaltungsvorschläge aus der Arbeitspsychologie ist, die zu einer motivierenden und menschengerechten Arbeitsgestaltung beitragen sollen. Arbeit soll Herausforderung sein, Abwechslung und Weiterqualifizierungsmöglichkeiten eröffnen, Autonomie gestatten, Hilfsbereitschaft und Anerkennung fördern, Sinnhaftigkeit in der Arbeit verdeutlichen

4.3 Operative Dezentralisierung

und eine wünschenswerte Zukunft vermitteln. Dafür ist eine gemeinsame Arbeitsaufgabe von großer Bedeutung; sie besteht im Zusammenschluss von Einzelaufgaben zu einer Gruppenaufgabe und der Erfüllung dieser gemeinsamen Aufgabe in kollektiver Verantwortung. Eine solche gemeinsame Gruppenaufgabe ist konstituierendes Merkmal teilautonomer Gruppenarbeit und zugleich Voraussetzung einer persönlichkeitsförderlichen Arbeitsgestaltung, weil dadurch die gewünschte Aufgabenbreite, Eigenverantwortlichkeit und Abwechslung in der Arbeitstätigkeit gewährleistet wird.

Ein derart ambitioniertes Gestaltungskonzept ist eng verbunden mit einer Rationalisierungsstrategie, die durch das Primat einer Humanisierung der Arbeit oder wenigstens die Gleichrangigkeit von Humanisierung und Effektivierung gekennzeichnet ist (Springer 1999, S. 35). Entsprechend finden sich nur wenige Belege der Umsetzung. In der Regel wird auf den Automobilhersteller Volvo verwiesen, der in seinen schwedischen Werken in Kalmar und später in Uddevalla Gruppen einrichtete, die z. T. ein gesamtes Auto montierten. Von Wissenschaftlern wurde dies mit großer Aufmerksamkeit, von Praktikern eher mit Skepsis betrachtet und inzwischen existieren beide Werke nicht mehr[9]. Überhaupt hat die Frage nach der Attraktivität von Arbeit als Ausgangspunkt von Reorganisationsmaßnahmen viel an Bedeutung verloren. Stattdessen spielen mittlerweile „Fragen der Kosten, Qualität, Produktivität und Rentabilität" (Jürgens 2006, S. 130) die dominante Rolle.

Die unter dieser Maxime eingerichteten Fertigungsteams sind stark am japanischen Vorbild orientiert, das auch Pate gestanden hat bei der lean production. Sie finden sich im Bereich der Massenproduktion und zeichnen sich u. a. durch die Taktgebundenheit der Arbeit und das Null-Puffer-Prinzip[10] aus, das wiederum auf dem Null-Fehler-Ziel beruht und dazu führt, das einfache Formen der Qualitätskontrolle in die Zuständigkeit der Teams verlagert sind (vgl. Pekruhl 2001, S. 92). Diese Form der Gruppenarbeit zielt nicht auf eine Humanisierung der Arbeit, sondern auf eine konsequente Rationalisierung durch eine bessere Nutzung der Arbeitskraftpotenziale; entsprechend zeichnet eine am japanischen Vorbild orientierte Gruppenarbeit sich durch eine hohe Standardisierung, eine rigide

---

[9]Das Werk in Kalmar wurde 1994 geschlossen, das Werk in Uddevalla 2013.
[10]Dieses Prinzip bedeutet den vollständigen Verzicht auf die früher übliche Vorratshaltung materieller (und zeitlicher) Ressourcen, mit der Störungen im Produktionsablauf abgefedert werden sollten. Stattdessen werden Materialien erst dann angeliefert, wenn sie benötigt werden („just-in-time"). Die Lager der Unternehmen sind gewissermaßen auf die Straßen in LKWs verlagert.

Vorstrukturierung der Arbeitsabläufe und einen nur geringen Handlungsspielraum aus[11]. Springer (1999) spricht denn auch von „standardisierter Gruppenarbeit". Von dieser „strukturkonservativen" Variante von Gruppenarbeit lässt sich eine „strukturinnovative" Variante (Gerst et al. 1995) unterscheiden. Diese Variante stellt in mancher Hinsicht einen Bruch mit früheren Leitbildern der Arbeitsgestaltung dar: In den Aufgabenbereich der Gruppe werden auch indirekte und planende Funktionen integriert, die Gruppe hat sich in wichtigen Punkten selbst zu regulieren, wichtige Angestellten- und Spezialistenfunktionen werden dezentralisiert und die Gruppen werden in die Optimierung betrieblicher Abläufe einbezogen. Gruppenarbeit mit diesem Zuschnitt ist Teil einer ‚innovativen Arbeitspolitik', die „auf qualifizierte Aufgabenzuschnitte, verbesserte Kooperationsbeziehungen und ein höheres Maß an Selbstorganisation und Beteiligung" (Kuhlmann 2009, S. 677) setzt. Sie findet sich bspw. im Projekt ‚Auto 5000' bei Volkswagen, so genannt, weil dafür 5000 Arbeitslose zu einem Bruttoentgelt von 5000 DM eingestellt wurden. In diesem Projekt wird – gewissermaßen als deutsche Antwort auf das Produktionsmodell von Toyota – seit 2002 ein anspruchsvolles, ‚innovatives' arbeitspolitisches Konzept verwirklicht (vgl. ausführlich die Beiträge in Schumann et al. 2006), das für die Arbeitnehmer sowohl Zugeständnisse wie auch Zugewinne beinhaltete. Zu den Zugeständnissen zählte ein Einkommen, das deutlich unterhalb des VW-Haustarifvertrages lag, und eine weitreichende Arbeitszeitflexibilisierung, in die auch der Samstag als Regelarbeitstag einbezogen ist, zu den Zugewinnen eine innovative Arbeits- und Fabrikorganisation sowie ein umfassendes Qualifizierungsprogramm; die Arbeits- und Fabrikorganisation zeichnet sich aus durch ‚erweiterte' Gruppenarbeit, durch ein erweitertes Funktionsprofil der ersten Führungsebene, flache Hierarchien und eine prozessorientierte dezentrale Betriebsorganisation.

Die Bewertung durch die Beschäftigten ist überaus positiv: Erhöhte Selbstorganisationsmöglichkeiten werden von ihnen „nicht nur gewünscht, sie stellen aus ihrer Sicht zugleich eine Verbesserung der eigenen Arbeitssituation auch unter Belastungsgesichtspunkten dar" (Kuhlmann 2006, S. 94). Insgesamt zeigen die Erfahrungen mit ‚Auto 5000', dass eine innovative Arbeitspolitik nicht nur möglich, sondern auch wirtschaftlich erfolgreich ist; immerhin wurden hier die besten schwarzen Zahlen aller Volkswagenwerke geschrieben. Andere freilich sehen die Möglichkeiten innovativer Arbeitspolitik nicht ganz so positiv.

---

[11]In Deutschland ist ein solches Arbeitssystem vor allem in dem 1992 neu gebauten Opel-Werk in Eisenach realisiert worden, das lange Zeit als die modernste Autofabrik in Europa galt.

4.3 Operative Dezentralisierung

Mit Verweis auf die zunehmende Bedeutung von Marktelementen für die innerbetriebliche Steuerung wird die Möglichkeit einer innovativen Arbeitspolitik bestritten, denn mit „dem Markt kann man nicht verhandeln" (Sauer 2005b, S. 182), jedenfalls nicht über eine Arbeitspolitik, die auch die Interessen der Beschäftigten berücksichtig. Allerdings halten Schumann et al. (2005, S. 9) dem nicht ganz zu Unrecht entgegen, dass solche Einwände „eine Politik der kleinen Fortschritte nicht gerade leichter" machen.

Und Fertigungsgruppen können für die Arbeitnehmer einen Fortschritt darstellen, allerdings nicht immer und nicht in jedem Fall; es kommt auf die Ausgestaltung an. So konnte auch in anderen Untersuchungen gezeigt werden (Kuhlmann und Schumann 2000; Pekruhl 2001; Schumann et al. 1994), dass die in Fertigungsgruppen Beschäftigten ihre Arbeitssituation umso positiver bewerten, je umfangreicher die Aufgaben sind, die in die Gruppen integriert sind. Man muss aber auch sehen, dass ein anspruchsvolles, innovatives Konzept von Gruppenarbeit in der betrieblichen Realität eher die Ausnahme ist; zudem „lässt sich seit Mitte der 1990er-Jahre eine zunehmende Abkehr von solchen Arbeitspolitikkonzepten beobachten" (Kuhlmann 2009, S. 675).

Projektgruppen schließlich (zusammenfassend Kalkowski 2017) werden eingerichtet, wenn es um die Lösung komplexer und innovativer Aufgaben geht. Da viele Aufgaben, vor allem wissensintensive Aufgaben, sich immer häufiger nur durch die Vernetzung unterschiedlicher Kenntnisse und Fertigkeiten bewältigen lassen, sind auch Projektgruppen immer wichtiger geworden (Kalkowski und Mickler 2009). Die Mitglieder von Projektgruppen kommen aus unterschiedlichen Abteilungen, sind den Projektgruppen für die Dauer des Projektes fest zugeordnet und gehen nach Beendigung des Projektes in ihre angestammten Abteilungen zurück.

Projekte sind aufgrund ihrer Unterschiedlichkeit nur schwer ‚auf den Begriff' zu bringen. Ganz allgemein können sie als zeitlich befristete und ergebnisorientierte Kooperationszusammenhänge zur Bewältigung nicht-alltäglicher Aufgaben (Pongratz 2009, S. 191) charakterisiert werden. Damit werden die Einmaligkeit der Aufgabe, die begrenzten finanziellen Ressourcen, der innovative Charakter sowie die zeitliche Befristung als Merkmale von Projekten hervorgehoben. Projekte sind Vorhaben, für die eine Zielvorgabe sowie zeitliche, finanzielle und personelle Begrenzungen und auch eine Abgrenzung gegenüber anderen Vorhaben charakteristisch ist. Damit sind Projekte immer durch eine gewisse Neuartigkeit gekennzeichnet. In der Realität findet sich eine Vielzahl an unterschiedlichen Projektarten und -formen, die nach Größe, Aufgabenstellung, strategischer Bedeutung, Aufbaustruktur etc. variieren. Deswegen differenzieren Witschi et al. (1998) Projekte sowohl nach dem Grad der Komplexität der Projektumwelt als auch der Komplexität der zu bewältigenden Aufgabenstellung und unterscheiden vier Projekttypen: Routine- und Standardprojekte mit vergleichsweise geringem Innovationsgehalt auf der einen und Pionier- und Potenzialprojekte mit hohem Innovationsgehalt auf der anderen Seite. Projekte repräsentieren den Prototyp einer dezentralen und flexiblen Form der Arbeitsorganisation, indem eine komplexe Aufgabenstellung sowie die zu deren Bewältigung notwendigen Kompetenzen und Verantwortlichkeiten auf die Organisationseinheit ‚Projektteam' verlagert werden. Diese Organisationseinheit bildet eine temporäre Form der Arbeitsorganisation, die parallel zur linearen Organisationsstruktur besteht und sich nach Ablauf der Projektlaufzeit wieder auflöst. Kennzeichnend ist die Begrenzung auf ein definiertes Ziel und einen Zeitraum, währenddessen die formale Organisationsstruktur und Kompetenzverteilung unangetastet bleiben.

Der dezentrale und wenig formalisierte Charakter der Projektarbeit ermöglicht es, technische und organisatorische Problemlösungen in innovative Organisationskonzepte sowie Techniken umzusetzen. Im Unterschied zur hierarchisch koordinierten Linienorganisation, die insbesondere der Bewältigung von Routineaufgaben dient, gilt Projektarbeit insofern als ein Erfolgsfaktor für die Innovationsleistung von Unternehmen. Da die Innovativität von Organisationen wiederum eine notwendige Voraussetzung für wirtschaftlichen Erfolg unter dynamischen Wettbewerbsbedingungen bildet (Deutschmann 2005), gewinnt das Arbeiten in Projekten zunehmend an Bedeutung (Frey 2009). Inner- sowie auch zwischenbetrieblich nimmt die Projektförmigkeit von Arbeit zu, sodass in der Forschung bereits von einem Trend zur „Projektifizierung von Organisationen" (Kalkowski und Mickler 2009) gesprochen wird[12].

Die hierarchie- und abteilungsübergreifende Zusammenarbeit stellt ein Spezifikum von Projektgruppen dar. Sie ist wegen der oftmals recht anspruchsvollen Aufgabe erforderlich und ermöglicht Handlungsspielräume bei der Arbeit, was ein wesentlicher Grund für den Spaß ist, den die in Projektgruppen Beschäftigten äußern und der die Basis ihrer Leistungsorientierung ist (Pongratz und Voß 2003a). Die funktionsübergreifende bzw. interdisziplinäre Arbeitsweise zählt dabei nicht nur zu den zentralen Merkmalen von Projektgruppen,

---

[12]Entsprechend ist auch die Literatur zur Durchführung von Projekten, zum Projektmanagement erheblich angewachsen. Darin wird oftmals der (fälschliche) Eindruck erweckt, dass es zu einem erfolgreichen Management von Projekten ganz besonderer Fähigkeiten bedürfe. Dies gilt insbesondere für das in letzter Zeit viel diskutierte ‚agile' Projektmanagement, das sich unter der Bezeichnung ‚Scrum' als Alternative zum ‚klassischen' Projektmanagement versteht. Darauf soll hier nicht weiter eingegangen werden.

4.3 Operative Dezentralisierung

sie wird zugleich als Erfolgsfaktor für Projekte gehandelt. Allerdings lösen sich dadurch organisationsintern übliche Grenzziehungen auf; Projekte bilden also einen Spezialfall von Entgrenzung (vgl. dazu auch Kap. 5). Diese zeigt sich auch darin, dass entgegen der Logik der für die Linienorganisation charakteristischen hierarchischen Kommunikationswege die Kommunikationsprozesse projektintern vorwiegend auf der horizontalen Ebene erfolgen. Dieser unmittelbare Austausch unter Experten ist der Komplexität und Innovativität der Aufgabenstellung geschuldet. Viele Untersuchungen stellen deswegen Kooperation und Kommunikation innerhalb der Projektgruppe als eine wesentliche Voraussetzung für Projektgruppenleistung und Projekterfolg heraus.

Da Aufgaben, Kompetenzen und Verantwortungsbereiche in Projekten selten eindeutig vorgegeben sind, werden sie zum großen Teil Gegenstand von Aushandlungsprozessen (Kalkowski und Mickler 2009). Die projektinterne Steuerung erfolgt über den Diskurs, während in der tayloristisch organisierten Linienorganisation einerseits zwischen Planung und Durchführung differenziert und andererseits direktiv über die Hierarchie gesteuert wird. Im Unterschied zu den Prämissen, Regeln und Normen der gewohnten Ordnung der Linienorganisation bestimmt die Steuerungsform der diskursiven Koordinierung (Braczyk 1997; Minssen 1999b und Abschn. 4.3.3) den Modus der Problemlösung im Projekt. Führung qua Hierarchie ist kaum möglich, da Innovativität sich nicht anordnen lässt; eine Anweisung: „Sei kreativ" würde sich selbst ad absurdum führen.

In den in Projektgruppen erforderlichen diskursiven Abstimmungs- und Aushandlungsprozessen kommen Koordinationsmechanismen wie Macht, Wissen, (gruppenspezifischen) Normen sowie Vertrauen eine hohe Bedeutung zu (Schwarzbach 2005). Diese Mechanismen koordinieren zwar ebenfalls die Abläufe in der Linienorganisation, aufgrund des Gestaltungs- und Entscheidungsfreiraums im Projekt gewinnen sie jedoch an Intensität und sind in ihren Ausprägungen teilweise auch widersprüchlich zu den Routinen der Linienorganisation. Aus dem Problem der Vereinbarkeit dieser unterschiedlichen Steuerungslogiken zwischen Projekt und Linienorganisation resultiert eine Vielzahl an Konflikten und Spannungen (vgl. z. B. Kalkowski und Mickler 2009).

Im Fall von Projektteams zeigt sich die marktförmige Steuerungslogik darin, dass mit einer an Kennziffern orientierten Budgetierung das Projektvorhaben gesteuert werden soll. Mithilfe von Kennzahlen sollen Aussagen über die Wirtschaftlichkeit, Rentabilität und Produktivität eines Vorhabens getroffen werden. Die Beurteilung eines Projektes sowie die Entscheidung über dessen Ressourcenausstattung orientieren sich dementsprechend an diesen betriebswirtschaftlichen Messgrößen. Doch Projektarbeit ist von Unwägbarkeiten und Unsicherheiten geprägt, sodass sich die zu erbringende Leistung vorab nicht klar definieren und planen lässt (Kalkowski und Mickler 2013, S. 97). Deswegen sollen mit vereinfachenden und komplexitätsreduzierenden Kennzahlen im Prinzip nicht vorauszusagende Folgen von Entscheidungen erfassbar und kalkulierbar gemacht werden. Auf Kennzahlen basierende Entscheidungen suggerieren damit Sicherheit und garantieren die Handlungsfähigkeit betrieblicher Akteure vor dem Hintergrund unterschiedlicher Erwartungshaltungen. Allerdings haben Projektgruppen eine Aufgabe zu erfüllen, die sich nur bedingt einer marktorientierten Steuerungslogik fügt. Zumal hochinnovative Projekte, deren Erfolg nicht vorhersehbar ist und deren Kosten deswegen auch nicht absehbar sind, sperren sich gegen eine rigide Budgetierung. Auch aus diesem Grund und aufgrund der den Kennziffern inhärenten Kurzfristigkeit ist zu vermuten, dass zunehmend weniger Pionierprojekte und stattdessen verstärkt Routineprojekte eingerichtet werden. Zudem dürfte die zunehmende Steuerung mittels Kennziffern zu einer verstärkten Konflikthaftigkeit in den Projektgruppen führen (Minssen 2013). Dies verschärft ohnehin bestehende Konflikte, die in dem erwähnten ‚Strukturfehler' von Projekten beruhen, eine formale Struktur neben und zusätzlich zur üblichen Linienorganisation zu konstituieren; das führt dazu, dass die Durchführung von Projekten immer wieder „von Auseinandersetzungen um Ressourcen mit den Linienvorgesetzten geprägt" (Kalkowski und Mickler 2009, S. 173) ist. Eine Budgetierung und eine Kennziffernorientierung trägt die Konflikte an der Grenzlinie zwischen Projekt und Organisation in das Projekt hinein.

4.3.3 Partizipation und diskursive Koordinierung

Durch Dezentralisierung und die damit einhergehende Verlagerung von Kompetenzen nach ‚unten' erhalten die ausführenden Stellen mehr Kompetenzen. Damit werden Einheiten in betriebliche Entscheidungen einbezogen, die zuvor von einer Beteiligung ausgeschlossen waren. Diese direkte Partizipation – im Unterschied zu einer indirekten Partizipation über den Betriebsrat[13] – bezeichnet „die aktive Teilhabe von Beschäftigten an betrieblichen Rationalisierungsprozessen" (Dörre 2001, S. 677 FN 2). Die Beschäftigten werden so zumindest der Tendenz nach von Anweisungsempfängern zu Verhandlungspartnern; sie sollen in betriebliche Veränderungsprozesse einbezogen und ihr Wissen soll für Veränderungen genutzt werden. Direkte Partizipation kann sich auf Fragen der Arbeitsgestaltung ebenso erstrecken wie auf Fragen der Planung von Arbeitszeit, Urlaub und Vertretung

---

[13]Zur indirekten Partizipation durch den Betriebsrat vgl. Kap. 11.

4.3 Operative Dezentralisierung

am Arbeitsplatz. Dies impliziert eine Verstärkung von Kommunikation im Unternehmen. Denn einbezogen werden auch Aspekte der Arbeitssituation, die bei den tradierten Formen betrieblicher Mitbestimmung entweder durch allgemeine Rahmenbedingungen reguliert werden oder völlig in den Zuständigkeitsbereich des Vorgesetzten fallen.

Bei Partizipation geht es um eine verbesserte Nutzung des Wissens der Produktionsarbeiter und damit um die Nutzung einer Ressource, die bei einer tayloristischen Arbeitsgestaltung weitestgehend unausgeschöpft bleibt. Es handelt sich bei Partizipation also immer um „funktionalisierte, unternehmenszielkonforme Partizipation" (Wolf 1994), um Partizipation, die auf ein Ziel ausgerichtet ist, und dieses Ziel lautet: aus Rationalisierungsbetroffenen sollen Rationalisierungsträger werden. Dass sich dieses Ziel zumindest in Teilbereichen auch mit den Perspektiven und Wünschen der Beschäftigten deckt, die immerhin auch als ‚Experten in eigener Sache' ernst genommen werden (wollen), ist Voraussetzung, weil ansonsten die Motivation zur Partizipation zerstört würde. Aber auch wenn Partizipation vielfach kongruent ist mit den Wünschen der Beschäftigten, darf nicht übersehen werden, „dass mit direkten partizipativen Arbeitsformen vielfach eine Extensivierung und Intensivierung von Arbeit einhergeht", wie Kriegesmann und Striewe (2010, S. 73) bei Untersuchungen in Beratungsunternehmen herausgefunden haben, die sich durch ein hohes Maß an Partizipation auszeichnen.

In jedem Fall aber verändern partizipative Arbeitsformen die innerbetriebliche Hierarchie und das Statusgefüge. So steht Partizipation immer in einem Spannungsverhältnis: auf der einen Seite eine Steigerung und tendenziell betriebsweite Verbreitung eines kommunikativen, diskursiven Elements in Entscheidungsprozessen, auf der anderen Seite eine deutliche, vorgegebene Diskursorientierung. Partizipation zielt auf die Selbstaktivierung der Beschäftigten zum Zwecke betrieblicher Prozessverbesserungen[14].

Die Einführung partizipativer Managementkonzepte ist ein Kennzeichen der 1990er-Jahre gewesen, allerdings nicht in einer linearen Aufwärtsbewegung, sondern mehr in Gestalt einer Pendelbewegung (Dörre 2002). Insgesamt ist in vielen Betrieben, wie auch andere Studien belegen (etwa Kuhlmann et al. 2004), eine stärkere Einbindung der Beschäftigten auch auf der Prozessebene in die Optimierungsbemühungen zu beobachten. Dies bewirkt eine erhebliche Ver-

---

[14]Aus dieser Widersprüchlichkeit erwachsen die Paradoxien der Partizipation, die Kühl (2001) herausgearbeitet hat: das „Sei-Selbstständig-Paradox", das „Entscheide-selbst-aber-nur-unter-Vorbehalt-Paradox" und das „Organisier-dich-selbst-aber-nicht-so-Paradox".

stetigung und Verdichtung innerbetrieblicher Kommunikation; bei Qualitätszirkeln und Projektgruppen, die auf Kommunikation geradezu beruhen, liegt dies auf der Hand und selbst bei einfachen Formen von Gruppenarbeit in der Fertigung, die weit entfernt sind von der Zielvorstellung einer teilautonomen oder strukturinnovativen Gruppenarbeit, ist eine erhöhte Intensität von Kommunikation zu beobachten; vertikale und horizontale Kommunikation gewinnen an Bedeutung[15]. Denn bei allen Unterschieden der Ausgestaltung von Gruppenarbeit lassen sich in allen Varianten zwei Merkmale wiederfinden: die Position eines Gruppensprechers, der die Vertretung der Gruppen nach außen übernimmt, was gruppeninterne Abstimmungen voraussetzt, und die Einrichtung von regelmäßig durchzuführenden Gruppengesprächen, die dem permanenten Optimierungsprozess dienen.

Die veränderten Organisationsstrukturen legen also eine engere Kommunikation zwischen Vorgesetzten und Mitarbeitern wie auch zwischen den Beschäftigten selbst nahe. Operative Dezentralisierung zieht damit eine Modifikation der bislang geltenden Steuerungsregeln nach sich: nicht mehr nur Steuerung durch Anweisung und Ausführung, sondern auch durch Verständigung. Dies macht einen gravierenden Unterschied gegenüber Einliniensystemen aus, in denen Steuerung qua Hierarchie als bürokratische Koordinierung erfolgt. Diese neue Form der Steuerung, die diskursive Koordinierung (Braczyk 1997, 2001; Minssen 1999b), bezeichnet nicht, obwohl sich diese Assoziation aufdrängt, einen herrschaftsfreien Diskurs im Sinne von Habermas; diskursive Koordinierung setzt die asymmetrischen Kommunikationsbeziehungen im Unternehmen nicht außer Kraft, was allein schon daran deutlich wird, dass die von der Unternehmensspitze festgelegten Ziele dem betrieblichen Diskurs entzogen sind (Braczyk 2001, S. 49). Und auch das Ziel ist klar: „Diskursivität als Steuerungsmodus und Kommunikation als Steuerungsmedium setzen offensichtlich spezifische Rationalisierungseffekte frei, ‚aktivieren' in besonderer Weise Leistungspotentiale von Arbeitskraft" (Kratzer 2003, S. 237; im Original hervorgehoben). Durch die Intensivierung von Kommunikation, durch diskursive Koordinierung wird ein Zugriff auf Leistungspotenziale erschlossen, die bei bürokratischer Koordinierung kaum zugänglich sind.

Deswegen ist die Freisetzung und Entfaltung von Arbeitskommunikation nicht per se mit einer Ausweitung von Selbstverfügung, Selbstbestimmung oder Handlungsfähigkeit der Subjekte verbunden, denn die Kommunikation bei der

---

[15]Damit soll nun keineswegs suggeriert werden, dass Kommunikation früher keine Rolle in Unternehmen gespielt hätte – man denke nur an die Bedeutung von Gerüchten; vgl. dazu Wehling (2007).

4.3 Operative Dezentralisierung

Arbeit unterliegt Bedingungen, die mit Blick auf die idealtypische Konstruktion symmetrischer, verständigungsorientierter Kooperation als unvollständig charakterisiert werden müssen (Krömmelbein 2004). Diskursive Koordinierung bedeutet keinen Verzicht auf Formen hierarchischer Koordinierung; ebenso wenig ist damit eine vollständige Umstellung von Koordinierung qua Hierarchie auf Koordinierung qua Diskurs gemeint. Doch es entstehen ein neuer Modus betrieblicher Kommunikation und vor allem eine erheblich gesteigerte Kommunikationsdichte. Die strikte Trennung zwischen Planung und Ausführung wird der Tendenz nach aufgehoben und dies zieht eine weitreichende soziale und organisatorische Restrukturierung nach sich. In letzter Konsequenz wird hierarchische Steuerung umgestellt auf eine Steuerung qua Zielvereinbarung, das heißt über Ziele, die mit Einzelnen oder mit Gruppen für einen bestimmten Zeitraum vereinbart werden[16].

Wie das nun einzuschätzen ist, vor allem, von welcher Reichweite die Prozesse sind, darüber gehen die Wertungen in der sozialwissenschaftlichen Arbeitsforschung weit auseinander. Auf der einen Seite wird in den veränderten Modi der Steuerung und Koordinierung zwar kein Strukturbruch kapitalistischer Rationalisierung erkannt, wie ihn noch Kern und Schumann (1984) hinsichtlich der neuen Produktionskonzepte ausmachten, aber doch eine sehr tiefgreifende Veränderung gesehen, da die operative Dezentralisierung „vorherrschende Muster industriegesellschaftlicher Arbeit" (Jäger 1999, S. 9) aufbricht, die bislang durch tayloristische Zergliederung, hierarchische Koordination, formale Regelungen und bürokratische Verwaltung gekennzeichnet waren. Auf der anderen Seite wird dem entgegengehalten, dass das Neue so grundlegend neu nicht sei, weil die Dezentralisierungsstrategien „sich an Leitvorstellungen (orientieren), die den Rahmen bürokratisch-kapitalistischer Beherrschungs- und Ökonomisierungslogik nicht verlassen" (Wolf 1997, S. 219 f.); die Pointe liege in der Koexistenz von Partizipationsangeboten und Freigabe von Handlungsspielräumen bei gleichzeitigen bürokratischen Beherrschungs- und Einbindungsversuchen.

Wie auch immer: Insgesamt wird man von einer zunehmenden Bedeutung von Kommunikation bei der Arbeit ausgehen können. Vermarktlichung setzt zwingend eine stärkere Partizipation der Beschäftigten voraus, ohne deren Bereitschaft zur Mitwirkung die vergrößerten Handlungsspielräume nicht genutzt werden können; sie erfordert Verständigung und Absprache unter den Beschäftigten, damit die Ziele, also die vereinbarten oder vorgegebenen Kennziffern, erreicht werden. Dass dies in einem engen Leistungskorsett erfolgt, ist die andere Seite der Vermarktlichung.

---

[16]zu Zielvereinbarungen vgl. auch Abschn. 6.2.

4.4 Eine neue Phase der Dezentralisierung? Industrie 4.0

Seit einiger Zeit ist in Öffentlichkeit und Wissenschaft viel von ‚Industrie 4.0' die Rede. Dies ist eine Vision, die auf ein neues Niveau der Produktionsautomatisierung zielt. Anknüpfend an bestehende Produktionskonzepte und eine fortschreitende Vernetzung der Datenbestände wird eine neue Stufe der Prozessautomatisierung angestrebt, indem die vernetzte Datenebene mit realen Fabrikabläufen flexibel verknüpft werden soll (Hirsch-Kreinsen 2014b, S. 5). Maschinen und Produkte sollen selbstständig Informationen und Befehle austauschen, das Werkstück sich selbst seinen Weg zum nächsten verfügbaren Produktionssystem suchen, der Spediteur wird benachrichtigt, wenn nachgeliefert werden muss, und die Buchhaltung wird informiert, wann die Rechnung gestellt werden kann (Kempermann 2014, S. 4). Es geht also um die laufende „Selbstoptimierung intelligenter dezentraler Systemkomponenten und ihrer autonomen Anpassungsfähigkeit an dynamisch sich wandelnde externe Bedingungen beispielsweise auf den Absatzmärkten, in der Produktions- und Lieferkette oder von Umweltanforderungen" (Hirsch-Kreinsen 2014a, S. 421); Menschen, Dinge, Prozesse, Dienste und Daten sollen miteinander vernetzt werden (Buhr 2015, S. 1) und zwar über die Fabrikmauern hinaus (Howaldt et al. 2018). Dies aber ist nicht möglich bei zentraler Steuerung, sondern erfordert eine durchgreifende Dezentralisierung; ‚Industrie 4.0' ist geradezu ein Synonym für Dezentralisierung (Kletti 2015, S. 6). Offenbar steht nach der Re-Zentralisierung nun wieder eine Phase der Dezentralisierung ins Haus, was die Beobachtung der Pendelbewegungen von De- und Re-Zentralisierungsprozessen (vgl. oben) bestätigen würde.

Allerdings handelt sich bei der Debatte um ‚Industrie 4.0' um die Diskussion eines Konzepts, nicht um die Diskussion einer bereits real ablaufenden Entwicklung; in Betrieben ist davon jedenfalls noch nicht viel zu sehen (Baethge-Kinsky et al. 2017). ‚Industrie 4.0' bezeichnet insofern auch nicht bereits zu beobachtende Dezentralisierungsprozesse, sondern stellt eine Vision möglicher zukünftiger Dezentralisierung dar. Es ist die Debatte um eine Vision, die sich nicht einem faktisch erreichten neuen technischen Entwicklungsstand oder einem technischen Entwicklungsschub verdankt, der ganz neue Möglichkeiten eröffnet, sondern ‚Industrie 4.0' ist „das Resultat eines professionellen *Agenda-building*" (Pfeiffer 2015b, S. 20; Hervorhebung im Original) und ein Fall erfolgreicher Öffentlichkeitsarbeit.

4.4 Eine neue Phase der Dezentralisierung? Industrie 4.0

Industrie 4.0 ist ein zentrales Element der Hightech-Strategie der Bundesregierung für den Industriestandort Deutschland, das durch die Promotorengruppe ‚Kommunikation' der Forschungsunion Wirtschaft – Wissenschaft initiiert wurde (Ramsauer 2015, S. 7). Damit sollte die Bedeutung der industriellen Fertigung in den Vordergrund gerückt werden, da „vielerorts wieder ein starker industrieller Kern als Grundlage für Prosperität und Wohlstand einer Region gesehen" (Spath 2013, S. 15) wird. Das ist insofern bemerkenswert als in den Jahren zuvor das Heil der wirtschaftlichen Entwicklung im Dienstleistungssektor gesehen wurde[17].

Industrie 4.0 hat eine erhebliche Breitenwirkung erzielt. Es ist die Rede von einer „industriellen Revolution" (Dombrowski et al. 2014; Spath 2013), der erhebliche ökonomische Auswirkungen beschieden werden. Bauer et al. (2014, S. 6) prognostizieren in Deutschland bis 2025 ein zusätzliches Wertschöpfungspotenzial von 78 Milliarden Euro allein durch Industrie 4.0-Technologien, was zugleich erhebliche Auswirkungen auf die Arbeitsplätze haben soll; laut Frey und Osborne (2013) sind 47 % aller Arbeitsplätze durch die Digitalisierung der Arbeit bedroht, was allein in Deutschland 18 Millionen betroffene Arbeitnehmer ausmachen würde (Die Welt 2015). Das unterstellt allerdings, dass, so das Bundesministerium für Arbeit und Soziales (BMAS 2016, S. 47), „alles, was theoretisch automatisiert werden kann, auch wirklich automatisiert wird, und dass alle Tätigkeiten, die in bestimmten Berufen verlangt werden, auch automatisierbar sind". Andere sind denn auch erheblich vorsichtiger und prognostizieren zwar einen Verlust von 1,5 Mio. Arbeitsplätzen, gehen aber von der Entstehung neuer Arbeitsplätze in einer ähnlichen Größenordnung aus (Wolter et al. 2016, S. 62).

Auch die Folgen für Arbeit sollen erheblich sein. Die Ortsgebundenheit der Arbeit wird sich erheblich vermindern (Ramsauer 2015, S. 11) und die subjektiven Fähigkeiten und Potenziale der Beschäftigten sind noch stärker gefordert als schon heute (Kagermann et al. 2013, S. 57). Auf der einen Seite können Beschäftigte „sich dank intelligenter Assistenzsysteme auf die kreativen und wertschöpfenden Tätigkeiten konzentrieren und werden bei Routineaufgaben entlastet" (Ramsauer 2015, S. 8 f.), was auf der anderen Seite bei denjenigen, die bisher mit den Routineaufgaben beschäftigt waren und die nicht die Qualifikationen und Kompetenzen für die „kreativen und wertschöpfenden Tätigkeiten" mitbringen, nicht unbedingt Begeisterung auslösen dürfte. Die psychischen Beanspruchungen werden ebenso steigen wie die Anforderungen an beruf-

---

[17]Dem Dienstleistungssektor und der Dienstleistungsarbeit ist das Kap. 9 gewidmet.

liche Handlungskompetenz (Dombrowski et al. 2014, S. 141), was freilich auch „Chancen auf qualitative Anreicherung, interessante Arbeitszusammenhänge, zunehmende Eigenverantwortung und Selbstentfaltung" (Kagermann et al. 2013, S. 57) beinhaltet. Der „Mensch nimmt eine entscheidende Rolle als Problemlöser, Entscheider und Innovator ein" (Dombrowski et al. 2014, S. 149) und in Bezug auf die Kompetenzentwicklung kann vermutet werden, dass Lernprozesse als Basis der Kompetenzentwicklung zunehmend „on the job" stattfinden (Deuse et al. 2015, S. 207)und damit Lernen und Arbeiten zunehmend verschwimmen. Wer also nicht gerade seinen Arbeitsplatz verliert, für den scheint Industrie 4.0, folgt man den Protagonisten, eine ganze Reihe von interessanten, wenn auch herausfordernden Anforderungen bereitzuhalten.

Doch die Folgen von Industrie 4.0 sind, seriös betrachtet, eher undeutlich; es sind mehrere Szenarien denkbar mit ganz unterschiedlichen Auswirkungen auf die Betroffenen[18]. Hirsch-Kreinsen (2015, S. 22) weist mit Recht darauf hin, dass sich eindeutige Annahmen über Freisetzungseffekte verbieten, da jede Technik immer auch mit Einführungs- und Gestaltungsoptionen verbunden ist. Zudem zeigt ein Blick auf frühere Technisierungsschübe, dass es „zumindest riskant, oft jedoch schlicht fahrlässig ist" (Kuhlmann und Schumann 2015, S. 124), aus neuen Technologien weitreichende Thesen über den Wandel von Arbeit abzuleiten. Angesichts der bislang begrenzten empirischen Befunde, so Ittermann und Niehaus (2015) nach Durchsicht der einschlägigen Literatur, lassen sich wissenschaftlich seriös derzeit keine abschließenden Aussagen über die künftige Entwicklung der Industriearbeit treffen, zumal die Formen des Technikeinsatzes und der Technikanwendungen spezifisch je nach Ländern, Branchen und Betrieben sind (Dörre 2018).

Welche Szenarien sich mit welchen Folgen für die Beschäftigten durchsetzen, hängt von innerbetrieblichen Entscheidungsprozessen ab. In Abschn. 4.1 ist auf die Kontingenz von Entscheidungen hingewiesen worden, die aufgrund unterschiedlicher mikropolitischer Konstellationen zwischen Betrieben durchaus variieren, sodass sich auch sehr betriebsspezifische Lösungen herauskristallisieren können. Bei einer Abschätzung der Folgen von Industrie 4.0 ist also

---

[18]So unterscheidet Buhr (2015, S. 2) das Automatisierungsszenario, das Hybridszenario und das Spezialisierungsszenario – letzteres das für Facharbeiter günstigste Szenario. Und in Bezug auf Einfacharbeit unterscheidet Hirsch-Kreinsen (2017) vier hypothetische Entwicklungspfade: Automatisierung einfacher Industriearbeit, Upgrading einfacher Industriearbeit, digitalisierte Einfacharbeit und strukturkonservative Stabilisierung von Einfacharbeit.

vor dem Hintergrund der langjährigen sozialwissenschaftlichen Forschung zum Technikeinsatz davon auszugehen, dass es nicht die Technik ist, die bestimmte Folgen bewirkt, sondern Geschäftsstrategien und arbeitspolitische Konzepte (Hirsch-Kreinsen 2015, S. 15; Kuhlmann und Schumann 2015, S. 127).

Schmiede (2015, S. 42) hat darin erinnert, dass der Diskurs über die Zukunft der Arbeitsgesellschaft – und nicht anderes ist die Diskussion um ‚Industrie 4.0' – mittlerweile eine Vergangenheit besitzt, und in der Tat sind Analogien zu früheren Technikdebatten nicht zu übersehen – zu denken ist etwa an die Automationsdebatte der 1960er- und 1970er-Jahre, an die Halle 54 bei Volkswagen und (natürlich) an CIM in den 1980er-Jahren. Unter diesem Stichwort von Computer Integrated Manufacturing träumten damals Ingenieure und auch betriebliche Praktiker den Traum von der vollständig vernetzten, automatischen und weitgehend menschenlosen Fabrik. Der ließ sich indes nicht verwirklichen. Die technischen Schwierigkeiten stellten sich als derart groß heraus, dass von hochfliegenden CIM-Visionen oftmals nur CIM-Ruinen übrig blieben (Minssen 2006a, S. 91); legendär an CIM wurde vor allem das Scheitern. (Howaldt et al. 2018, S. 351).

Industrie 4.0 ist in gewisser Weise ein Wiederaufleben dieses alten Traums – mit einer ähnlich technikzentrierten Sicht auf Produktion und dem gleichen technikzentrierten Überschwang (Brödner 2018, S. 333). Allerdings sind Mahnungen nicht zu überhören, die Beschäftigten frühzeitig partizipativ in die betrieblichen Entscheidungsprozesse einzubeziehen (etwa Buhr 2015, S. 3), sodass die Debatte nicht wie seinerzeit ausschließlich ingenieursgetrieben zu sein scheint; E. Hartmann (2015) weist jedenfalls nicht zu Unrecht darauf hin, dass Fragen der Arbeitsgestaltung in der Entwicklung des Konzepts von Anfang an hohe Bedeutung beigemessen wurde. Insofern scheint man aus früheren Debatten durchaus gelernt zu haben[19], doch insgesamt zeichnet sich die ‚Industrie 4.0'-Diskussion durch manche Ignoranz gegenüber bereits vorliegenden Erkenntnissen aus.

So sollen „routine-basierte Tätigkeiten im Bereich des mittleren Qualifikationsniveaus durch Automatisierung an Bedeutung" (Münchner Kreis 2013, S. 2 f.) verlieren, während bisher am unteren und oberen Qualifikationsrand angeordnete Tätigkeiten an Bedeutung gewinnen. Diese Behauptung ist auch als

---

[19]Allerdings geht auch das mit einer gewissen Geschichtsvergessenheit einher. So wurde in Nordrhein-Westfalen im Rahmen der „Initiative Zukunftstechnologien" 1984 das Programm „Mensch und Technik – Sozialverträgliche Technikgestaltung" ins Leben gerufen, mit dem unterschiedliche Möglichkeiten der Gestaltung neuer Technologien im Hinblick

Polarisierungsthese bekannt, die von vielen geteilt wird (Autor und Dorn 2013; BMAS 2015; Buhr 2015, S. 3; Frey und Osborne 2013, S. 45). Bei dieser These handelt es sich um eine in den 1970er- und 1980er-Jahren im Anschluss an die berühmte Studie von Kern und Schumann (1970) viel diskutierte Vermutung einer gleichzeitigen Entstehung von Arbeitstätigkeiten mit hohen Qualifikationsanforderungen und Arbeitstätigkeiten mit niedrigen Qualifikationsanforderungen als Folge des technischen Wandels; damit wurde Hoffnungen auf eine durchgängige Erhöhung der Qualifikationsanforderungen durch die Automatisierung der Produktion gleichermaßen entgegengetreten wie Befürchtungen, dass nur Arbeitsplätze mit geringen Qualifikationsanforderungen übrig bleiben.

Allerdings war es um die Polarisierungsthese ziemlich ruhig geworden, und das aus gutem Grund. Zum einen drängte sich mit dem „Ende des Technikdeterminismus" (Lutz 1987b)[20] die Erkenntnis auf, dass aufgrund von Gestaltungsoptionen und spezifischen betrieblichen Entscheidungsprozessen Technik allein nur wenig Aussagekraft in Sachen zukünftiger Gestaltung von Arbeit und absehbarer Qualifikationsanforderungen hat. Zum anderen gibt es keinerlei empirische Befunde, dass die seinerzeit mit der These von der Polarisierung der Qualifikation prognostizierte Entwicklung eingetreten ist und der Bereich mittlerer Qualifikationen tatsächlich ausgedünnt worden wäre.

Ähnliches gilt für die mit ‚Industrie 4.0' angestrebte Vernetzung von Akteuren entlang der Wertschöpfungskette; auch dies ist so neu nicht. Bereits in den 1980er-Jahren hatten Altmann et al. (1986) einen „neuen Rationalisierungstyp" diagnostiziert, die systemische Rationalisierung. Sie beruhte – im Unterschied zu einer nur punktuellen Rationalisierung – auf der Verfügbarkeit und dem Einsatz von computergestützten Organisations- und Steuerungstechnologien, die

---

auf deren Sozialverträglichkeit erprobt werden sollten. Man kann über die Wirkung dieses Programm durchaus geteilter Meinung sein (vgl. das Resümee bei Latniak 1997), doch dass es mittlerweile ebenso wie die damals ermittelten Befunde völlig in Vergessenheit geraten zu sein scheint, ist schon erstaunlich. Jedenfalls ist trotz der vielen Bekenntnisse, bei ‚Industrie 4.0' Gestaltungsoptionen nutzen zu müssen und zu wollen, kein Hinweis auf die Ergebnisse dieses Programms zu finden.

[20]Mit Technikdeterminismus war die Annahme gemeint, dass die jeweilige Arbeitsgestaltung aus den Anforderungen der technischen Basis des Arbeitsprozesses zu erklären ist, dass die Technik also die Arbeitsbedingungen und damit die Folgen für die Arbeitslätze determiniert. Sie war leitend für die großen industriesoziologischen Studien der Nachkriegszeit etwa von Popitz et al. (1976); als Überblick Minssen (2006a, Abschn. 4.1).

4.4 Eine neue Phase der Dezentralisierung? Industrie 4.0

eine bis dato nicht bekannte datentechnisch gestützte Verknüpfung und Integration einzelner Teilprozesse ermöglichte. Rationalisierung konnte damit in der Perspektive auf den gesamten betrieblichen Ablauf erfolgen und über die Grenzen des Einzelbetriebs hinausgreifen, indem auch Liefer-, Bearbeitungs- und Distributionsprozesse, mit anderen Worten: die gesamte Wertschöpfungskette einbezogen wurde (zusammenfassend Sauer 2010, S. 551). Die Analogien zu Industrie 4.0 sind unübersehbar.

Wir erleben also die Wiederauferstehung einer These, die mit guten Gründen keine Rolle mehr spielte, und die Deklaration einer Entwicklung als neu, die bei genauerem Hinsehen so neu nicht ist. Nun wäre es sicherlich übertrieben, ‚Industrie 4.0' als „alten Wein in neuen Schläuchen" zu bezeichnen, denn natürlich haben sich mit der rasanten technischen Entwicklung die Möglichkeiten der Vernetzung verbessert und werden sich noch weiter verbessern und natürlich eröffnen sich durch die Digitalisierung weitere ungeahnte Möglichkeiten; aber ob es sich bei Industrie 4.0 wirklich, wie ab und an behauptet, um eine ‚disruptive Innovation' handelt, also um eine Innovation, die bisher vorherrschende Muster der Produktion und des Technikeinsatzes grundlegend verändert, erscheint beim jetzigen Stand der Dinge doch eher zweifelhaft (Hirsch-Kreinsen 2018). Abgesehen davon, dass eigentlich erst retrospektiv zu beurteilen ist, ob ein Wandel disruptiv oder inkrementell war, unterstützen auch erste empirische Befunde (Butollo et al. 2017) diese Zweifel.

Bei ‚Industrie 4.0' soll es sich um eine Revolution handeln, und zwar nicht um irgendeine Revolution, sondern um die „erste prognostizierte industrielle Revolution" (Dombrowski et al. 2014, S. 133). Nun ist es um Prognosefähigkeit zumal der Sozialwissenschaften bekanntlich nicht besonders gut bestellt (Streeck 2010); Menschen reagieren auf Prognosen und verändern dadurch die prognostizierten Entwicklungen. Insofern ist es einigermaßen vermessen, eine industrielle Revolution prognostizieren zu wollen, zumal es sich im Falle von Industrie 4.0 ja nicht nur um eine prognostizierte, sondern sogar, bedenkt man die Entstehungsgeschichte, um eine staatlich initiierte industrielle Revolution handelt. Die prognostizierte Revolution als eine von der Politik initiierte industrielle Revolution – das wäre historisch wohl ziemlich einmalig.

Schon die Bezeichnung als „vierte industrielle Revolution" ist einigermaßen fragwürdig. Das Argument ist recht simpel: Die erste industrielle Revolution (‚Industrie 1.0') begann mit der Einführung der mechanischen Produktionsanlagen nach Erfindung der Dampfmaschine, die Fließbandfertigung stellte zusammen mit Elektrizität die zweite industrielle Revolution dar (‚Industrie 2.0'), die dritte war gekennzeichnet durch den Einsatz von Elektronik und

Informationstechnologien („Industrie 3.0") und nun stehen wir am Beginn – oder sind schon mittendrin? Das wird nicht immer recht klar – der vierten industriellen Revolution, gekennzeichnet durch das „Internet der Dinge" (so stellvertretend für eine häufig anzutreffende Argumentation Ramsauer 2015, S. 7). Allerdings bleibe dahingestellt, ob die „vierte" industrielle Revolution sich von der dritten nicht nur rein quantitativ unterscheidet; natürlich können „Maschinen, Bauteile und Aufträge zu geringen Kosten und in hoher Detaillierung erfasst und im Netzwerk weitergeleitet werden" und natürlich ist es möglich (geworden), „auch große Informationsmengen automatisch verarbeiten, Diagnosen treffen und Maßnahmen einleiten zu können" (Kersten et al. 2014). Aber all das scheint ein „Mehr" von Vorhandenem, nicht etwas qualitativ Neues zu sein, das es rechtfertigen könnte, eine neue Entwicklungsstufe auszurufen.

Allerdings ist auch unabhängig davon die Bezeichnung „industrielle Revolution" völlig überdimensioniert. Industrielle Revolutionen sind, darauf hat Müller-Jentsch (2007, S. 81 f.) hingewiesen, nicht auf bloße technische Revolutionen zu reduzieren, sondern sie „sind Revolutionen des Gesamtsystems der Produktivkräfte, zu denen neben der Technik auch die Arbeitskräfte und ihre Qualifikationen sowie die Organisationsformen der Arbeit zählen", und wälzen „auch soziale Verhältnisse um". Davon ist aber weit und breit nichts zu sehen, sodass die „vierte industrielle Revolution" weniger eine inhaltlich gerechtfertigte Bezeichnung darstellt als vielmehr ein etwas vollmundiges Label, mit dem Aufmerksamkeit erzeugt werden soll[21] – was zweifellos gelungen ist.

Es lassen sich also vielfältige Zweifel an der Vision von ‚Industrie 4.0' anführen. Diese Zweifel beziehen sich aber ausschließlich auf das ‚Internet der Dinge', nicht jedoch auf die durch die Digitalisierung ausgelösten Veränderungen der Arbeit. Diese Digitalisierung ist ein bereits länger andauernder Prozess, für den sich die Bezeichnung ‚Arbeit 4.0' eingebürgert hat. Sie ist Gegenstand des folgenden Kapitels.

---

[21] Auch hier werden Erinnerungen wach, und zwar an „die zweite industrielle Revolution in der Automobilindustrie" (Womack et al. 1991), den Bestseller, der nicht nur wegen des Titels viel Absatz fand, sondern auch wegen des darin geprägten Schlagwortes ‚lean production'; vgl. dazu oben Abschn. 4.3.1.

4.4 Eine neue Phase der Dezentralisierung? Industrie 4.0

Verständnisfragen

- Sind Entscheidungen in Organisationen rational?
- Was ist der Unterschied zwischen strategischer und operativer Dezentralisierung? Welche Maßnahmen lassen sich strategischer, welche operativer Dezentralisierung zurechnen?
- Was ist mit diskursiver Koordinierung gemeint und weswegen hat sie an Bedeutung gewonnen?
- Ist ‚Industrie 4.0' die vierte industrielle Revolution?

Entgrenzungen 5

Als organisatorisches Phänomen führt Vermarktlichung im Rahmen von Dezentralisierung dazu, dass ehemals klare Grenzen undeutlich geworden sind. Die organisatorischen Grenzen von Unternehmen werden unschärfer, wenn sie sich zu Netzwerken wandeln, die durch marktliche Beziehungen verbunden sind. Ebenso verwischen sich die durch die vertikalen und horizontalen Trennlinien gezogenen Grenzen innerhalb von Betrieben sowie letztlich sogar die Grenzen zwischen Arbeit und Leben. Diese Prozesse werden in der Arbeits- und Industriesoziologie als Entgrenzung bezeichnet (ausführlich Kratzer 2017; Sauer 2005a) – eine Metapher, mit der Veränderungen in unterschiedlichen gesellschaftlichen Teilbereichen charakterisiert werden sollen und die es ermöglicht, solche Prozesse auf den unterschiedlichsten Dimensionen zu untersuchen (vgl. die Beiträge in Minssen 2000). Entgrenzung wird „meist nur negativ definiert" (Hirsch-Kreinsen 2010, S. 447), nämlich in Abgrenzung zum Fordismus mit seinen relativ klaren Betriebsgrenzen, der Grenze zwischen Arbeit und Leben und der durch die Berufe gezogenen Grenzen.

Mit dem Begriff der Entgrenzung wird die Erosion gewohnter Grenzen und insofern ein Verlust von bisherigen Gewissheiten thematisiert. Entgrenzungsprozesse haben nachhaltige Folgen für die soziale Integration; denn soziale Inklusion wird „gefährdet und prekär, wenn die Strukturen der Arbeitsprozesse prinzipiell nur noch provisorische Geltung zu haben scheinen" (Franzpötter 2003, S. 137). Deswegen gehen manche Autoren (etwa Döhl et al. 2001) „von der These eines Strukturbruchs innerhalb der Moderne" aus und zwar von einem „Bruch in den Grundlagen der Erwerbsgesellschaft". Als Indikatoren dafür nennen sie „die Erosion der Grenzen zwischen Innen und Außen bzw. zwischen Markt und

Hierarchie (bezogen auf Unternehmen und Märkte), das Verschwinden von klaren Konflikten zwischen Herrschenden und Beherrschten, eine Individualisierung von Arbeitsverhältnissen und eine Fragilisierung der Lebenslagen für größere Teile der Erwerbsbevölkerung sowie eine wachsende Uneindeutigkeit von Entwicklungen" (Döhl et al. 2001, S. 219 f.).

Diese Prozesse der Entgrenzung sind ausgelöst worden durch veränderte Strategien des Arbeitskrafteinsatzes. Sie verbinden sich mit einer schleichenden, seit längerer Zeit anhaltenden Entwicklung, der Digitalisierung der Arbeit. Für diese Digitalisierung hat sich neuerdings das Schlagwort ‚Arbeit 4.0' eingebürgert. Analogien zu ‚Industrie 4.0' sind unübersehbar, auch im Hinblick auf die Bezeichnung unterschiedlicher Stadien der Entwicklung. Laut BMAS (2015, S. 34 f.) meint ‚Arbeit 1.0' die beginnende Industriegesellschaft und die ersten Organisationen von Arbeitern, ‚Arbeit 2.0' die beginnende Massenproduktion und die Anfänge des Wohlfahrtsstaats am Ende des neunzehnten Jahrhunderts, ‚Arbeit 3.0' die Zeit der Konsolidierung des Sozialstaats und der Arbeitnehmerrechte auf Grundlage der sozialen Marktwirtschaft und ‚Arbeit 4.0' schließlich eine Form von Arbeit, die vernetzter, digitaler und flexibler ist.

Die Differenzierung der jeweiligen Stadien ist also ähnlich artifiziell wie die Unterscheidung von Industrie 1.0 bis 4.0. Doch während ‚Industrie 4.0' eine Vision[1] darstellt, bezeichnet ‚Arbeit 4.0' einen real ablaufenden Prozess. Gemeint damit ist die zunehmende Durchdringung von Arbeitsprozessen mit Informations- und Kommunikationstechnologien. Tätigkeiten werden zunehmend an und mit Rechnern ausgeführt, die zum Teil vernetzt sind; zunehmend wird auf mobile und gleichfalls vernetzte Geräte (Laptops, Smartphones etc.) zurückgegriffen (Schwemmle und Wedde 2012, S. 14 f.). Dieser Prozess der Digitalisierung hat bereits in den 1990er-Jahren eingesetzt und mittlerweile nutzen 54 % der Beschäftigten in Deutschland laut Statistischem Bundesamt bei der Arbeit einen Computer mit Internetanschluss und keineswegs nur in Büros; auch in den Fabriken ist der „Einsatz computerisierter, vernetzter Maschinen weit verbreitet" (BMAS 2015, S. 16). Mittels des Internets sind in zuvor unbekanntem Ausmaß der Zugang zu Informationen und Wissen möglich geworden. Arbeit 4.0 hat also nur wenig zu tun mit hochfliegenden Plänen eines „Internets der Dinge".

---

[1]Man könnte ‚Industrie 4.0' auch als Projekt bezeichnen, als ein von der Bundesregierung zusammen mit großen IT-Unternehmen initiiertes und verfolgtes Projekt. Darauf sind wir im vorigen Kapitel eingegangen.

Freilich lassen sich die Folgen der Digitalisierung von Arbeit noch nicht seriös abschätzen (Dörre 2018)[2] und wenn als Resultat bisheriger Forschung das gleichzeitige Vorhandensein von Chancen und Risiken – „den einen weniger echte Freiheit als möglich, den anderen weniger Sicherheit als nötig" (Schwemmle und Wedde 2012, S. 68) – festgehalten wird, dann ist das in der Tat eine etwas „unbefriedigende Diagnose". Doch diese Diagnose ist dem Sachverhalt geschuldet, dass die Folgen der Digitalisierung von Arbeit nicht einheitlich sind, weil Gestaltungsoptionen mit jeweils unterschiedlichen Auswirkungen existieren. Doch auf Basis bereits vorliegender Befunde der sozialwissenschaftlichen Arbeitsforschung kann mit einiger Sicherheit zumindest davon ausgegangen werden, dass die Prozesse der Entgrenzung sich fortsetzen und beschleunigen werden. Die ohnehin schon unschärfer gewordenen organisatorischen Grenzen von Betrieben werden noch unschärfer, wenn die Arbeit immer mobiler wird, sodass die Frage aufgeworfen wird, ob überhaupt noch von Betrieb als einer räumlich-organisatorischen Einheit gesprochen werden kann. Die ohnehin schon verwischten vertikalen und horizontalen Trennlinien innerhalb von Betrieben verwischen sich noch mehr, wenn Arbeit im Betrieb sich mit Homeoffice ablöst oder Aufträge gleich in die ‚Cloud' gegeben werden; hier stellen sich ganz neue Fragen der Führung (‚Führung auf Distanz'). Und die Grenzen zwischen Arbeit und Leben erodieren weiter, wenn die Arbeit auch zu Hause oder im Café erledigt werden kann, sofern dort Internetanschluss und Laptop vorhanden sind. Entgrenzung und Digitalisierung der Arbeit sind also Entwicklungen, die sich unterschiedlichen Gründen verdanken und unabhängig voneinander entstanden sind, doch durch die Digitalisierung verschärfen sich Prozesse der Entgrenzung.

Aus der Perspektive der Beschäftigten bedeuten Entgrenzungsprozesse erhöhte Flexibilisierungsanforderungen. In einem Bericht an die Expertenkommission „Arbeits- und Lebensperspektiven in Deutschland" der Bertelsmann-Stiftung wird eine weitere Flexibilisierung erwartet, durch die Risiken sich „stärker auf die Individuen" (Eichhorst und Tobsch 2014, S. 32) verlagern, die sich einer Flexibilisierung von Lage und Ort der Arbeit gegenübersehen. Dabei spielen zwei Trends der Flexibilisierung eine herausgehobene Rolle: die mobile Arbeit und die Flexibilisierung der Arbeitszeit.

Mobile Arbeit, insbesondere Telearbeit bzw. Homeoffice, ist eine relativ neue Form der Arbeit, während Anstrengungen zu einer Flexibilisierung der Arbeitszeit

---

[2]Eine gute Übersicht über den Stand der Forschung findet sich bei Schwemmle und Wedde (2012).

seit jeher unternommen wurden. Allerdings ist die Zielrichtung bei der Arbeitszeitflexibilisierung mittlerweile anders als frühere Flexibilisierungsbemühungen, die sich insbesondere in der Einrichtung von Schichtarbeit und Wochenendarbeit niederschlugen. Während es früher um die kollektive Verfügbarkeit ging, wird nun anstelle der kollektiven Verfügbarkeit vermehrt die individuelle Verfügbarkeit zum Bezugspunkt (Kratzer 2003, S. 224); die Beschäftigten selbst sollen Subjekt bei der Gestaltung ihrer individuellen Verfügbarkeit sein.

5.1 Flexibilisierung des Arbeitsortes

Mobile Arbeit gibt es in unterschiedlichen Formen, die sich vom Homeoffice eines Angestellten über die Arbeit eines Handelsvertreters beim Kunden bis hin zur internationalen Mobilität von Fach- und Führungskräften (vgl. dazu Kap. 10) erstrecken. Sie alle zeichnen sich durch eine Trennung von Arbeit und Betrieb aus. Anwesenheit am Arbeitsplatz ist nicht mehr erforderlich, viele Arbeiten können, wenn es sich nicht gerade um personenbezogene Dienstleistungen[3] handelt, zu Hause oder unterwegs erledigt werden. Sie unterscheiden sich aber (vgl. Kleemann 2017) danach, ob die Arbeit wie etwa bei Handelsvertretern oder Außendienstmitarbeitern nur außerhalb des Betriebes erfolgen kann (‚mobile Präsenz-Arbeit') oder ob der Arbeitsort prinzipiell variabel ist (‚ortsungebundene Arbeit'). Die Digitalisierung der Arbeit erschließt in diesem Bereich ganz neue Möglichkeiten; sie ist im Prinzip überall dort möglich, wo ein Rechner mit ausreichender Bandbreite zur Verfügung steht (Schwemmle und Wedde 2012, S. 35). Unabhängig „von ihrem konkreten Arbeitsort können Menschen in Echtzeit im Arbeitsprozess kooperieren" (Boes und Kämpf 2011, S. 62), wobei auch Ländergrenzen keine unüberwindbaren Grenzen mehr darstellen.

Eine schon länger bekannte Form ortsungebundener Arbeit ist die Telearbeit (Homeoffice). Die anfallenden Tätigkeiten werden unter Nutzung moderner Informations- und Kommunikationstechniken auch außerhalb der eigentlichen Betriebsstätte erledigt. Dabei kann es sich um mobile Telearbeit handeln – der Arbeitsplatz außerhalb des Betriebes ist flexibel und räumlich ungebunden wie etwa bei Vertretern – oder um Teleheimarbeit; Letzteres ist in der Regel gemeint, wenn von Telearbeit gesprochen wird. Kleemann (2005, S. 11) charakterisiert

---

[3]Dass auch personenbezogene Dienstleistungen digitalisiert werden können – man denke etwa an die Roboter in der Pflege –, sei an dieser Stelle außer Acht gelassen.

5.1 Flexibilisierung des Arbeitsortes

diese Arbeiten als „überwiegend mittel und hoch qualifizierte, in kooperative betriebliche Kontexte eingebundene, von Informationstechnologien unterstützte Tätigkeiten, die nicht ausschließlich in der Wohnung des Arbeitenden verrichtet werden". In der Regel wird die Erwerbsarbeit alternierend im Wechsel zwischen betrieblichem und häuslichem Arbeitsplatz ausgeübt.

Die Angaben über die Verbreitung der Telearbeit sind höchst unterschiedlich. Kleemann spricht vom „Geschwätz der großen Zahl" und geht davon aus, dass die Zahl der Telearbeiter eher „moderat" (Kleemann 2005, S. 21) ist. Dies wird auch von anderen bestätigt (etwa Clear und Dickson 2005), die vorbringen, dass in englischen Klein- und Mittelunternehmen Telearbeit ohnehin nur von Managern und mobilen Spezialisten ausgeübt wird; Telearbeit kommt damit denen zugute, die ohnehin schon privilegiert sind (so Felstead et al. 2002). Neuere Zahlen des Deutschen Instituts für Wirtschaftsforschung unterfüttern die Annahme, dass Telearbeit vor allem eine Domäne der besser qualifizierten Beschäftigten ist (Brenke 2014). In dieser Studie wird auch von rückläufigen Entwicklung seit 2008 auf knapp 5 Mio. Erwerbstätige berichtet, die im Jahr 2012 ihren Beruf zumindest gelegentlich von zu Hause ausgeübt haben. Allerdings sind 5 Mio. Erwerbstätige schon eine erhebliche Größe und andere Studien machen sogar eine Steigerung in diesem Bereich aus. So zitieren Piele und Piele (2017, S. 13) eine Studie des ifo-Instituts, der zufolge im Jahr 2016 39 % der Unternehmen Homeoffice angeboten haben, während es noch 2012 nur 30 % und 2012 20 % gewesen waren, und setzen hinzu, dass Arbeiten von zu Hause nur einen Teil von mobiler Arbeit ausmacht, sodass „von insgesamt höheren Anteilen örtlich flexiblen Arbeitens bei den Unternehmen und Betrieben ausgegangen werden" kann. Sie selbst berichten aus einer Betriebsrätebefragung aus dem Jahr 2016, dass 43 % der befragten Betriebsräte für ihren jeweiligen Betrieb die Möglichkeit mobilen Arbeitens angeben, die allerdings nur für bestimmte Personengruppen eingeräumt wird; doch insgesamt wird ein „hoher Verbreitungsgrad des mobilen Arbeitens" (Piele und Piele 2017, S. 13) deutlich. Unter dem Strich kann also festgehalten werden, dass die empirischen Befunde zur Verbreitung von mobiler Arbeit nicht einheitlich sind, dass mobile Arbeit aber jedenfalls kein zu vernachlässigender Faktor ist. Und in Anbetracht der zunehmenden Digitalisierung kann wohl davon ausgegangen werden, dass ihre Bedeutung in Zukunft noch deutlich steigen wird.

Für mobile Arbeiter hat diese Organisation der Arbeit, so wird häufig vermutet, den Vorteil einer individuelleren Arbeits- und Zeiteinteilung, wobei der Zeitflexibilität eine besonders positive Bedeutung zugeschrieben wird; insbesondere soll sie eine bessere Vereinbarung von Familie und Beruf ermöglichen und damit gerade Frauen entgegenkommen, die das Vereinbarkeitsproblem immer noch in erster Linie zu lösen haben. Allerdings wird dadurch die Grenze zwischen der Sphäre der Arbeit und der privaten Sphäre noch mehr aufgelöst; die isolierte häusliche Arbeitssituation und deren besondere funktionale Gestaltungsansprüche führen dazu, dass sich die Arbeitssituation privatisiert. Die Grenze zwischen Arbeit und Freizeit, zwischen Berufs- und Familiensphäre verwischt sich immer weiter.

Generell führt Homeoffice zu einer stärkeren Bedeutung lebensweltlicher Bezüge; dies aber kann weder im Sinne einer ‚Kolonialisierung' der Lebenswelt durch die Arbeitswelt noch im Sinne einer ‚Verlebensweltlichung' der Arbeitswelt interpretiert werden, sondern stellt ein neuartiges Wechselverhältnis zwischen Lebenswelt und Erwerbssystem dar. Die erhöhten Autonomieansprüche der Teleheimarbeitenden einerseits korrespondieren mit einer verstärkten Erfüllung betrieblicher Interessen andererseits (Kleemann 2005, S. 333). Dabei zeigt sich, dass Freiräume nicht gegen das Unternehmen ausgenutzt werden. Den Arbeitenden fällt die Aufgabe zu, verstärkt eigenständig die Transformation ihrer Arbeitskraft in Arbeit sicherzustellen, und dies führt offenbar zu einer stärkeren Selbstverpflichtung gegenüber dem Arbeitsprozess.

Zudem werden beim Homeoffice, wie Kleemann (2005, S. 296) am Beispiel der Telearbeit herausgearbeitet hat, die sozialen Kontakte bei der Arbeit reduziert und dies gilt für mobile Arbeit generell. Denn durch die Reduzierung eines arbeitsbezogenen kollegialen Austauschs findet eine Ausdünnung des betrieblichen Sozialzusammenhangs statt; dadurch können nicht nur informelle Standards immer weniger ausgeprägt und ein unterschwelliges Konkurrenzdenken der Arbeitenden gefördert werden[4], sondern die zunehmende Verbreitung mobiler Arbeit wirft letztlich die Frage auf, inwieweit irgendwann überhaupt noch von ‚Betrieb' als einer technisch-organisatorischen, räumlich lokalisierbaren Einheit gesprochen werden kann. Im Extremfall der Auflösung eines Betriebs in ein Netzwerk von digital verbundenen Crowdworkern[5] wird es schwer sein, noch

---

[4]Dies wird auch durch eine Untersuchung bestätigt, der zufolge durch Telearbeit die Identifikation mit dem Team, also die subjektive Beziehung des Einzelnen zu seinem Team, negativ beeinflusst wird, da sich das Bewusstsein, Mitglied eines Teams zu sein, reduziert und zudem Interaktionen mit anderen Teammitgliedern fehlen, die den Aufbau eines Teamverständnisses erst ermöglichen; vgl. Bernard et al. (2005, S. 135).

[5]Mit Crowdworking ist die Portionierung von Aufgaben in kleine Teilaufgaben und deren Vergabe an Externe gemeint, die sich, z. T. über eigens eingerichtete Plattformen, mittels des Internet um die Auftragserteilung bewerben. Dadurch entsteht ein Netz von Zuarbeitern, die sich gegenüber den Auftraggebern in einer rechtlich schwachen Position befinden und zudem relativ gering entlohnt werden; vgl. dazu auch Ruiner und Wilkesmann (2016, S. 98 ff.)..

von ‚Betrieb' zu sprechen; eine solche Auflösung des Betriebs aber wäre, worauf die Kommission ‚Zukunft der Arbeit' der Hans-Böckler-Stiftung hingewiesen hat, „von großer Bedeutung für das Arbeitsrecht und die Mitbestimmung, weil die vielfältigen Informations-, Konsultations- und Mitbestimmungsrechte im Betriebsverfassungsgesetz an den Betrieb (und die Auslegung des Betriebsbegriffs) geknüpft sind" (Jürgens et al. 2017, S. 34). Zwar ist das Crowdworking nicht sehr weit verbreitet – in der Informationswirtschaft, die noch am ehesten dafür prädestiniert wäre, setzen gerade mal 3 % der dort tätigen Unternehmen Crowdworking ein und der Anteil von Crowdworking in anderen Branchen wird vermutlich noch geringer sein (BMAS 2016, S. 59) –, sodass die Zerlegung des Betriebs in ein Netzwerk von Zuarbeitern eher unwahrscheinlich ist; aber schon jetzt lässt sich absehen, dass die Zunahme mobiler Arbeit die betrieblichen Sozialordnungen nicht unberührt lassen wird.

5.2 Flexibilisierung der Arbeitszeit

Die Flexibilisierung der Arbeitszeit, das heißt die Flexibilisierung in Bezug auf die Dauer, Lage und Verteilung der täglichen bzw. wöchentlichen Arbeitszeit, hat erheblich an Aktualität gewonnen. Starre Arbeitszeitverhältnisse mit gleichmäßiger Vollzeitbeschäftigung am Tage von Montag bis Freitag ohne Varianten – dies die Definition der Normalarbeitszeit – sind keineswegs mehr die Norm. Im Vergleich zu 1989 hat sich die Anzahl der Beschäftigten mit Normalarbeitszeit halbiert (Groß et al. 2007, S. 205). Dauer, Lage und Verteilung der Arbeitszeit entsprechen immer weniger dem Muster der Normalarbeitszeit.

Flexibilisierung zielt einerseits (und zielte immer schon) auf eine möglichst umfassende Auslastung der Betriebsanlagen, indem die Betriebszeiten von den individuellen Arbeitszeiten entkoppelt werden; andererseits ist die Flexibilisierung laut der Bundesanstalt für Arbeitsschutz und Arbeitsmedizin auch ein Ausdruck der Arbeitnehmerwünsche nach individueller Zeitsouveränität (BaUA 2016, S. 56). Dabei ist die Dauer der Arbeitszeit durch zwei Leitplanken begrenzt: einerseits durch das Arbeitszeitgesetz, demzufolge Arbeitnehmer maximal 8 h täglich arbeiten dürfen, in Ausnahmefällen bis zu 10 h – aber auch nur dann, wenn in sechs Monaten die durchschnittliche Tagesarbeitszeit nicht über 8 h liegt[6] – und andererseits durch kollektivvertragliche Regelungen, das

---

[6]Allerdings beginnt das Arbeitszeitgesetz durch die Digitalisierung der Arbeit seine Schutzfunktion zu verlieren; es unterstellt einen festen Arbeitsplatz mit regelmäßigen

heißt durch Tarifverträge oder Betriebsvereinbarungen. Nimmt man nur die tariflichen Arbeitszeiten, lagen diese mit „durchschnittlich 37,7 h pro Woche deutlich unter der gesetzlich zulässigen Höchstarbeitszeit" (Sopp und Wagner 2017, S. 3). Dabei ist allerdings zu bedenken, dass in Westdeutschland nur noch eine Minderheit und in Ostdeutschland gerade mal die Hälfte aller Betriebe einem Arbeitgeberverband angehören und damit einem Tarifvertrag unterliegen, sodass von einer Vielzahl individueller, auf betrieblicher Ebene ausgehandelter Arbeitszeitvereinbarungen auszugehen ist. Werden diese berücksichtigt, ist die durchschnittlich vereinbarte Arbeitszeit mit 33,3 h wöchentlich in Westdeutschland und 35,5 h in Ostdeutschland (Sopp und Wagner 2017, S. 5) noch einmal niedriger, da diese betriebsspezifischen Vereinbarungen eine Vielzahl von Teilzeitverträgen enthalten.

Allerdings entspricht die vereinbarte Dauer nicht der tatsächlichen Arbeitszeit. Auch wenn die Zahlen nicht im Detail übereinstimmen, zeigen sie eine deutlich höhere tatsächliche Arbeitszeit. Laut Statista (vgl. Abb. 5.1) arbeiteten

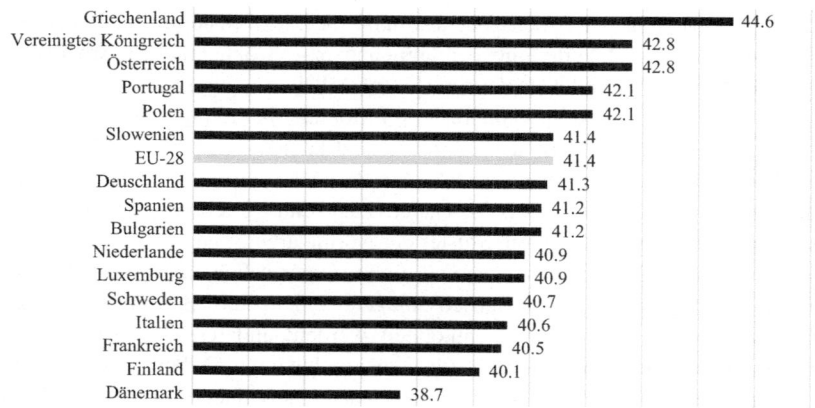

Abb. 5.1 Durchschnittliche Wochenarbeitszeit von Vollzeitbeschäftigten in ausgewählten Ländern der Europäischen Union (EU-28) im Jahr 2016 (in Stunden). (Quelle: Statista 2018)

Arbeitszeiten und damit zwei Bedingungen, die bei mobiler Arbeit nicht mehr gegeben sind. Ein ‚Arbeiten ohne Ende', das oftmals eher selbst- als fremdbestimmt ist, kann damit nicht verhindert werden. Wer abends um 23.00 h noch seine beruflichen Mails checkt, wird kaum die gesetzlich vorgeschriebene Ruhezeit von 11 h bis zum erneuten Arbeitsbeginn einhalten.

5.2 Flexibilisierung der Arbeitszeit

Vollzeitbeschäftigte im Jahr 2016 im Durschnitt 41,3 h, womit Deutschland sich im Durchschnitt der Europäischen Union befindet[7]. Andere Zahlen, wenngleich mit ähnlichem Resultat wurden von der Bundesanstalt für Arbeitsschutz und Arbeitsmedizin (BaUA) ermittelt: Nimmt man nur die Vollzeitbeschäftigten in Deutschland – darunter werden Beschäftigte mit 35 Arbeitsstunden und mehr wöchentlich verstanden[8] –, arbeiten dem Arbeitszeitreport Deutschland 2016 (BaUA 2016) zufolge viele Vollzeitbeschäftigte trotz einer vereinbarten Arbeitszeit von 38,6 h im Durchschnitt 43,5 h pro Woche, die Hälfte der Vollzeitbeschäftigten sogar 40 bis 47 Wochenstunden.

Diese Verlängerung der Arbeitszeit über die tarifvertraglich vereinbarte Arbeitszeit gilt nicht für alle Beschäftigten und vor allem gilt sie nicht für alle Beschäftigten in gleichem Maße. Nimmt man die verfügbaren Daten zusammen, dann lassen sich die unterschiedlichen Arbeitszeitgruppen und deren Veränderung als vier „Spaltungslinien" (Kratzer 2005, S. 254) interpretieren. Die erste Spaltungslinie verläuft zwischen Ost- und Westdeutschland, denn im Osten wird länger gearbeitet. Die zweite Spaltungslinie liegt innerhalb der Arbeitszeitstruktur; der Anteil der Beschäftigten mit Normalarbeitszeiten zwischen 30 und 40 h nimmt in Westdeutschland ab. Die dritte Spaltungslinie zeigt sich zwischen den Geschlechtern; bei Frauen sind die Arbeitszeiten eher rückläufig, da ein überproportional hoher Anteil von ihnen in Teilzeit arbeitet, während die Arbeitszeiten der Männer tendenziell länger werden. Eine vierte Spaltungslinie schließlich ist die qualifikationsspezifische Polarisierung der Arbeitszeit; höher Qualifizierte arbeiten länger, während die Beschäftigten in der Kategorie ‚ohne Qualifikation' kürzer arbeiten, wobei der Anteil der Beschäftigten mit höheren Qualifikationen ebenso zunimmt wie der mit niedrigen Qualifikationen.

Doch unabhängig von diesen spezifischen Ausprägungen bleibt festzuhalten, dass es eine erhebliche Diskrepanz zwischen vereinbarter und tatsächlicher Arbeitszeit gibt. Dies gilt nicht nur für Deutschland, sondern, wie gesehen, für Europa insgesamt. Diese Diskrepanz zwischen vereinbarter und tatsächlicher Arbeitszeit rührt daher, dass in vielen Betrieben Überstunden nicht die Ausnahme, sondern eher die Regel sind; laut der Kommission ‚Zukunft der Arbeit' der

---

[7]Es ist angesichts der öffentlichen Verlautbarungen über die Arbeitsbedingungen in Griechenland anlässlich der Schuldenkrise übrigens bemerkenswert, dass die durchschnittlichen wöchentlichen Arbeitszeiten in Griechenland mit Abstand die längsten sind.

[8]Dies wird noch weiter ausdifferenziert in moderate Vollzeit (35 bis 39 h), lange Vollzeit (40 bis 47 h), überlange Vollzeit unter 60 h und überlange Vollzeit ab 60 h. Immerhin 4 % aller Beschäftigten werden zur letzten Gruppe gerechnet; vgl. BaUA (2016, S. 25).

Hans-Böckler-Stiftung haben Erwerbstätige in Deutschland das durchschnittlich höchste Überstundenvolumen in der Eurozone, wobei „16 % derjenigen, die Überstunden leisten, (…) dies im Umfang von mehr als zehn Stunden pro Woche" (Jürgens et al. 2017, S. 113) tun. Insgesamt lässt sich seit Jahren ein Anstieg der Überstundenarbeit beobachten, der als „dramatisch" (Eberling et al. 2004, S. 26) bezeichnet werden muss und keineswegs nur die Hochqualifizierten betrifft.

Die Diskrepanz zwischen der Dauer der vereinbarten und der Dauer der tatsächlichen Arbeitszeit ist eine Form der Flexibilisierung der Arbeitszeit, mit der Betriebe auf Auftragsschwankungen reagieren, ohne den Personalbestand verändern zu müssen. Hinzu kommt die Flexibilisierung der Arbeitszeit in Bezug auf ihre Lage und ihre Verteilung. Das Ziel ist eine Kontinuisierung der Betriebsnutzungszeiten, indem der Arbeitskrafteinsatz mit den betrieblichen Erfordernissen synchronisiert wird. Ein Arbeitsplatz kann so von mehreren genutzt und auf diese Weise können technische Anlagen besser ausgelastet oder aber, was gerade im Dienstleistungsbereich eine zunehmende Anforderung darstellt, eine jederzeitige Ansprechbarkeit sichergestellt werden. Diese Form der Arbeitszeitflexibilisierung ist nicht neu; allerdings sind die betrieblichen Bemühungen um eine Flexibilisierung von Arbeitszeiten als Reaktion auf die erfolgreiche Durchsetzung von Tarifvereinbarungen über Arbeitszeitverkürzungen durch die Gewerkschaften seit den neunziger Jahren erheblich ausgeweitet worden.

Eine seit jeher übliche und verbreitete Form der Entkoppelung von Arbeitszeit und Betriebszeit ist die Schichtarbeit. Sie lässt sich nicht vermeiden, sei es aufgrund technischer Anlagen wie etwa in der Stahlindustrie, die nicht ohne Weiteres heruntergefahren werden können, sei es aufgrund von technischen Anlagen, die möglichst umfassend genutzt werden sollen, sei es aufgrund der notwendigen Bereitstellung mancher Dienste rund um die Uhr wie etwa bei der Polizei, der Feuerwehr und im Öffentlichen Personennahverkehr. Insgesamt lässt sich, wie die Abb. 5.2 zeigt, eine recht deutlich ansteigende Tendenz von Schichtarbeit beobachten.

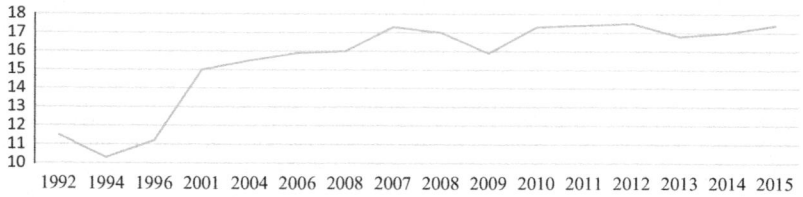

Abb. 5.2 Anteil der Schichtarbeiter an den Erwerbstätigen in den Jahren von 1992 bis 2015 (in Prozent). (Quelle: Eurostat 2017)

5.2 Flexibilisierung der Arbeitszeit

In Deutschland arbeitete im Jahr 2015 gut jeder sechste Beschäftigte – Männer mehr als Frauen – in Schichtarbeit. Allerdings verbergen sich hinter diesem Durchschnitt erhebliche Unterschiede zwischen den Branchen; laut einer Beschäftigtenbefragung durch die IG Metall war im verarbeitenden Gewerbe sogar jeder Dritte in Schicht tätig (IG Metall 2017). Dabei gibt es unterschiedliche Formen von Schichtarbeit. Verbreitet finden sich Zwei- und Drei-Schicht-Systeme sowie Wochenendarbeit. Fast die Hälfte aller Erwerbstätigen arbeiten auch am Wochenende (BaUA 2016, S. 52) und 3,8 Mio. Erwerbstätige hatten im Jahr 2015 ständig oder gelegentlich Nachtschicht (Statistisches Bundesamt 2016b), arbeiteten also zwischen 23.00 h und 6.00 h. Hier sind die gesundheitlichen Risiken besonders hoch, da der Biorhythmus des Menschen, der in der Nacht auf Schlaf ausgerichtet ist, nicht außer Kraft gesetzt werden kann.

Daneben gibt es vielfältige weitere Formen flexibler Arbeitszeitgestaltung (vgl. Abb. 5.3). Unter den unterschiedlichen Modellen ist die Teilzeitarbeit am verbreitetsten; vier von fünf Beschäftigten mit flexibler Arbeitszeit arbeiten in Teilzeit. Teilzeitbeschäftigung liegt vor, wenn die regelmäßige wöchentliche Arbeitszeit geringer ist als die wöchentliche Arbeitszeit vergleichbarer vollzeitbeschäftigter Arbeitnehmer; es handelt sich also nicht nur um den klassischen Halbtagsjob. Im Durchschnitt arbeiten Teilzeitbeschäftigte 23,1 h pro Woche; fast drei Viertel arbeiten zwischen 20 und 34 Wochenstunden (BaUA 2016,

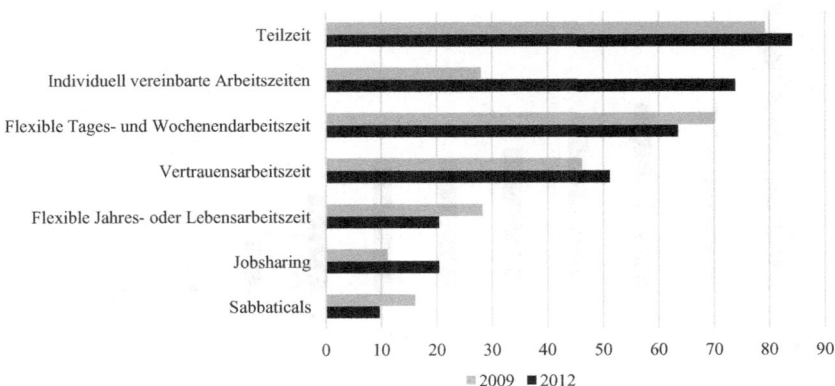

Abb. 5.3 Anteil unterschiedlicher Formen von Arbeitszeit an Arbeitszeitmodellen insgesamt (in Prozent). (Quelle: Bundesministerium für Familie, Senioren, Frauen und Jugend, abgedruckt in Süddeutsche Zeitung vom 12.08.2014)

S. 25). Teilzeitarbeit kann in unterschiedlicher Weise geleistet werden, von einer gleichmäßigen Verteilung über die Arbeitswoche bis hin zur Bündelung an einzelnen Arbeitstagen bei Nicht-Arbeit an anderen Tagen. 2014 waren 10,1 Mio. Menschen in Teilzeit beschäftigt (Statistisches Bundesamt 2016a, S. 48). Die Quote ist stark angestiegen; arbeiteten 1999 noch 13 % aller Erwerbstätigen in Teilzeit, sind es mittlerweile 27 %. Dabei ist Teilzeitarbeit eine Domäne der Frauen; fast jede zweite erwerbstätige Frau (47 %) ist teilzeitbeschäftigt. Dies gilt europaweit: In allen Ländern sind mehr Frauen als Männer teilzeitbeschäftig (vgl. Abb. 5.4). Selbst in Bulgarien, einem Land, in dem Teilzeitarbeit eine völlige Ausnahme darstellt, ist der Frauenanteil höher als der Männeranteil, und auch in den Niederlanden, wo immerhin drei Viertel aller erwerbstätigen Frauen teilzeitbeschäftigt sind, trifft dies nur auf 22 % der Männer zu.

Als Hauptgrund für Teilzeit nennt der überwiegende Teil der teilzeitarbeitenden Frauen die Pflege von Kindern oder Pflegebedürftigen (27 %), während Männer als Hauptgrund (24 %) für die Teilzeitbeschäftigung eine parallel laufende Ausbildung oder berufliche Fortbildung angeben (Statistisches Bundesamt 2016a, S. 48). Allerdings bedeuten diese Angaben keineswegs, dass eine Teilzeitbeschäftigung den Arbeitszeitpräferenzen entspricht, im Gegenteil: Es gibt ein deutliches ‚Mismatch' zwischen Arbeitszeitpräferenzen und tatsächlicher

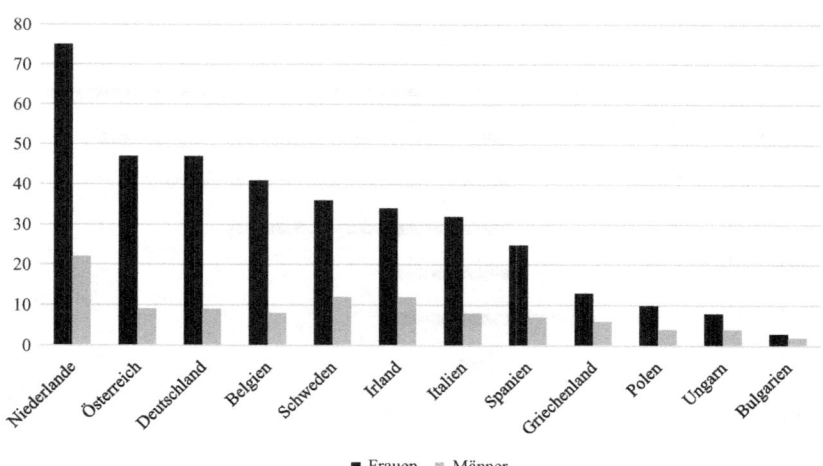

Abb. 5.4 Teilzeitquoten 2014 in ausgewählten Ländern der EU – Anteil der 20- bis 64-jährigen Erwerbstätigen (in Prozent). (Quelle: Statistisches Bundesamt 2016a)

5.2 Flexibilisierung der Arbeitszeit

Arbeitszeit. Ein gutes Drittel der weiblichen und fast die Hälfte der männlichen Teilzeitarbeitskräfte wünschen sich eine Verlängerung ihrer Arbeitszeit (Jürgens et al. 2017, S. 113)[9].

Die neueren Flexibilisierungsstrategien unterscheiden sich von den früheren insbesondere durch zwei Aspekte (Herrmann et al. 1999, S. 26): Zum einen wird die Länge der Arbeitszeiten nach Beschäftigten(-gruppen) differenziert; bei einer Flaute werden beispielsweise Produktionsarbeiter weniger gebraucht als die Spezialisten aus Konstruktion und Fertigung und arbeiten dann für eine begrenzte Zeit auch weniger. Zum anderen wird die Verteilung des individuellen Arbeitszeitvolumens über einen längeren Zeitraum (bis hin zu einem Jahr) variabilisiert; damit werden Auftragsschwankungen ausgeglichen, indem in Spitzenzeiten mehr, bei Auftragstiefs weniger gearbeitet wird (,atmende Fabrik'), sodass sich erst über einen längeren Zeitraum die tariflich festgelegte Wochenarbeitszeit als Durchschnitt ergibt.

Dies ist bekannt als Arbeitszeitkonto, eine relativ neue Form der Arbeitszeitflexibilisierung. Die Differenz zwischen der vereinbarten Arbeitszeit und der tatsächlichen Arbeitszeit, also Zeitguthaben bzw. Zeitschulden, wird auf einem Konto angesammelt, dessen Erträge nach den Bedürfnissen der Betriebe etwa bei einer schwachen Auftragslage oder nach den Bedürfnissen der Konteninhaber ausgezahlt werden. Dem Institut für Arbeitsmarkt- und Berufsforschung der Bundesagentur für Arbeit zufolge verfügten im Jahr 2004 ein Fünftel aller Beschäftigten über ein Arbeitszeitkonto, mit einem deutlichen Schwerpunkt bei den großen Betrieben und den Betrieben im sekundären Sektor und mit deutlich steigender Tendenz, wobei es sich vor allem um Konten mit Laufzeiten von zwölf Monaten handelt (vgl. Gewiese o. J.) In der Zwischenzeit ist die Verbreitung solcher Konten stark gestiegen; mittlerweile verfügen mehr als die Hälfte aller Beschäftigten über ein Arbeitszeitkonto (Groß und Seifert 2017, S. 432 f.)[10].

Arbeitszeitkonten haben für die Betriebe den Vorteil, dass nicht nur Mehrarbeit für eine gewisse Phase auch über die tarifvertraglich vereinbarte Arbeitszeit hinaus rechtens ist, sondern dass vor allem eine Unterschreitung der Regelarbeitszeit

---

[9]Und Vollzeitbeschäftigte wiederum wünschen sich in nicht unerheblichem Maße (43 % der weiblichen und 31 % der männlichen Vollzeitbeschäftigten) kürzere Arbeitszeiten; vgl. Jürgens et al. (2017, S. 113). Die Diskrepanz zwischen Wunsch und Wirklichkeit ist also erheblich (so auch Sopp und Wagner 2017, S. 8).

[10]Langzeitkonten hingegen, bei denen der Ausgleich nach mehreren Jahren (,Sabbatical') oder am Ende eines Berufslebens erfolgt, sind noch eher unüblich (vgl. auch oben Abb. 3); sie sind in lediglich 2 % aller Betriebe eingeführt (Groß und Seifert 2017, S. 432 f.).

möglich wird, für die ansonsten Kurzarbeit hätte angemeldet werden müssen; die Regelarbeitszeit muss nur im Durchschnitt eines bestimmten Zeitraumes, etwa eines Monats oder eines Jahres eingehalten werden. Für die Beschäftigten wiederum haben Arbeitszeitkonten den Vorteil, dass sie das durch Überstunden angesammelte Zeitguthaben für persönliche Bedürfnisse nutzen können. Davon erhofft man sich eine bessere Vereinbarkeit von Freizeit und Beruf, oder wie man heute sagt: eine verbesserte ‚work-life-balance'.

Allerdings scheint die Resonanz der Beschäftigten auf Arbeitszeitkonten aufgrund ihrer kurzfristiger angelegten biografischen Entwürfe eher gering zu sein (vgl. Wotschak et al. 2008, S. 620); Arbeitszeitkonten werden auch eher zögerlich für die eigene Zeitautonomie genutzt, das heißt für die Möglichkeit, die Arbeitszeit in einem allerdings vorgegebenen Rahmen an die eigenen Zeitinteressen anzupassen. Nicht nur der Aufbau eines Arbeitszeitkontos wird offenbar eher durch betriebliche Belange gesteuert, sondern auch der Abbau; denn bei der Inanspruchnahme von Arbeitszeitguthaben, insbesondere bei der Inanspruchnahme längerer Blockfreizeiten, werden die betrieblichen Interessen in den Vordergrund gestellt. Eberling et al. (2004, S. 271) schließen daraus, dass die Beschäftigten „ihre persönlichen Interessen nicht nur im Kontext von Branchenkrisen und Standortdebatten zugunsten flexibler Mehrarbeit (…) (hintanstellen), sondern auch im täglichen Normalbetrieb".

Hinzu kommt, dass, wie es sich beim wirtschaftlichen Einbruch nach der Finanzkrise 2008 gezeigt hat, Arbeitszeitkonten nicht selten als Vorsorge für eventuell erforderlich werdende Kurzarbeit genutzt werden (Herzog-Stein und Seifert 2010). Somit ist es wohl eher angemessen, in Bezug auf Arbeitszeitkonten statt von einer Zeitsouveränität der Beschäftigten von „einer relativen Fremdbestimmung bei der Arbeitszeitgestaltung zu sprechen, die den Beschäftigten einen beschränkten Gestaltungsspielraum zugesteht" (Seifert 2001, S. 89). Auch andere Untersuchungen bestätigen „das Primat der ‚betrieblichen Belange' über individuelle Zeitinteressen der Beschäftigten" (Jürgens 2004, S. 182). Eine Nutzung längerer Blockfreizeiten bricht sich zudem an der mangelnden sozialen Anschlussfähigkeit, denn da Blockfreizeiten bislang nicht die Regel sind, lassen sie sich zeitlich nur schwer mit den Arbeits- und Freizeiten des sozialen Umfeldes koordinieren.

Die Entnahme aus den Arbeitszeitkonten orientiert sich also im Wesentlichen an den betrieblichen Bedürfnissen; die Entnahmen aus den Konten werden durch betriebliche Anforderungen gesteuert (Hildebrandt und Wotschak 2006, S. 599). Insofern scheinen Arbeitszeitkonten bisher vor allem den Betrieben zugutegekommen zu sein, die auf diese Weise eine zeitliche Flexibilisierung erreicht haben. Zu einer verbesserten ‚work-life-balance' haben Arbeitszeitkonten eher

5.2 Flexibilisierung der Arbeitszeit

wenig beigetragen. Dies ist insofern problematisch, als dass die auf die Familie ausgerichtete Verwendung von Zeit zumindest für die Beschäftigten, die stabile private Beziehungen eingegangen sind, von herausragender Bedeutung ist. Sie müssen verschiedene Lebensbereiche (Hobbys, Freizeit etc.) mit den betrieblichen Zeitanforderungen synchronisieren (Promberger 2001, S. 630), wobei die betrieblichen Zeitanforderungen das Primat besitzen.

Insgesamt lässt sich im Bereich der Arbeitszeiten eine Entwicklung beobachten, die die Vermarktlichung betrieblicher Prozesse flankiert. Die Flexibilisierung der Arbeitszeit schafft nicht nur erweiterte Möglichkeiten der Flexibilisierung des Arbeitsablaufs, sondern die Kontrolle der Arbeitszeit wird darüber hinaus zu einer Aufgabe der Beschäftigten selbst. Die Arbeitszeitflexibilisierung stellt somit nicht einfach nur eine Individualisierung möglicher Arbeitszeitkonflikte dar, sondern bedeutet zugleich eine „Internalisierung einseitig ökonomistischer Zeitverwendungslogiken für die Zeitinteressen und das Zeitbewusstsein von Beschäftigten" (Jürgens 2007, S. 167). Ein wesentlicher Unterschied zwischen den herkömmlichen (Schichtarbeit, Wochenendarbeit etc.) und den neueren Flexibilisierungsstrategien besteht also darin, dass sich der Modus der Regulation der Arbeitszeitorganisation „von der kollektiven zur individuellen und von der fremdorganisierten zur selbstorganisierten Arbeitszeit" (Kratzer 2003, S. 207; im Original hervorgehoben) wandelt.

Beispielhaft für eine solche Übertragung der Zeitkontrolle auf die Beschäftigten ist die Vertrauensarbeitszeit, bei der Betriebe auf die Erfassung und Kontrolle der Arbeitszeit gänzlich verzichten. Sie steht für einen neuen Zusammenhang von Zeitökonomie und Zeitpolitik (Kratzer und Sauer 2007, S. 174) und ist eine „konsequent zu Ende gedachte Flexibilisierung, Deregulierung und Individualisierung der Arbeitszeit" (Böhm et al. 2004, S. 140). Ob und wie lange jemand an seinem Arbeitsplatz tätig ist, wird nicht überprüft – Hauptsache, er hat seine Arbeitsaufgabe zu einem bestimmten Zeitpunkt erledigt. Nicht die Bereitstellung der Arbeitskraft ist von Interesse, sondern das Ergebnis der Arbeit.

Vertrauensarbeitszeit ist also „nicht einfach ein weiteres neues Arbeitszeitmodell, sondern geht weit darüber hinaus" (Haipeter et al. 2002, S. 379). Dies kann Chance ebenso sein wie Zumutung – Chance insofern als Vertrauensarbeitszeit eine erhöhte Arbeitszeitautonomie bedeuten kann, Zumutung insofern als die Grenze zwischen Arbeit und Freizeit wegen der zu bewältigenden Ansprüche erodieren kann. Vermutlich ist es beides. Böhm et al. (2002) jedenfalls weisen darauf hin, dass die Folgen wesentlich von den Voraussetzungen abhängen; zu solchen Voraussetzungen zählen sie insbesondere die Strukturierungsbereitschaft der Beschäftigten und deren Interesse an Zeitautonomie, aber auch eine „autonomieförderliche Zeitkultur" in den Unternehmen sowie eine „Orientierung an sozialer Bindung und die Haltung der gegenseitigen Anerkennung von Arbeitsstilen und Zeitbedürfnissen" (Böhm et al. 2004, S. 157). Wo diese Voraussetzungen nicht gegeben sind – dies dürfte freilich in den meisten Unternehmen der Fall sein –, ist das Angebot einer Vertrauensarbeitszeit wohl eher eine Zumutung. Ähnliches gilt auch für eine möglicherweise bessere Vereinbarkeit von Familie und Beruf als Folge der Einführung von Vertrauensarbeitszeit; auch diese hängt wesentlich von der jeweiligen betrieblichen Arbeitszeitkultur ab, also den gemeinsam getragenen, häufig impliziten Regeln, was man darf und was nicht, ob also die selbstgesteuerte Arbeitszeit etwa für lebensweltliche Bedürfnisse genutzt werden darf oder nicht.

Die Nutzung und damit die Folgen der Vertrauensarbeitszeit bestimmen sich durch die Bedingungen, unter denen sie praktiziert wird. Generell haftet der Vertrauensarbeitszeit ein Widerspruch zwischen Autonomie und indirekter Steuerung an. Einerseits ist ihre Basis ein hohes Maß an Autonomie in der Arbeit, andererseits besteht der Zweck dieser Autonomie darin, „die Arbeitnehmerinnen und Arbeitnehmer mit Hilfe indirekter Steuerung für die Ziele der Unternehmen zu mobilisieren" (Haipeter et al. 2002, S. 379 f.). Vertrauensarbeitszeit ist ein Element betrieblicher Rationalisierungsstrategien und Teil der Umstellung auf indirekte Steuerung. Sie basiert darauf, dass davon ausgegangen werden kann, dass Vertrauen nicht enttäuscht wird, dass die Vertrauensarbeitszeit nicht gegen den Arbeitgeber genutzt wird; denn wem „Vertrauen entgegengebracht wird, der muss nicht unbedingt auch seinerseits vertrauen, aber er verletzt den Anstand, wenn er das entgegengebrachte Vertrauen missbraucht" (Göbel et al. 2007, S. 181); wenn Arbeitszeiten nicht erfasst werden, wenn also ,vertraut' wird, ist das betriebliche Risiko, dass dieses Vertrauen enttäuscht, also weniger als vereinbart gearbeitet wird, vermutlich gering; vieles deutet darauf hin, dass Vertrauensarbeitszeit eher mit nicht registrierten Überstunden verbunden ist. So gesehen kommt Vertrauensarbeitszeit mehr den Interessen des Unternehmens als den Interessen der Beschäftigten entgegen. Doch letztlich geht es, worauf Brinkmann (2011, S. 54) aufmerksam macht, im Kern weder um Vertrauen noch um Arbeitszeit, sondern „um eine tendenzielle Kontrollverlagerung bei gleichzeitig wachsender Arbeitszeitindifferenz seitens des Managements".

5.3 Krise des Normalarbeitsverhältnisses?

Die Tatsache einer Flexibilisierung von Arbeitszeit und Arbeitsort steht in der wissenschaftlichen Diskussion außer Frage. Dadurch ist, so eine oft geäußerte Vermutung, das Normalarbeitsverhältnis unter Druck geraten. Dessen normative

5.3 Krise des Normalarbeitsverhältnisses?

Grundlagen wurden in der Nachkriegszeit gelegt. Die wirtschaftliche Situation dieser Zeit zeichnete sich in der Bundesrepublik Deutschland durch eine außergewöhnliche Konstellation aus: Der industrielle Sektor verdrängte, flankiert durch eine keynesianische Wirtschaftspolitik, den landwirtschaftlichen Sektor und wuchs so schnell, dass er den weit überwiegenden Teil des Arbeitskräftereservoirs absorbieren konnte. Die Sozialversicherungssysteme wurden ausgebaut, die industriellen Beziehungen stabilisiert und Vollbeschäftigung galt als normal. Dieser „Traum einer immerwährenden Prosperität" (Lutz 1984) ist mittlerweile ausgeträumt; Vollbeschäftigung ist keine Zielgröße mehr, das Beschäftigungsvolumen im industriellen Sektor geht zugunsten der Ausweitung von Beschäftigung im tertiären Sektor zurück und auf dem Arbeitsmarkt haben sich in den letzten Jahren gravierende Veränderungen ergeben: Jugendliche treten später, Frauen vermehrt in den Arbeitsmarkt ein und ältere Arbeitnehmer treten aus Gründen der Flexibilisierung früher aus dem Arbeitsmarkt wieder aus – und manche kommen erst gar nicht oder nach einer gewissen Phase der Berufstätigkeit nicht mehr in den Arbeitsmarkt hinein. Erwerbsbiografien sind nicht mehr so stringent, wie sie früher gewesen sind, sie werden zu „Bastelbiografien" (Beck 1986).

Unter Normalarbeitsverhältnis versteht man (vgl. etwa Dombois 1999; Hoffmann und Walwei 1998; Mückenberger 1985) ein Arbeitsverhältnis, das durch einen unbefristeten Arbeitsvertrag, eine sozialversicherungspflichtige Vollzeitbeschäftigung[11] mit festen Arbeitszeiten, durch ein tarifvertraglich normiertes Entgelt, durch Sozialversicherungspflicht sowie durch Abhängigkeit und Weisungsgebundenheit des Arbeitnehmers vom Arbeitgeber gekennzeichnet ist. Das Normalarbeitsverhältnis war prägend bis in die 1990er-Jahre; es war das Arbeitsverhältnis des männlichen Alleinverdieners, da es die Nichterwerbstätigkeit oder das geringe ‚Dazuverdienen' von Ehefrauen subventionierte (Bosch et al. 2007, S. 323).

Dieses Arbeitsverhältnis ist nicht mehr das Standardarbeitsverhältnis. Die Gründe sind vielfältig: politisch gewollte Maßnahmen der Deregulierung, Veränderungen am Arbeitsmarkt und sektoraler Strukturwandel in Richtung Dienstleistungssektor, in dem Normalarbeitsverhältnisse ein weitaus geringeres Gewicht haben als in der Gesamtwirtschaft (Hoffmann und Walwei 1998), Erosion des traditionellen Systems von Kollektivvereinbarungen, insbesondere die Erosion

---

[11]Mittlerweile werden vom Statistischen Bundesamt auch Teilzeittätigkeiten mit einer Wochenarbeitszeit von mindestens 21 h zum Normalarbeitsverhältnis gerechnet.

von Flächentarifvereinbarungen[12], und nicht zuletzt veränderte Ansprüche an die Erwerbsarbeit, die sich in einem zunehmenden Wunsch nach Teilzeitarbeit ausdrücken. Doch nach wie vor ist das Normalarbeitsverhältnis statistisch die vorherrschende Form abhängiger Erwerbsarbeit; allerdings lässt sich seit den achtziger Jahren eine leicht abnehmende Tendenz nicht übersehen, die sich freilich, legt man die Kriterien des Statistischen Bundesamtes zugrunde, in den letzten Jahren eher abgeschwächt hat (vgl. Abb. 5.5); befanden sich 1991 noch 85 % aller Erwerbstätigen in einem Normalarbeitsverhältnis, waren es im Jahr 2008 nur noch 74 % und im Jahr 2016 knapp 77 %. In gleichem Maß ist der Anteil der Beschäftigten in atypischen Arbeitsverhältnissen gestiegen, zu denen Beschäftigungsverhältnisse mit einer Arbeitszeit von weniger als 21 h wöchentlich, Zeitarbeitsverhältnisse, geringfügige Beschäftigungsverhältnisse oder befristete Beschäftigungsverhältnisse zählen.

Die Veränderungen scheinen also nicht sehr gravierend. Allerdings darf nicht vergessen werden, dass die Definition des Normalarbeitsverhältnisses auch das Ergebnis präjudiziert. Wenn etwa Teilzeitarbeit von mindestens 21 h wöchentlich nicht zum Normalarbeitsverhältnis gerechnet würde oder wenn gar feste Arbeitszeiten als ein Element des Normalarbeitsverhältnisses angesehen würden, dann kann man angesichts des deutlich gestiegenen Anteils von Teilzeitbeschäftigung und angesichts der oben referierten Zahlen zu flexibilisierten Arbeitszeiten schon nicht mehr von ‚Erosion', sondern müsste wohl eher vom ‚Ende' des Normalarbeitsverhältnisses sprechen. Doch insgesamt sprechen empirische Ergebnisse wie etwa eine durchschnittlich steigende Dauer der Betriebszugehörigkeiten vor

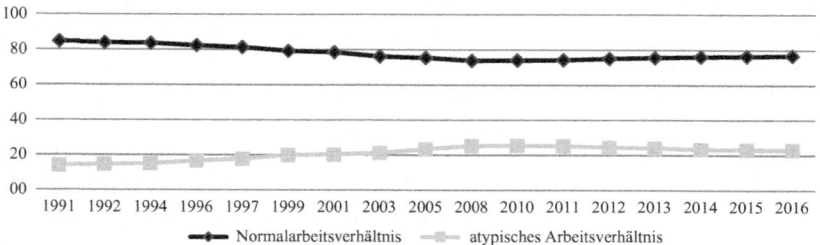

Abb. 5.5 Entwicklung des Normalarbeitsverhältnisses im Vergleich zum atypischen Arbeitsverhältnis 1991 bis 2016 (ohne Selbstständige, in Prozent). (Quelle: eigene Berechnungen nach Statistisches Bundesamt 2017a)

---

[12]Vgl. dazu Kap. 11.

5.3 Krise des Normalarbeitsverhältnisses?

allem der mittel und gut Qualifizierten eher gegen einen vorschnellen Abschied vom Normalarbeitsverhältnis (Bosch 2005, S. 95). Auch die Abb. 5 deutet ja auf eine gewisse Stabilität des Normalarbeitsverhältnisses hin, die im Vergleich etwa mit den USA vor allem durch das deutsche System der industriellen Beziehungen zu erklären ist (Krause et al. 2012, S. 371).

Aus den vorhandenen statistischen Daten lässt sich eine Erosion des Normalarbeitsverhältnisses also nicht ohne Weiteres ableiten; eher zeigt sich wohl eine Differenzierung und ein „dynamischer Wandel innerhalb der regulierenden Normen" des Normalarbeitsverhältnisses (Haipeter 2003, S. 523), sodass unter dem Strich eine „gespaltene Arbeitsrealität" (Baethge et al. 2005, S. 109) zu konstatieren ist: Für eine Mehrheit gilt das Normalarbeitsverhältnis nach wie vor, für eine nicht unerhebliche Minderheit, darunter insbesondere Frauen hingegen nicht. Sie haben häufig befristete Arbeitsverträge, eine Teilzeitbeschäftigung von 20 h und weniger je Woche, ein befristetes Arbeitsverhältnis oder sind geringfügig beschäftigt. Ihre Zahl hat sich, was aus den Anteilen der Abb. 5.5 nicht deutlich wird, von 1991 bis 2016 von 4,4 Mio. auf 7,6 Mio. Erwerbstätige nahezu verdoppelt. Die steigende Zahl dieser atypischen Arbeitsverhältnisse ist vor allem auf die Ausweitung von Teilzeit- und geringfügiger Beschäftigung zurückzuführen; die Zahl der ‚Mini-Jobber' hat sich in diesem Zeitraum mehr als verdreifacht (Statistisches Bundesamt 2017a)[13].

Dieser Trend lässt sich nicht nur auf strukturelle Veränderungen der Erwerbsarbeit (wachsende Beschäftigung von Frauen, Ausweitung des Dienstleistungssektors) zurückführen, sondern verdankt sich auch Verhaltensänderungen sowie veränderten Präferenzen und Bedürfnisse von Arbeitgebern und Arbeitnehmern (Dietz et al. 2013, S. 102). Vor allem in der jüngeren Generation gibt es Lebensentwürfe, „die über die Kopplung an traditionale Netzwerke und sozialstaatliche Versorgungsbindungen hinausgehen" (Heinze 2011, S. 208) und für die unsichere Arbeits- und Lebensbedingungen in Kauf genommen werden. Gleichwohl bleiben diese Bedingungen prekär.

Ein Erwerbsverhältnis gilt als prekär, „wenn es nicht dauerhaft oberhalb eines von der Gesellschaft definierten kulturellen Minimums existenzsichernd ist" (Dörre 2017, S. 258), wenn es „die materielle Sicherung und den Gestaltungsspielraum der Lebensführung einschränkt, wenn (es) die Arbeitenden von Mindeststandards guter Arbeit im Betriebszusammenhang ausschließt und wenn (es) ihre subjektiven Erwerbsorientierungen verletzt"

---

[13] Angesichts dieser Zahlen kann natürlich schon gefragt werden, ob die Bezeichnung ‚atypisch' für diese Beschäftigungsverhältnisse noch zutreffend ist.

(Bartelheimer 2011, S. 387). Dies bedeutet aber keineswegs, dass prekäre Beschäftigungsverhältnisse von den Beschäftigten auch als solche wahrgenommen werden. Keller und Seifert (2006, S. 235) verweisen auf Kontextfaktoren wie Familien- und Haushaltssituation oder die Integration in die sozialen Sicherungssysteme, die die Auswirkungen prekärer Beschäftigung so abpuffern können, dass problematische Effekte nicht wahrgenommen werden. Es muss also unterschieden werden zwischen einer ‚objektiven', anhand von Kriterien diagnostizierbaren Prekarität von Erwerbsbedingungen und ihrer subjektiven Empfindung durch die Beschäftigten; beides muss nicht unbedingt zusammenfallen[14]. Allerdings stellen solche Beschäftigungsverhältnisse nicht die gewünschte Dauerstellung dar, wie es Schiek und Apitzsch (2013, S. 197 f.) auch für Beschäftigte in der Kreativwirtschaft beobachtet haben. Letztlich ist die subjektive Bindung der Beschäftigten an das Normalarbeitsverhältnis hoch. Obwohl viele Beschäftigte davon ausgehen, dass das Normalarbeitsverhältnis an Verbindlichkeit einbüßen wird, ist es immer noch „ein Kernstück der Erwartungen von Arbeitenden an ihre Zukunft" (Mayer-Ahuja 2006, S. 340).

5.4 Entgrenzungen und die Bedeutung von Bindungen

Phänomene der Entgrenzung variieren in Form und Ausmaß je nach Untersuchungsfeld. Es macht, wie Henninger und Papouschek (2006) herausstellen, einen nicht unerheblichen Unterschied, ob es sich etwa um Freelancer in der Medien- und Kulturindustrie handelt, bei denen Entgrenzung kein neuer Sachverhalt ist, oder beispielsweise um mobile Pflegeberufe, deren Beschäftigte sich Anforderungen gegenübersehen, die sie bislang nicht kannten. Dabei werden auch Bindungspotenziale sichtbar, „die den Trend zur Entgrenzung von Erwerbsarbeit einhegen können" (Henninger und Papouschek 2006, S. 205). Entgrenzung bedeutet mithin nicht Grenzenlosigkeit.

In diesem Zusammenhang haben Manning und Wolf (2005, S. 29) herausgearbeitet, dass neben Tendenzen der Entgrenzung immer auch zugleich Elemente der Normierung und Regulierung von Erwerbsarbeit identifiziert werden

---

[14]Im Wissenschaftssystem etwa sind befristete, z. T. sogar sehr kurz befristete Teilzeitbeschäftigungsverhältnisse weit verbreitet, ohne dass dies vom ‚wissenschaftlichen Nachwuchs' angesichts der gleichzeitigen Autonomie und der inhaltlich befriedigenden Tätigkeit sonderlich beklagt würde; vgl. dazu Abschn. 9.3.

5.4 Entgrenzungen und die Bedeutung von Bindungen

können, die als neue Grenzen fungieren; sie unterscheiden in diesem Zusammenhang zwischen Fremd- und Selbstbindung, wobei Bindung „als ermöglichende und beschränkende Bahnung des Handelns durch soziale Institutionen, systemische Interaktions- und Beziehungszusammenhänge sowie strategische Dispositionen der Akteure verstanden" (Manning und Wolf 2005, S. 45) werden soll.

Dies ist sinnvoll, da jegliches soziale Handeln in irgendeiner Weise Bindungen einschließt, wobei das Verhältnis von Fremd- und Selbstbindung aber ständigen Wandlungsprozessen unterworfen ist. Am Beispiel von Freelancern konnten Gottschall und Henninger (2005) nachweisen, dass Markt, Betrieb, Beruf und Familie auch bei dieser Personengruppe erhebliche Bindungskraft aufweisen, Manning und Sydow (2005) untersuchten am Beispiel der Fernsehfilmproduktion, wie Projektnetzwerke wesentlich auf Vertrauen und Reputation basierende Bindungen zwischen Arbeitskräften, Produktionsfirmen und Kunden erzeugen, und Mayer-Ahuja und Wolf (2005) zeichneten am Beispiel von Internetdienstleistern die Ambivalenz der Selbstbindung an eine subjektiv befriedigende Arbeit nach.

Die Bedeutung von Bindungen in entgrenzten Arbeits- und Lebenssituationen lässt sich auch am Beispiel von Expatriates nachweisen, also von Angehörigen des mittleren und höheren Managements, die im Auftrag ihrer Unternehmen für längere Zeit im Ausland tätig sind (vgl. zum folgenden Minssen 2009a). Die sicherlich folgenreichste Entgrenzung für diese international tätigen Manager ist der durch das Verlassen der gewohnten Umgebung bedingte Verlust der alltäglichen Lebenswelt. Dadurch gehen in erheblichem Maße Gewissheiten verloren, die Situationen so zweifelsfrei machen, dass man routinisiert handeln kann. Der Verlust der Lebenswelt bei der Ausreise ist verbunden mit der Notwendigkeit, sich im Ausland eine neue Lebenswelt schaffen zu müssen, die mit anderen geteilt werden kann.

In Bezug auf ihre Arbeitssituation ist das herausragende Merkmal die räumliche Entgrenzung; Expatriates wechseln ihre Arbeitsstätte, wobei dieser Wechsel nicht nur einhergeht mit einer lokalen, sondern auch mit einer kulturellen Veränderung. An ihrer neuen Arbeitsstätte müssen sie sich, sofern es sich um eine bereits existierende Niederlassung handelt, in einer anderen betrieblichen Sozialordnung zurechtfinden, was, wie jeder Neueinsteiger in ein Unternehmen weiß, ohnehin schwer genug ist und bei Entsendungen ins Ausland zusätzlich dadurch erschwert wird, dass es die dortigen kulturell geprägten Besonderheiten der Sozialordnung zu beachten gilt. Zugleich müssen Expatriates gewisse Grenzen aufrechterhalten, um ihrer Rolle und Aufgabe als ausländischer Experte gerecht zu werden. Als Entsandte changieren sie zwischen ihrer Zugehörigkeit zu dem entsendenden und dem aufnehmenden Unternehmen, was die Bestimmung der Betriebsgrenzen nicht ganz leicht macht. Und die Grenze zwischen Arbeit und

Freizeit, zwischen Beruf und Familie hat sich regelrecht aufgelöst; die familiären Belange werden den beruflich bedingten Anforderungen vollständig untergeordnet, wenn auch die Familienangehörigen in das Ausland übersiedeln. Entgrenzungen können singuläre Phänomene sein, sie können sich aber auch bündeln. Diese geballten Entgrenzungen bezeichnen Matuschek und Voß (2008, S. 196) als „multiple Entgrenzung". Wenn bei einer Beschäftigtengruppe von dieser ‚multiplen Entgrenzung' gesprochen werden kann, dann sicherlich bei Expatriates. Doch die vielfältigen Facetten der Entgrenzung schaukeln sich offensichtlich nicht auf; entgegen der in der Diskussion über Entgrenzung vorherrschenden Betonung des Anforderungscharakters und der Risiken von Entgrenzung betonen Expatriates nur selten die Probleme, die sich für sie daraus ergeben. Dies hat seinen Grund darin, dass sie die Transformation ihrer Arbeitskraft in Arbeit und damit auch deren Folgen zu ihrer eigenen Sache gemacht haben. Sie betrachten sich deswegen nicht als der Situation ausgeliefert, sondern heben stattdessen die positiven Seiten einer Herausforderung hervor, die sie gesucht und gewollt haben. Sie wollten ins Ausland; sie sind nicht ‚zwangsverschickt' worden und sie sind keine „Nomaden wider Willen" (Klemm und Popp 2006). Ihre Arbeits- und Lebenssituation im Ausland erscheint ihnen selbstbestimmt und dies ist ein Aspekt, der in der bisherigen Diskussion über Entgrenzung nur wenig berücksichtigt wird: Der Beanspruchungscharakter von Entgrenzungsphänomenen wird unterschiedlich wahrgenommen, je nachdem in welchem Ausmaß die Situation als eigenkontrolliert und selbstbestimmt interpretiert wird.

Zudem gibt es Entschädigungen für die zweifellos auch vorhandenen Negativaspekte von Entgrenzungen. Aus dem Fall von Expatriates kann geschlossen werden, dass dafür die Arbeitssituation eine entscheidende Rolle spielt. Die Tätigkeit im Ausland räumt den Expatriates in ganz besonderer Weise die Möglichkeit erheblicher Handlungs- und Entscheidungsspielräume ein, die ihren arbeitsinhaltlichen Orientierungen entgegenkommt. Dies wirkt offenbar als Ausgleich; möglicherweise belastende Aspekte der entgrenzten Arbeits- und Lebenssituation sind ausbalanciert und (über-)kompensiert worden durch Positivaspekte der Arbeitssituation, sodass sie nicht mehr so stark ins Gewicht fielen.

Entgrenzungen sind in ihren Folgen für die Betroffenen also immer auch im Lichte individueller Dispositionen und Handlungslogiken zu interpretieren. Doch selbst wenn sie als selbstgewählt erscheinen, wäre eine Lebenssituation, die sich durch ein hohes Maß an Unsicherheit und Anforderungen auszeichnet, immer noch eine schwer zu bewältigende Zumutung, wenn als Kompensation lediglich eine inhaltlich befriedigende Arbeit zur Verfügung stünde. Es bedarf weiterer Stützen, durch die Entgrenzungen strukturiert werden können. Als solche Stützen

5.4 Entgrenzungen und die Bedeutung von Bindungen

können Bindungen fungieren, die gesucht und eingegangen werden. Derartige Selbstbindungen lassen sich bei Expatriates in zweifacher Hinsicht beobachten. Da ist erstens die Bindung an ihr Unternehmen. Ihr psychologischer Vertrag basiert wesentlich auf einer Langfristorientierung und ihre Karriereaspirationen sind deutlich organisationsbezogen. Ihr Berufsverlauf ist auf und durch die Organisation begrenzt, sie verzichten aus freien Stücken auf eine Karriere außerhalb des Unternehmens. Expatriates sind nicht nur formell Unternehmensangehörige; sie wollen dazugehören, was bei einer Auslandstätigkeit nicht ganz unproblematisch ist, weil unklar wird, wer der Adressat der Bindungswünsche ist. Die Bindung an das Heimatunternehmen und die (zumindest eingeschränkte) Bindung an die Niederlassung müssen miteinander verknüpft werden. Spätestens nach der Rückkehr aber ist das Entsendeunternehmen wieder Adressat der Bindung, dem selbst bei Enttäuschungen über einzelne Aspekte die Treue gehalten wird; nicht ganz unwichtig dürfte dabei die Tatsache sein, dass das Unternehmen die angestrebte Auslandsentsendung ermöglich hat, sodass das Aufrechterhalten der Bindung auch als ein Fall von Reziprozität angesehen werden kann.

Eine mehrjährige Tätigkeit im Ausland birgt die Gefahr, dass die vor der Entsendung vorhandenen sozialen Bezüge nicht aufrechterhalten werden können, ohne dass im Ausland emotional gleichwertige Bezüge aufgebaut werden könnten. Deswegen ist zweitens die Familienbindung so wichtig. Die mit ausreisenden Familienangehörigen, vor allem natürlich die Partnerin[15], bewirken nicht nur eine soziale Bindung in der Fremde, sie bieten auch die Gewähr einer Aufrechterhaltung sozialer Stabilität im privaten Bereich über die Zeit der Auslandsentsendung hinweg. Angesichts der multiplen Entgrenzungen stellt die Familie für Expatriates einen Ruhepol dar, der noch bedeutsamer ist als er es bei Managern ohnehin ist; während bei ‚normalen' Managern, also Managern ohne Auslandstätigkeit, eine Ehe auch ein nach außen gerichtetes Symbol stabiler Bindung und damit von Solidität ist, sind Expatriates, selbst wenn sie verheiratet sind, nicht auf die Symbolkraft einer Ehe angewiesen; sie suchen und benötigen Stabilität im privaten Bereich als Bollwerk gegen die Zumutungen von Entgrenzungen.

Expatriates weisen also eine ausgeprägte Organisations- und Familienbindung auf. Beide Bindungen, sowohl die an das Unternehmen wie auch die an die Familie, sind auf Langfristigkeit ausgerichtet. Damit wird ein Gegengewicht geschaffen zu der – auf den gesamten Berufsverlauf betrachtet – Kurzfristigkeit von Auslandsentsendungen. Es scheint, dass Expatriates die vielfältigen

---

[15]Weibliche Expatriates sind so gut wie gar nicht anzutreffen.

Entgrenzungen ihrer gesamten Arbeits- und Lebenssituation durch selbst gewählte Langfristbindungen zu kompensieren suchen. Diese Stützen schaffen ein Gerüst, das strukturierend wirkt in Situationen, die sich wegen unklarer, verschwimmender oder nicht vorhandener Grenzen durch ein hohes Maß an Unsicherheit auszeichnen.

Multiple Entgrenzungen können also bewältigt werden, wenn sie selbst gewählt sind (oder wenigstens so erscheinen), wenn sie mit einer inhaltlich befriedigenden Tätigkeit verbunden sind und wenn sie durch langfristige Selbstbindungen speziell an die Familie, aber auch an die Organisation flankiert werden. Auch aus diesem Grund ist die Mobilität von Expatriates nicht grenzenlos, sondern begrenzt.

Gewohnte Grenzen also verändern sich, manche lösen sich auf, neue entstehen. Entgrenzung bedeutet aber nicht Grenzenlosigkeit[16]. Der Steigerung von Ungewissheit als Folge von Entgrenzung wird begegnet durch den Aufbau neuer Grenzen etwa durch den Rückgriff auf alte oder das Eingehen neuer Bindungen, durch die mögliche Handlungsoptionen wiederum begrenzt werden. In diesem Sinne sind alle Entgrenzungen begrenzt und stoßen an ihre Grenzen.

Verständnisfragen
- Auf welchen Ebenen finden Prozesse der Entgrenzung statt? Inwiefern werden diese Prozesse durch die Digitalisierung von Arbeit verschärft?
- Welche Vorteile, welche Nachteile hat mobile Arbeit?
- Worin unterscheiden sich die neueren Maßnahmen der Arbeitszeitflexibilisierung von früheren?
- Welche Argumente lassen sich für und welche gegen die These einer Erosion des Normalarbeitsverhältnisses anführen?
- Wodurch werden Prozesse der Entgrenzung begrenzt?

---

[16]Wir kommen darauf noch einmal zurück im zehnten Kapitel im Zusammenhang mit der angeblich grenzenlosen Karriere von Managern.

Subjektivierung der Arbeit 6

Prozesse der Vermarktlichung und, damit einhergehend, der Entgrenzung finden nicht nur auf Unternehmensebene und auf der Grenzlinie zwischen Arbeit und Leben statt, sondern sie betreffen auch die vertikalen und horizontalen Grenzen innerhalb von Betrieben. Hier ziehen sie „eine weitgehend enthierarchisierte Struktur der Anweisung und Kontrolle, verbunden mit Formen erweiterter Selbstorganisation und Arbeitsautonomie auf der ausführenden Ebene" (Hirsch-Kreinsen 2010, S. 453) nach sich. Wir wollen uns nun den Folgen dieser auf Vermarktlichung beruhenden Prozesse der Entgrenzung für die Subjekte zuwenden.

Oftmals wird davon ausgegangen, dass Vermarktlichung Kostenkonkurrenz und Kostendruck produziert. Die mit Vermarktlichung einhergehende Erweiterung von Autonomiespielräumen bei der Arbeit ist vor diesem Hintergrund nur eine „Selbstorganisation im Rahmen vorgegebener Handlungsspielräume und Ressourcenausstattungen", die „zu einer erheblichen Steigerung des Leistungsdrucks" führt, „ohne dass die positiven Konnotationen, die sich mit ‚Selbstorganisation' verbinden, wirksam werden können" (Döhl et al. 2000, S. 10). Dem wird allerdings entgegengehalten, dass sich aus dem ‚Sachzwang Markt' keine vorbestimmten Handlungszwänge ergeben. Vermarktlichung beeinflusst zwar die Handlungen der Akteure, aber sie ist nicht der einzige Faktor für die Strukturierung ihrer Beziehungen. Deswegen kann aus den Prozessen der Vermarktlichung auch nicht geschlossen werden, dass die Beschäftigten die Opfer eines neuen, durch den Finanzmarkt-Kapitalismus induzierten Rationalisierungsmodus sind; denn in dieser Sichtweise „werden zwangsläufig die Handlungslogiken der Beschäftigten ausgeblendet – und damit ihr eigener Beitrag zur Konstituierung ihres Handlungssystems mit seiner lokalen Ordnung" (Drinkuth 2007, S. 190).

Die Subjekte sind der Vermarktlichung nicht hilflos ausgeliefert; sie können auch selbst entscheiden, wie sie damit umgehen. Folglich wird von manchen „die *Chance* einer *erweiterten Autonomie* und *Aneignung in der Arbeit* nicht nur trotz, sondern möglicherweise gerade wegen der Vermarktlichung und Subjektivierung von Arbeit grundsätzlich für möglich gehalten" (Frey 2009, S. 14; Hervorhebung im Original). Die Subjektivität der Beschäftigten lässt sich nicht auf betriebliche oder ökonomische Vorgaben beschränken, da sie „‚eigensinnig' über die betrieblichen Bedingungen und Anforderungen hinausweist" (Frey 2009, S. 22).

Denn das ist die andere, durchaus positive Seite von Vermarktlichung: Sie bedeutet immer auch die Eröffnung von Freiräumen, da die mit der Vermarktlichung um sich greifende Orientierung an Kennziffern sich selbst die Basis entziehen würde, wenn die Handlungsabläufe – wie in einem strikt tayloristisch organisierten Arbeitssystem – rigide vorgegeben wären. Insofern sind die Folgen der Vermarktlichung für die Individuen ambivalent: einerseits ein durch die Ökonomisierung erzeugter und gegenüber früher sicherlich erhöhter Druck, andererseits mehr Freiräume.

In den Betrieben wird angemessenes Arbeitshandeln, also die gelungene Transformation von Arbeitskraft in Arbeit, nicht mehr nur als ein Problem behandelt, das mehr oder minder ausschließlich durch Anweisung und Kontrolle durch die vorgesetzten Stellen zu lösen ist; die ehemals klaren Grenzen zwischen ‚oben' und ‚unten' beginnen zu verschwimmen. Zunehmend wird auch auf die Bereitschaft der Arbeitenden gesetzt, diese Bereitschaft sogar eingefordert, angemessenes Arbeitshandeln eigenständig in Kooperation mit anderen, auch mit den Vorgesetzten zu erbringen. Daraus entstehen neue Grenzen im Sinne einer (Selbst-)Verpflichtung der Arbeitenden, die dazu erforderlichen Leistungen auch zu erbringen.

Nun ist die Bereitschaft der Arbeiter zu arbeiten, wie mehrmals erwähnt, ohnehin Voraussetzung für jeden Arbeitsprozess; der Unterschied zu früher freilich besteht darin, dass, den veränderten Leitlinien folgend, die ‚ganze Person' in betriebliche Rationalisierungsstrategien einbezogen wird bzw. werden soll, um einen erweiterten Zugriff auf die individuellen Kompetenzen zu erlangen. Das Transformationsproblem wandelt sich damit von einem betrieblich zu lösenden Problem zu einem Problem, das Arbeiter und Angestellte selbstständig zu bewältigen haben. Das Subjekt, der arbeitende Mensch, hat an Bedeutung für Rationalisierungsstrategien gewonnen.

6.1 Die Bedeutung subjektiver Eigenschaften und Fähigkeiten im Arbeitsprozess

Die beschriebenen Dezentralisierungs- und Reorganisationsprozesse haben zu einer „Wiederentdeckung des Subjekts" (Lohr 2003) geführt, in den Betrieben ebenso wie in der Forschung. Manche sehen in dem wachsenden „Subjektivitätsbedarf" der Unternehmen geradezu eine „Umkehrung der bisherigen Rationalisierungslogik" (Moldaschl und Sauer 2000, S. 216), die nicht mehr in dem alten Schema „tayloristisch" oder „nicht-tayloristisch" abbildbar ist.

Die Relevanz von Subjektivität für einen gelingenden Produktionsprozess ist freilich nicht ganz neu. Schon Ende der 1980er-Jahre ist auf die Bedeutung von sinnlicher Erfahrung und Erfahrungswissen[1] für das Funktionieren auch hoch technisierter Anlagen und computerisierter Arbeitsabläufe hingewiesen worden (Böhle und Milkau 1988), woraus im Zuge weiterer empirischer Forschung das Konzept des ‚subjektivierenden Arbeitshandelns' entstanden ist (zusammenfassend Böhle 2017a). Damit wird betont, dass Arbeit nicht allein als planmäßig-rationales Handeln verstanden werden darf, sondern dass Menschen auch erleben und empfinden und „dass sich das subjektivierende Handeln in gleicher Weise wie das objektivierende Handeln auf die Erkenntnis und Bearbeitung der (objektiven) ‚Außenwelt' richtet" (Böhle 2017b, S. 16). Gerade angesichts gestiegener Unsicherheiten und Unwägbarkeiten wird es immer bedeutsamer. Im Arbeitsprozess sind auch Wahrnehmungen, Erfahrungen und Deutungen, mit anderen Worten: die Subjektivität der Arbeitenden von Bedeutung.

Diese Bedeutung von Subjektivität ist allerdings nur am Rande zur Kenntnis genommen worden, solange betriebliche Rationalisierungsstrategien darauf gerichtet waren, Subjektivität im Arbeitsprozess als potenziellen Störfaktor möglichst weitgehend auszuschalten. Das hat sich geändert, nachdem zunehmend deutlich wurde, dass Subjektivität aus dem Arbeitsprozess nicht nur nicht ausgeschlossen werden kann, sondern die ordnungsgemäße Erledigung von Arbeitsprozessen Subjektivität geradezu erfordert. Seitdem wird (nicht nur) in der Wissenschaft unter dem Begriff der Subjektivierung verstärkt die Bedeutung von persönlichen Eigenschaften und Fertigkeiten für betriebliche Produktionsabläufe diskutiert.

---

[1]Erfahrungswissen unterscheidet sich von anderen Wissensarten, etwa von wissenschaftlichem Wissen, „durch die Verschränkung seines Erwerbs und seiner Anwendung mit praktischem Handeln und die daraus resultierende Personen- und Kontextgebundenheit" (Böhle 2010, S. 106).

Mit Subjektivität ist einerseits das Bedürfnis der Beschäftigten gemeint, über ihre fachspezifischen Kenntnisse hinaus auch ihre Persönlichkeit in den Arbeitsprozess einbringen zu können (Baethge 1991). Darüber hinaus aber bezeichnet Subjektivierung andererseits auch – und vielleicht sogar in erster Linie – die Erwartung von Unternehmen, dass diese Fähigkeiten tatsächlich eingebracht werden. Dieser Subjektivitätsbedarf von Organisationen ergibt sich daraus, dass die Regeln, Routinen und Vorgehensweisen in Unternehmen nur unvollständig vorab definiert werden können und deswegen „immer wieder der situationsbezogen kompetenten, nicht vollständig determinierten Ausfüllung, Anwendung und Ergänzung bedürfen" (Holtgrewe 2005b, S. 347 f.). Subjektive Fähigkeiten sollen, Ansprüche der Beschäftigten an ihre Arbeit durchaus aufgreifend, für betriebliche Verwertungszwecke genutzt werden. Haltungen, Wissen, Fertigkeiten, Motive, Gefühle, Werte etc. sollen in Verwertungsstrategien einbezogen werden.

In diesem Sinne unterliegt Erwerbsarbeit einem doppelten Subjektivierungsprozess (Kleemann et al. 2002): Auf der einen Seite tragen Individuen verstärkt subjektive Ansprüche an ihre Arbeit heran, auf der anderen Seite haben Betriebe einen erhöhten funktionalen Bedarf nach Subjektivität. Dies ist nicht beschränkt auf die Sphäre der Erwerbsarbeit allein, sondern ist Ausdruck gesellschaftlicher Wandlungsprozesse. Es gehört zu den entscheidenden Merkmalen von Individualisierungsprozessen in der Gesellschaft, „dass sie eine aktive Eigenleistung der Individuen nicht nur erlauben, sondern fordern" (Beck und Beck-Gernsheim 1994, S. 14). Das ist unabhängig davon, ob Subjekte ein Bedürfnis nach Autonomie haben – was man „durchaus unterstellen darf" (Keupp 2010, S. 251) –; sie haben Autonomie auch dann unter Beweis zu stellen und zu bewältigen, wenn sie es gar nicht wollen, sie „wird ihnen abverlangt, aufoktroyiert, abgefordert" (Keupp 2010, S. 251).

Subjektivierung ist gewissermaßen die ‚Schwester' von Entgrenzung, also das Pendant der Entgrenzung im Subjekt, und oben war darauf hingewiesen worden, dass Entgrenzung die Sicherheit, die Grenzen nun mal bedeuten, beeinträchtigt. Dies gilt auch für Subjektivierung; entsprechende Prozesse erzeugen Unsicherheit. Deswegen ist es nicht überraschend, dass sich die These einer zunehmenden normativen Subjektivierung in ihrer stringenten Form empirisch nicht bestätigen lässt; denn Subjektivierung ist mit Flexibilisierung und erhöhten Beschäftigungsunsicherheiten verbunden und diese „können subjektbezogene Wertorientierungen (Autonomie in der Arbeitsgestaltung, Selbstverwirklichung, Anerkennung etc.) vielfach in den Hintergrund treten lassen" (Hauff 2008, S. 72). Nicht umsonst ist das Normalarbeitsverhältnis nach wie vor ein Fixpunkt der Orientierungen, unter denen die Beschäftigten ihre Arbeitssituation beurteilen (vgl. oben Abschn. 5.3).

In der Erwerbssphäre ist das Einbringen von Subjektivität immer dem ökonomischen Erfolg unterzuordnen (Kropf 2005, S. 195). Deswegen geht es bei der Subjektivierung nicht um das Subjekt im Sinne des autonomen Subjekts, das sich in seinem Handeln und Wissen selbst bestimmt. Stattdessen werden spezifische subjektive Eigenschaften und Fähigkeiten funktional genutzt; es geht um „die gezielte betriebsseitige Vernutzung von menschlicher Subjektivität für den Arbeitsprozess", von Kleemann (2012, S. 7) als „historisch neu" bezeichnet.

Allerdings wäre es ein Fehlschluss, aus dem Subjektivitätsbedarf von Betrieben umstandslos auf die Erfüllung dieses Bedarfs zu schließen. Unternehmen bekommen die Leistungen der Subjektivität nicht so, wie sie benötigt werden (Holtgrewe 2005b, S. 362). Sie bekommen einerseits mehr als sie wollen (‚dysfunktionale' Gefühle, Beziehungen, Stress) und andererseits zu wenig an Einsatz, Leistung und Qualität (Neuberger 1997, S. 500). Subjekte sind eigensinnig genug, um sich einer Totalinklusion zu widersetzen. Andernfalls hätte sich die Transformationsproblematik erledigt.

In der sozialwissenschaftlichen Arbeitsforschung werden die Prozesse der Subjektivierung von Arbeit durchaus skeptisch betrachtet. Manche vermuten nicht nur eine erweiterte Form, sondern eine neue Qualität der Zugriffsweise, die „einen Totalitätsanspruch betrieblicher Verfügung über Subjektivität als möglich erscheinen" (Pongratz und Voß 2003a, S. 217) lässt. Andere verweisen auf die Ambivalenz der erforderlichen Selbstorganisation, die immer im Rahmen fremdgesetzter Ziele stattfindet (Döhl et al. 2001, S. 231). Subjektivierung führt zu einer veränderten Balance von Autonomie und Herrschaft, von Freiheit und Zwang, von Moldaschl (2001, S. 137) in die pointierte Frage überführt, ob Herrschaft und Autonomie überhaupt noch als Gegensatz begriffen werden können oder ob nicht die Möglichkeit einer Herrschaft *durch* Autonomie in Betracht gezogen werden müsse. Herrschaft wird versachlicht und anonymisiert (Dörre und Brinkmann 2005, S. 108) und setzt sich „vermittelt über ihr eigenes Gegenteil, nämlich die Selbstbestimmung oder Autonomie der Individuen" (Nies und Sauer 2012, S. 43; im Original hervorgehoben) durch.

Subjektivierung unterscheidet sich, wie die Tab. 6.1 zeigt, in mancherlei Hinsicht von ihrem ‚Gegenpart', der Objektivierung. Doch die Implikationen von Subjektivierung sind ambivalent, ihre Chancen sind riskant (Lohr und Nickel 2009). Die Möglichkeit, die eigene Subjektivität in den Arbeitsprozess einbringen zu können, bedeutet zugleich den Zwang, sie zu ökonomisieren, also die Subjektivität an den ökonomischen Zielen des Betriebes auszurichten und diese zu internalisieren. Subjektivierung zielt auf eine Aufhebung der Differenz zwischen Verwertungsinteressen und Arbeitskraftinteressen, doch die Interessen der Subjekte können nicht gänzlich ökonomisiert werden. Subjektivierung ist also ein

Tab. 6.1 Modi der Subjektivierung und Objektivierung. (Quelle: Moldaschl 2002, S. 29)

Modi der Subjektivierung	Modi der Objektivierung
Ziel: High Involvement	Ziel: Fungibilität, Berechenbarkeit
Kalkulierte Re-Subjektivierung: Entbürokratisierung, Entstandardisierung	Entsubjektivierung: Bürokratie, Standardisierung
Identität von Arbeitskraft und Person	Scheidung von Arbeitskraft und Person
Nutzung von Arbeitskraft als Person	Nutzung von Person als Arbeitskraft
Anerkennung der Subjektivität als Ressource	Ausschluss der Subjektivität als Störfaktor
Rückkehr der Improvisation (Erfahrung)	Primat der Planung (Wissen)
Kontextsteuerung (ökonomisch, anonymisiert)	Führung (personal und kodifiziert, als Regelsysteme)
Selbstbeherrschung	Fremdkontrolle
Leistungsvereinbarung prozedural und individualisiert	Leistungssteuerung durch Vorgaben, zentral ausgehandelt, auf Dauer gestellt
Quasi-unternehmerische kontraktuelle Elemente (z. B. Ergebniskoppelung)	Motivierung durch kalkulierte Anreizsysteme
Logiken: Ökonomisieren, Individualisieren, Verflüssigen (Markt)	Logiken: Organisieren, Standardisieren, Kodifizieren (Macht)

sehr komplexer Prozess von Unterwerfung unter betriebliche Ziele, die durchaus nicht unfreiwillig erfolgt, und persönlicher Entfaltung, da den Ansprüchen der Arbeitenden an ihre Arbeit Rechnung getragen wird.

Für eine abschließende Beurteilung der Subjektivierung ist es zu früh, doch es werden Ambivalenzen, Widersprüche und Uneindeutigkeiten sichtbar. Autonomie- und Anerkennungsgewinne stehen neben dem Zwang, das Arbeitshandeln auf ökonomische Zwecke auszurichten und die eigene Arbeitskraft zu vermarkten (Lohr 2017, S. 284 f.).

6.2 Veränderungen in der Gestaltung von Lohn und Leistung

Subjektivierung zielt auf Leistung. Diese muss durch Leistungsanreize stimuliert werden – das ist ein Glaubenssatz, der sich als zwingende Schlussfolgerung ergibt, wenn das Arbeitsverhältnis als ein ökonomischer Austausch zwischen Arbeitgeber und Arbeitnehmer verstanden wird. Daran ändert sich auch nichts,

6.2 Veränderungen in der Gestaltung von Lohn und Leistung

wenn die Formen einer Transformation von Arbeitskraft in Arbeit sich verändert haben, wenn die Transformation nicht mehr durch Hierarchie und Kontrolle zustande gebracht werden soll, sondern wenn sie stärker auf die ‚Freiwilligkeit' und Selbstorganisation der Beschäftigten setzt; auch diese bedarf, so eine weit verbreitete Überzeugung, monetärer Stimuli[2]. Allerdings taugen dafür angesichts der veränderten Anforderungen nicht mehr die früher üblichen Leistungsanreize, sondern diese Veränderungen müssen ihren Niederschlag auch in der Neugestaltung des Verhältnisses von Lohn und Leistung finden.

Entgeltfragen sind bekanntlich ein wesentlicher Verhandlungsgegenstand zwischen den Tarifvertragsparteien, den Gewerkschaften und den Arbeitgeberverbänden, sowie den Betriebsvertragsparteien, den Betriebsräten und Geschäftsführungen[3]. Grundsätzlich können zwei Entgeltformen unterschieden werden: der Zeitlohn, mit dem für eine bestimmte Arbeitszeit ein festes Entgelt (Stunden- oder Monatslohn) vereinbart wird, und der Leistungslohn, mit dem das Entgelt an eine definierte Leistung gekoppelt wird.

Jeder Leistungslohn ist daran geknüpft, dass der Arbeitende überhaupt Einfluss auf die Leistung hat. In Arbeitsprozessen jedoch, die weitgehend automatisiert sind, ist dieses kaum möglich; am Fließband kann nur so schnell gearbeitet werden, wie das Band läuft. Dies ist einer der Faktoren für die „Krise des Lohnanreizes" (Lutz 1975), vor allem für die Krise des Akkordlohns, dessen Prämisse der Leistungsgerechtigkeit unterhöhlt wird, wenn bei steigendem Mechanisierungs- und Automatisierungsgrad die individuelle Beeinflussbarkeit des Produktionsergebnisses zunehmend geringer geworden ist. Akkordsysteme sind für die Anforderungen in neuen Arbeitssystemen nur schlecht geeignet, weil etwa in gruppenarbeitsförmigen Kooperationen Arbeitsergebnisse individuell kaum noch zurechenbar sind und somit auch nicht abgebildet werden können. Die 1975 von Lutz diagnostizierten Grenzen des Lohnanreizes aufgrund des gestiegenen Mechanisierungsgrades sind gewissermaßen ergänzt worden durch

---

[2]Um es nochmals zu betonen: Dies gilt nur unter der Bedingung, dass das Arbeitsverhältnis als ein ökonomisches Austauschverhältnis gefasst wird. Wenn es hingegen, was angemessen ist, auch als ein soziales Austauschverhältnis begriffen wird, dann ist es schon längst nicht mehr so selbstverständlich, dass Leistungsanreize in Form von Geld die gewünschte Wirkung erzielen. So ist die motivierende Wirkung von monetären Anreizen durchaus umstritten; Frey und Osterloh (1997) etwa haben darauf hingewiesen, dass die durch solche Anreize erzeugte extrinsische Motivation die – eigentlich gewünschte – intrinsische Motivation nicht nur nicht fördert, sondern sogar beeinträchtigen kann.

[3]Vgl. dazu auch Kap. 11.

den Wegfall der arbeitsorganisatorischen Voraussetzungen, sodass der Akkordentlohnung der Boden entzogen worden ist. Neue Leistungsziele treten neben das klassische Mengenziel. Arbeitsformen, die auf die Selbstorganisation der Beschäftigten setzen, können in den erforderlichen Arbeitsschritten aber nur schwer vorab kalkuliert werden (Menz und Siegel 2002, S. 82 f.); das jedoch ist gerade eine wesentliche Voraussetzung einer Akkordentlohnung, die auf der Bestimmung einer ‚Normalleistung' beruht, die den Maßstab für die zu gratifizierende Mehrleistung abgibt.

Die abnehmende Bedeutung von Akkordsystemen bedeutet indes keine generell zurückgehende Bedeutung der Leistungsentlohnung, im Gegenteil: Vermehrt sind Gratifikationssysteme eingeführt worden, die an der Subjektivierung von Arbeit ausgerichtet sind (vgl. den Überblick bei Schmierl 2010). Dabei handelt es sich um Systeme, die Leistung stimulieren sollen, die dies aber unter Beachtung der geforderten Selbstorganisation anstreben. Solche Entgeltsysteme müssen höchst unterschiedliche Parameter berücksichtigen, neben der Produktivität auch die Qualität, neben dem Erreichen von vereinbarten Zielen auch die Anstrengungen, wenn Zielvereinbarungen nicht realisiert werden konnten. Kuhlmann et al. (2004) schlagen deswegen ein Entgeltsystem vor, das Anreize für Kompetenzerwerb und Arbeitseinsatzflexibilität enthält, indem nicht ausschließlich die ausgeübte Tätigkeit, sondern auch die benötigten Kompetenzen gratifiziert werden, und das einen Gruppenbezug der Entlohnung ermöglicht, ohne dass die individuellen Leistungsanreize in Konflikt geraten mit den Anforderungen der Gruppenselbstorganisation. Dies erfordert freilich einen erweiterten Leistungsbegriff, in dem unterschiedliche quantitative und qualitative Leistungsziele enthalten sind, und eine Mitsprache bei Leistungszielen.

Einiges davon ist offenbar mittlerweile umgesetzt. Klein-Schneider (2005) jedenfalls kommt nach einer Durchsicht von 127 betrieblichen Vereinbarungen zur Entgeltfindung aus 84 Unternehmen zu dem Schluss, dass diese seltener Akkordlohn oder zeit- und mengenmäßige Prämien und dafür häufiger Leistungszulagen sowie Qualitäts-, Qualifikations- und Produktivitätsprämien zum Gegenstand haben. Leistungsanreize werden vermehrt geschaffen durch Prämienentgelte, durch Provisionen oder Leistungszulagen, die jeweils individuell oder gruppenbezogen sein können.

Es lässt sich also eine Tendenz zu ergebnisorientierten Entgeltbestandteilen beobachten. Dies ist ein Ausdruck der mit dem Finanzmarkt-Kapitalismus verbundenen Leitlinie des Wirtschaftens, durch die in den Unternehmen die Vorstellung gestärkt worden ist, „dass finanzielle Anreize wichtig sind und Ziele möglichst an quantitativ messbare Zielgrößen gebunden werden sollen" (Faust et al. 2011, S. 281). Deswegen erfreuen sich Zielvereinbarungen einer

6.2 Veränderungen in der Gestaltung von Lohn und Leistung

zunehmenden Beliebtheit (dazu Bender 2000, 2002; Menz und Siegel 2002); sie kommen vor allem bei Führungskräften zum Einsatz. Ob das Instrument der Zielvereinbarung allerdings schon gängige Praxis ist, kann nur schwer beurteilt werden, weil es keine aktuellen Zahlen zur Verbreitung gibt. Als Thema aber haben Zielvereinbarungen auf jeden Fall Konjunktur; immerhin 85 % der Manager gingen schon vor einiger Zeit von einer wachsenden Bedeutung dieser Methode aus (Bahnmüller 2002).

Bei Zielvereinbarungen handelt es sich um ein relativ altes Führungsinstrument in allerdings neuen Gewändern. Das alte Führungsinstrument hieß ‚Führen durch Ziele' und war unter seinem englischen Titel ‚management by objectives' bekannt; vor allem Führungskräften wurden Ziele gesetzt und das Erreichen der Ziele wurde prämiert. Neu ist der partizipative Aspekt; Ziele sollen nicht gesetzt, sondern vereinbart werden[4], und zwar nicht nur auf den Ebenen der Vorgesetzten, sondern letztlich auf allen betrieblichen Hierarchieebenen. Führung durch Zielvereinbarung beschreibt also ein Vorgehen, bei dem strategische, eher abstrakte Ziele von oben nach unten in das Unternehmen kommuniziert und im Dialog präzisiert werden sollen. Die Ziele sind damit immer von einer übergeordneten Bedeutung. Sie sind Teil der Umsetzung von Strategien, von Wandlungs- und Veränderungsprozessen. Gleichzeitig ergänzen sie das Arbeitspaket eines jeden Beschäftigten um eben diesen Aspekt; das Erreichen der vereinbarten Ziele wird Teil der Arbeitsaufgabe. Zielvereinbarungen sind somit ein Element von partizipativem Management und fordern die ‚ganze Person' – woraus sich die Vorteile, aber auch die Probleme dieses Instruments ergeben, die in der Tab. 6.2 aufgeführt sind.

Ein entscheidender Vorteil von Zielvereinbarungen liegt „in ihren Potentialen für die direkte Verhaltensbeeinflussung und -steuerung" (Kalkowski 2002, S. 140). Auch wenn die Praxis der Zielvereinbarungen oftmals nicht dem Ideal der Zielvereinbarungen entspricht, so drückt sich in der den Zielvereinbarungen zugrunde liegenden Orientierung eine doch grundlegende Veränderung der eingeprobten Methoden der Leistungsbestimmung aus; diese Veränderung kann darin

---

[4]zumindest der Idee nach. Doch oftmals verbergen sich hinter Zielvereinbarungen offenbar nach wie vor Zielsetzungen; eine Befragung von Führungskräften hat jedenfalls ergeben, „dass mehr als die Hälfte der 117 Betriebe eher mit Zielvorgaben als mit -vereinbarungen arbeitet" (Hinke 2003, S. 381; ähnlich Erke und Bungard 2006, S. 157), sodass sich der Schluss aufdrängt, dass die sich mit Zielvereinbarungen „bietenden Chancen für einen Wechsel von der hierarchischen zur diskursiven Koordinierung bei weitem nicht ausgeschöpft werden" Kalkowski (2002, S. 139).

Tab. 6.2 Vorteile und Probleme von Zielvereinbarungen

Vorteile	Probleme
Autonomie durch Ergebnisbezug	Leistungsspirale; Ignoranz gegen objektive und subjektive Leistungsprobleme
Rationalität und Lerneffekt von Zielorientierung und Ziel-/Mittelrelation	Verantwortungs- und Schuldzuweisungen; „antizipative Zielsenkung"
Motivation durch Zielsetzung	Monofixierung durch Inflexibilität; Fehlen von Slack
Zielintegration der Organisation	Beteiligungsdefizit durch Top-down-Zielbestimmung
Verfahrensrationalität; Beteiligungslegitimation	Defizit der Zielintegration der Organisation
Individualisierung und Spezifizierung der Leistungsbestimmung	Erosion von Leistungsstandards

zusammengefasst werden, dass Methoden, „die sich an Kriterien menschlicher ‚Leistbarkeit' (etwa ausgedrückt im klassischen Modell der ‚Normalleistung') orientieren", abgelöst werden „durch solche Verfahren, die sich abstrakter und dynamischer Ziel- und Ergebnisvorgaben bedienen" (Dunkel et al. 2010, S. 358). Das Leistungsprinzip wird letztlich abgelöst durch das Marktprinzip, was einen erheblichen Unterschied macht; denn während sich das Leistungsprinzip „hinsichtlich der Gewährung von Leistung und Gegenleistung vor allem nach der Mühe (richtet), die zu deren Erreichung (der ökonomischen Ergebnisse; H. M.) im Allgemeinen erforderlich ist", ist der Markt „ausschließlich an ökonomischen Ergebnissen interessiert" (Faßauer 2009, S. 106). Bewertet wird nicht mehr (Bahnmüller 2002, S. 49) wie bei Akkord- oder auch Prämienentlohnung die Anstrengung, die zu einem Ergebnis in einem bestimmten Zeitraum führt, sondern durch die Integration markt- und betriebswirtschaftlicher Kennziffern, also durch die Prozesse der Vermarktlichung wird Leistung gewissermaßen vom Ende der Prozesskette definiert: Leistung ist das, was der Markt als solche anerkennt (Haipeter und Slomka 2014, S. 215).

Dies ist ein „fundamentaler Bruch" (Kratzer 2005, S. 259) mit dem bisherigen Modus der Leistungsbewertung und damit der Anerkennung von Leistung, die anhand des erbrachten Aufwandes erfolgte. Als Leistung gilt nicht mehr die der Aufgabe angemessene Leistungsverausgabung, sondern der Grad der Erreichung der möglichst präzise bestimmten Aufgabenstellung (Bender 2002, S. 26); nicht mehr die Mühe zählt, sondern der Erfolg, der sich auf dem Markt zu beweisen hat.

6.2 Veränderungen in der Gestaltung von Lohn und Leistung

Durch solche Formen der Leistungsentlohnung steigt der Bedarf an innerbetrieblicher Kommunikation. Denn Leistung kann zunehmend weniger anhand von standardisierten Kriterien definiert, sondern muss von Vorgesetzten beurteilt werden (Bender 1997); was als Leistung definiert wird, ist als Gegenstand der Auseinandersetzung in den Betrieb zurückgekehrt (Menz und Siegel 2002). Während Leistungskriterien früher zwischen den Tarifvertrags- bzw. den Betriebsparteien ausgehandelt wurden, wird dies nun zunehmend eine Frage, die zwischen Vorgesetzten und Mitarbeitern zu entscheiden ist. Dadurch wird „die ursprünglich typische Funktion der Leistungskontrolle mehr und mehr auf die Mitarbeiter selbst übertragen" (Kropf 2005, S. 185). Insgesamt lassen sich die durch die Vermarktlichung bewirkten Veränderungen der Leistungssteuerung wie in der Tab. 6.3 zusammenfassen.

Die Unterscheidung von Angestelltenarbeit und gewerblicher Arbeit ist damit leistungspolitisch obsolet. Deswegen sind beispielsweise in dem zwischen der IG Metall und dem Arbeitgeberverband Metall vereinbarten Entgeltrahmenabkommen (ERA) weitreichende Änderungen beschlossen worden, die in den letzten Jahren nach und nach in den unterschiedlichen Tarifbezirken umgesetzt worden sind. Sie zielen darauf, Unterscheidungen und Ungleichbehandlungen zwischen Arbeitern und Angestellten hinsichtlich der Vergütung von Belastungen und der Leistungsentlohnung zu beseitigen; zugleich sollen „bei der Neubewertung Kriterien zugrunde gelegt werden, durch die Facharbeit aufgewertet

Tab. 6.3 Charakteristika marktförmiger Leistungssteuerung in Arbeitsorganisationen. (Quelle, S. Faßauer 2009, S. 118)

Outputorientierung	Steuerung der Organisationseinheiten über Vorgaben des einheitsspezifischen Funktionsbeitrages im gesamten Wertschöpfungsprozess; „funktionaler Leistungsbegriff"
Marktliche und marktähnliche Steuerung	Reale/simulierte Vermarktlichung von Arbeitsorganisationen; Bildung fiktiver oder realer interner Märkte
Durchdringung mit Kennzahlen	Ableitung der Leistungsvorgaben vom ökonomischen Gesamtoutput der Organisation bzw. dem Funktionsbeitrag der Organisationseinheit; Umsetzung durch Informationstechnik
Flexibilisierung des Personaleinsatzes	Ausschöpfen des Rationalisierungspotenzials in den Einheiten durch verschiedene Formen der Flexibilisierung des Personaleinsatzes

und dem Grundsatz ‚gleiches Entgelt für gleichwertige Arbeit' besser entsprochen werden kann" (Bahnmüller und Schmidt 2007, S. 358).

Zum Grundsatz ‚Gleiches Entgelt für gleiche Arbeit' gehört nicht nur die Aufhebung der Differenzierung zwischen dem Lohn der gewerblichen Arbeiter und dem Gehalt der Angestellten durch die Schaffung gemeinsamer Entgeltgruppen für Arbeiter und Angestellte – von Kratzer und Nies (2009, S. 18) als „Kern des ERA" beurteilt –, sondern auch und vor allem die Umstellung der bisher geltenden Grundsätze der Eingruppierung. Sie wird nun anhand der Anforderungsmerkmale Können, Handlungs- und Entscheidungsspielraum, Kooperation und Mitarbeiterführung vorgenommen. Daneben besteht das Entgelt aus einem variablen Anteil, bei dem Zielvereinbarungen und Leistungszulagen eine herausgehobene Rolle spielen. Dieser variable Anteil wird verteilt nach einer einmal im Jahr durchzuführenden Leistungsbeurteilung anhand von fünf Merkmalen (Effizienz, Qualität, Flexibilität, verantwortliches Handeln, Kooperation/Führungsverhalten), die in fünf Stufen – von ‚das Leistungsergebnis entspricht dem Ausgangsniveau der Arbeitsaufgabe' bis zu ‚das Leistungsergebnis liegt weit über den Erwartungen' – vorgenommen wird (vgl. auch Schmierl 2008).

Die Umsetzung von ERA bedeutet einen tiefgreifenden Bruch zur bisherigen Praxis: Nicht nur, dass die sich bis in den Habitus niederschlagende und die betriebliche Sozialordnung mitstrukturierende Grenzziehung zwischen Arbeitern und Angestellten eingeebnet wird, auch die Ausweitung von Formen der Leistungszulagen, die zuvor eher auf der Angestelltenebene üblich war, ist nun tarifvertraglich auf die Ebene der ehemaligen gewerblichen Arbeitnehmer ausgeweitet worden. Die Möglichkeit (und die Notwendigkeit), autonom im Hinblick auf die Erreichung der vereinbarten Ziele zu entscheiden, wird als Teil der Arbeitsaufgabe definiert, und zwar für alle Betriebsangehörigen, auch für diejenigen, denen noch vor wenigen Jahren die Arbeitsaufgabe mehr oder minder rigide vorgegeben wurde. Welche Folgen dies für die Beschäftigten hat, ist umstritten. Während einerseits behauptet wird, dass „sich statistisch signifikante Zusammenhänge zwischen dem Einsatz von Zielvereinbarungen in den Betrieben (…) sowie Projektarbeit und hohem Termin- und Zeitdruck nachweisen" (Ahlers 2010, S. 355) lassen, ziehen andere diesen Zusammenhang gerade infrage: „Am steigenden Leistungsdruck sind Leistungsentgelte oder genereller variable Entgeltbestandteile ziemlich unschuldig" (Kratzer und Nies 2009, S. 270). Auch hier werden die Folgen also unterschiedlich beurteilt.

6.3 Anerkennung und Leistung

Ein wichtiges Scharnier bei der Nutzung von Subjektivität ist das Bedürfnis nach Anerkennung (vgl. Voswinkel 2001 und die Beiträge in Holtgrewe et al. 2000; zusammenfassend Voswinkel 2017)[5]. Anerkennung ist ein wichtiger Motivationsfaktor in der Arbeit (Deutschmann 2008a, S. 145). Sie kann in unterschiedlicher Form ausgesprochen werden, Leistungen können gewürdigt oder bewundert werden (Voswinkel und Korzekwa 2005).

Würdigung beruht auf langfristig angelegten Arbeitsbeziehungen. Gewürdigt werden etwa schwere Arbeit, alltägliche Mühe und Zugehörigkeit, was sich in Regeln der Rücksichtnahme, im Senioritätsprinzip oder auch in der Lohnfortzahlung im Krankheitsfall ausdrücken kann; eine Leistung kann selbst dann gewürdigt werden, wenn sie nicht zum Erfolg geführt hat. Bewundert hingegen werden besondere, erfolgreiche Leistungen, die bspw. mit einer Auszeichnung zum ‚Mitarbeiter des Monats' herausgestellt werden können. Solche Bewunderung ist auch möglich in Arbeitsbeziehungen, die nicht auf einer Langfristorientierung beruhen; man denke etwa an Sonderzahlungen für mit zeitlich befristeten Verträgen ausgestattete Topmanager, die den Aktienkurs ihres Unternehmens in besonderer Weise gesteigert haben[6].

In Arbeitsverhältnissen ist Anerkennung immer spannungsreich und wird besonders dann prekär, wenn eingespielte Muster der Anerkennung sich verändern, wie es sich in den letzten Jahren beobachten lässt. Während in der Industriegesellschaft noch körperlich schwere Arbeit in der Stahlindustrie oder im Bergbau[7] Anerkennung genoss, wird heute eher geistige Arbeit, das heißt ‚Wissensarbeit', anerkannt. Zugleich haben sich die Maßstäbe für Würdigung und Bewunderung geändert. Sie sind höher, sie sind flüchtiger geworden und das Ökonomische steht im Vordergrund; die Person tritt demgegenüber zurück. Dies beruht auf den beschriebenen gewandelten Beurteilungskriterien von Leistung, denen zufolge als Leistung nicht mehr die der Aufgabe angemessene Leistungsverausgabung gilt,

---

[5]Dass Arbeit und Anerkennung etwas miteinander zu tun haben, ist nicht so selbstverständlich, wie es scheint, und durchaus neu. Denn die Verknüpfung von Arbeit und Anerkennung richtete sich zunächst „als normativer Anspruch historisch gegen die Privilegien des Adels und der ständischen Gesellschaft" (Voswinkel 2007, S. 427) und es war die Arbeiterbewegung, die diesen Anspruch gegen das Bürgertum wandte.

[6]Dass dies nicht unbedingt dem Unternehmen zugutekommt, ist an anderer Stelle erläutert worden.

[7]„Dein Grubengold hat uns wieder hochgeholt, du Blume im Revier", singt Herbert Grönemeyer 1984 in seiner Eloge auf Bochum.

sondern der Grad der Erreichung der möglichst präzise bestimmten Aufgabenstellung. Zugehörigkeit und Erfahrung können nicht mehr wie früher Anerkennung beanspruchen, im Gegenteil: Wer „Anerkennung für seine Erfahrung erwartet, kann schnell als Innovationshemmnis gelten" (Voswinkel 2005a, S. 253).

Damit haben sich die Grundlagen von Anerkennung im Betrieb nachhaltig gewandelt. Nicht mehr Mühe und Aufwand zählen, sondern Anerkennung kann nur der beanspruchen, der Erfolg hat. Dies ist eine Folge der zunehmenden Ablösung des Leistungsprinzips durch das Marktprinzip, die unterschiedlichen Logiken folgen. Während „das Leistungsprinzip Normen der Wechselseitigkeit und der Bewertung von wirtschaftlichen Erträgen nach dem Ausmaß von Anstrengung und Belastung (folgt), verhält sich der Markt gegenüber dem Zustandekommen von ‚Leistungsbeiträgen' neutral" (Faßauer 2009, S. 119). Für die Input-Seite der Leistung, also die aufgewandten Ressourcen und die unternommene Anstrengung, kann allenfalls Würdigung erwartet werden; bewundert hingegen wird der „Output einer Leistung" (Kropf 2005, S. 163), die bemessen wird am wirtschaftlichen Erfolg.

Die Ergebnisse, nicht der Arbeitsaufwand werden für die Beurteilung relevant; pflichtgemäße Erledigung der Aufgaben reicht nicht mehr aus und angesichts möglicher Erwerbslosigkeit ist es ohnehin Anerkennung genug, überhaupt Arbeit zu haben, da sie gesellschaftliche Einbindung ermöglicht. Darüber hinausgehende Anerkennung im Modus der Bewunderung kann nur erwartet werden für Potenziale der Zukunft, bei der vergangene Leistungen nicht viel zählen. Anerkennung muss immer neu erworben werden, Bewunderung „delegitimiert die Würdigung" (Voswinkel 2012, S. 417).

Unter diesen Bedingungen ist Erwerbsarbeit mit einer systematischen Anerkennungslücke verbunden. Der Würdigung liegt eine Form der Reziprozität zugrunde, die den Einsatz der Beschäftigten und deren Anstrengung einschließt, während Bewunderung sich auf ein herausragendes Ergebnis richtet. Herausragende Ergebnisse aber lassen sich nicht beliebig wiederholen, zumal herausragende Leistungen früherer Jahre in der Wiederholung sukzessive nur noch normale Leistungen darstellen. Wer aber zu besonderen Leistungen, die Bewunderung verdienen, nicht jederzeit in der Lage ist, „kann sich hinsichtlich seiner Anerkennung lediglich auf den Aspekt der Zugehörigkeit berufen" (Kropf 2005, S. 188) – und steht, siehe oben, in Gefahr, als Innovationshemmnis zu gelten.

So kann davon ausgegangen werden, dass ein Wandel im dominanten Modus von Anerkennung stattfindet (Voswinkel 2001): Würdigung verliert, Bewunderung gewinnt an Bedeutung. Ein zunehmend wichtigerer Bestandteil von Anerkennung wird Reputation „im Sinne des reflektierten, um Darstellung bemühten Strebens nach Anerkennung im Modus der Bewunderung" (Voswinkel 2001, S. 317);

sie zielt konstitutiv auf das Individuum und rückt dessen Selbststeuerungsfähigkeiten und Selbstverantwortlichkeiten in den Vordergrund (Wagner 2004, S. 255). Bewundert wird, wer Erfolge am Markt vorzuweisen hat, die aus eigener Kraft erzielt worden sind, und dies nach außen auch darstellen kann. Expressivität und Selbstvermarktung werden immer wichtiger.

6.4 Veränderungen des psychologischen Vertrages

Ein formaler Arbeitsvertrag regelt, wie in Abschn. 3.3 ausgeführt, für die vertragsschließenden Parteien Arbeitnehmer und Arbeitgeber nur unvollständig die zu erbringende Leistung und die zu erwartende Gegenleistung und muss ergänzt werden durch den psychologischen Vertrag. In der Literatur (etwa Rousseau 1990) werden nun zwei Arten psychologischer Verträge unterschieden. Den einen Pol bilden relationale Verträge. In solchen psychologischen Verträgen werden langfristige Loyalität und Mitgliedschaft gegen Arbeitsplatzsicherheit und Karriereentwicklung getauscht, wobei neben ökonomischen auch sozio-emotionale Aspekte eine Rolle spielen. Wesentliche Komponenten eines relationalen psychologischen Vertrags sind Beschäftigungssicherheit, Karrieremöglichkeiten und ein inhaltlich befriedigender Arbeitsinhalt, die vom Unternehmen im Austausch gegen die eigene Leistungsbereitschaft erwartet werden. Davon zu unterscheiden sind transaktionale psychologische Verträge. In ihnen wird der ökonomische Aspekt des Austauschs von Arbeitgeber und Arbeitnehmer betont; sie sind eher situationsabhängig und kurzfristig (dazu Conway und Briner 2005; Festing und Müller 2008). Solche Verträge werden eingegangen, wenn Organisationen eher als Sprungbrett für die eigene Entwicklung gesehen werden; hoher Arbeitseinsatz wird für eine begrenzte Zeit unter klar definierten Bedingungen gegen hohes Entgelt und Karrierechancen getauscht (Coyle-Shapiro und Kessler 2000).

Die wirtschaftlichen und gesellschaftlichen Entwicklungen der vergangenen Jahre und die damit einhergehenden Erfahrungen von Reorganisation, Verschlankung und Arbeitsplatzabbau haben nun, so wird vielfach angenommen, dazu geführt, dass die Beschäftigungsbeziehungen zwischen Arbeitgeber und Arbeitnehmer und damit auch die Grundlagen des psychologischen Vertrags einem Wandel unterliegen. Vermarktlichung impliziert eine Flexibilisierung der Beschäftigung und damit eine Aufkündigung von Beschäftigungssicherheit, die wesentlich für die Aufrechterhaltung von Vertrauen im Betrieb ist; so gesehen, zielen „Subjektivierung von Arbeit und Vermarktlichung (…) gerade darauf ab, traditionelle Vertrauensbeziehungen aufzubrechen" (Böhle et al. 2014, S. 59) und damit einen relationalen psychologischen Vertrag zu untergraben. Deswegen spielen, so wird vermutet, im psychologischen Vertrag der Beschäftigten vermehrt transaktionale Elemente eine Rolle. Demzufolge löst ein an Kurzfristigkeit und Eigenverantwortung orientiertes ‚neues' Austauschverhältnis die traditionelle, vornehmlich am Normalarbeitsverhältnis orientierte und auf Langfristigkeit angelegte Vertragsform ab, sodass bereits die Erosion des ‚traditionellen' psychologischen Vertrags konstatiert wird (z. B. Klimecki und Litz 2002).

Raeder und Grote (2001, S. 354) unterscheiden in diesem Kontext einen ‚traditionellen' von einem ‚neuen psychologischen' Vertrag, der sich u. a. durch Eigenverantwortung für Beschäftigung, Erweiterung der Fähigkeiten, Eigenverantwortung für Arbeitsmarktfähigkeit, Zielorientierung und Leistungsorientierung sowie Flexibilität auszeichnet (vgl. Tab. 6.4). Nun bleibe dahingestellt, ob die Gegenüberstellung eines ‚traditionellen' und eines ‚neuen' Kontraktes nicht eine übermäßige Simplifizierung ist. Doch verdeutlicht werden kann durch diese Zuspitzung, dass in ‚modernen' Arbeitsverhältnissen andere Elemente des psychologischen Vertrages eine Rolle spielen als in ‚traditionellen' Verhältnissen.

Allerdings scheint es nicht so zu sein, dass ein relationaler psychologischer Vertrag durch transaktionale Elemente ersetzt wird, zumindest nicht auf breiter Front. Hauff (2007) jedenfalls hält die in der Diskussion betonten Wandlungserscheinungen von psychologischen Verträgen für überschätzt und kommt auf Basis einer deutschlandweiten telefonischen Befragung von Personen im Alter zwischen 20 und 60 Jahren zu dem Ergebnis, dass Beschäftigte „von der Tendenz eher an stabilen Formen der Beschäftigung interessiert (sind), was den Erwartungen im alten Muster des psychologischen Vertrages entspricht" (Hauff 2007, S. 45).

Tab. 6.4 Traditioneller und neuer psychologischer Vertrag. (Quelle: Raeder und Grote 2001)

Traditioneller Kontrakt	Neuer Kontrakt
Arbeitsplatzsicherung	Eigenverantwortung für Beschäftigung
Lebenslange Beschäftigung	Interne Entwicklungsmöglichkeiten (abhängig von Fähigkeiten)
Gegenseitige Loyalität/Identifikation	Erweiterung der Fähigkeiten
Interner Aufstieg	Eigenverantwortung für Entwicklung/Arbeitsmarktfähigkeit
Spezialisierung	Orientierung an eigenen Fähigkeiten
	Zielorientierung/Leistungsorientierung
	Flexibilität

6.4 Veränderungen des psychologischen Vertrages

Erwartungen im Sinne eines transaktionalen psychologischen Vertrages zeigen sich allenfalls „bei hoch qualifizierten Beschäftigten, welche von vornherein über günstigere Arbeitsmarktchancen verfügen" (Hauff 2007, S. 50). Aber auch bei ihnen lässt sich keine durchgängige Umstellung auf transaktionale Verträge konstatieren; die nach wie vor weit verbreitete normative Orientierung am Normalarbeitsverhältnis verhindert eine grundlegende Veränderung des psychologischen Vertrages. Und selbst in Arbeitskontexten, die wie etwa flexible Projektarbeit für einen neuen (transaktionalen) psychologischen Vertrag prädestiniert scheinen, ist die Sache keineswegs eindeutig; Elemente des neuen mischen sich mit Elementen des traditionellen Vertrags (Ruiner et al. 2013, S. 368).

Dies gilt selbst für die bereits angesprochenen Expatriates (vgl. Abschn. 5.4). Sie sind mit einem festen Arbeitsvertrag ausgestattet, befinden sich aber aufgrund ihrer Tätigkeiten im Ausland in zeitlich und lokal hochflexiblen Arbeitsverhältnissen und können als prototypisch für verbetrieblichte Arbeitskraftunternehmer (vgl. Kap. 7) gelten, deren psychologischer Vertrag deutlich transaktionale Elemente enthält. Sie sind zu erheblichen, auch persönlichen Zusatzleistungen bereit. Die transaktionalen Elemente in ihrem Arbeitsvertrag führen zu Anerkennungserwartungen, die nicht allein durch Beschäftigungssicherheit abgegolten werden; sie erwarten nicht nur Würdigung in Form von Beschäftigungssicherheit, sondern sie wollen Bewunderung. Ihre Auslandsentsendung zahlt sich jedoch beruflich oftmals nicht in dem gewünschten Maße aus; die erwartete Aufwertung der Person findet nicht statt (Klemm und Popp 2006, S. 136; vgl. auch Abschn. 10.4). Angesichts der Leistungen, die sie im Ausland erbracht haben, hätten sie eigentlich Bewunderung verdient, doch die bleibt aus; die Form der Anerkennung, in der in Organisationen Bewunderung ausgesprochen wird, nämlich die Zuweisung einer höher dotierten Stelle, wird ihnen nach der Rückkehr häufig versagt. Stattdessen erfolgt nur eine Würdigung der von ihnen erbrachten Leistungen, indem ihnen weiterhin ein Arbeitsplatz zur Verfügung gestellt wird, und das ist in den Augen der Expatriates zu wenig. Die Anerkennung von Leistung ist eine reziproke Gegenleistung, die jedoch vonseiten der entsendenden Unternehmen nicht erbracht wird, und insofern nehmen die Expatriates eine Unwucht im wechselseitigen Geben und Nehmen zu ihren Lasten wahr (Minssen und Wehling 2011). Obwohl es also an Bewunderung mangelt, behalten Expatriates ihr bisheriges Leistungsverhalten bei, denn trotz der Anreicherung mit transaktionalen Elementen überwiegen weiterhin die relationalen Elemente in ihrem psychologischen Vertrag, die sich aus ihrem vertraglichen Status als fest angestellte Arbeitnehmer ergeben.

Eine bloße Differenzierung zwischen relationalem und transaktionalem Vertrag greift also zu kurz; eher ist davon auszugehen, dass in relationale Verträge vermehrt transaktionale Element integriert werden (so auch Wilkens 2004a).

Und auch andere kommen zu dem Schluss, „dass die neuen Anforderungen im psychologischen Vertrag die alten überlagern und ergänzen, sie aber keineswegs ersetzen" (Kraus und Raeder 2008, S. 217).

Die als Subjektivierung beschriebenen Prozesse, die eine Folge der dem Finanzmarkt-Kapitalismus inhärenten ‚Freigabe' von Leistung sind, dürfen in ihren Folgen nicht unterschätzt werden; Beschäftigte sind aufgefordert, aus eigenem Ermessen ihre gesamte Arbeitskraft in den Dienst der Firma zu stellen und marktorientiert zu denken und zu handeln. Diese Folgen dürfen aber auch nicht überschätzt werden. Es gibt den Arbeitskraftunternehmer, den Unternehmer seiner Arbeitskraft und die mit ihm assoziierte Arbeitsorientierung, aber er ist, zumindest derzeit, noch eher eine Leitlinie als flächendeckend verbreitet. Und sicherlich haben transaktionale Elemente in psychologischen Verträgen an Bedeutung gewonnen, doch sie sind in den Arbeitsverhältnissen nicht vorherrschend. Ebenso wenig können psychologische und transaktionale psychologische Verträge gegenübergestellt werden. Das mag im Sinne einer idealtypischen Kontrastierung à la Max Weber die Komplexität der Realität reduzieren, doch diese Reduzierung ist so weitgehend, dass sie in Gefahr steht, den Bezug zur Realität zu verlieren. Jedenfalls ist die Wahrscheinlichkeit, dass Beschäftigte in flexiblen Arbeitsverhältnisse mit transaktionalen psychologischen Verträgen für die Arbeitsrealität kennzeichnend werden, nicht sehr groß; dazu ist die Orientierung am Normalarbeitsverhältnis und das damit verbundene Bedürfnis nach Beschäftigungssicherheit nach wie vor zu stark ausgeprägt, und es gibt keinen Grund zu der Annahme, dass sich – allen Tendenzen der Flexibilisierung zum Trotz – daran in absehbarer Zeit etwas ändern wird.

Verständnisfragen
- Weswegen ist Subjektivität im Arbeitsprozess von Bedeutung?
- Was ist mit ‚doppelter Subjektivierung' gemeint?
- Welche Parameter werden in modernen Entgeltsystemen berücksichtigt?
- Welche Arbeitsleistungen werden gewürdigt, welche werden bewundert? Welche Veränderungen im Vergleich zu früher lassen sich beobachten?
- Was unterscheidet den relationalen vom transaktionalen psychologischen Vertrag?

Der Arbeitskraftunternehmer 7

Sowohl im Fertigungssektor wie auch im Dienstleistungssektor (dazu Kap. 9) zeigen sich veränderte Strategien des Arbeitskrafteinsatzes. Dies, so eine im letzten Jahrzehnt viel diskutierte These, verändert den Charakter von Arbeitskraft; sie wandelt sich vom verberuflichten Arbeitnehmer zum Arbeitskraftunternehmer (Pongratz und Voß 2000; Voß und Pongratz 1998; zusammenfassend Voß 2017), zum Unternehmer, der die eigene Arbeitskraft vermarktet. In diesem Arbeitskrafttypus kulminieren die Prozesse von Entgrenzung und Subjektivierung; in ihm verkörpert sich in besonderer Weise das normative Leitbild der Vermarktlichung (vgl. auch Bröckling 2007).

Der relativ gesicherte und standardisierte Status eines Arbeitnehmers mit relativ stetigen Arbeitsvorgaben und einem festen Arbeitsvertrag verändert sich zu einem Auftragnehmer mit temporären Auftragsbeziehungen; der Arbeitnehmer wird zum Auftragnehmer einer zu erbringenden Leistung. Da eine eng kontrollorientierte Strategie der Nutzung von Arbeitskraft für die betrieblichen Produktivitätsziele zunehmend weniger ausreicht, wird das Problem der Transformation von Arbeitskraft in Arbeit gewissermaßen zurückgegeben; der Arbeitskraftunternehmer hat sicherzustellen, dass die erwartete Leistung erbracht wird, wobei es ihm überlassen bleibt, wie er das erreicht. Insofern wird auf Kontrolle auch nicht verzichtet; die früher übliche Prozesskontrolle allerdings wird ersetzt durch eine Ergebniskontrolle und vor allem durch eine verstärkte Selbst-Kontrolle der Arbeitenden, die sich insbesondere bezieht auf die Arbeitszeit, den Arbeitsort, die Regulierung der interpersonalen Beziehungen, die fachliche Flexibilität und die Fähigkeit zur Eigenmotivation.

Der Arbeitskraftunternehmer muss sich (vgl. Tab. 7.1) selbst organisieren und verhält sich in gewisser Weise zu sich selbst wie ein herrschaftsausübender Unternehmer. Seine Arbeit, ja sein Leben ist gekennzeichnet durch Selbst-Kontrolle,

Tab. 7.1 Merkmale des Arbeitskraftunternehmers. (Quelle: Pongratz und Voß 2003a)

Selbst-Kontrolle	Verstärkte selbstständige Planung, Steuerung und Überwachung der eigenen Tätigkeit
Selbst-Ökonomisierung	Zunehmende aktiv zweckgerichtete ‚Produktion' und ‚Vermarktung' der eigenen Fähigkeiten und Leistungen – auf dem Markt wie innerhalb von Betrieben
Selbst-Rationalisierung	Wachsende bewusste Durchorganisation von Alltag und Lebenslauf und Tendenz zur Verbetrieblichung der Lebensführung

Selbst-Ökonomisierung und Selbst-Rationalisierung. Er ist selbst verantwortlich für eine aktive Selbststeuerung und Selbstüberwachung seiner eigenen Arbeit bei zunehmend weniger betrieblichen Handlungsvorschriften; Selbst-Kontrolle wird systematisch erweitert bei abnehmender Fremdkontrolle. Im Zuge einer solchen Entwicklung ändert sich das Verhältnis zur eigenen Arbeitskraft als Ware; das Arbeitsvermögen muss hinsichtlich seiner wirtschaftlichen Nutzung entwickelt und aktiv verwertet werden.

Diese Selbst-Ökonomisierung umfasst nicht nur eine aktive Entwicklung der individuellen Potenziale, sondern auch ein gezieltes Selbst-Marketing, um die Arbeitskraft potenziellen Auftraggebern anzubieten. Selbst-Kontrolle und Selbst-Ökonomisierung haben schließlich Einfluss auf die gesamte Lebensorganisation, auf das Verhältnis von Arbeit und Leben. Erforderlich ist eine Selbst-Rationalisierung des gesamten Lebenszusammenhanges. Es muss systematisch durchgestaltet und auf Erwerb ausgerichtet werden; private Organisations- und Kommunikationsmittel wie Terminplaner, Handy und Laptop werden unentbehrlich, die Grenzen zwischen Arbeit und Leben verschwimmen. „In der individualisierten Gesellschaft muss der einzelne (…) bei Strafe seiner permanenten Benachteiligung lernen, sich selbst als Handlungszentrum, als Planungsbüro in Bezug auf seinen eigenen Lebenslauf, seine Fähigkeiten, Orientierungen, Partnerschaften usw. zu begreifen" – dies hatte Beck (1986, S. 217) als Kennzeichen von Individualisierungsprozessen herausgearbeitet. Der Arbeitskraftunternehmer ist also, wenn man so will, ein typischer Vertreter der individualisierten Gesellschaft, oder, wie wir sagen würden: des Finanzmarkt-Kapitalismus.

Im Vergleich mit dem Typus des verberuflichten Arbeitnehmers hat der Arbeitskraftunternehmer durchaus Vorteile auf seiner Seite; zu nennen sind etwa ein selbstbewussteres und aktiveres Verhältnis zur eigenen Arbeitskraft oder auch ein selbstbestimmteres Arbeiten und die Möglichkeit zu flexibleren Arrangements mit anderen Lebensinteressen. Insgesamt gesehen jedoch sind die Folgen ambivalent. Denn die Erwerbslagen individualisieren sich, sodass die Marktmacht der Beschäftigten gegenüber den Abnehmern, also den Arbeitgebern, vereinzelt wird und eine Verschlechterung der Erwerbslagen zu befürchten ist. Zwar sind besondere Chancen für die Arbeitskraftunternehmer zu erhoffen, die über das entsprechende ökonomische, soziale und kulturelle Kapital verfügen; bei denjenigen jedoch, die bereits in dieser Hinsicht benachteiligt sind, können sich die Nachteile einer verringerten sozialen Regulierung von Arbeit kumulieren. Unterschiedliche Erwerbslagen häufen sich; immer wieder muss mit Phasen des Abstiegs kalkuliert werden. Karriere wandelt sich zum individuellen Verlaufspfad und führt zu stets neuen Bewährungssituationen. Und schließlich werden Erfolg und Leistung auf neuartige Weise gesellschaftlich ideologisiert. Individuelle Leistungsfähigkeit muss immer wieder demonstriert werden, Misserfolge und Rückschläge gelten, obwohl in weiten Bereichen unvermeidlich, als individuelles Versagen.

Diese These vom Arbeitskraftunternehmer ist nicht unwidersprochen geblieben (vgl. einige Beiträge in Kuda und Strauß 2002). Bemängelt wird etwa die ‚Ausrufung' eines neuen Typus von Arbeitskraft; schließlich seien Eigenkontrolle, Vermarktung und Reproduktion von Arbeitskraft seit jeher ein Kennzeichen kapitalistischer Gesellschaften, sodass es nicht gerechtfertigt sei, einen vielleicht richtig beobachteten inkrementalen Wandel der Nutzung von Arbeitskraft gleich zum epochalen Bruch zu erheben. Diskutiert wird darüber hinaus, dass die „reproduktiven Voraussetzungen des neuen Leittypus des Arbeitskraftunternehmers sowie der damit möglicherweise verbundene Wandel von Geschlechterarrangements (…) aus dem Blick" (Henninger 2003, S. 178) geraten. Kritisiert wird auch die zu kompakte Typenbildung (Faust 2002a) und die latente funktionalistische Ausrichtung der These, wenn vor allem die Anforderungsseite betont wird (Deutschmann 2001; Matuschek et al. 2004). Auf jeden Fall müsse die Gefahr eines „überpointierten ‚Aufklärungsszenarios' der alten (‚fordistischen') Strukturen" (Manning und Wolf 2005, S. 27) vermieden werden. Und schließlich wird die empirische Relevanz dieses Typus von Arbeitskraft bezweifelt; Bosch (2000) verweist darauf, dass die weit überwiegende Mehrheit der Beschäftigten weiterhin fremdbestimmt arbeitet, und dies sogar mit eher steigender Tendenz.

Was ist er denn nun, der Arbeitskraftunternehmer: ein „Yeti oder ein Prototyp" (Wilz 2005)? In der Tat scheint die empirische Basis ein gewisser Schwachpunkt der These vom Arbeitskraftunternehmer zu sein. Zunächst hatten die Protagonisten den Arbeitskraftunternehmer vor allem unter den Freiberuflern gesehen, insbesondere (vgl. Pongratz und Voß 2003a, S. 29) in der Branche der stark projektförmig organisierten Kommunikations- und Informationstechnologien, aber auch in Medien- und Kulturberufen, im Weiterbildungssektor, in der Organisationsberatung und in den Unternehmen der IT-Industrie, in Bereichen also, die geprägt sind von prestigeträchtigen Tätigkeiten mit hohen Qualifikationsanforderungen, die besonders für junge Hochschulabsolventen attraktiv sind. In vielen dieser Tätigkeitsfelder wie etwa in den Werbeberufen ist Kreativität Lebensentwurf und Persönlichkeitsideal zugleich, was als ein Ausdruck von Selbstverwirklichung ebenso gesehen werden kann wie als ein Versuch der marktlichen Selbstoptimierung, was aber auf jeden Fall höchst widersprüchlich ist; denn der gleichen Person wird abverlangt, „bei der Arbeit diejenigen Tugenden an den Tag zu legen, die unter anderem Weber als protestantische Ethik porträtiert hat" (Koppetsch 2006, S. 164), in der Freizeit aber „einem expressiven Expressionismus zu frönen", da selbst die Freizeit in den Dienst der Selbstvermarktung gestellt ist. Dadurch entsteht eine Identitätskonstruktion, die zwischen Selbstinstrumentalisierung und Selbstverwirklichung schwankt; die Entwicklung der eigenen Fähigkeiten wird zur Arbeitsaufgabe, die Arbeit wiederum „wird als Vehikel zur Persönlichkeitsentwicklung begriffen" (Koppetsch 2006, S. 165).

Für diese Berufsgruppen, die sich oftmals durch eine (Schein-)Selbstständigkeit auszeichnen, kann die These vom Arbeitskraftunternehmer inzwischen wohl als akzeptiert gelten. Dies gilt vor allem für die sogenannten Solo-Selbstständigen, die eine selbstständige Tätigkeit ohne angestellte Mitarbeiter ausführen. Ihre Anzahl ist von knapp 1,38 Millionen im Jahr 1991 auf den Höchststand von immerhin knapp 2,46 Mio. im Jahr 2012 angestiegen (Brenke und Beznoska 2016). Sie besitzen häufig (keineswegs immer!) eine akademische Ausbildung und finden sich im Kreativsektor und im Mediensektor oder sind als Freiberufler tätig, an die Unternehmen manche Funktionen ausgelagert haben (Weiterbildung, Beratung etc.). Selbst-Rationalisierung, Selbst-Kontrolle und vor allem Selbst-Ökonomisierung – die Aufträge sind immer temporär begrenzt – gehören zu ihrem beruflichen Alltag.

Durch die Bezeichnung ,Unternehmer' wird ein Verständnis nahegelegt, demzufolge der Begriff des Arbeitskraftunternehmers einen spezifischen sozialen Status beschreibt, nämlich den Status eines freiberuflich tätigen Auftragnehmers, der auf eigene Rechnung arbeitet. Andererseits ist auch die Rede vom „verbetrieblichten Arbeitskraftunternehmer" (Pongratz und Voß 2004, S. 15), womit Arbeitskraftunternehmer gemeint sind, „die in etablierten Wirtschaftsfeldern unter Bedingungen eines Normalarbeitsverhältnisses tätig sind" (Pongratz und Voß 2003a, S. 10).

Bei diesen Erwerbstätigen, deren Tätigkeit in einem hohen Maße der Normalarbeit abhängig Beschäftigte entspricht, gehen die empirischen Befunde allerdings in eine andere Richtung als bei Selbstständigen – und das selbst dann, wenn

7 Der Arbeitskraftunternehmer

es sich um Beschäftigte handelt, die sich von anderen Arbeitnehmern dadurch abheben, dass sie in spezifischen Arbeitsformen mit einem hohen Anteil von Möglichkeiten und Anforderungen der Selbstorganisation tätig sind, nämlich in Gruppenarbeit bzw. Projektgruppen. Die Frage, ob die vorfindlichen Arbeitsorientierungen von Beschäftigten in solchen Arbeitsformen für oder gegen die Ausbreitung eines neuen Arbeitskrafttypus sprechen, ist „mit einem entschiedenen *sowohl – als auch* zu beantworten" (Pongratz und Voß 2003a, S. 191; Hervorhebung im Original): Es lassen sich sowohl Anhaltspunkte für Wandlungstendenzen in Richtung Arbeitskraftunternehmer als auch Hinweise auf ein beträchtliches Beharrungsvermögen finden; Strategien der Selbst-Vermarktung sind eher selten (Köhler et al. 2014, S. 110). Der Typus des Arbeitskraftunternehmers ist bei abhängig Beschäftigten offenbar im Wesentlichen ein Angestelltenphänomen, insbesondere von höher qualifizierten Angestellten, während bei Arbeitern eher die Erwerbsorientierungen eines verberuflichten Arbeitnehmers vorherrschen.

Ein Unternehmer im Normalarbeitsverhältnis ist allerdings eine etwas unsinnige Vorstellung; es geht auch um etwas anderes, nicht um den sozialen Status eines Unternehmers, sondern um spezifische Erwerbsorientierungen, um die Orientierung von Erwerbspersonen an der Warenform des Arbeitskraftunternehmers (vgl. Pongratz und Voß 2004, S. 17). Freilich macht es einen Unterschied aus, ob Personen sich in einem Normalarbeitsverhältnis befinden oder nicht; am Arbeitskraftunternehmer ausgerichtete Orientierungen sind bei Freiberuflern zumindest ausgeprägter als bei Beschäftigten im Normalarbeitsverhältnis. Verbetrieblichte Arbeitskraftunternehmer sind weniger als Freiberufler mit einer prinzipiellen Ungewissheit ihrer Arbeits- und Lebenssituation konfrontiert und können stärker auf gewohnte und gewachsene Bindungen zurückgreifen, auch wenn diese im Vergleich zu Freiberuflern eher auf Fremdbindungen als auf Selbstbindungen beruhen. Doch auch von ihnen werden Arbeitsorientierungen verlangt, die sich mit dem Schlagwort des ‚Unternehmers im Unternehmer' beschreiben lassen; sie sollen sich wie ‚Intrapreneurs' verhalten, die, obgleich Angestellte, das Wohl des Unternehmens an erste Stelle rücken. Die Arbeit soll begriffen werden als eine Abfolge unterschiedlicher Projekte, deren Erfolg sich am Markt beweisen muss; der Markt steht im Vordergrund.

Der Arbeitskraftunternehmer ist also nicht der bereits quantitativ vorherrschende Arbeitskrafttypus, aber er ist doch Realität, wie allein schon ein Blick auf die nicht geringe Anzahl von Solo-Selbstständigen zeigt. Als Typus findet er sich in erster Linie in einigen Bereichen der modernen Dienstleistungs-, Medien- und Telekommunikationsindustrien, aber nicht im Dienstleistungssektor insgesamt oder gar in den industriellen Kernsektoren. Eine für den Arbeitskraftunternehmer typische Erwerbsorientierung allerdings ist weiterverbreitet als der Typus selbst. Faust (2002a) schlägt deswegen vor, den Arbeitskraftunternehmer als Leitidee zu betrachten, deren umfassende Realisierung aber keineswegs ausgemacht ist: „Welcher ‚Arbeitskrafttypus' bzw. welche Pluralität von Arbeitskrafttypen sich zukünftig herausbildet, entscheidet sich über die weitere Präzisierung der Leitideen über Rationalitätskriterien und deren Geltungskontexte" (Faust 2002a, S. 77).

Mittlerweile wird aber auch nicht mehr nur diskutiert, ob es den Arbeitskraftunternehmer gibt, sondern ob er die Anforderungen, die an ihn gestellt werden, überhaupt bewältigen kann und welche subjektiven Voraussetzungen er dazu mitbringen muss; die „Wandlungsthese" wird ergänzt durch die „Anforderungsthese"[1]. Matuschek et al. (2004) kritisieren, dass die These vom Arbeitskraftunternehmer zu sehr von der betrieblichen Anforderungslogik her argumentiert und zu wenig die Eigenlogik der Subjekte berücksichtigt, denn erst „die Verschränkung von Anforderungs- und Eigenlogiken erlaubt es, das Verhältnis von Betrieb und Subjekt als dynamisches und wandelbares Phänomen zu begreifen" (Matuschek et al. 2004, S. 135). Wie weit sind die Subjekte bereit, sich den Anforderungen auszusetzen, denen ein Arbeitskraftunternehmer sich gegenübersieht, in welchem Ausmaß entspricht dies ihren eigenen Lebensvorstellungen?

Diese Frage ist nicht abschließend beantwortet, aber es spricht einiges dafür, dass die Existenz als Arbeitskraftunternehmer nicht nur eine ungewollte (Zwischen-)Lösung darstellt, zu der gegriffen wird, weil andere Optionen nicht zur Verfügung stehen. Zwar sind, wie gesagt (Abschn. 5.3), viele Beschäftigte, auch Arbeitskraftunternehmer, in ihren Orientierungen weiterhin am Normalarbeitsverhältnis ausgerichtet, aber sicherlich gibt es auch eine nicht zu unterschätzende Anzahl von Menschen, für die die Arbeits- und Lebenssituation eines Arbeitskraftunternehmers einen gewissen Reiz ausübt. Auf jeden Fall ist es von nicht zu unterschätzender Bedeutung für Einstellungen und Verhalten, ob die Arbeitsverhältnisse selbst gewählt sind, wie am Beispiel von Expatriates, also Managern, die für längere Zeit für ihr Unternehmen im Ausland tätig sind, gezeigt werden kann (Minssen 2009a). Bei ihnen handelt es sich um Personen, die deutlich die Erwerbsorientierungen eines Arbeitskraftunternehmers aufweisen, die aber, da sie mit einem festen Arbeitsvertrag ausgestattet sind, zu den verbetrieblichten Arbeitskraftunternehmern gerechnet werden können. Im

---

[1] Die Unterscheidung von „Wandlungs-" und „Anforderungsthese" findet sich bei Preißer (2004).

Ausland erfahren sie eine in vielerlei Hinsicht entgrenzte Arbeits- und Lebenssituation. Doch dies führt offenbar nicht dazu, dass die auftretenden Belastungen sich aufschaukeln und kulminieren, sondern die Anforderungen werden als Herausforderung angesehen, die es zu bewältigen gilt. Dies lässt darauf schließen, dass es zu kurz gegriffen sein könnte, nur die Anforderungen zu betonen, die an den Arbeitskraftunternehmer gestellt werden. Anforderungen können auch durchaus willkommene Herausforderungen sein, wenn sie selbst gewählt erscheinen[2].

> **Verständnisfragen**
> - Welche Merkmale kennzeichnen den Arbeitskraftunternehmer?
> - Was unterscheidet ihn vom ‚verberuflichten' Arbeitnehmer?
> - Was ist ein ‚verbetrieblichter' Arbeitskraftunternehmer?
> - Welche Chancen, welche Risiken hat dieser Arbeitskrafttypus?
> - Wie verbreitet ist der Arbeitskraftunternehmer?

---

[2]Vgl. ausführlicher zu den Expatriates Abschn. 5.4 und 10.4.

Arbeitsmarkt, Ausbildung und Weiterbildung

8

Der Arbeitsmarkt ist ein besonderer Markt. Er unterscheidet sich von Gütermärkten durch die Ware, deren Preis sich nicht allein nach Nachfrage und Angebot regeln kann. Denn die Ware (Arbeitskraft) ist nicht von der Person des Anbieters zu trennen, der auf den Verkauf angewiesen ist, um seinen Lebensunterhalt zu bestreiten. Ihm steht mit dem Kapital ein Nachfrager gegenüber, der durch hohe Mobilität gekennzeichnet ist, sodass der Arbeitsmarkt sich im Unterschied zu Gütermärkten durch eine „strukturelle Machtasymmetrie zwischen Nachfrage und Angebot" (Köhler et al. 2017, S. 276) auszeichnet.

Dabei gibt es nicht nur den einen Arbeitsmarkt, sondern unterschiedliche Arbeitsmarktsegmente mit unterschiedlich verteilten Chancen und Risiken. Diese ist die Grundannahme der Segmentationstheorie; sie geht zurück auf Doeringer und Piore (1971), die das Konzept des dualen Arbeitsmarktes popularisierten. Demzufolge ist der Arbeitsmarkt zu differenzieren nach dem dominanten Steuerungsprinzip (Unternehmen oder Markt) und nach den Beschäftigungsrisiken. Auf diese Weise ist in einer horizontalen Dimension zwischen internem und externem Arbeitsmarkt zu unterscheiden und in einer vertikalen Dimension zwischen primärem Arbeitsmarkt mit den ‚good jobs' und dem sekundären Arbeitsmarkt mit den ‚bad jobs'. Dies lässt sich als eine Tafel mit vier Feldern darstellen, die jeweils ein Segment des Arbeitsmarktes umfassen, wobei in der Diskussion insbesondere drei Teilarbeitsmärkte eine Rolle gespielt haben: der unstrukturierte, der betriebsinterne und der berufsfachliche Arbeitsmarkt (Lutz 1987a; Sengenberger 1987; vgl. auch die Zusammenfassung bei Köhler et al. 2017). Der unstrukturierte Arbeitsmarkt ist in der Sprache von Doeringer und Piore (1971) der externe Markt mit den hohen Beschäftigungsrisiken, während die beiden anderen Teilarbeitsmärkte geringere Beschäftigungsrisiken aufweisen.

© Springer Fachmedien Wiesbaden GmbH 2019
H. Minssen, *Arbeit in der modernen Gesellschaft,* Studientexte zur Soziologie,
https://doi.org/10.1007/978-3-658-22358-8_8

Wie unterscheiden sich die Arbeitsmarktsegmente nun voneinander? Der *unstrukturierte* Arbeitsmarkt ist offen für alle, der Zugang erfordert kaum besondere Qualifikationen, die Löhne sind niedrig, die Arbeitskräfte sind nicht gebunden an einen bestimmten Arbeitgeber wie auch die Arbeitgeber nicht an einen bestimmten Arbeitnehmer gebunden sind. Mit *betriebsinternen* Arbeitsmärkten wollen Betriebe die Verfügbarkeit qualifizierten und leistungsbereiten Personals dauerhaft sicherstellen. Dieser Arbeitsmarkt ist charakterisiert durch eine betriebsinterne Ausbildung und die strikte Bevorzugung des so ausgebildeten Personals; der Arbeitnehmer ist gebunden an einen bestimmten Arbeitgeber und wenn dieser Arbeitsmarkt geschlossen ist, kommt es zu einer wechselseitigen Bindung. Der *fachliche* bzw. *berufliche* Arbeitsmarkt schließlich ist nur denen zugänglich, die bestimmte zertifizierte Qualifikationen vorweisen können; für den Arbeitnehmer besteht eine Bindung an einen bestimmten Typus von Arbeitgebern, für diese wiederum an einen bestimmten Typus von Arbeitskräften.

Diese Segmentationstheorie hat die sozialwissenschaftliche Arbeitsmarktforschung lange Zeit geprägt. Allerdings wird mittlerweile bezweifelt, ob dieses Modell des dreigeteilten Arbeitsmarkts die Realität noch vollständig erfasst. So weist etwa Hirsch-Kreinsen (2009, S. 166 f.) darauf hin, dass die Marktsituation hoch qualifizierter Arbeitnehmer wie Wissenschaftler und Manager mit den Merkmalen eines berufsfachlichen Arbeitsmarktes nicht ohne Weiteres kompatibel ist, dass die Grenzen zwischen internen und externen Arbeitsmärkten nicht immer eindeutig gezogen werden können, dass sie mit denen eines Unternehmens meist nicht identisch sind und dass interne Märkte sich nicht eindeutig immer von beruflichen Märkten unterscheiden. Angesichts der beschriebenen Prozesse der Entgrenzung, der Flexibilisierung und Vermarktlichung haben konturierte Arbeitsmarktsegmente an Bedeutung verloren. Erwerbsorganisationen vermögen offenbar nicht mehr, die alte Stabilität und Sicherheit zu schaffen, womit „implizit oder explizit die für Segmentationsansätze basale Unterscheidung von internen und externen Arbeitsmärkten infrage gestellt" (Köhler und Krause 2010, S. 156) ist. Die Grenzen zwischen internen Arbeitsmärkten und erweiterten beruflichen Arbeitsmarktsegmenten sind unscharf geworden; diese beiden Arbeitsmarktsegmente zusammen umfassen mittlerweile 75 % aller Beschäftigten (Bosch 2014, S. 10).

Dies kann nun allerdings nicht bedeuten, die Segmentationstheorie insgesamt ad acta zu legen. Denn bei allen Unzulänglichkeiten ist der Grundgedanke, „nach dem ökonomische und soziale Risiken je nach Zugehörigkeit zu einem Arbeitsmarktsegment unterschiedlich verteilt sind, (…) nach wie vor aktuell" (Köhler et al. 2007, S. 401); dieser Gedanke muss allerdings angesichts der veränderten Verhältnisse neu ausbuchstabiert werden. Der Versuch einer solchen

Weiterentwicklung ist das Konzept der „betrieblichen Beschäftigungs-Subsysteme", die „in Abgrenzung zu Produktions- und Arbeitssystemen die Gesamtheit der auf die Bearbeitung des Verfügbarkeits- und Leistungsproblems gerichteten Strukturen und Prozesse der Allokation, Qualifikation und Gratifikation in Erwerbsorganisationen" (Köhler et al. 2008, S. 36 f.) bezeichnen. Sie lassen sich „definieren als personalbezogene Subsysteme von Erwerbsorganisationen, deren Mitglieder sich durch Arbeitsverträge auf die Organisationsziele verpflichten und sich dadurch vom überbetrieblichen Arbeitsmarkt abgrenzen" (Köhler und Krause 2010, S. 389); sie stellen abgrenzbare Räume für die Nutzung von Arbeitskraft in Unternehmen dar.

Es gibt innerhalb von Unternehmen mehrere betriebliche Beschäftigungs-Subsysteme, was den einen Unterschied zu den Annahmen der traditionellen Segmentationstheorie ausmacht. Der zweite Unterschied besteht in der Bedeutung, die der Geschlossenheit bzw. der Offenheit der Teilarbeitsmärkte zugewiesen wird, wobei der zentrale Indikator für Schließung die Dauer der Beschäftigung in den Teilarbeitsmärkten ist. In geschlossenen Beschäftigungs-Subsystemen herrscht eine langfristige Beschäftigung mit einheitlichen Regeln der Allokation, Qualifikation und Gratifikation vor, während offene Systeme sich durch eine zeitlich begrenzte Beschäftigung auszeichnen. Geschlossene Beschäftigungs-Subsysteme entsprechen den betriebsinternen Arbeitsmärkten, offene Beschäftigungs-Subsysteme den externen Märkten.

Offene und geschlossene Beschäftigungs-Subsysteme lassen sich zudem nach dem Lohnniveau und den Beschäftigungsrisiken differenzieren, sodass sich auch hier vier Grundmuster ergeben: primär und sekundär geschlossene sowie primär und sekundär offene betriebliche Beschäftigungs-Subsysteme (vgl. Tab. 8.1).

Den empirischen Befunden zufolge interagieren diese Teilarbeitsmärkte und beeinflussen sich wechselseitig; sie sind mit unterschiedlichen Risiken verbunden und das heißt auch, „dass von einer Generalisierung von Arbeitsmarktrisiken keine Rede sein kann" (Köhler und Krause 2010, S. 399). Zumindest im primären geschlossenen betrieblichen Beschäftigungs-Subsystem weist langfristige

Tab. 8.1 Arbeitsmarktsegmente und betriebliche Beschäftigungs-Subsysteme. (Quelle: Köhler et al. 2008, S. 41)

	Interne Arbeitsmärkte	Externe Arbeitsmärkte
Primär	Primäre geschlossene betriebliche Beschäftigungs-Subsysteme	Primäre offene betriebliche Beschäftigungs-Subsysteme
Sekundär	Sekundäre geschlossene betriebliche Beschäftigungs-Subsysteme	Sekundäre offene betriebliche Beschäftigungs-Subsysteme

Beschäftigung eine beeindruckende Stabilität auf (Köhler et al. 2007, S. 401 f.), während sich die Risiken in den sekundären Teilarbeitsmärkten konzentrieren. Zusammenfassend halten die Autoren fest, dass sich als Gesamtbild „weder eine Generalisierung von Beschäftigungsrisiken oder gar von Prekarität noch eine stabile Arbeitsmarktspaltung" (Köhler et al. 2008, S. 27) ergibt.

Doch kommen wir noch einmal zurück auf den berufsfachlichen Arbeitsmarkt. Dieser Teilarbeitsmarkt ist im internationalen Vergleich besonders ausgeprägt in deutschsprachigen Ländern; es ist der Arbeitsmarkt des Facharbeiters. Dieser stellte eine Stütze des deutschen Produktionsmodells dar; er ist für die deutsche Industrie prägend. Facharbeiter haben Spielräume zur Gestaltung ihrer Arbeit, verfügen über Produzentenstolz und Produzentensouveränität, leisten einen eigenständigen und qualifizierten Beitrag zu einem hochkomplexen und oft singulären Produkt. Sie sind unverzichtbar für den Betrieb und zeichnen sich durch enge Betriebsverbundenheit und regionale Sesshaftigkeit aus (Hildebrandt und Seltz 1989, S. 31).

Facharbeiter erwerben ihre Qualifikationen in einem System der beruflichen Ausbildung, das durch eine hohe Regelungsdichte gekennzeichnet ist. Dieses System ist – eine Spezialität der Berufsausbildung in den deutschsprachigen Ländern – dual, womit der gleichzeitige Erwerb von theoretischem Wissen an Berufsschulen und praktischem Wissen in Betrieben gemeint ist. Durch diese Art der Berufsausbildung wird eine betriebsspezifische Qualifizierung vermieden, die für Arbeitskräfte riskant sein kann, da die so erworbenen Qualifikationen wegen ihrer hohen Betriebsbezogenheit nur begrenzt auf dem überbetrieblichen Arbeitsmarkt verwertet werden können. Mit dem dualen System der Berufsausbildung wird ein Qualifikationspotenzial geschaffen, das auch über die Ausbildungsbetriebe hinweg nutzbar ist; der Facharbeiter erlernt einen Beruf mit einem spezifischen, in Ausbildungsordnungen definierten Qualifikationsprofil, den er betriebsunabhängig auszuüben in der Lage ist und den er auch tatsächlich ausüben sollte, denn Tätigkeiten in ausbildungsfremden Berufsfeldern gehen häufig mit einem hierarchischen Abstieg einher. Die in Deutschland übliche Ausbildung für einen Beruf führt also zu einer Beschränkung von beruflicher Mobilität, sodass von einer Verberuflichung von Arbeitsmarktchancen gesprochen werden kann. Nicht allgemeine Qualifikationen verbessern Arbeitsmarktchancen, sondern das Erlernen eines Berufs.

Was aber ist überhaupt ein Beruf? Laut Max Weber (1976, S. 80) „jene Spezifizierung, Spezialisierung und Kombination von Leistungen einer Person (…), welche für sie Grundlage einer kontinuierlichen Versorgungs- oder Erwerbschance ist". Er bildet „einen, wenn nicht sogar den wesentlichen Kristallisationskern der sozialen Identität", so Beck et al. (1976, S. 40–41), und wird „als Indikator dafür genommen wird, ‚wer' diese Person ist, wie sie zu behandeln, was von ihr zu erwarten, zu befürchten, zu erhoffen ist". Berufe verleihen individuellen Lernprozessen gesellschaftliche Anerkennung; für „die Arbeitgeber erfüllen sie eine Signalfunktion bei der Lösung der Probleme der Personalauswahl wie der Strukturierung der Arbeitsplätze, für die Beschäftigten bilden sie Leitbilder und Fixpunkte ihrer Arbeitsbiographie" (Deutschmann 2002, S. 145). Ein Beruf basiert auf Fachkenntnissen, die in meist dreijährigen, curricularisierten Ausbildungsgängen erworben werden. Insofern stellen Berufe „Arbeitskräftemuster" (Brater 2010, S. 805) dar und spielen eine Mittlerrolle zwischen Bildungs- und Beschäftigungssystem.

Lange Zeit galt diese ‚Verberuflichung' als Voraussetzung einer Qualitätsproduktion und geradezu als Garant für den Erfolg des deutschen Produktionsmodells, in dem Wettbewerbsvorteile eher durch qualitativ hochwertige Produkte als durch Preis und Liefertreue gesucht wurden. Denn im Zentrum der Berufsausbildung steht nicht nur die Vermittlung von Fachkenntnissen, sondern auch von beruflicher Handlungskompetenz, also der „Fähigkeit, berufliche Rollen wahrnehmen, sich in (betrieblichen) Organisationen orientieren und verhalten, auf Arbeitsmärkten bewegen sowie die Bedeutung technologischen und ökonomischen Wandels für die eigene Berufsbiografie erkennen zu können" (Baethge 2006, S. 17). Allerdings wurde schon früh (etwa von Brater und Beck 1983) darauf hingewiesen, dass die berufliche Organisation der Arbeitskraft mit ihren festgelegten Ausbildungsinhalten immer auch in Gefahr steht, die für die Berufspraxis erforderlichen Fähigkeitskombinationen zu verfehlen; zudem würden Facharbeiter auf allen anderen Fachgebieten, in denen sie keine Ausbildung absolviert haben, unter der Hand zu Laien erklärt.

Solche Zweifel am deutschen Berufsbildungssystem haben Kern und Sabel (1994, S. 613) auf den Punkt gebracht, als sie darauf hinwiesen, dass die Orientierung am Berufsmodell einen höchst ambivalenten Sachverhalt darstellt; einerseits ermögliche berufliche Kompetenz die erforderliche Aufgabenintegration, andererseits „verfestigt berufliche Kompetenz ein Denken in Kategorien einer prioritären Zuständigkeit". Die Eingebundenheit der Qualifikationen in Berufsprofile steht in Gefahr, ‚Arbeitskräftemuster' zu ‚Arbeitskraftschablonen' zu verdichten; sie befördert ein Denken und Handeln in Demarkationslinien, die einer Aufgabenintegration, wie sie etwa bei operativer Dezentralisierung erforderlich wird, entgegenstehen, da an den Grenzen Kompetenzstreitigkeiten zwischen den Spezialisten entstehen. Berufsprofile beeinträchtigen zumindest der Tendenz nach die notwendige Aufgabenintegration.

Allerdings ist diese Kritik an der Institution Beruf so neu nicht, sodass die Frage nahelegt, weswegen diese Institution sich so lange hat halten können.

Als Erklärung schlägt Deutschmann (2008a) einen Rückgriff auf die Unterscheidung von Robert Merton (1995) zwischen manifesten und latenten Funktionen vor. Gerade die latenten Funktionen des Berufs sind es, die dessen Bedeutung bestimmen. Denn in der Ausbildung werden die sogenannten Sekundärtugenden, letztlich also das Lernen des Lernens gelernt. Mit einer erfolgreichen Ausbildung werden Lernbereitschaft, Durchhaltevermögen und nicht zuletzt auch Pünktlichkeit unter Beweis gestellt; dies dürfte einer der Gründe sein, weswegen auch Stellen im Bereich der Einfacharbeit oft mit Facharbeitern besetzt werden, die dann für ihre Tätigkeit völlig überqualifiziert sind. Zudem ist die berufliche Ausbildung der „Ort der Einübung autonomen Arbeitshandelns" (Deutschmann 2008a, S. 125), sodass in der Ausbildung nicht nur fachliche Kompetenzen, sondern auch, gewissermaßen nebenbei, soziale und methodische Kompetenzen vermittelt werden, die für die zunehmend erforderliche eigenständig zu bewältigende Transformation von Arbeitskraft in Arbeit notwendig sind. Hinzu kommt die formale und persönliche Anerkennung einer beruflichen Sozialisation, die mit dem Abschlusszertifikat erteilt wird und die dem Abnehmer der Ware Arbeitskraft eine weitgehende Sicherheit erlaubt, dass seine Anforderungen erfüllt werden: Wo ‚Installateur' draufsteht, ist ‚Installateur' auch drin.

Möglicherweise erfährt – so zumindest die These bei Deutschmann (2008a, S. 128) – aus diesen Gründen der Beruf sogar eine Aufwertung, da die Bedeutung betriebsinterner Arbeitsmärkte im Zuge der Vermarktlichung von Unternehmensprozessen und der dadurch bedingten Erosion der Stammbelegschaften zurückgeht[1]. Dies schließt Unzulänglichkeiten der Berufs*ausbildung* freilich keineswegs aus. So verweist Baethge (2006, S. 26) auf das von ihm sogenannte „Bildungs-Schisma", das heißt „das Schisma zwischen einer praxisfernen höheren Allgemeinbildung und einer bildungsfernen Berufsbildungspraxis" (Baethge 2006, S. 20; im Original hervorgehoben), durch das die Berufsausbildung gegenüber der höheren Allgemein- und wissenschaftlichen Bildung ins Hintertreffen gerät. Zudem haben sich die Anforderungsprofile verändert, denen Facharbeiter sich ausgesetzt sehen. Baethge et al. (1998, S. 86) verdeutlichen dies am Beispiel des Unterschiedes zwischen einem ‚Herstellungsarbeiter', der dem traditionellen

---

[1]Allerdings ist die Forschungslage in diesem Punkt keineswegs eindeutig; es sei nur daran erinnert, dass die empirischen Befunde der Untersuchungen, die im Rahmen der oben erwähnten betrieblichen Beschäftigungs-Subsysteme erhoben worden sind, statt auf einen Bedeutungsverlust der betriebsinternen Arbeitsmärkte eher auf eine erhebliche Stabilität dieses Arbeitsmarktsegments hindeuten.

Facharbeiter ähnelt, und dem sogenannten ‚Systemregulierer', einem Facharbeiter neuen Typs. Die Tätigkeit des Ersteren ist vor allem durch handwerkliche Präzision bestimmt, was Geschick und in langjähriger Berufsausübung erworbenes und weiterentwickeltes Erfahrungswissen voraussetzt; notwendig ist eine traditionelle Berufsausbildung, in der vor allem ein festes Set von fachlichen Kenntnissen und Fertigkeiten vermittelt wird. Der ‚Systemregulierer' hingegen hat Verantwortung für eine möglichst kontinuierliche Produktion und die schnelle Entdeckung und Beseitigung von technischen und organisatorischen Störungen. Dies ist mit Geschick und Erfahrungswissen allein nicht zu bewerkstelligen, sondern erfordert eine ständige Aktualisierung des Theoriebestandes. Zudem sind sozial-kommunikative Kompetenzen erforderlich, da er mit Facharbeitern aus anderen Berufen zusammenarbeiten muss. Auch er benötigt eine Berufsausbildung, in der jedoch ein weiter gefasstes Set von fachlichen Kompetenzen und zudem die Fähigkeit zur Selbstorganisation und zur Kooperation vermittelt werden muss.

Offenbar kann die Berufsausbildung dies nur unter Schwierigkeiten gewährleisten. Zwar wurden wegen der veränderten Qualifikationsanforderungen neue Berufe geschaffen bzw. vorhandene Berufe neu geordnet, doch die Herausforderungen zunehmend individualisierter Fähigkeitsprofile sind dadurch kaum bewältigt worden. Heidenreich (1998, S. 322) hat in diesem Zusammenhang auf die Diskrepanz „zwischen der industriegesellschaftlichen Prägung des dualen Berufsausbildungssystems und den Herausforderungen einer flexibler regulierten, dienstleistungs- und innovationsorientierten Wissensgesellschaft" verwiesen, die als Ursache für die Krisensymptome des Berufsausbildungssystems in Betracht gezogen werden müssen. Er nennt neben der Anforderung an bereichsübergreifendes Denken und Handeln, das von der Berufsausbildung zumindest nicht gefördert wird, auch die vereinheitlichten und standardisierten Ausbildungsordnungen, die immer weniger in der Lage sind, auf die größere Vielfalt der Beschäftigungsfelder und Qualifikationsanforderungen sowie die erhöhten Anforderungen an Flexibilität vorzubereiten.

Allerdings gibt es auch Stimmen, die gerade dies bestreiten und das Problem der Berufsausbildung eher in der Breite der vermittelten Qualifikationen sehen. So kommt Haipeter (2006b, S. 73) aufgrund von Untersuchungen im Bankgewerbe zu dem Ergebnis, dass nicht die mit dem Berufsbild geschnittenen Funktions- und Fachgrenzen problematisch sind, sondern dass die Ausbildung „mit Blick auf den Qualifikationsbedarf in segmentierten Vertriebsstrukturen vielmehr zu polyvalent und damit zu fach- und funktionsübergreifend" ist; Bankkaufleute haben in ihrer Berufsausbildung mehr gelernt und mehr Qualifikationen erworben als es für ihre Tätigkeit erforderlich ist. Andere (etwa Schumann 2003) wiederum geben zu bedenken, dass die erhöhten Wettbewerbsanforderungen zwar die Anforderungen an die Berufsausbildung verändert haben, dass die Fachausbildung damit aber keineswegs obsolet geworden sei. Erforderlich sei eine Veränderung der Ausbildungsinhalte; doch bei einer entsprechenden „Erweiterung des Fachkanons um Kommunikations- und Kooperationsfähigkeiten und um einen Baustein handlungszentrierter Kompetenz hat der Facharbeiter sogar durchaus Chancen, wieder an gesellschaftlicher Attraktivität zu gewinnen" (Schumann 2003, S. 111). Und neuerdings gewinnen Stimmen an Bedeutung, die der dualen Berufsausbildung einen unverzichtbaren Beitrag zum Innovationsgeschehen in Unternehmen und Wirtschaft attestieren (Pfeiffer 2016, S. 27), da sie die Auszubildenden „immer mehr auf die Selbstorganisation von Teams mit unterschiedlichen Berufen in flexiblen Formen der Arbeitsorganisation" (Bosch 2014, S. 12) vorbereitet. Die Befunde hinsichtlich der möglichen Grenzen des deutschen Systems der Berufsausbildung und hinsichtlich der Zukunft des Facharbeiters sind also nicht eindeutig, aber die Schärfe der Kritik an den tatsächlichen oder vermeintlichen Mängeln der beruflichen Ausbildung scheint der oftmals unter Beweis gestellten Reformfähigkeit des Berufsbildungssystems nicht immer zu entsprechen.

Unbestritten allerdings ist die Erosion der traditionellen betrieblichen Status- und Rekrutierungsmuster für Facharbeiter. Aufgrund der Bildungsexpansion können Unternehmen inzwischen auch mittlere Positionen mit akademisch ausgebildetem Personal besetzen, sodass die Stellen für Facharbeiter knapp werden. Aufstiegsmöglichkeiten in Vorarbeiter- und Meisterfunktionen werden wegen der Verschlankung von Hierarchien zunehmend eingeschränkt und nicht zuletzt gerät der Facharbeiter bei Stellenbesetzungen in Konkurrenz zu (Fach-)Hochschulabsolventen. Gerade unter der Bedingung beschleunigter Innovation neigen Betriebe dazu, (Fach-)Hochschulabsolventen zu rekrutieren statt Facharbeiter für die entsprechenden Stellen weiter zu qualifizieren (Baethge 1999)[2]. Das ist wegen des gewissermaßen freiwilligen Verzichts der Betriebe auf einen wichtigen Qualifikationsbestandteil von Facharbeitern nicht unproblematisch, da (Fach-)Hochschulabsolventen nicht in ähnlicher Weise über Erfahrungswissen verfügen, das selbst in hoch automatisierten Arbeitsprozessen erforderlich ist (Hirsch-Kreinsen 2014a; Pfeiffer 2015a; Pfeiffer und Suphan 2018).

---

[2]Dies wiederum kann als ein Beleg für den Bedeutungsverlust des betriebsinternen Arbeitsmarktes genommen werden.

Aber nicht nur das Angebot, sondern auch die Nachfrage nach beruflicher Ausbildung ist gesunken. Junge Menschen ziehen, sofern die formalen Voraussetzungen vorliegen, zunehmend eine akademische Ausbildung der beruflichen Ausbildung vor. Während in den 1950er-Jahren auf einen Studienanfänger noch 20 Berufsanfänger kamen, übertraf im Jahr 2013 die Anzahl der Studienanfänger erstmals die Zahl der abgeschlossenen Ausbildungsverträge (Ahrens und Spöttl 2014); das Verhältnis von Studierenden zu Auszubildenden hat sich also umgedreht. Von einer akademischen Ausbildung erhoffen sich viele bessere Karrieremöglichkeiten, geringere Arbeitsmarktrisiken, mehr Reputation und nicht zuletzt ein höheres Jahres- und Lebenseinkommen; akademisch Qualifizierte verdienen in ihrem Berufsleben in Deutschland 70 % mehr als beruflich Ausgebildete (Allmendinger und Driesch 2015, S. 46). Zudem verspricht der höhere Zustrom an die (Fach-)Hochschulen eine Schließung der ‚Akademisierungslücke', die die OECD in Deutschland ausgemacht hatte. Absehbar wird der Schwerpunkt der Berufsausbildung von der beruflichen Ausbildung auf das Hochschulstudium übergehen (Baethge und Wieck 2015, S. 2); die schon heute feststellbaren Engpässe bei der Besetzung offener Ausbildungsstellen dürften sich „aller Voraussicht nach in Zukunft noch vergrößern" (Thomä 2014, S. 596).

Allerdings bewirkt dieser „Akademisierungswahn" (Nida-Rümelin 2014) auch unerwünschte Effekte. Die berufliche Ausbildung, einer der Eckpfeiler des deutschen Produktionsmodells, droht auszubluten. Dadurch verschärft sich der Mangel an Fachkräften. Dieser Mangel wird üblicherweise auf den demografischen Wandel und die dadurch verursachte Alterung der Belegschaften zurückgeführt; ältere ausscheidende Mitarbeiter können mangels Angebot nicht mehr adäquat durch jüngeren Nachwuchs ersetzt werden. Durch den geringer werdenden Zustrom in die berufliche Ausbildung ist nun zu befürchten, dass der durch das Alter bedingte Mangel an zur Verfügung stehenden Personen zusätzlich verschärft wird durch einen Mangel an zur Verfügung stehenden Qualifikationen. Eine (Fach-)Hochschulausbildung kann eine berufliche Ausbildung nicht ersetzen (wie natürlich eine berufliche Ausbildung auch eine (Fach-)Hochschulausbildung nicht ersetzen kann). In einem Studium werden andere Inhalte, Fähigkeiten und Kompetenzen vermittelt als in einer dualen Ausbildung, sodass eine Berufsausbildung nicht durch ein Studium substituiert werden kann. Doch gerade Berufe scheinen für Innovationen besonders wichtig, wie Pfeiffer (2015a, S. 369) am Beispiel der in Deutschland besser als in anderen Ländern gelungenen Einführung von CNC-Maschinen seit Ende der 1970er-Jahre demonstriert.

Nun ist der gestiegene Strom in die Hochschulen Ausdruck des Interesses in der Bevölkerung an einer guten Ausbildung für die Kinder und nicht Resultat einer politischen Strategie, sodass sich der Zustrom an die Hochschulen nicht einfach in die Berufsausbildung umlenken lässt. Eine steigende Nachfrage nach dualer Ausbildung ist demzufolge nur durch eine Attraktivitätssteigerung der beruflichen Ausbildung zu erreichen, etwa durch verbesserte Karrierepfade für Facharbeiter oder eine verbesserte Verzahnung beruflicher Bildung mit hochschulischer Weiterbildung. Doch solange akademische Abschlüsse im wahrsten Sinne des Wortes mehr ‚wert' sind als berufliche Abschlüsse, wird sich an der Attraktivität eines Hochschulstudiums nichts ändern, oder mit anderen Worten: „Will man die Attraktivität (der dualen Ausbildung) wahren und steigern, muss man dringend (auch) an der Tarifierung ansetzen" (Allmendinger und Driesch 2015, S. 46).

In der Berufsausbildung erworbene Kenntnisse und Fertigkeiten reichen kaum noch für ein ganzes Berufsleben aus; angesichts des absehbar zunehmenden erforderlichen technischen Wissens an allen Arbeitsplätzen und angesichts der abnehmenden ‚Halbwertzeit' dieses Wissens kommt dem lebenslangen Lernen eine steigende Bedeutung zu. Die Subjektivierung von Arbeit erfordert eine neue Beruflichkeit, die charakterisiert ist durch eine „aktive, sich dabei aber nach wie vor auf soziale Rahmenbedingungen beziehende individuelle Gestaltung von Fähigkeitskombinationen und deren betriebliche Anwendungsmöglichkeiten" (Demszky v. d. Hagen und Voß 2010, S. 776). Qualifikationen müssen ergänzt werden durch Kompetenzen, was mehr meint als fachliche und fachübergreifende Qualifikationen: Kompetenz „schließt neben Kenntnissen, Fähigkeiten und Fertigkeiten auch Motivationen und Dispositionen der Individuen ein" (Baethge-Kinsky und Tullius 2005, S. 39). Kompetenzen basieren auf Qualifikationen, aber sie erschöpfen sich nicht darin. Qualifikationen, also die von außen herangetragenen Erwartungen an Fachkräfte, deren Erfüllung durch formale Bildungsabschlüsse dokumentiert wird, müssen angereichert werden mit Fähigkeiten, Fertigkeiten und Kenntnissen aus der Perspektive des Subjekts. Die Umsetzung des Gelernten in regelgebundenes Handeln (‚know that') reicht nicht mehr aus; ebenso gefordert ist selbstständiges, reflexives und evaluatives Handeln (‚know how'). Qualifikationen sind also eine notwendige, aber keineswegs hinreichende Voraussetzung für kompetentes Handeln.

Kompetenzen umfassen Dispositionen, und zwar Dispositionen zur Selbstorganisation: „Kompetenzen sind (…) Fähigkeiten zur Selbstorganisation. Sie sind besonders wichtig in offenen Problem- und Entscheidungssituationen, in komplexen Systemen" (Heyse und Erpenbeck 2009, S. XIII). Dispositionen bezeichnen „eine allgemeine personale Haltung, eine Art Hintergrundbereitschaft; selbstorganisiertes Handeln – das heißt selbstbestimmtes, eigeninitiiertes Handeln, kein Handeln nach Vorgabe, sondern nach den Erfordernissen der Situation und den eigenen Intentionen" (Brater 2010, S. 825). Solche Kompetenzen müssen erlernt und erprobt werden; günstig dafür ist eine lernförderliche Gestaltung der

Arbeit etwa durch eine Ganzheitlichkeit der Aufgabenstellung, durch soziale Einbindung in der Arbeit, durch Partizipationschancen sowie insgesamt durch berufliche Entwicklungsmöglichkeiten im Betrieb (Baethge-Kinsky und Tullius 2005, S. 40). Dadurch können zusätzliche Kompetenzen im Arbeitsprozess entstehen, flankiert durch begleitend erworbenes Wissen in der betrieblichen Weiterbildung, in der ein spezifisches Prozesswissen vermittelt wird. Dies kann allerdings eine betriebsspezifische Qualifizierung implizieren, durch die die Mobilitätsfähigkeit der erworbenen Qualifikationen und Kompetenzen, also die Möglichkeit zur Verwertung auf dem überbetrieblichen Arbeitsmarkt, beeinträchtigt wird. Deswegen scheinen (Deutschmann 2008a, S. 129) für den Kompetenzerwerb zeitlich begrenzte, betriebsunabhängige Kooperationszusammenhänge zunehmend an Bedeutung zu gewinnen, die zur Abwicklung eines Projektes gebildet werden. Dadurch wird zwar das Risiko einer betriebsspezifischen Qualifizierung vermieden, allerdings um den Preis instabiler Beschäftigungsverhältnisse.

Aus Gründen des Kompetenzerhalts und der Kompetenzerweiterung ist also betriebliche und überbetriebliche Weiterbildung erforderlich, da die Reorganisation von Prozessabläufen die an die Beschäftigten gestellten Anforderungen verändert. Im Jahr 2015 gab es (vgl. Abb. 8.1) in 77 % der Unternehmen in Deutschland

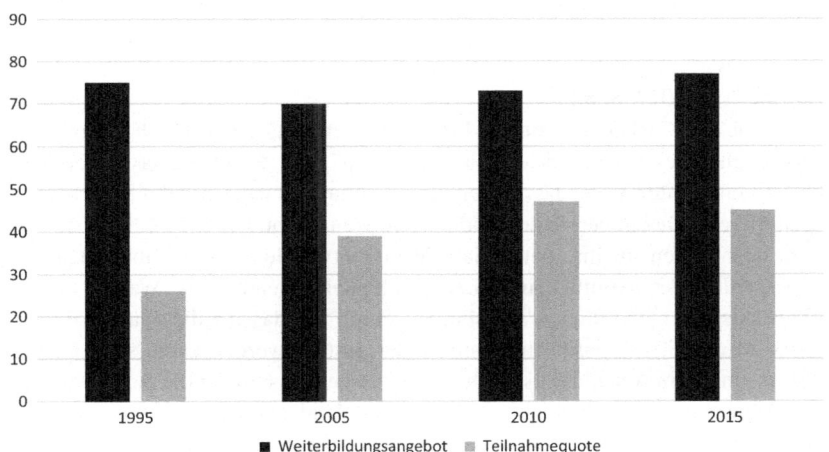

Abb. 8.1 Weiterbildungsangebote in Unternehmen und Teilnahmequote von 1995 bis 2015 (jeweils in Prozent). (Quelle: Statistisches Bundesamt 2017b. Bei den Weiterbildungsangeboten handelt es sich um Lehrveranstaltungen und/oder andere Formen der betrieblichen Weiterbildung wie bspw. geplantes Lernen am Arbeitsplatz oder Teilnahme an Fachvorträgen, Tagungen und sonstigen Informationsveranstaltungen)

Angebote zur beruflichen Weiterbildung, in größeren eher als in kleineren. Das bedeutet eine nur unwesentliche Steigerung gegenüber 1995. Gestiegen ist in diesem Zeitraum aber die Teilnahmequote. Hinsichtlich der Teilnahme an Weiterbildungsmaßnahmen bewegt sich Deutschland im oberen Mittelfeld der EU-Staaten; Länder wie Schweden, Luxemburg, Schweiz etc. weisen noch deutlich höhere Weiterbildungsquoten auf (Orr und Cristóbal López 2016, S. 1). Dabei bilden sich vor allem die besser Qualifizierten weiter, während Un- und Angelernte oder Personen ohne Schulabschluss entsprechende Angebote deutlich seltener wahrnehmen (Allmendinger und Driesch 2015, S. 48).

Oftmals allerdings ist Weiterbildung Sache des Einzelnen; in der IT-Industrie etwa, also im Bereich der Informationstechnik (inkl. Software und Dienstleistungen) und dem Bereich der Telekommunikationsdienstleistungen (inkl. Hardware), stehen die Beschäftigten vor dem Dilemma, ihre Freizeit für Weiterbildung nutzen zu müssen oder aber auf Weiterbildung zu verzichten und damit ihre zukünftige Beschäftigungsfähigkeit zu riskieren (Baukrowitz und Boes 2002). Dieses Risiko gehen offenbar nicht viele ein; im Jahr 2012 wurden einem Gutachten für die Bertelsmann-Stiftung zufolge (Walter 2015) immerhin 26,6 Mrd. EUR für Weiterbildung und Coaching ausgegeben, wobei eine ganze Reihe von Weiterbildungsmaßnahmen wie etwa berufsbegleitende Masterstudiengänge wegen Problemen bei der Datenerfassung noch nicht mal einbezogen wurde. Ein Großteil dieses Aufwandes (11,2 Mio. EUR) wird individuell getragen, was im Vergleich zu 2007 eine Steigerung um mehr als 10 % bedeutet (Jürgens et al. 2017, S. 82).

Welche ausweisbaren positiven Effekte Weiterbildung hat, ist eher ungeklärt. Schließlich ist es bei der Weiterbildung in den ‚soft skills' wie etwa Personalführung ein weiter Weg, das in Seminaren Erlernte in die berufliche Praxis zu transferieren. Diejenigen jedoch, die sich weitergebildet haben, betonen vor allem den Nutzen für ihre persönliche Weiterentwicklung, sehen aber auch eine Verbesserung der beruflichen Leistungsfähigkeit (Beicht und Walden 2006). Angesichts einer beruflichen Ausbildung, durch die das für die spätere Berufspraxis erforderliche Wissen nicht auf Dauer gestellt werden kann, sodass Lernprozesse mit dem Ausbildungsabschluss nicht beendet sind, ist die Notwendigkeit von Weiterbildung auch kaum zu bestreiten. Und ebenso wenig ist wohl zu bestreiten, dass angesichts der Anforderungen, denen Beschäftigte sich bei der Arbeit ausgesetzt sehen, und angesichts der an sie herangetragenen Erwartung, zumindest in Grenzen eigenverantwortlich zu entscheiden und zu handeln, Aus- und Weiterbildung sich nicht auf die Vermittlung von fachlichen Qualifikationen beschränken kann, sondern auch die Vermittlung von Kompetenzen im beschriebenen Sinn umfassen muss.

8 Arbeitsmarkt, Ausbildung und Weiterbildung

Verständnisfragen
- Was besagt die Segmentationstheorie?
- Was ist ein Beruf?
- Was ist daran problematisch, dass immer mehr junge Menschen ein Studium statt einer Berufsausbildung beginnen?
- Was ist der Unterschied zwischen Qualifikation und Kompetenz?
- Weswegen ist Weiterbildung erforderlich?

Dienstleistungsarbeit 9

9.1 Merkmale von Dienstleistungen

Auch wenn die Charakterisierung der modernen Gesellschaft als „Dienstleistungsgesellschaft" (Häußermann und Siebel 1995) Fragen aufwirft[1], ist doch unstrittig, dass im tertiären Sektor mittlerweile mehr Menschen beschäftigt sind als im primären und sekundären Sektor zusammen. Wenn zudem statt einer sektoralen Betrachtungsweise, also der Analyse der Beschäftigung nach Wirtschaftszweigen, eine funktionale Betrachtung angelegt wird, also eine Analyse der Beschäftigungsstruktur nach Berufs- und Tätigkeitsgruppen vorgenommen wird und auf diese Weise produktionsnahe Dienstleistungen wie Forschung, Entwicklung, Verwaltung etc. auch in Betrieben des sekundären Sektors berücksichtigt werden, dann stellt der Umfang von Dienstleistungsarbeit sich noch größer dar als der in der Statistik ausgewiesene Dienstleistungssektor; fast zwei Drittel aller Arbeitnehmer und nahezu vier von fünf Unternehmen waren 2014 mit der Produktion von Dienstleistungen beschäftigt (Statistisches Bundesamt 2016c). Der Dienstleistungssektor hat sich zum größten Beschäftigungsreservoir und am schnellsten wachsenden Wirtschaftsbereich in Deutschland entwickelt.

Die Ausweitung des Dienstleistungssektors seit den 1950er-Jahren hat nicht nur mit der Entwicklung neuer Bedürfnisse zu tun, die durch entsprechende Dienstleistungen befriedigt werden müssen, sondern auch mit Entwicklungen im sekundären Sektor, in dem innovationsorientierte Tätigkeiten an Bedeutung gewonnen haben, die oftmals ausgelagert werden in eigenständige Betriebe, die dann dem tertiären Sektor zugerechnet werden. Hinzu kommt eine Tertiarisierung

---

[1] zu den Zweifeln vgl. Minssen (2006a, S. 206 ff.).

der Produktion, also eine zunehmende Bedeutung von wissensintensiven Bereichen etwa in Forschung und Entwicklung und eine zunehmende Bedeutung von Verwaltungstätigkeiten auch in Unternehmen des sekundären Sektors. Vor allem aber ist die Tertiarisierung der Gesellschaft Ausdruck der zunehmenden Ausdifferenzierung von gesellschaftlichen Funktionsbereichen und der damit einhergehenden Komplexitätssteigerung, durch die der Bedarf an ‚Gewährleistungsarbeiten' gestiegen ist. Dieser Begriff stammt von Berger und Offe (1980). Sie waren davon ausgegangen, dass ein Teil der Dienstleistungsarbeiten – Hausarbeit, ehrenamtliche Tätigkeiten, Nachbarschaftshilfe etc. – privat erbracht werden und deswegen per definitionem nicht als Erwerbsarbeit gelten. Zudem zeichnen sich die erwerbswirtschaftlich verrichteten Dienstleistungsarbeiten durch eine erhebliche Heterogenität aus; sie werden von Altenpflegern und Busfahrern ebenso ausgeübt wie von Feuerwehrleuten und Anwälten oder Professoren und Verkäufern.

Angesichts dieser Heterogenität haben Berger und Offe (1980) vorgeschlagen, zwischen „herstellenden" und „form-beschützenden" Teilfunktionen des gesellschaftlichen Reproduktionsprozesses zu unterscheiden, und sind zu dem Schluss gekommen, „dass der gemeinsame Nenner von Dienstleistungstätigkeiten und -organisationen darin besteht, dass durch sie die spezifischen institutionellen und kulturellen Voraussetzungen und Bedingungen ‚herstellender' Tätigkeiten selbst hergestellt werden" (Berger und Offe 1980, S. 45). Die Gemeinsamkeit von Dienstleistungen besteht demzufolge in der „Sicherung, Bewahrung, Verteidigung, Überwachung, Gewährleistung usw." der Funktionsbedingungen einer Gesellschaft, und da gesellschaftliche Funktionsbereiche sich zunehmend ausdifferenzieren, haben Gewährleistungsarbeiten an Bedeutung gewonnen.

Allerdings verbirgt sich hinter ‚Gewährleistungsarbeit' eine Vielzahl höchst disparater Tätigkeiten. Dies macht es schwierig, allgemein gültige Aussagen über Dienstleistungsarbeit zu treffen. Das beginnt bereits bei der Bestimmung des Produkts von Dienstleistungsarbeit. Oftmals wird auf die Nicht-Stofflichkeit, Nicht-Transportierbarkeit und Nicht-Lagerfähigkeit oder auf das Uno-actu-Prinzip – Produktion und Konsumtion von Dienstleistungen fallen zusammen – als Charakteristika von Dienstleistungen verwiesen. Diese Charakteristika treffen jedoch immer nur auf die Ergebnisse spezifischer Dienstleistungsarbeit zu, auf andere hingegen nicht; die Produkte der Tätigkeit von Anwälten jedenfalls, zu deren wesentlichen Aufgaben es gehört, Schriftsätze zu verfassen, sind zweifellos stofflich sowie transport- und lagerfähig, und sie verschwinden auch nicht bei der Konsumtion. Dies ist bei dem immer wieder gern herangezogenen Friseur anders; er steht für eine Dienstleistung, die in direktem Kontakt zum Kunden erbracht wird und bei der die Produktion der Leistung und die Konsumtion unmittelbar zusammenfallen.

Doch dies gilt wiederum nicht durchgängig für alle personenorientierten Dienstleistungen; man denke nur an die Nahrungsmittel, die in Fast-Food-Ketten erzeugt werden: man kann den Burger ja auch liegen oder zurückgehen lassen.

Es ist also nicht ganz einfach, allgemein gültige Merkmale von Dienstleistungen zu bestimmen. Dies gilt auch für die Dienstleistungsarbeit; ihre Qualität unterscheidet sich hinsichtlich der Arbeitsbedingungen nicht nur in Abhängigkeit von den jeweiligen Dienstleistungsbereichen, sondern sogar innerhalb der gleichen Bereiche. Dies wird deutlich, wenn wir zwei Arten von Dienstleistungsarbeit näher betrachten, die in den letzten Jahren an Bedeutung gewonnen haben: die Wissensarbeit und die Arbeit in Call Centern.

9.2 Unterschiede von Dienstleistungsarbeit am Beispiel von Wissensarbeit und von Arbeit in Call Centern

Vor dem Hintergrund, dass viele Güter und Dienstleistungen in erheblichem Maße fachliche Expertise umfassen, also intelligente Produkte sind, ist Wissen ein Begriff geworden, der als vierter Produktionsfaktor neben Kapital, Arbeit und Boden gestellt wird. Deswegen bezeichnen manche die moderne Gesellschaft als Wissensgesellschaft (als Überblick Willke 2001). Freilich ist dies ebenso wie die Bezeichnung der modernen Gesellschaft als Dienstleistungsgesellschaft keineswegs unumstritten; Heidenreich (2003) etwa hebt in seinem kritischen Überblick hervor, dass die Wissensgesellschaft eher als Organisationsgesellschaft zu bezeichnen ist, in der organisationelle Lern- und Veränderungsprozesse auf Dauer gestellt sind. Aber ebenso klar ist auch, dass die Bedeutung von Wissen bei der Arbeit gestiegen ist.

Üblicherweise wird unterschieden zwischen Daten, Informationen und Wissen (Willke 1998). Daten sind gewissermaßen das Rohmaterial und umfassen Variablen, Zahlen und Fakten; aus ihnen werden Informationen, wenn sie in einen Referenzrahmen gestellt werden, und diese Informationen wiederum werden zu Wissen, wenn sie mit Erfahrungen verbunden werden. Wilkesmann et al. (2004) haben diese Unterscheidung am Beispiel einer Bilanz verdeutlicht: Diese besteht zunächst aus Zahlen[2], die für den Leser erst dann zu Informationen werden, wenn

---

[2] woran übrigens auch deutlich wird, dass Daten immer beobachtungsabhängig sind: Was nicht in der Bilanz erfasst wird, existiert auch nicht.

er sie mit einer Interpretation verbinden kann, wenn er also etwa weiß, was 100 Millionen Euro Gewinn bedeuten. Zu Wissen wiederum werden diese Informationen, wenn sie mit Erfahrungsmustern verknüpft werden, wenn der Leser also in der Lage ist, zu beurteilen, ob dieser Gewinn im Vergleich zum letzten Jahr ein Fortschritt oder ein Rückschritt ist[3]. Dabei wird Wissen unablässig neu produziert (Stichweh 2006, S. 41), es erfordert eine kontinuierliche Revision, da es permanent verbesserungsfähig ist, es ist eine Ressource, nicht Wahrheit und untrennbar an Nicht-Wissen gekoppelt (Willke 1998).

Der Begriff der Wissensarbeit ist schillernd. Sehr allgemein sind damit Tätigkeiten gemeint, die sich dadurch auszeichnen, dass „das erforderliche Wissen nicht einmal im Leben durch Erfahrung, Initiation, Lehre, Fachausbildung oder Professionalisierung erworben und dann angewendet wird" (Willke 1998, S. 20). Angesichts der allseits proklamierten Notwendigkeit lebenslangen Lernens scheint es aber nur wenige Tätigkeiten zu geben, die nicht durch diese Merkmale gekennzeichnet sind. Und auch der Versuch, Wissensarbeit als einen interaktiven Prozess zu charakterisieren, in dem Daten ausgetauscht werden (Wilkesmann 2005, S. 59), vermag nicht vollends zu überzeugen; die in Abschn. 4.3 beschriebene operative Dezentralisierung geht auch im Bereich industrieller Fertigung mit einem Bedeutungszuwachs von Kommunikation und Interaktion einher.

Hinzu kommt, dass Wissensarbeit entgegen landläufiger Annahmen keineswegs gleichzusetzen ist mit autonomer und eigenverantwortlicher Arbeit. Natürlich gibt es Wissensarbeiter mit hohen Kreativitätsanforderungen bei der Arbeit und dementsprechend hoher Autonomie; man denke etwa an die Arbeit in Forschungsinstituten und Universitäten. In anderen Bereichen jedoch wie im Bankgewerbe geht, so Haipeter (2006b, S. 73), die Entwicklung eher in Richtung Standardisierung und tendenzieller Entfachlichung, sodass das „in den Argumentationen zur Wissensarbeit (…) unterstellte gängige Bild der unidirektionalen Entwicklung in Richtung Teamarbeit, Integration, Autonomie und Verantwortung

---

[3]Diese Unterscheidung von Daten, Information und Wissen wirft die Frage auf, ob die neuerdings im Zusammenhang mit der Auseinandersetzung mit dem Rechtspopulismus übliche Rede von ‚objektiven' Fakten nicht etwas vorschnell ist. Denn nimmt man die Unterscheidung ernst, werden Daten, also Fakten, erst im Kontext von Erfahrungen zu Wissen, was eben auch bedeutet: Ohne diese Erfahrungen werden Daten nicht zu Informationen oder gar Wissen. Das ‚post-faktische' Zeitalter ist also nicht erst neuerdings angebrochen, ein ‚faktisches' Zeitalter hat es zuvor auch nicht gegeben. Man denke nur an die Auseinandersetzungen um die Nutzung der Atomenergie, in der die Kontrahenten sich jeweils auf ihre Experten berufen konnten.

zu überdenken" ist. Die temporale und örtliche Flexibilität von Wissensarbeitern ist begrenzt durch die Anforderungen und Bedürfnisse des Arbeitgebers. Und schließlich sind auch Wissensarbeiter unter den Druck der Globalisierung geraten. Nicht nur die manuellen Arbeiten von Industriebeschäftigten drohen ins Ausland verlagert zu werden, sondern auch die geistigen Tätigkeiten der Wissensarbeiter (Kämpf 2008, S. 13). Die Frage ‚make or buy?' wird auch bei Wissensarbeit zunehmend mit ‚buy!' beantwortet; Wissensarbeiter werden dadurch entmachtet (Brinkmann 2011, S. 131) – sie werden zunehmend austauschbar.

Es ist also nicht ganz klar, was Wissensarbeit eigentlich ist, und wenn die Arbeit untersucht wird, die von denen ausgeübt wird, die als Wissensarbeiter bezeichnet werden, dann hängen die Untersuchungsergebnisse von den Bereichen ab, die untersucht worden sind. Dies ist nun aber kein Spezifikum von Wissensarbeit, sondern gilt generell für Dienstleistungsarbeit. Dies soll verdeutlicht werden am Beispiel der Arbeit in Call Centern; hier ist zwar ziemlich unstritig, was darunter zu verstehen ist, aber auch in Call Centern sind die Arbeitsbedingungen nicht gleich.

Call Center haben sich im letzten Jahrzehnt erheblich verbreitet. Arbeiteten 1995 hier noch weniger als 45.000 Menschen, waren es zur Jahrtausendwende bereits 225.000, zum Ende des Jahres 2005 330.000 Beschäftigte (Zahlen bei Aust und Holst 2006) und 2017 sogar 540.000 (Zeit-Online 2017); innerhalb von 22 Jahren ist die Beschäftigtenzahl in Call Centern demnach um den Faktor zwölf gestiegen.

In diesen Zentren werden im Auftrag von großen Versicherungen, Warenhäusern, IT-Anbietern, Reiseportalen etc. Kunden betreut. Das Tätigkeits- und Anforderungsspektrum ist abhängig von der zu erbringenden Dienstleistung und kann recht breit sein[4]. Zunächst wurde in der Arbeit in Call Centern eine neue Stufe der Taylorisierung von Dienstleistungsarbeit vermutet, da durch die automatische Verteilung der Anrufe die Arbeit im Takt organisiert (‚getaktet') werden kann und die Beschäftigten zudem im Unterschied zu Fließbandarbeitern nicht nur ihre Physis, sondern im Hinblick auf die Servicequalität auch ihre Gefühle disziplinieren müssen (D'Alessio und Oberbeck 1997). Dem wird entgegengehalten, dass in diesem Bereich eine tayloristische Rationalisierungslogik an ihre Schranken stößt, denn es gibt ein zentrales gemeinsames Merkmal aller Tätigkeiten: die Kommunikation. Call Center-Agenten kommunizieren täglich mit einer Vielzahl von Kunden

---

[4]Eine sehr anschauliche Darstellung der Funktionslogik und der Arbeitsbedingungen in Call Centern findet sich in der Einleitung zu Kleemann und Matuschek (2003).

und ihre „Aufgabe ist es, alle Anfragen und Anliegen kompetent, freundlich und auf der Stelle zu bearbeiten sowie – simultan dazu – die Gesprächsinhalte bzw. -verläufe für Kundenstatistiken zu dokumentieren" (Timm und Wieland 2003, S. 225). Diese unterschiedlichen Einschätzungen erklären sich durch die unterschiedlichen Formen von Call Centern, die den Schlussfolgerungen zugrunde liegen.

Ein übergreifendes Merkmal der Arbeit in Call Centern besteht darin, dass die Beschäftigten „den Widerspruch zwischen Effizienzorientierung und Kundenorientierung handhaben" (Kerst und Holtgrewe 2003, S. 87) müssen. Call Center-Agenten haben ihr Unternehmen zu verkörpern und müssen zugleich kundenorientiert sein, was sich in einem von den Beschäftigten zu bewältigenden Dilemma gleichzeitiger Stabilität und Flexibilität niederschlägt. Hinsichtlich Stabilität bedeutet dies Standardisierung der Abläufe, Vorgaben und Leistungskontrolle, hinsichtlich Flexibilität aber eben auch Freiraum und Autonomie (ausführlicher Holtgrewe und Kerst 2002). Deswegen suchen Call Center sich Beschäftigte, „die aufgrund ihrer aktuellen Arbeitsmarktsituation und ihres biographischen Hintergrundes die erforderlichen Qualifikationen, Subjektivitätspotenziale und Bereitschaft zum *commitment* mitbringen" (Kerst und Holtgrewe 2003, S. 87; Hervorhebung im Original).

Dies ist erforderlich, weil die Beschäftigten in Call Center eine Grenzstellenposition zwischen ihrer Organisation und der Umwelt innehaben. Organisationen müssen als eigenständige soziale Gebilde zwar einerseits geschlossen sein, müssen andererseits aber zugleich offen für Veränderungen in ihrer Umwelt bleiben und brauchen dafür Grenzstellen, über die sie Veränderungen wahrnehmen können. Grenzstellen vermitteln Veränderungen der Umwelt an die Organisation, wobei es nicht nur auf die Richtigkeit der Informationswiedergabe ankommt, sondern ihre Verantwortung besteht „vor allem in der Negativgarantie; dass nichts weiter los ist" (Luhmann 1976, S. 224).

Auch Call Center sind solche „spezialisierten Einheiten einer Organisation, die diese mit ihren Umwelten verbinden" (Holtgrewe 2005a, S. 41). Sie stellen eine zentrale Kontaktstelle zwischen der Organisation und der Umwelt dar und tragen nicht unerheblich zur Kundenzufriedenheit bei. Da, wie gesagt, die Anzahl der Call Center zunimmt, haben sich nicht in jedem Fall wie in schon länger existierenden Betrieben eingeregelte Strukturen herausbilden können; was in anderen Betrieben aufgrund deren Historie mehr oder minder selbstverständlich ist, muss „in neu gegründeten zum Teil schnell gewachsenen Call Centern in täglichen Interaktionsbeziehungen ausgehandelt, verabredet und angeordnet" (Kutzner und Kock 2003, S. 164) werden. Dies schlägt sich nieder in Spannungen zwischen Autonomie und Kontrolle, zwischen Flexibilisierung und Stabilisierung, zwischen Individualisierung und Solidarisierung, zwischen Gleichberechtigung und

Diskriminierung, zwischen Abwanderung und Widerspruch, zwischen individualisierter Aushandlung und institutionalisierter Interessenvertretung – Spannungen, die sich kaum vermeiden lassen.

Ähnlich wie Wissensarbeit ist auch die Arbeit in Call Centern disparat. Die Arbeit in Call Centern von Finanzdienstleistern etwa zeichnet sich dadurch aus, dass komplexe Dienstleistungen in einer nicht-standardisierten Kommunikationsweise angeboten werden. Die Motivation der hier Beschäftigten ist „partikular-intrinsisch": Intrinsisch ist sie deswegen, weil die Beschäftigten ihre Arbeit prinzipiell positiv wahrnehmen und persönliche Befriedigung aus der Bewältigung der Arbeitsanforderungen ziehen, was allerdings einhergeht mit einem permanenten betrieblichen Zugriff und einer stetigen Leistungssteigerung; „partikular" hingegen meint „den Umstand, dass die Subjekte diesen ‚totalitären' Anforderungen nach eigenem Maßstab Begrenzungen entgegensetzen, um dauerhaft die Integrität ihrer Person und die Reproduktion ihrer Arbeitskraft zu sichern" (Matuschek und Kleemann 2003, S. 200). Sie behalten ihre Zustimmung zu den Unternehmenszielen bei, aber sie wehren sich gegen Überforderungen und sie können sich dagegen wehren, weil sie aufgrund ihrer Qualifikation nicht ohne Weiteres zu ersetzen sind. Ähnlich dürfte die Situation in Call Center sein, die Kundenberatung auf hohem technischem Niveau anbieten.

In Call Centern hingegen, die sich bspw. nur auf Bestellannahmen von Kunden beschränken, sieht dies anders aus. Hier lässt sich die Kommunikation weitgehend standardisieren, sodass Baethge (2004, S. 10) von einer „oft entpersönlichten, fast ‚getakteten' Kommunikation" spricht. Deswegen haben Timm und Wieland (2003, S. 239) sicherlich Recht mit ihrer Behauptung, dass es „immer Call Center-Organisationen geben wird, die neo-tayloristische Arbeitsstrukturen aufweisen, in denen Monotonie, Burnout und hohe Fluktuationsraten die Regel sind". Aber dies gilt eben nicht für alle Call Center, sondern hängt davon ab, für welche Aufgaben sie eingerichtet sind; wir finden in Call Center Bereiche, die sich deutlich an tayloristischen Formen der Arbeitsorganisation orientieren, aber ebenso Bereiche, in denen dieses nicht möglich und auch nicht beabsichtigt ist.

9.3 Vermarktlichung im Dienstleistungsbereich

Prozesse der Taylorisierung haben im Dienstleistungsbereich aufgrund der geringeren Standardisier- und Planbarkeit nie die Bedeutung gehabt wie im industriellen Sektor. Das heißt aber nicht, dass es entsprechende Versuche nicht gegeben hätte. Voswinkel (2000) etwa hat gezeigt, dass das von ihm sogenannte „mcdonaldistische

Produktionsmodell" in der Fast-Food-Industrie nichts anderes darstellt als eine modifizierte Adaption des tayloristischen Modells an die Bedingungen gering qualifizierter interaktiver Dienstleistungsarbeit, indem Prozesse, Produkte, Arbeit und Kundenbeziehungen unter Effizienzgesichtspunkten neu gestaltet werden. Doch andere Tätigkeiten in ähnlichen Bereichen wie die von Verkäufern im Einzelhandel (vgl. Voss-Dahm 2003, 2009) zeichnen sich gerade dadurch aus, dass die Abläufe nicht standardisiert sind und aufgrund der Kontakte zu den Kunden auch nicht standardisiert werden können, sodass die Sicherstellung von Effizienz bei diesen Tätigkeiten nicht durch eine rigide Vorstrukturierung und Standardisierung erfolgt; stattdessen ist „Rationalisierung in Eigenregie (…) Kennzeichen moderner Verkaufsarbeit" (Voss-Dahm 2009, S. 252).

Trotz einer möglichen Resistenz gegenüber einer Taylorisierung ist Dienstleistungsarbeit keineswegs rationalisierungsresistent. Rationalisierung erfolgt oftmals in Form einer stärkeren Ausrichtung an Kennziffern und Kennzahlen; auch in der Dienstleistungsarbeit finden also Prozesse der Vermarktlichung statt. Am Beispiel der Verkaufsarbeit im Einzelhandel lässt sich zeigen, dass „die Leistungssituation dadurch entscheidend beeinflusst wird" (Voss-Dahm 2003, S. 68). Die im Verkauf Beschäftigten müssen damit widersprüchliche und komplexe Anforderungen eigenständig bewältigen: „Der ganze Mensch mit seinen Kompetenzen und Fähigkeiten wird im Rahmen sachlicher Zwänge genutzt" (Voss-Dahm 2003, S. 68). Diese Marktorientierung ist im Einzelhandel nicht unbedingt neu, doch der Ansatzpunkt der Marktorientierung hat sich verändert; sie setzt „an einem unternehmensinternen Wettbewerb zwischen betrieblichen Einheiten mittels oben festgelegter und nach unten weiter vermittelter Kennziffern" (Pohlmann und Grewer 2003, S. 296) an.

Die sachlichen Zwänge des Marktes sollen also wie im sekundären Sektor unmittelbar an die Beschäftigten vermittelt werden, denen es überlassen bleibt, selbstständig die daraus entstehenden Anforderungen zu bewältigen; die Arbeitsprozesse werden damit zunehmend weniger über direkte Anweisungen von Vorgesetzten gesteuert, sondern eher indirekt unter Zuhilfenahme von Kennziffern. Sie sind im betrieblichen Alltag Bestandteil der Arbeit, da „Verkaufskräfte ihr Arbeitshandeln an den Leistungskennziffern ausrichten" (Voss-Dahm 2009, S. 164). Von den Beschäftigten wird das Einbringen ihrer jeweiligen Potenziale gefordert, was eine nicht unerhebliche Erhöhung der Anforderungen impliziert (Pohlmann und Grewer 2003, S. 301). Die eigenständige Erfüllung widersprüchlicher und komplexer Anforderungen bedeutet auch, dass Verkaufsarbeit keineswegs durchgängig so anspruchslos ist wie oftmals angenommen wird; freilich entstehen „neue Arbeits- und Leistungsanforderungen nicht in erster Linie im Bereich der fachlichen Qualifikationsanforderungen" (Voss-Dahm 2003, S. 108),

9.3 Vermarktlichung im Dienstleistungsbereich

sondern im Bereich der Kompetenzen und Fähigkeiten, mit gleichzeitig auftretenden und disparaten Anforderungen umzugehen.

Tendenzen der Vermarktlichung sind auch im Bereich der Dienstleistungsarbeit also nicht zu übersehen. Bei aller Vorsicht, die angesichts der Disparatheit der unterschiedlichen Dienstleistungsarbeiten geboten ist, kann vermutet werden, dass dies ein genereller Trend zu sein scheint. Denn Versuche einer verstärkten Steuerung mittels Kennziffern können auch in Bereichen beobachtet werden, die sich vom Einzelhandel grundlegend unterscheiden. Ein Beispiel dafür sind Hochschulen[5].

Der Staat hat sich im Hochschulsektor aus der Detailsteuerung zurückgezogen. Während etwa Prüfungsordnungen früher von den zuständigen Ministerien genehmigt werden mussten, die auch für die Berufung von Professoren zuständig waren, ist dies nun weitgehend Aufgabe der Hochschulen selbst geworden. Damit ist auf Steuerung aber nicht verzichtet worden, sondern es wurde auf „zielbezogene Außensteuerung" (Jaeger 2009, S. 45; im Original hervorgehoben), also auf Kontextsteuerung, umgestellt (Minssen und Wilkesmann 2003). In den einzelnen Bundesländern sind dafür unterschiedliche Modelle entwickelt worden und neue Steuerungsinstrumente eingeführt worden (vgl. die Überblicke bei Pautsch 2009; Lanzendorf und Pasternak 2009). Dazu gehört etwa die Einrichtung von sogenannten Hochschulräten, die sich aus Persönlichkeiten aus Wirtschaft und Gesellschaft zusammensetzen und von Vertretern der jeweiligen Hochschulen und dem zuständigen Ministerium ausgewählt werden und deren Aufgabe die Beratung der Hochschulleitungen ist (zu Hochschulräten vgl. Gerber et al. 2009). Vor allem aber ist die Steuerung von direktiver Steuerung auf eine Steuerung durch die aus der Wirtschaft bekannten Zielvereinbarungen umgestellt worden (König 2009). Dies betrifft zum einen die Professoren, deren Einkommen nach der Umstellung von der sogenannten C-Besoldung auf die W-Besoldung auch von Leistungszulagen abhängt, deren Zahlung an das Erreichen vereinbarter Ziele geknüpft ist; zum anderen wird die Zuweisung gesondert ausgewiesener finanzieller Mittel an die Hochschulen insgesamt abhängig gemacht von der Erreichung von Zielen, die zuvor in sogenannten Hochschulpakten vereinbart worden sind.

---

[5]Die im Folgenden skizzierten Veränderungen in Hochschulen gliedern sich ein in Reformbewegungen im öffentlichen Sektor, die seit Beginn der 1990er in Deutschland als New Public Management bzw. Neues Steuerungsmodell bekannt geworden sind und darauf abzielen, die bürokratische staatliche Steuerung durch ein output- bzw. leistungsorientiertes Modell zu ersetzen. Die Erfolge scheinen allerdings eher bescheiden ausgefallen zu sein; vgl. Bogumil et al. (2008); Bogumil (2017).

Damit haben die „*wettbewerblichen Rahmenbedingungen* im Hochschulsystem" (Jaeger 2009, S. 45; Hervorhebung im Original) deutlich zugenommen. Ein zunehmender Anteil der jährlichen Mittelzuweisungen der Bundesländer an die Hochschulen wird an Indikatoren geknüpft, mit denen die Leistung gemessen werden soll. So wird als Indikator für die Leistungsfähigkeit in der Lehre etwa die Anzahl der Absolventen in der Regelstudienzeit herangezogen; die Leistungsfähigkeit in der Forschung wird gemessen durch die Summe der eingeworbenen Drittmittel, das heißt der finanziellen Mittel, die von Dritten für die Durchführung von Forschungsprojekten zur Verfügung gestellt werden, oder die Zahl der Promotionen (und manchmal auch die Zahl der Habilitationen). Da die Mittel, die über diesen Schlüssel verteilt werden, in jedem Bundesland begrenzt sind, versuchen die Hochschulen sich bei diesen Indikatoren als besonders erfolgreich zu präsentieren, um möglichst viel der zu verteilenden Mittel zu erhalten; nicht so erfolgreiche Hochschulen bekommen entsprechend weniger. Universitäten sind zu „Wettbewerbsakteuren" (Krücken 2017) geworden.

Im Hochschulsektor lässt sich also ein neuartiger Steuerungsmodus mittels Zielvereinbarungen im Verein mit dem Setzen von kompetitiven Leistungsanreizen beobachten; hier ist das nachvollzogen worden, was in der Privatwirtschaft als Vermarktlichung vorgemacht wurde. Damit ist das akademische Leben verschoben worden von einer „Reflexion wünschbarer Selbst- und Weltverhältnisse (…) auf eine Ausbildung und Forschung, die permanent ihre gesellschaftliche Normalität und Nützlichkeit demonstrieren muss" (Reitz und Draheim 2006, S. 373) und anhand bestimmter Kennziffern bemessen wird. Allerdings zeigen sich im Hochschulsektor auch in aller Deutlichkeit zumindest zwei Probleme, die eine Kennziffernorientierung mit sich bringt.

Zum einen erzeugt die Kennziffernorientierung nicht-intendierte Effekte. So wäre es eine naheliegende Reaktion auf die leistungsorientierte Mittelverteilung, die Leistungsparameter durch eine Absenkung der Leistungsanforderungen zu erfüllen; die Zahl der Absolventen und die Zahl der Promovierten (und Habilitierten) kann schließlich auch dadurch hochgetrieben werden, dass die Leistungsanforderungen verringert werden, um einen möglichst hohen Ausstoß zu produzieren, der dann bei der Indikatorisierung positiv zu Buche schlägt[6].

---

[6]So gibt es denn auch Stimmen, die die diversen seit 2011 entdeckten Plagiate von Politikern, die sich ihre Promotionen erleichtern wollten, auch auf die Indikatorisierung zurückführen wollen. Das übersieht allerdings, dass die meisten dieser Plagiate in einer Zeit angefertigt wurden, als die Indikatorisierung noch nicht sehr weit verbreitet war. Gleichwohl hat dieses Kriterium in den letzten Jahren deutlich an Bedeutung bei der Indikatorisierung verloren.

9.3 Vermarktlichung im Dienstleistungsbereich

Zum anderen werden fragwürdige Steuerungseffekte erzielt. So ist die Höhe der eingeworbenen Drittmittel ein gewichtiger Indikator für Leistungen in der Forschung geworden. Mit diesem Bedeutungszuwachs von Drittmitteln als Leistungsindikator verringern sich aber „nicht nur die finanziellen Möglichkeiten, ergebnisoffene Forschungsprojekte verfolgen zu können (…), auch Forschungslinien werden stärker von außen beeinflusst" (Görtz et al. 2010, S. 23); beantragt werden Projekte, die unter finanziellen Aspekten lukrativ und deren Bewilligungschancen hoch sind, sodass die Drittmittelorientierung in Gefahr steht, eine „standardisierte Normalwissenschaft in hierarchischen Strukturen" (Münch 2006a, S. 440) hervorzubringen. Und schließlich wird durch die mit der Vermarktlichung verbundene Quantifizierung von Forschungsleistungen die intrinsische Motivation von Wissenschaftlern zunehmend durch eine extrinsische verdrängt wird: „Wissenschaftler sind nicht mehr bestrebt, neue wichtige Erkenntnisse zu gewinnen und die Entwicklung der Wissenschaft voranzutreiben, sondern sammeln Punkte, indem sie Bewährtes variieren" (Kieser 2010, S. 347).

Dies gilt vor allem auch für Nachwuchswissenschaftler[7]. Eine erfolgreiche Wissenschaftskarriere mündet in die Berufung auf eine Professur, doch die Konkurrenz ist groß; seit 2000 ist die Gruppe des wissenschaftlichen Nachwuchses um 76 %, die Zahl der Professoren hingegen nur um 21 % gestiegen (Konsortium Bundesbericht wissenschaftlicher Nachwuchs 2017, S. 29). Dementsprechend ist die Erreichung des Karriereziels eher unwahrscheinlich. Zudem ist nirgends festgelegt, welche Kriterien erfüllt sein müssen, um auf eine Professur berufen zu werden. Veröffentlichungen in international anerkannten Zeitschriften sollte man schon vorzuweisen haben, wobei das von Fach zu Fach unterschiedlich ist: In den Naturwissenschaften wird nur noch englisch publiziert, in den Geisteswissenschaften ist das nicht im gleichen Maße der Fall. Doch niemand kann sagen, ab wann die für die Berufung auf eine Professur gewünschte „internationale Sichtbarkeit" erreicht ist. Niemand kann sagen, wie viele Publikationen verfasst[8] oder

---

[7]Nachwuchswissenschaftler ist man in einer Passage zwischen Doktorand und Berufung auf eine Professur. Man spricht also von Menschen als ‚Nachwuchs' im Alter zwischen Mitte 20 und Anfang 40, die selbstständig Lehrveranstaltungen durchführen, sich mit der Einwerbung von Forschungsprojekten beschäftigten, sich häufig schon in der Phase der Familiengründung befinden und außerhalb der Universität als wohl situiert gelten.

[8]Auf jeden Fall müssen es viele sein, da in Berufungsverfahren der Anzahl der Veröffentlichungen in referierten Journals mittlerweile ein erhebliches Gewicht beigemessen wird. Angesichts der hohen Konkurrenz auf dem internationalen Publikationsmarkt legt dies ein Verhalten nahe, das gern als ‚wissenschaftliches Fehlverhalten' gebrandmarkt wird: lieber schnell noch nicht völlig abgesicherte Ergebnisse veröffentlichen, bevor andere dies tun, lieber eine gewagte These als solides Arbeiten; dazu auch Zeit-Online (2015).

wie viele Drittmittelprojekte in der PostDoc-Phase akquiriert sein müssen, um bei einer Bewerbung auf eine (Junior-)Professur in die engere Wahl zu kommen. Neue Wege in der Forschung werden zunehmend weniger beschritten, weil die Wahrscheinlichkeit eines die Publikation befürwortenden Gutachtens sinkt, wenn der Text vom wissenschaftlichen Mainstream abweicht (Frey 2005). Es wird schwieriger, auch für ‚abseitige' Themen Forschungsförderer zu gewinnen, und wenn doch, dann sind die entsprechenden Projekte finanziell eher bescheiden ausgestattet. Letztlich aber werden durch den Wettbewerb überwiegend Verlierer produziert. Denn während die traditionelle Währung für Anerkennung im Wissenschaftssystem Reputation ist, führt die Indikatorsteuerung zu Rankings; wer viele Drittmittel einwirbt, darf sich über einen Platz im Ranking freuen; wer nicht so erfolgreich ist, verliert an Reputation, denn bei Rankings ist der Spitzenplatz nicht vermehrbar (Steinert 2010, S. 315).

Zudem ist infrage zu stellen, ob mit den Indikatoren tatsächlich das gemessen wird, was gemessen werden soll, ob die Indikatoren also valide sind[9]. Eine kennziffernorientierte Leistungsbemessung stellt immer, also nicht nur im Hochschulbereich und auch nicht nur im Dienstleistungssektor, den Versuch dar, möglicherweise Nicht-Rechenbares rechenbar zu machen. Das gilt insbesondere dann, wenn qualitative Leistungen quantifizierbar gemacht werden sollen. Münch und Pechmann (2009, S. 77) machen zu Recht darauf aufmerksam, dass die Aufgaben von Professoren einen derartigen Grad an Komplexität haben, „dass die Reduktion dieser Tätigkeiten auf eine bestimmte Auswahl von Aspekten der Realität innerhalb der Hochschulwelt nicht gerecht werden kann". Bereits die Anzahl der Absolventen und Promovierten sagt nur wenig aus über die Qualität der Lehre. Noch mehr gilt dies für die Höhe der eingeworbenen Drittmittel; sie sind nur bedingt aussagekräftig als Indikator für Leistung in der Forschung. Denn auch wenn sich Leistungen in der Forschung sicherlich nicht allein in der Zahl der Veröffentlichungen niederschlagen – zu Leistungen sind „auch die Beiträge zur Kommunikationsinfrastruktur des Forschungssystems oder die Förderung des wissenschaftlichen Nachwuchses" (Jansen et al. 2007, S. 129) zu rechnen –, so sind Publikationen doch zumindest ein Ausweis wissenschaftlicher Tätigkeit und Originalität. Ein Zusammenhang zwischen der Höhe der eingeworbenen Drittmittel und der Anzahl der Publikationen lässt sich aber kaum nachweisen; in manchen Fächern besteht allenfalls eine schwache, in anderen Fächern sogar überhaupt keine Korrelation (Münch 2006a, S. 443), sodass Münch (2006b,

---

[9]Das ist selbstredend keine Frage, die sich bei der Kennziffernorientierung nur in Bezug auf Hochschulen stellt.

S. 472) zu dem Schluss kommt, dass die „Akquisition von Drittmitteln und die Produktion von Erkenntnisfortschritt durch Publikationen (…) sich offenbar in zwei weitgehend separaten Welten" vollziehen – eine Folgerung, die auch von anderen geteilt wird: Trotz „der weit reichenden Akzeptanz der Drittmittel als Leistungsindikator (…) ist die empirische Basis für die Begründung dieses politischen Steuerungsinstruments bisher sehr dünn" (Jansen et al. 2007, S. 131). Eine hohe Drittmitteleinwerbung ist ein Ausweis guter Akquisitionsfähigkeiten, aber nicht unbedingt von hoher Forschungsleistung[10].

Nun sind Universitäten ganz besondere Organisationen; sie zeichnen sich nicht nur „durch die gleichzeitige Existenz verschiedener Organisationsmodelle, von der Hierarchie über das Kollegium bis zur organisierten Anarchie aus, sondern auch durch das parallele Bestehen höchst heterogener fachlicher Kulturen" (Pellert 1999, S. 169). Dadurch ist eine Veränderungsresistenz vermutlich stärker ausgeprägt als in anderen Organisationen; nicht umsonst findet man in der europäischen Geschichte die „ältesten und standhaftesten Organisationsstrukturen (…) in der katholischen Kirche und den Universitäten" (Eichler und Gerber 2010, S. 26). Dies hat seinen Grund darin, dass Universitäten ein spezieller Typus von Organisationen sind, der von Mintzberg (1983) als Profibürokratie bezeichnet worden ist. Für diese ist ein starker operativer Kern charakteristisch, der im Falle von Universitäten von den Professuren und den wissenschaftlichen Mitarbeitern gebildet wird; die strategische Spitze hingegen, also das Rektorat oder das Präsidialkollegium sowie die zentralen Selbstverwaltungsgremien, sind eher schwach ausgeprägt und im Vergleich zu anderen Organisationstypen wie etwa Wirtschaftsorganisationen mit geringen Steuerungsmöglichkeiten ausgestattet (Minssen und Wilkesmann 2003, S. 127). Zudem identifizieren die Mitglieder von Hochschulen sich wie in jeder Expertenorganisation stärker mit ihrer Profession, ihrer wissenschaftlichen Community als mit der Organisation, der sie angehören (Kern 2000; Pellert 1999). Deswegen haben Universitätsleitungen kaum „Personalmacht" (Hüther und Krücken 2011); sie können Karrieren weder anbieten noch verhindern. In Wirtschaftsorganisationen treffen die Leitungen

---

[10]Vielleicht schadet es nicht, in diesem Zusammenhang auch noch einmal an Luhmann zu erinnern, der im Vorwort des letzten zu seinen Lebzeiten erschienenen Buchs folgendes schrieb: „Bei meiner Aufnahme in die 1969 gegründete Fakultät für Soziologie der Universität Bielefeld fand ich mich konfrontiert mit der Aufforderung, Forschungsprojekte zu benennen, an denen ich arbeite. Mein Projekt lautete damals und seitdem: Theorie der Gesellschaft; Laufzeit: 30 Jahre; Kosten: keine" (Luhmann 1997, S. 11). Er hat nie ein Drittmittelprojekt akquiriert.

Personalentscheidungen und offerieren Karrierepositionen, in der Wissenschaft hingegen fallen die wesentlichen Karriereentscheidungen auf Lehrstuhl- bzw. Fakultätsebene und darüber hinaus innerhalb der scientific community. Rektorate von Universitäten sind also nicht zu vergleichen mit Vorständen von Wirtschaftsorganisationen; Veränderungen können weniger durch Anweisungen als vielmehr durch das Setzen von Anreizen bewirkt werden.

Die Indikatorisierung der Mittelverteilung, also die Verteilung von Mitteln anhand von Kennziffern, stellt nichts anderes dar als eine derartige Steuerung durch Anreize. Allerdings werden in Universitäten Dienstleistungen produziert, die sich in ihrer Komplexität in erheblicher Weise von anderen Dienstleistungen unterscheiden; sie können als gutes Beispiel für die Problematik einer kennziffernorientierten Bemessung komplexer Leistungen herangezogen werden. Ziel einer Kennziffernorientierung ist eine Reduktion von Komplexität, indem komplexe Verhältnisse auf Zahlen reduziert werden, die (scheinbar) konkret sind. Kennziffern aber sind immer eine Abstraktion; sie abstrahieren bspw. von den unterschiedlichen Bedingungen, die das Erreichen von Zielen erleichtert oder erschwert; ein Lehrstuhl mit vielen erfahrenen Mitarbeitern wird in der Beantragung von Forschungsmitteln immer erfolgreicher sein als eine kleine Professur. Damit reduzieren Kennziffern nicht nur nicht Komplexität, sondern sie verfehlen sie sogar; die Quantität von Forschungsmitteln ist allenfalls ein sehr grober Indikator für die Qualität von Forschungsleistungen. Das Resultat sind Anreize, die nicht-intendierte Effekte zur Folge haben und zu einer Fehlallokation von Mitteln führen können.

Auf die quantifizierende Bewertung von Leistungen wird man nicht verzichten wollen, doch am Beispiel von Universitäten werden die problematischen Effekte einer kennziffernorientierten Steuerung wie unter einem Brennglas besonders deutlich. Solche nicht-intendierten, sogar kontraproduktiven Effekte von Prozessen der Vermarktlichung finden sich nicht nur bei komplexen, sondern vermutlich auch bei einfacheren Dienstleistungen[11].

Und dann gibt es noch Dienstleistungsarbeiten, die sich einer Vermarktlichung weitgehend entziehen. Gemeint sind interaktive Dienstleistungen. Im Unterschied zur industriellen Produktion, die durch das Verhältnis von Arbeitgeber und Arbeitnehmer gekennzeichnet ist, kommt bei der Erstellung von interaktiven Dienstleistungen eine weitere Partei ins Spiel: der Konsument. Er ist in vielen Fällen an der Dienstleistungserstellung beteiligt; Dienstleistungsarbeit ist dann

---

[11] und im industriellen Sektor natürlich auch; auch dort ist keineswegs sicher, dass die jeweiligen Kennziffern das messen, was sie zu messen vorgeben.

9.3 Vermarktlichung im Dienstleistungsbereich

eine Ko-Produktion von Dienstleistungsgeber und Dienstleistungsnehmer (Rieder und Matuschek 2003). Dienstleistungsarbeiter in diesem Bereich verrichten ihre Arbeit oftmals in Anwesenheit des Kunden, der seinen Beitrag für eine gelungene Dienstleistung zu leisten hat; der Friseur kann keine Haare schneiden, wenn der Kunde den Kopf nicht stillhält, und der Zahnarzt kann seine Behandlung nicht durchführen, wenn der Patient seine Angst nicht unter Kontrolle bekommt. Sowohl aufseiten des Dienstleistungsgebers als auch des Dienstleistungsnehmers müssen die erforderlichen Kompetenzen, die zur Erstellung der Dienstleistung erforderlich sind, vorhanden und die jeweiligen Zielstellungen kongruent sein. Dies gilt zumal dann, wenn der Kunde als Arbeitskraft genutzt werden soll, an den die Erstellung von Dienstleistungen wie etwa an der Gemüsetheke im Einzelhandel oder im Banking-Bereich von Sparkassen delegiert wird; er muss als Arbeitskraft gezielt gesteuert werden, „damit seine produktiven Potenziale unmittelbar ökonomisch genutzt werden können" (Voß und Rieder 2006, S. 124; im Original hervorgehoben). Dies funktioniert aber nur, wenn der Kunde den Erwartungen, die an ihn herangetragen werden, auch entspricht, wenn er also die Erwartung, dass er Arbeit zu übernehmen hat, akzeptiert und wenn er dies auch kann.

Aus naheliegenden Gründen stoßen Versuche der Vermarktlichung hier an ihre Grenzen; die Abnehmer von Dienstleistungen werden sich kaum auf irgendwelche zu erfüllenden Kennziffern einlassen und nicht allein deswegen mehr Gemüse einkaufen, um irgendeine Quote zu erfüllen. Sie befinden sich außerhalb des betrieblichen Herrschaftsverbandes, innerhalb dessen die Regeln der Kennziffernorientierung gelten. Die Kunst des Dienstleisters besteht somit darin, die Kunden zu einem Verhalten zu bewegen, das ihm erlaubt, seine (vorgegebenen) Kennziffern zu erreichen.

Wenn wir dies zusammenfassen, kann Folgendes festgehalten werden. Es gibt Bereiche der Dienstleistungsarbeit, die den aus dem industriellen Sektor bekannten Rationalisierungsstrategien offenstehen. Dabei kann es sich um eine Taylorisierung der Arbeitsabläufe handeln, wichtiger aber scheint – zumindest in manchen Bereichen – die Steuerung über Kennziffern und damit die Vermarktlichung als internes Steuerungsprinzip zu sein. Damit werden auch die Bereiche von Dienstleistungen für effizienzorientierte Rationalisierung geöffnet, die wegen der durch die Aufgaben bedingten Anforderungen an Kreativität lange als rationalisierungsresistent gegolten haben. Für die entsprechenden Dienstleistungsarbeiter weist dies die gleichen Ambivalenzen wie für die Beschäftigten in der Industrie auf, die uns weiter oben im sechsten Kapitel unter dem Stichwort ‚Subjektivierung von Arbeit' beschäftigt haben.

Die an die Arbeitskräfte im Dienstleistungsbereich gestellten Anforderungen sind höchst disparat. Wir finden Bereiche wie große Teile der Unternehmensberatung, die gewissermaßen prototypisch für einen Typus von Arbeitskraft sind, der als Arbeitskraftunternehmer[12] bezeichnet werden kann, neben Bereichen, in denen der Typus des Normalarbeitnehmers vorherrscht, der relativ restriktive Tätigkeiten ausführt, und Bereiche, die durch prekäre Arbeitsbedingungen gekennzeichnet sind; die Lösungen der Transformationsproblematik unterscheiden sich vollständig. Dienstleistungstätigkeiten mit geringen Qualifikationsanforderungen existieren neben Tätigkeiten mit extrem hohen Qualifikationsanforderungen in anderen Bereichen der Dienstleistungserstellung.

Unter solchen Bedingungen nimmt es kaum wunder, dass es eine befriedigende Thematisierung von Dienstleistungsarbeit derzeit nicht gibt; die Wege einer Transformation von Arbeitskraft in Arbeit differieren in Abhängigkeit von den jeweiligen Ausgangsbedingungen zu stark als dass generalisierende Aussagen über den Dienstleistungsbereich insgesamt möglich wären. Angesichts der Disparatheit des Gegenstandsbereichs sind belastbare Aussagen über ‚die' Arbeit im Dienstleistungsbereich auch in Zukunft kaum zu erwarten.

Verständnisfragen
- Worin unterscheidet sich eine sektorale von einer funktionalen Betrachtung von Dienstleistungsarbeit?
- Was sind die Chancen, was die Risiken von Wissensarbeit bzw. Arbeit in Call Centern?
- Wie äußert sich Vermarktlichung im Dienstleistungsbereich?
- An welche Grenzen stößt die Vermarktlichung von Dienstleistungsarbeit?
- Kann die Qualität einer Dienstleistung bewertet werden?

---

[12]Vgl. Kap. 7.

Management und Karriere 10

10.1 Management und Führung

Durch die beschriebenen Veränderungen haben sich die Arbeitsbedingungen und die Aufgaben einer Beschäftigtengruppe fundamental geändert, die gemeinhin als ‚Manager' bezeichnet werden. Von diesen wird zwar häufig geredet[1], bei genauerem Hinsehen ist aber gar nicht mehr so klar, wer eigentlich dazu zu zählen ist. Das fängt schon an bei den Attributen, die ihnen zugewiesen werden. Auf der einen Seite gibt es die „Nieten in Nadelstreifen" (Ogger 1995), die wegen ihrer Unfähigkeit, ihrer exorbitanten Gehälter und im Anschluss an die Finanzkrise auch wegen der ihnen unterstellten Raffgier in die öffentliche Kritik geraten sind; auf der anderen Seite avancieren Verkäufer zu ‚sales managers', Sekretärinnen zu ‚office managers' und Personalverantwortliche zu ‚human resource managers', was zeigt, dass trotz aller ‚Nieten in Nadelstreifen'-Rhetorik „die Chiffre vom Management als sozialprestigeträchtiger, symbolischer Ausweis von Entscheidungskompetenz fest etabliert" (Pohlmann 2002, S. 228) ist.

Managen bezeichnet ganz allgemein ein Entscheiden, wobei diese Entscheidungen in zunehmend komplexer gewordenen Situationen und damit gestiegener Ungewissheit getroffen werden müssen. In dieser Allgemeinheit freilich gibt es kaum jemanden, der nicht als Manager bezeichnet werden könnte; ‚gemanagt' werden muss die Kinderbetreuung in der Familie ebenso wie ein Studium oder das Anfertigen einer Dissertation. Deswegen wird in der Betriebswirtschaftslehre (vgl. die Übersicht bei Staehle et al. 1999, S. 80 ff.; Springer Gabler

---

[1]Eine Stichwortsuche bei Google ergibt nahezu 3 Mrd. Treffer.

Verlag o. J.) unter Managen der Prozess der auf Menschen, Material, Maschinen, Methoden und Kapital bezogenen (zweckrationalen) Planung, Durchsetzung, Organisation und Kontrolle verstanden.

Dies allerdings ist soziologisch etwas unterkomplex, weil damit das Bild des Managers als eines ‚Machers' suggeriert und dabei übersehen wird, dass Manager in Unternehmen es mit hochkomplexen sozialen Systemen zu tun haben, die sich einfacher Steuerung und Intervention entziehen. Organisationen haben eine Eigendynamik, in denen das Management zwar als Entscheidungsträger fungiert, ohne dass jedoch sichergestellt wäre, „dass die Reproduktion des Systems sich daran so orientiert, dass tatsächlich von einer Steuerung der Organisation gesprochen werden kann" (Pohlmann und Markova 2011, S. 115; vgl. auch Pohlmann 2017). Deswegen wird denn auch darauf verwiesen, dass das Handeln von Managern weniger als ‚Machen', sondern eher als „Konstruieren" (Kasper et al. 2002) zu verstehen ist. Manager entscheiden nicht kühl und kalkuliert in klar definierten Situationen, sondern leisten einen wichtigen Beitrag zur sozialen Konstruktion der betrieblichen Realität; sie haben die Rolle „as a facilitator of emancipatory dialogue, a discourse among parties that can lead to mutual learning, deep understanding and insight, and collaborative consciousness and action" (Raelin 2012, S. 818). Um dieses Verständnis von Management, das von den in der Betriebswirtschaftslehre üblichen Vorstellungen abweicht, deutlich zu machen, wird auch von „postheroischem Management" (Baecker 2012) gesprochen – der Manager nicht mehr als ‚heldenhafte' Führungskraft, die ihren Verantwortungsbereich steuert, sondern als mit Entscheidungsbefugnissen ausgestatteter Verantwortlicher, der kommunikativ auf seinen Bereich einwirkt.

Manager gehören zum Personal einer Organisation und unterscheiden sich damit von einem Unternehmer. Sie sind Angestellte, die aufgrund ihrer Position in der betrieblichen Hierarchie mehr als andere Betriebsangehörige in der Lage sind, ihre Sichtweise in der Organisation verbindlich zu machen, also betriebliche Realität zu konstruieren und Entscheidungen zu präjudizieren. Eine Binnendifferenzierung ist nicht ganz einfach. Relativ eindeutig ist noch die Kennzeichnung ‚Topmanager', die Positionen in einer Spanne vom Geschäftsführer eines mittelständischen Betriebes mit ca. 300 Beschäftigten bis zum Vorstandsvorsitzenden eines Großkonzerns umfassen (Hartmann und Kopp 2001). Schwieriger wird es auf den Ebenen darunter, also den Ebenen des mittleren und gehobenen Managements. Scheinbar exakte Bezeichnungen wie die von Huy (2002, S. 38), der zufolge „middle managers are people who are two levels below the CEO and one level above first-line supervisor", haben das Problem, dass sie nur für Unternehmen mit einer relativ tief gegliederten Hierarchie gelten. Aber auch andere Charakterisierungen sind nicht vollends befriedigend, wenn zum

10.1 Management und Führung

mittleren Management (etwa von Delmestri und Walgenbach 2005) auch Positionen gerechnet werden, die andernorts eher als Meister bezeichnet werden. Ohne damit den Anspruch auf besondere Präzision zu erfüllen, sollen deswegen im Folgenden zum mittleren Management die Beschäftigten gezählt werden, die Tätigkeiten mit hohen Qualifikationsanforderungen ausüben und Leitungsfunktionen, vor allem Führungsfunktionen, innehaben (Baethge et al. 1995; Faust et al. 1998; Kotthoff 1998; Kotthoff und Wagner 2008).

Management ist eng mit Führung verbunden. In der Führungsforschung ist man auf der Suche nach dem optimalen Führungsstil lange von der herausragenden Rolle der Person des Führenden, des Vorgesetzten, ausgegangen; dem lag die „alltägliche Vorstellung zugrunde, dass sich Führerschaft durch die Person des Führers erklären lässt." (Steinmann und Schreyögg 2005, S. 646). Dies schloss zunächst auch die Frage ein, ob es so etwas wie einen ‚geborenen' Führer gibt – eine Frage, die vor allem im Rückblick auf den Führerkult im nationalsozialistischen Deutschland gestellt wurde. Entsprechende Vermutungen ließen sich nicht bestätigen; zwar haben es charismatische Personen als Führungskraft leichter, doch man kann ‚gute'[2] Führung auch lernen. Allerdings ist noch immer die Vorstellung weit verbreitet, dass gute Führungskräfte sich durch bestimmte Ausprägungen bei den Big Five auszeichnen[3].

In einem anderen Strang der Führungsforschung wurde der Frage nach dem optimalen Führungsstil nachgegangen. Diskutiert wurden die Vor- und Nachteile eines mitarbeiter- oder aufgabenorientierten Führungsstils und die Chancen und Risiken kooperativer bzw. autoritärer Führung. Deutlich wurde, dass die Erfolgsaussichten unterschiedlicher Führungsstile von der jeweiligen Situation abhängen, in der sie angewandt werden: Bei Katastropheneinsätzen ist eine kooperative Führung der Rettungsmannschaften, in der die nächsten Schritte gemeinsam entschieden werden, eher suboptimal, während eine autoritäre Führung wiederum bspw. in der Projektarbeit völlig unangemessen ist.

---

[2]Die Apostrophierung des Adjektivs sollen deutlich machen, dass es selbst in der Führungsforschung kein allgemein geteiltes Verständnis gibt, anhand welcher Kriterien von ‚guter' bzw. ‚erfolgreicher' Führung gesprochen werden kann.

[3]Diese Big Five stellen fünf Persönlichkeitsdimensionen der Psychologie dar, auf denen sich (angeblich) jeder Mensch einordnen lässt. Dabei handelt es sich um Offenheit für Erfahrungen, Gewissenhaftigkeit, Extraversion, Verträglichkeit und Neurotizismus. Bei ‚guten' Führungskräften sind vor allem die Dimensionen Extraversion, aber auch Gewissenhaftigkeit und Offenheit für Erfahrungen besonders ausgeprägt. Näheres findet sich bei Furtner und Baldegger (2013, S. 18 ff.).

Diese Erkenntnis von der Bedeutung der jeweiligen Situation, in der Führung stattfindet, ist in letzter Zeit allerdings wieder etwas verloren gegangen, nachdem in der einschlägigen Managementliteratur die Vorteile eines spezifischen Führungsstils gefeiert werden, der transformationalen Führung; sie basiert auf dem Charisma von Vorgesetzten, die durch ihre Visionen eine Transformation der Einstellungen und Werte ihrer Mitarbeiter bewirken mit dem Ziel einer erhöhten intrinsischen Motivation.

Zumindest unterschwellig wird in der Führungsforschung nach wie vor von einer einseitig dominierten Kommunikationsbeziehung zwischen Vorgesetzten und Mitarbeitern ausgegangen. Natürlich ist diese Beziehung nicht symmetrisch; aufgrund der Position in der Hierarchie sind Vorgesetzte mit mehr Entscheidungsbefugnissen ausgestattet. Doch diese Beziehung ist auch nicht völlig asymmetrisch; die Untergebenen verfügen ebenso über Macht. Dies hat ihren Grund in der Komplexität, in der Vorgesetzte Entscheidungen zu treffen haben, und der Notwendigkeit, diese Komplexität zu reduzieren. Deswegen ist der Vorgesetzte „auf Vorsortierung angewiesen. Er wäre verloren, würde der Untergebene alle Probleme nach oben geben" (Luhmann 2016c, S. 97). Und wenn zudem Organisationen nicht mehr als Maschinen verstanden werden, „deren Abläufe man wie von außen definieren und kontrollieren kann" (Baecker 2012, S. 478), dann entstehen Zweifel an der Bedeutung, die der Person der Führungskraft in der Führungsforschung nach wie vor unterstellt wird.

Stattdessen muss Führung als „Resultat einer Führungsbeziehung" begriffen werden, die „sich den wechselseitigen Führungserwartungen und Führungssituationen" (Pohlmann und Markova 2011, S. 125) anpasst. In diesem Zusammenhang wird auch von ‚lateraler Führung' – vom „Führen zur Seite" (Kühl und Schnelle 2009, S. 51) – gesprochen, bei der es vor allem auf die Einflussmechanismen Verständigung, Vertrauen und Macht ankommt. Damit wird das Problem aufgegriffen, dass Hierarchie nicht mehr wie früher funktioniert und Führungskräfte sich „vermehrt in Situationen wiederfinden, in denen sie Entscheidungen treffen müssen, ohne jedoch über die entsprechenden hierarchischen Weisungsbefugnisse zu verfügen" (Kühl und Matthiesen 2012, S. 532)[4]. Vorgesetzte sind auch auf ihre Mitarbeiter angewiesen, die gewissermaßen ihre

---

[4]Andere sprechen mit ähnlicher Ausrichtung von ‚agiler Führung'. Auch hier wird hervorgehoben, dass „die Fähigkeit, Führung als sozialen Prozess zu gestalten, gegenüber fachlicher und administrativer Kompetenz in den Vordergrund" (Freitag und Freitag 2016, S. 72) rückt.

Führungskräfte ‚führen'. Doch diese „Kunst, Vorgesetzte zu lenken", spielt in den Untersuchungen der einschlägigen Führungsforschung keine nennenswerte Rolle, obwohl diese Kunst erheblich zur Stabilität eines sozialen Systems beitragen kann (Luhmann 2016a, S. 37).

10.2 Zugangswege ins Topmanagement

Positionen im Management sind Karrierepositionen – und damit stellt sich die Frage: Was ist eigentlich Karriere? Im deutschen Sprachraum wird Karriere und Karriereerfolg gemeinhin durch Aufwärtsmobilität charakterisiert (Bolino 2007, S. 821; als Überblick Hartmann 2017), im anglo-amerikanischen Sprachraum hingegen wird Karriere oftmals als „the evolving sequence of a person´s work over time" (Arthur et al. 2004, S. 8; im Original hervorgehoben) verstanden. Karriere bezeichnet hier die im Laufe eines Berufslebens gesammelten Erfahrungen und ganz allgemein die berufliche Entwicklung; sie ist nicht unbedingt mit hierarchischem und/oder finanziellem Aufstieg assoziiert, sondern im Vordergrund steht die zeitliche Dimension von Arbeit, was im Deutschen eher als Berufsverlauf bezeichnet werden kann (Mense-Petermann 2014). In diesem Sinne wäre selbst eine „Null-Karriere" noch Karriere, weil auch sie „Individualgeschichte im Unsicheren" (Luhmann 1994, S. 198) festlegt.

Auch eine solche ‚Null-Karriere' kann eine erfolgreiche Karriere sein, sofern unterschieden wird zwischen einer ‚objektiven' und einer ‚subjektiven' Karriere. Objektiv ist eine Karriere „a sequence of externally observable jobs" (Gunz 1989, S. 226); Karriereerfolg lässt sich hier bemessen etwa an Einkommen und Aufstieg (Volmer und Spurk 2011). Eine subjektive Karriere hingegen ist „a process of personal development" (Gunz 1989, S. 226); Indikatoren für Erfolg sind hier Zufriedenheit mit dem Beruf und dem Job. Solche subjektiven Karrieren finden ihren Niederschlag in den Geschichten, die mit dem Ziel erzählt werden, den Unwägbarkeiten des Lebens im Nachhinein Kohärenz zu verleihen (Barley 2004, S. 49; Gold und Fraser 2002). Naheliegender Weise müssen subjektiver und objektiver Karriereerfolg nicht Hand in Hand gehen; so berichten Volmer und Spurk (2011) von Metastudien, die herausgefunden haben, dass allenfalls in jedem dritten Fall subjektiver und objektiver Karriereerfolg übereinstimmten. Eine ‚Null-Karriere' kann subjektiv ein Erfolg sein, auch wenn sie dies objektiv keineswegs ist, während eine objektive Karriere, also das Erreichen einer hohen Position auf der ‚Karriereleiter', wiederum angesichts der damit verbundenen Verpflichtungen und Beanspruchungen subjektiv nicht unbedingt als Erfolg gewertet werden muss.

Der Erfolg einer (Management-)Karriere ist im Prinzip also nicht einfach zu bestimmen. Wenn wir aber bei dem im deutschen Sprachraum üblichen Verständnis von Karriere im Sinne einer Aufwärtsmobilität bleiben, können Positionen im Management, zumal im gehobenen oder gar im Topmanagement, als Ausdruck einer erfolgreichen Karriere gewertet werden.

Wer eine solche Position im Topmanager besetzt, hat in aller Regel ein Studium, oftmals ein Studium der Wirtschaftswissenschaften, absolviert und ist nicht selten promoviert, wie Höpner (2004) bei einer Untersuchung der Biografien von 90 Vorstandsvorsitzenden der vierzig größten Unternehmen in Deutschland herausgefunden hat. Um es bis ins Topmanagement zu bringen, reicht ein Studium allein bekanntlich nicht aus, entscheidender ist offenbar die soziale Herkunft. Dies haben Hartmann und Kopp (2001) bei ihrer Untersuchung der Zugangswege zu hohen Führungspositionen nachgewiesen; die Chance, eine hohe Führungsposition in einem großen Unternehmen zu erlangen, wird ganz entscheidend durch eine Herkunft aus dem Großbürgertum verbessert. Immerhin fast die Hälfte der Vorstandsvorsitzenden der hundert größten Unternehmen in Deutschland weist diese soziale Herkunft auf und „nur um die 15 % kommen aus den breiten Mittelschichten oder der Arbeiterklasse, den unteren 96,5 % der Bevölkerung" (Hartmann 2007, S. 144). Dies gilt nicht nur für Deutschland, selbst in Schweden zeigen empirische Untersuchungen die ausschlaggebende Bedeutung der Klassenherkunft (Bihagen et al. 2013). Dies beruht nicht, wie vermutet werden könnte, auf Patronage, sondern Kandidaten mit einer Herkunft aus dem Großbürgertum verfügen über einen spezifischen Habitus (Bourdieu 1983), also über ein System von Dispositionen, das sie wegen unterschiedlicher Sozialisationsverläufe von dem Habitus eines Angehörigen unterer sozialer Klassen unterscheidet. Sie beherrschen die in hohen Führungskreisen geltenden Dress- und Benimm-Codes, sie kennen die Regeln der Kleidung[5] und verfügen über die Fähigkeit eines ‚parkettsicheren' Auftretens, sie haben die erforderliche Allgemeinbildung und vor allem die Souveränität und Weltläufigkeit, sich auch in den Chefetagen großer Unternehmen souverän bewegen zu können.

Vor allem vermittelt eine solche Herkunft den für die Einstellung Verantwortlichen die Hoffnung einer gleichen Denk- und Handlungsweise und das ist in

---

[5] „Wer eine auffällige Krawatte oder weiße Socken trägt, kennt sich entweder nicht aus in den Gepflogenheiten, die in den Chefetagen deutscher Großunternehmen herrschen, oder er ignoriert sie bewusst. Ersteres ist dabei noch unverzeihlicher als letzteres" (Hartmann 1995, S. 456).

dieser Position alles andere als unwichtig; der „Druck, unter dem Topmanager bei ihren Entscheidungen stehen, und die häufig äußerst unsichere Informationsbasis, aufgrund derer sie diese Entscheidungen treffen müssen, lässt sie nach Personen suchen, denen sie vertrauen oder deren Persönlichkeit sie zumindest gut einschätzen können" (Hartmann 2007, S. 147). Je höher die Position, für die rekrutiert werden soll, umso weitreichender sind die auf dieser Position zu treffenden Entscheidungen und umso höher wird von denjenigen, die über die Stellenbesetzung zu entscheiden haben, die Bedeutung von Risiken gewichtet. Deswegen wird es – neben fachlichen Qualifikationen – zu einem wichtigen Rekrutierungskriterium, dass die ‚Chemie stimmt'. Und solche außerfachlichen Einstellungskriterien anzulegen, „fällt umso leichter, als die Rekrutierungsentscheidung für die höchsten Positionen mit dem geringsten formalen Rechtfertigungsaufwand in der Organisation versehen sind" (Pohlmann 2009, S. 526).

Die Exklusivität der Wirtschaftselite ist also nicht das Resultat bewusster und direkter Bevorzugung bestimmter Personen, sondern eine Folge sozialer Distinktion, durch die der Kreis potenzieller Kandidaten eingeschränkt wird. Allerdings müssen auch Bewerber, die den Zugangskriterien genügen, etwas Glück haben, denn die Besetzung höchster Stellen im Management ist immer auch von Zufällen abhängig – „etwa davon, dass der Tod oder ein rechtzeitig kommender Skandal den begehrten Platz räumt" (Luhmann 2000, S. 299).

10.3 Kaminkarriere oder „boundaryless career"?

Manager auf hohen Positionen sehen ihre berufliche Perspektive zunehmend nicht mehr in nur einem Unternehmen. Vermutlich gibt es einen Zusammenhang zwischen Aktienoptionen als Bestandteil des Gehalts und der Loyalität von Managern zum Unternehmen und es spricht einiges dafür, dass diese Aktienoptionen die Loyalität und damit auch die berufliche Langfristorientierung unterminieren. Denn die Basis von Loyalität ist die langfristige Bindung an das Unternehmen, doch „je höher die kurzfristigen Gewinne aus Aktien-Optionen im Vergleich zu den langfristigen Einkommenschancen (sind), die Manager im internen Arbeitsmarkt des Unternehmens erwarten können, umso stärker ist der Anreiz zum Opportunismus" (Windolf 2005, S. 51) und damit zu einer Kurzfristorientierung, die das Verlassen des Unternehmens einschließen kann[6]. So gesehen, scheinen

---

[6]Dies ist ein erheblicher Unterschied zu den angestellten (Top-)Managern von früher, die ihrem Unternehmen sowohl im Erfolg wie im Misserfolg sichtbar verbunden blieben; vgl. dazu Kocka (2017, S. 560).

Versuche, Anreize dieser Art zur Leistungsverbesserung einzusetzen, eher kontraproduktiv zu sein und nicht-intendierte Folgen nach sich zu ziehen – jedenfalls dann, wenn Unternehmen in ihrer Spitze auf bewährtes Personal angewiesen sind.

Karrierewege im mittleren und höheren Management verlaufen (noch) anders. Typisch für das mittlere und gehobene Management in Deutschland war die ‚Kaminkarriere': Man trat in ein Unternehmen auf einer eher untergeordneten Position ein und stieg im Laufe der Berufstätigkeit langsam in der Hierarchie dieses Unternehmens auf. Dies war bis in die 1980er-Jahre so ausgeprägt, dass Pross und Boetticher (1971, S. 72) sich eher an die Berufsgeschichte „von Beamten in einer öffentlichen Verwaltung als (an) den Lebensweg des Unternehmers aus der Epoche der Industrialisierung" erinnert fühlten.

Eine solche Kaminkarriere beruht auf impliziten Reziprozitätsannahmen; die angehenden Manager verzichten loyal auf eine Karriere außerhalb ihres Unternehmens im Vertrauen darauf, dass frei werdende Führungspositionen ihres Unternehmens intern besetzt werden, sodass auch sie irgendwann zum Zuge kommen[7]. Für Unternehmen hat ein solches Karrieremodell den Vorteil, dass sich „durch interne Karrieren – also mittels organisationaler Bewährung und Sozialisation – die erforderliche Reproduktion von Wertorientierungen am besten sicherstellen lässt" (Pohlmann und Bär 2009, S. 32) und damit der Bedarf an Sicherheit gedeckt wird; denn weil sich nicht alles formal regeln lässt, müssen Unternehmen darauf vertrauen können, dass Regelungslücken nicht zu ihrem Nachteil ausgenutzt werden, und dies können sie vor allem durch einen Rückgriff auf bewährtes Personal.

Allerdings werden Karriereversprechen heute nicht mehr in gleichem Maße eingelöst wie früher, Senioritätsregeln weichen auf. Der in der Forschung oftmals behauptete Bedeutungsverlust der Langfristorientierung in psychologischen Verträgen[8] hat seinen Grund auch darin, dass die Kaminkarriere langsam ihren Einfluss verliert (Faust 2002b; Sullivan 1999) und damit auch die normativen Grundlagen dieses Modells. Zum einen sind entsprechende Aufstiegspositionen infolge der Abflachung von Hierarchien in den 1990er-Jahren seltener geworden

---

[7]Diese Kaminkarriere bezieht sich in erster Linie auf Positionen im mittleren und gehobenen Management, doch es war auch nicht ausgeschlossen, es bis nach ‚ganz oben' zu schaffen, also als Auszubildender in das Unternehmen einzutreten und es – wie seinerzeit Jürgen Schrempp bei Daimler-Benz – bis zum Vorstandsvorsitzenden zu bringen.

[8]Vgl. zum psychologischen Vertrag Abschn. 3.3.

10.3 Kaminkarriere oder „boundaryless career"?

(Faust et al. 2000), zum anderen hat ein Aufstieg in das mittlere und höhere Management mittlerweile einen Hochschulabschluss zur Voraussetzung, sodass die entsprechenden Positionen durch Rekrutierung auf dem externen Arbeitsmarkt besetzt werden und nicht mehr wie früher als Aufstiegspositionen für Betriebsangehörige mit Meisterabschluss zur Verfügung stehen.

Dadurch verändern sich Karrieren und es entwickeln sich neue Karrieremodelle. In gewisser Weise stellt dies eine Angleichung an Karrieremodelle dar, die außerhalb von Deutschland insbesondere in den angloamerikanischen Ländern weit verbreitet sind bzw. sein sollen. Dort sind Karrieren oftmals „nicht mehr auf eine Organisation, eine Branche oder ein regionales Gebiet begrenzt" (Hermann und Mayrhofer 2005, S. 216), sie sind „boundaryless" (Arthur und Rousseau 1996b) und damit geradezu „the opposite of ‚organizational careers' – careers conceived to unfold in a single employment setting" (Arthur und Rousseau 1996a, S. 5); manche sprechen deswegen auch von „portfolio"- (Mallon 1998) oder von „protean"-Karrieren (Hall 2004)[9].

Zwar haben sich in Deutschland Karrierepfade nicht in einem derartigen Ausmaß verändert, wie es in diesen Bezeichnungen annonciert wird, doch sicherlich sind Karrierewege für Manager insgesamt ungewisser geworden; die Kriterien, nach denen Aufstiegspositionen vergeben werden und erreichte Positionen gesichert werden können, werden „leistungs- und ergebnisbezogener (…), während Loyalität und die Dauer der Organisationszugehörigkeit an Gewicht verlieren" (Faust et al. 2000, S. 313). Der Bindung der (potenziellen) Führungskräfte an ihre Unternehmen steht damit nicht mehr das Versprechen auf Karriere in diesem Unternehmen gegenüber, was von denen, die in dieses Versprechen investiert haben, als Verletzung des psychologischen Vertrages, als Entzug von Sicherheit interpretiert werden kann.

Insgesamt scheinen lang andauernde Betriebszugehörigkeit und daraus folgende intime Kenntnis des Unternehmens ebenso wie interner Aufstieg für Karriere an Bedeutung zu verlieren; stattdessen scheint ein Wechsel von Aufgaben und Standorten zunehmend wichtiger zu werden. Allerdings darf dies keineswegs dahin gehend missverstanden werden, dass das deutsche Managementmodell

---

[9]Das Adjektiv ‚protean' ist abgeleitet von Proteus, einem frühen Meeresgott der griechischen Mythologie, der sich durch die Fähigkeit der Verwandlung auszeichnete und jede denkbare Gestalt annehmen konnte. Mit der Metapher der ‚protean career' soll also die Fähigkeit der Individuen bezeichnet werden, sich an unterschiedliche Karriereanforderungen anzupassen.

sich grundlegend gewandelt hätte, wie es sich in der Rede von der ‚boundaryless career' ausdrückt. Kels und Vormbusch (2009, S. 61) weisen nicht zu Unrecht darauf hin, dass damit „heroisierte Vorstellungen der berufsbiografischen Gestaltungs- und Selbstverwirklichungspotenziale transnational operierender Beschäftigter" transportiert werden, die sich zudem „bislang auf die sozialstrukturell eher marginale Elite des Topmanagements in transnationalen Unternehmen" konzentrieren (so auch Pringle und Mallon 2003), und zwar vor allem in US-Unternehmen (Simpson und Ituma 2009). Die empirischen Belege für die Realität dieses neuen Karrieremodells sind insgesamt zudem eher dünn (Roper et al. 2010).

Neben einer zweifelhaften empirischen Evidenz wird an der These von der ‚boundaryless career' eine Überbetonung der individuellen Handlungsfähigkeit und die ungenaue Begrifflichkeit kritisiert (Inkson et al. 2012, S. 323), und in der Tat ist die Rede von der Grenzenlosigkeit soziologisch fragwürdig[10] und zumindest erklärungsbedürftig. Systeme benötigen Grenzen, um sich selbst zu definieren (Sullivan 1999); die Grenzen von Karrieren mögen sich verschoben haben, aber sie sind nicht verschwunden (Walton und Mallon 2004), und so wird dann auch vorgeschlagen, statt von ‚boundaryless' besser von ‚boundary-crossing careers' zu sprechen (Inkson et al. 2012, S. 332).

Organisationskarrieren sind also nicht passé; sie sind nach wie vor „der typische Karrierefall" (Mense-Petermann 2014, S. 18) und „wünschenswert" (Clarke 2013, S. 684), weil sie auch Sicherheit vermitteln. Das heißt aber nicht, dass die Behauptung einer zunehmenden Bedeutung grenzüberschreitender Karrieren völlig an den Haaren herbeigezogen wäre; zwar gibt es ebenso wenig eine grundlegende Erosion der Kaminkarriere wie eine Dominanz der ‚boundaryless career', aber es kann sicherlich von „einer Pluralisierung von Karrieren" (Hyll 2014, S. 236); im Original hervorgehoben) gesprochen werden, die auf neuen Leitbildern, Erwartungen und Strategien von Organisationen und deren Mitgliedern beruhen. Unterschiedliche Karriereformen bestehen nebeneinander.

Insgesamt werden die bisher wichtigen Funktionsgeflechte in und außerhalb des angestammten Unternehmens, die typische Herangehensweise an Probleme und die Arbeitstugenden, die zur Karriere prädestinierten, tendenziell entwertet. Stattdessen scheinen im mittleren Management zunehmend Kompetenzen an Gewicht zu gewinnen, die auch für die Besetzung von Positionen im Topmanagement relevant sind: „Expressivität und Selbstdarstellungskünste

---

[10]Der Begriff der Entgrenzung ist da doch um einiges gehaltvoller, vgl. dazu Kap. 5.

werden wichtiger"(Faust et al. 2000, S. 25; ähnlich Hartmann 1995, S. 465)[11]. Neben einer soliden akademischen Ausbildung gewinnen der Habitus und das „Impression Management" (Piwinger und Bazil 2014) auch im mittleren und höheren Management an Bedeutung; wer über die Fähigkeit eines sicheren Auftretens verfügt und sich darzustellen weiß, hat es einfacher.

Vor allem aber verabschiedet man sich von einem Laufbahnmodell, in dem Erfahrung und Entfaltung wichtige Marksteine waren, und geht über zu einem „Früherkennungsmodell" (Kotthoff und Wagner 2008, S. 207), in dem Führungskräfte durch High-Potential-Analysen ausgewählt werden[12]; wer dabei durch die Maschen fällt, hat später nur noch wenig Möglichkeiten, dies zu korrigieren, und wird nicht mehr weit kommen. All dies führt dazu, dass die Arbeitsplätze von Hochqualifizierten nicht mehr in gleichem Maße sicher sind wie früher – mit der Folge einer erheblichen Verunsicherung in dieser Beschäftigtengruppe; sie haben den „Eindruck, dass sie als Arbeitskräfte zunehmend austausch- und ersetzbar geworden sind" (Kämpf 2008, S. 421) und sich „auf dem Weg zu normalen Arbeitnehmern" (Boes und Kämpf 2010, S. 615) befinden.

10.4 Mobilität von Managern

Die Mobilitätsanforderungen an Manager sind gestiegen. Legt man die Flut von Veröffentlichungen zum internationalen Personalmanagement zugrunde, dann scheint ein mehrjähriger Auslandsaufenthalt mittlerweile ein unverzichtbares Element von Managerkarrieren geworden zu sein. Allerdings ist die empirische Evidenz für diese Annahmen eher ambivalent. Denn zum einen ist die Datenlage zur quantitativen Bedeutung von Auslandstätigkeiten ausgesprochen unbefriedigend,

---

[11]Was im Übrigen nicht nur für das Management gilt: Schroer (2010, S. 277) hat darauf hingewiesen, dass die Notwendigkeit zur Selbstpräsentation, Selbstdarstellung und Selbstinszenierung unter Individualisierungsbedingungen zugenommen hat: „Individualisierung bedeutet eben auch, dass sich das Individuum nicht mehr ohne weiteres auf die Bestätigung seiner selbst durch die ihn umgebende soziale Umwelt verlassen kann".

[12]Besonderer Beliebtheit erfreuen sich dabei die Assessment-Center, in denen Kandidaten mit Aufgaben konfrontiert werden, die Situationen ihres späteren beruflichen Alltags simulieren sollen. Solche Verfahren der Personalauswahl werden mittlerweile bei der Rekrutierung für nahezu alle hierarchischen Positionen in einem Unternehmen eingesetzt. Dabei ist keineswegs sicher, dass die Personalauswahl mithilfe von Assessment-Centern ‚treffsicherer' ist als andere Verfahren; zu den kritischen Einwänden vgl. Sarges (2009); Walgenbach (2014, S. 298).

und wenn doch, wie bei Harris et al. (2005), Daten präsentiert werden, dann beruhen sie auf einer Befragung von großen europäischen und amerikanischen multinationalen Unternehmen, die aber kaum als repräsentativ für Unternehmen insgesamt angesehen werden können. Und andere Untersuchungen wie etwa Auswertungen empirischer Daten bei den Top-100-Industrieunternehmen in den USA, Ostasien und Deutschland kommen sogar zu dem Schluss, dass weder mittlere Manager noch Spitzenmanager ihre Karrieren im Ausland machen, sondern dass „sich eine Entsendedynamik mit eher kurzfristigen Auslandsaufenthalten etabliert (hat), die mit der Bevorzugung von Insidern für Spitzenpositionen kompatibel ist" (Pohlmann 2009, S. 513).

Der Zusammenhang von Auslandentsendungen von Fach- und Führungskräften und Karriere im Sinne einer Aufwärtsmobilität ist also keineswegs so eindeutig, wie oftmals unterstellt wird. Denn ungeachtet dessen, dass auch im Topmanagement viele Positionen mit Personen besetzt sind, die wenig oder überhaupt keine Auslandserfahrungen vorzuweisen haben – und zwar nicht nur in Deutschland (Hartmann 2002, 2009), sondern auch in den USA (Bolino 2007) –, zieht eine Tätigkeit als Expatriate nicht zwangsläufig einen hierarchischen Aufstieg nach sich; manche werden, wie die mittlerweile umfangreiche Literatur zur Repatriierung nach Auslandsentsendungen zeigt (vgl. nur Allen und Alvarez 1998; Forster 1997; Linehan und Scullion 2002; Minssen 2009b), durch die räumliche Entfernung vom internen Arbeitsmarkt karrieremäßig sogar eher abgehängt, sodass die Auslandsentsendung mehr einen Nach- als einen Vorteil darstellen kann (Gottwald und Klemm 2009; Mense-Petermann und Klemm 2009). Dies bestätigte sich auch in einer Untersuchung von 1.000 Vorstandsvorsitzenden aus den jeweils 500 größten Unternehmen in Europa und den USA, für deren Karriere längere Auslandsaufenthalt eher schädlich waren (Hamori und Koyuncu 2011; mit allerdings anderen Befunden Biemann und Braakmann 2013, S. 3438).

Zumindest für Deutschland kann festgehalten werden, dass die internationalen Aktivitäten von Managern im Zuge der Internationalisierungsprozesse von Unternehmen vermutlich zugenommen haben, doch ist dies nicht einher gegangen mit grundlegend veränderten Karriereverläufen; nicht die internationalen Arbeitsmärkte prägen die Karriereverläufe, „sondern die organisationalen Karrieresysteme der Unternehmen" (Pohlmann und Bär 2009, S. 14; mit gleichem Ergebnis Minssen 2009b). Nach wie vor dominieren traditionelle nationale Karrieremuster; es gibt keine internationale Wirtschaftselite mit gleichen Karrierepfaden (Hartmann 2009), auch wenn in Deutschland die Spitzenmanager mittlerweile internationaler aufgestellt sind (M. Hartmann 2015).

10.4 Mobilität von Managern

Die Frage ist dann: Weswegen gehen Führungskräfte überhaupt ins Ausland, wenn sich kein ausweisbarer Vorteil für die Karriere nachweisen lässt? Zunächst einmal ist darauf hinzuweisen (vgl. zum Folgenden Minssen 2009a), dass der Globalisierungsdiskurs zwar das Bild eines vollmobilen, international tätigen Managers suggeriert, dass aber Auslandsentsendungen offenbar weit seltener sind als angesichts der Literatur zum Thema vermutet werden könnte; die auch länger andauernde Dienstreise ist nach wie vor das bevorzugte Instrument, mit dem internationale Aktivitäten verfolgt werden. Und wenn Unternehmen auf die bereits mehrfach erwähnten Expatriates zurückgreifen, dann geht es um den Transfer von Wissen in die ausländischen Niederlassungen; die Entwicklung der Mitarbeiter sowohl in Bezug auf deren Persönlichkeit wie in Bezug auf die Karriere steht seitens der Unternehmen zumindest nicht im Vordergrund.

Dies gilt gleichermaßen für die Expatriates selbst; berufliche Entwicklung im Sinne von Fortschritten in der Karriere ist kein ausschlaggebendes Motiv, sich um eine Auslandsentsendung zu bemühen bzw. ein entsprechendes Angebot anzunehmen. Expatriates bemühen sich in der Regel um eine Entsendung ins Ausland. Dies wird verknüpft mit beruflichen Präferenzen, insbesondere einer finanziellen Besserstellung und einer inhaltlich interessanteren Arbeitsaufgabe. Letzteres ist auch der Aspekt, unter dem viele Expatriates Auslandsendungen und Karriere in einen Zusammenhang bringen; sie gehen ins Ausland, weil sie dort in der Regel einen deutlich vergrößerten Aufgabenbereich und mehr Verantwortung, unter dem Strich also einen erweiterten Handlungs- und Entscheidungsspielraum, vorfinden, während – mit Ausnahme der Expatriates aus den (wenigen) Unternehmen, in denen die Programme der Führungskräfteentwicklung auch Auslandsentsendungen vorsehen – die Tätigkeit im Ausland nur selten mit der expliziten Erwartung auf eine nachfolgende Karriere im Sinne eines positionalen Aufstiegs angetreten wird. Objektiv muss eine Auslandsentsendung also keineswegs ein Karrierefortschritt bedeuten, subjektiv trägt eine Auslandsentsendung durchaus zur Karriere bei; die persönliche Entwicklung, die sie durch die Erfahrung einer Tätigkeit im Ausland genommen haben, wird von Expatriates immer wieder als gravierender Vorteil hervorgehoben (Stahl et al. 2002), wie überhaupt der Zuwachs an Erfahrungswissen und Kompetenz, der Aufbau von sozialem Kapital und die erweiterte Entscheidungsspielräume auf der Habenseite (internationaler) Mobilität verbucht werden können (Kesselring und Vogl 2010, S. 122).

Insgesamt kann wohl davon ausgegangen werden, dass Karrieren heute stärker als früher mit Wechseln verbunden sind, wenn auch nicht unbedingt ins Ausland; Mobilität umfasst weniger eine internationale Mobilität als vielmehr eine zwischenbetriebliche Mobilität. Dies hat seinen Grund darin, dass als Manager nicht mehr wie früher die fachlichen Spezialisten gefragt sind, sondern diese „zusehends von dem allgemein qualifizierten Manager mit breitem Erfahrungshintergrund ersetzt" (Freye 2009, S. 192) werden. Die so entstandenen „Generalisten" (Faust 2002b) freilich sind, wenn sie extern rekrutiert werden und in das Management einrücken, nicht mehr in gleicher Weise emotional verbunden mit ihrer Firma, wie (Kotthoff 1998, S. 240 ff.) zusammenfasst: Sie sitzen nicht mehr ‚mit im Boot' und haben kein Verständnis für die Notwendigkeit eines sozialen Zusammenhalts, sie informieren nicht ausreichend über ihre Konzepte, Pläne und Strategien, sie haben weniger Persönlichkeit, weniger Autorität und Führungsstärke als die ausgeschiedenen ‚Alten'. Damit werden in Deutschland Elemente des amerikanischen Managementmodells übernommen. Dieses unterscheidet sich durch eine ausgeprägtere Kurzfristorientierung, durch eine geringe Verweildauer der Führungskräfte in den Unternehmen und insgesamt durch eine stärkere horizontale Karrieremobilität vom deutschen Modell (Gergs und Schmidt 2002; Höpner 2004).

Unter Managern scheint dies inzwischen auch weitgehend akzeptiert zu sein; in einer Follow-up-Studie jedenfalls, in der Fach- und Führungskräfte nach einem längeren Zeitraum ein zweites Mal befragt wurden, stellten Kotthoff und Wagner (2008, S. 290) fest, dass diese sich nicht mehr, wie zwölf Jahre zuvor, über die ‚Amerikanisierung' des Topmanagements beklagten, obwohl ihre Arbeitsplätze unsicherer geworden waren. Sie billigten die Notwendigkeit von Kosteneinsparungen, Effizienzsteigerungen und Verbesserung der Wettbewerbsbedingungen, fühlten sich aber auch nicht mehr zu unbegrenzter Loyalität verpflichtet. Ihre ‚Beitragsorientierung' war gesunken; ihre relationalen psychologischen Verträge, die wesentlich auf Langfristigkeit angelegt waren, sind ergänzt worden durch Elemente von transaktionalen psychologischen Verträgen, die auf eher kurzfristigen und ökonomisch orientierten Austauschbeziehungen basieren[13].

10.5 Manager und Familie

Die Arbeitsbedingungen im Management haben sich im Zuge der Shareholder-Value-Orientierung und der Durchsetzung des Finanzmarkt-Kapitalismus geändert. Wir haben bereits im zweiten Kapitel darauf hingewiesen, dass

---

[13]Zur Unterscheidung von relationalen und transaktionalen Verträgen vgl. Abschn. 6.4.

10.5 Manager und Familie

in börsennotierten Unternehmen die Entscheidungsmöglichkeiten beschränkt werden, weil sie an den Interessen der Kapitalgeber ausgerichtet werden müssen; aber auch in nicht-börsennotierten Unternehmen haben (nicht nur) Vorstände sich anhand von Kennziffern bewerten zu lassen und ggfls. zu rechtfertigen. Hohe Führungskräfte verlieren Spielräume, ihr „Arbeitsmarkt wird kompetitiver und die durchschnittlichen Amtszeiten von Vorstandsvorsitzenden (werden) kürzer" (Höpner 2003, S. 207).

Karriere erfordert von Managern eine weitgehende Unterwerfung unter fremde Ansprüche. Unternehmen verlangen von ihren Führungskräften mehr noch als von den ‚normalen' Betriebsangehörigen, unternehmerisch zu denken und zu handeln. Vermarktlichung funktioniert nicht, wenn deren Leitlinien des Handelns im Management nicht akzeptiert und umgesetzt werden. Dies geht einher mit einem ausufernden Anspruch auf Verfügbarkeit. Zwar gehört es seit jeher zum Selbstbild von Führungskräften, dass sie länger arbeiten als ‚normale' Arbeitnehmer: „Leitende haben eine Aufgabe, keine Arbeitszeit", so einer der von Faust et al. (2000) befragten leitenden Angestellten. Doch mittlerweile drängen Unternehmen bei ihren Führungskräften auf weitere Flexibilisierung und Verlängerung der Arbeitszeiten ebenso wie auf eine Intensivierung der Arbeit und solche betrieblichen Verfügbarkeitsansprüche sind den Befunden von Faust et al. (2000, S. 22) zufolge erheblich gestiegen. Dies schlägt sich nieder in einer Zeitbelastung, durch die die ohnehin schon unscharfe Grenze zwischen Beruf und Privatleben noch weiter verschwimmt. Entgrenzungsphänomene lassen sich auch bei Managern konstatieren; bei ihnen sind sie allerdings nicht neu.

Zwar sind die Familienverhältnisse von Managern bislang nur wenig erforscht, zieht man jedoch die spärliche Literatur zurate, dann ergibt sich folgendes Spannungsfeld zwischen Familie bzw. Partnerschaft und Beruf: Manager leben aufgrund von Bildungshomologien im Heiratsverhalten oftmals mit Partnerinnen[14] zusammen, die ebenfalls hoch qualifiziert sind und deswegen selbst Ansprüche an eine eigene Karriere haben; der Wille zum Verzicht der Partnerin auf die eigene Karriere zugunsten der ihres Partners ist jedenfalls nicht ohne Weiteres zu unterstellen (Ellguth et al. 1998; Notz 2008). Auf der anderen Seite sind es aber gerade Manager, die sich in besonderer Weise den Verfügbarkeitsansprüchen ihres Unternehmens gegenübersehen. Deswegen stehen Manager von zwei Seiten unter Druck, seitens der Firma ebenso wie seitens der Familie. Es wird eine komplexe Gemengelage aus Selbst- und Fremdansprüchen deutlich,

---

[14]Weibliche Manager kommen in der Literatur kaum vor.

von Ellguth et al. (1998) als ‚double squeeze' bezeichnet. Sofern allerdings Forschungsergebnisse vorliegen, zeigen sie, dass nach wie vor die eigene Berufstätigkeit im Vordergrund steht, da hier Selbstverwirklichung und Anerkennung gesucht und gefunden werden (Behnke und Liebold 2002). Auch deswegen wohl ist Teilzeitarbeit unter Managern eher selten, obwohl zugleich der Wunsch nach einer Arbeitszeitreduzierung weit verbreitet ist (Hipp und Stuth 2013, S. 119).

Der familiale Anspruch scheint ein wichtiger Konfliktbereich zu sein. Zwar wird in der Literatur nur selten über Partnerschaftskonflikte berichtet, doch scheint offenbar vor allem die der Familie zur Verfügung gestellte Zeit ein Konfliktthema zu sein, und zwar insbesondere dann, wenn Kinder zu versorgen sind. Die Sprengkraft solcher Konflikte ist allerdings eher gering, denn eine stabile Partnerschaft ist bei Managern stärker nachweisbar als im Durchschnitt der Bevölkerung; fast jeder Manager ist verheiratet, geschieden ist kaum jemand (Buß 2012, S. 37). Eine funktionierende Ehe gilt als Ausweis sozialer Solidität und als wichtige Voraussetzung, um den Anforderungen des Berufes Stand halten zu können; die Familie ist ein Ruhepol. Doch letztlich geht es für Manager nicht um die Integration von Arbeits- und Familienleben, sondern eher um die Verteidigung der Arbeit gegen die Ansprüche aus der familiären Sphäre, wobei das jeweilige Arrangement von den paarbezogenen Zumutbarkeitsgrenzen abhängt (Notz 2008). Diese Zumutbarkeitsgrenzen aber scheinen recht hoch zu sein. Immerhin werden die Expatriates, um noch einmal auf sie zurückzukommen, von ihrer Partnerin oftmals ins Ausland begleitet, obwohl dadurch deren Karriereansprüche zurückgestellt werden. Allerdings werden, das muss auch gesagt werden, familiäre Gründe am häufigsten genannt, wenn das Angebot einer Auslandsentsendung nicht angenommen wird.

Verständnisfragen

- Was ist Karriere?
- Was ist der Habitus und welche Bedeutung hat er bei der Besetzung von Spitzenpositionen in der Wirtschaft?
- Was unterscheidet die Kaminkarriere von der ‚boundaryless career'?
- Trägt internationale Mobilität zur beruflichen Karriere bei?
- Unter welchen Fremd- und Selbstansprüchen stehen Manager?

Neue Aufgaben der betrieblichen Interessenvertretung

11.1 Veränderungen im System der industriellen Beziehungen

Das deutsche System der Interessenvertretung mit seiner Dualität von Tarifautonomie und gewerkschaftlicher Mitbestimmung auf der einen Seiten und Betriebsverfassung und betrieblicher Interessenvertretung auf der anderen Seite wird als wichtiger Vorzug des Rheinischen Kapitalismus diskutiert (Schumann 2005). Müller-Jentsch (1999) prägte für diese spezifisch deutsche Art der industriellen Beziehungen die Bezeichnung „Konfliktpartnerschaft"; darunter wird ein institutionelles Arrangement der Interessenregulation verstanden, in dem gegensätzliche Interessen sowohl konflikthaft als auch kooperativ verhandelt und in Vereinbarungen fixiert werden. Dies stellt zugleich eine Abgrenzung zu dem in der öffentlichen Diskussion häufig verwandten Begriff der Sozialpartnerschaft dar, mit dem „auf die – bei aller Kooperation – weiterhin bestehenden, im Arbeitsverhältnis begründeten Interessengegensätze und -konflikte" (Müller-Jentsch 2017, S. 180) hingewiesen werden soll.

Insbesondere die Intermediarität der Gewerkschaften und des Betriebsrats, die hohen Standards der Verrechtlichung auch im Rahmen des Betriebsverfassungsgesetzes, die Zentralisierung und Fokussierung von Interessen auf der Ebene der gewerkschaftlichen Mitbestimmung und die Repräsentativität der Organe der kollektiven Interessenvertretung auf beiden Ebenen des dualen Systems wurden als Vorteile herausgehoben (Müller-Jentsch 1997, S. 199 f.); sie sind wesentliche Elemente des spezifisch deutschen Systems der industriellen Beziehungen und ein Grund für die in Deutschland im Vergleich zu anderen westlichen Ländern deutlich geringere Streikaktivität (vgl. Abb. 11.1). Sowohl der betrieblichen wie auch der überbetrieblichen Mitbestimmung kommt eine hohe Legitimität

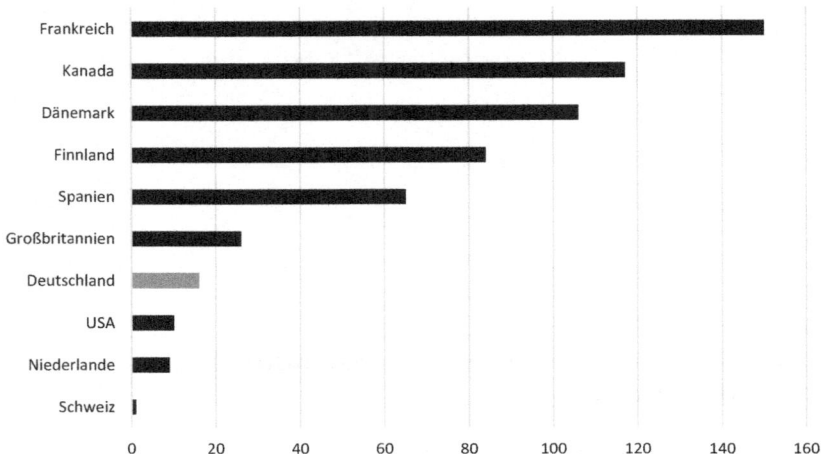

Abb. 11.1 Ausfalltage durch Streik nach Ländern (pro 1.000 Beschäftigte, Jahresdurchschnitt 2005–2012). (Quelle: WSI, gedruckt in Westfälische Rundschau vom 06.11.2014)

zu; sie ist ein „fester und akzeptierter Bestandteil der betrieblichen Wirklichkeit" (Hauser-Ditz et al. 2008, S. 271), was sich auch darin niederschlägt, dass sich unter Erwerbstätigen eine mehrheitlich überaus positive Einstellung zur Mitbestimmung feststellen lässt (Nienhüser et al. 2016, S. 161); diese Mitbestimmungsaffinität ist selbst dann noch hoch, wenn der Kenntnisstand über Interessenvertretung eher gering ist (Wilkesmann et al. 2011).

Politisch steht das System der Interessenregulierung hingegen unter Druck; insbesondere die Unternehmensmitbestimmung ist in Zeiten der Shareholder-Value-Orientierung auf den Prüfstand gestellt worden. Zwar hat der Finanzmarkt-Kapitalismus und die dadurch forcierte Shareholder-Value-Orientierung nicht zu einem Bedeutungsverlust der Mitbestimmung geführt; doch „es findet ein Funktionswandel der Mitbestimmung statt, der sie von einem ehemals gesamtgesellschaftlich-politischen Projekt zu einem einzelwirtschaftlich orientierten Projekt werden lässt" (Höpner 2003, S. 210)[1], das sich auch finanziellen

---

[1]Diese einzelwirtschaftliche Orientierung birgt durchaus Konflikte zwischen der betrieblichen und der überbetrieblichen Ebene, also zwischen Betriebsräten und Gewerkschaften; darauf soll hier jedoch nicht genauer eingegangen werden.

11.1 Veränderungen im System der industriellen Beziehungen

Kosten-Nutzen-Erwägungen stellen muss. Allerdings lässt sich die Effektivität der Mitbestimmung empirisch nur schwer nachweisen (vgl. die Beiträge in Frick et al. 1999; Höpner 2003) – zumindest für die überbetriebliche Ebene; doch selbst dort sind die ökonomischen Folgen im schlechtesten Fall neutral (Greifenstein und Kißler 2010, S. 99). Auf der Ebene der betrieblichen Mitbestimmung hingegen kann der Beitrag der Betriebsräte relativ klar herausgestellt werden: Betriebsräte tragen zur Erhöhung der effektiven Löhne und zu einer Verringerung der Beschäftigtenfluktuation, zur Bildung von Arbeitszeitkonten und zur Durchführung von Weiterbildungsmaßnahmen bei (Hübler 2003).

Allerdings geht den Gewerkschaften das Gegenüber gewissermaßen verloren. Immer mehr Unternehmen verlassen die Arbeitgeberverbände, weil sie nicht einverstanden sind mit den zwischen den Arbeitgeberverbänden und Gewerkschaften ausgehandelten Tarifverträgen und sich bei einem Austritt erhoffen, nicht mehr in mögliche Arbeitskampfmaßnahmen einbezogen zu werden (als Überblick zu Arbeitgeberverbänden Behrens 2017). Und auch in den Betrieben gewinnt die an der Leitlinie der Vermarktlichung orientierte Legitimierung ökonomischen Handelns eine immer größere Bedeutung, sodass die normativen Grundlagen einer sozial orientierten Interessenregulation zunehmend in Mitleidenschaft gezogen werden (Kädtler 2016). In diesem Zusammenhang wird auch diskutiert, ob ‚Konfliktpartnerschaft' überhaupt noch eine angemessene Bezeichnung des deutschen Systems der industriellen Beziehungen ist. Aus der Konfliktpartnerschaft sei eine „Partnerschaft ohne Konflikt" geworden, mit den Gewerkschaften als Juniorpartner auf dem Rücksitz „fernab vom Steuerrad"(Streeck 2016, S. 58) – eine These, der manche (etwa Rehder 2016, S. 366) mit Blick auf den privaten Dienstleistungssektor zustimmen, auch wenn sie an der Konfliktpartnerschaft als analytischem Bezugsrahmen und begriffliche Heuristik zur Untersuchung von Wandlungsprozessen festhalten möchten, während für andere zumindest in der exportorientierten Industrie der als Konfliktpartnerschaft charakterisierte Modus der Konfliktregulation „still alive" (Schroeder 2016) ist.

Durch den Finanzmarkt-Kapitalismus ist das deutsche System der Mitbestimmung also unter Druck geraten; ob es nachhaltig infrage gestellt ist, muss die Zukunft erweisen. Allerdings ist durch die auf die Vermarktlichung zurückzuführenden Prozesse der Reorganisation im Bereich von Industrie und Dienstleistungen die kollektive Interessenvertretung der Beschäftigten durch Gewerkschaften und Betriebsräte nicht einfacher geworden. Für Gewerkschaften sind Arbeitnehmer, deren Tätigkeit sich durch eine weitgehende Selbstorganisation auszeichnet, schwierige Ansprechpartner; sie haben individuelle Entfaltungswünsche in und bei der Arbeit lange unterschätzt und solange der „Grundtenor von Interessenvertretung als einer Leidens- oder Opfergemeinschaft"

(Pongratz und Voß 2003b, S. 230) die gewerkschaftliche Auseinandersetzung mit den spezifischen Problemlagen dieser neuen Arbeitnehmergruppen durchzieht, sind dem gewerkschaftlichen Zugriff enge Grenzen gesetzt. Auch wenn nach dem Ende des Booms der IT-Branche zu Beginn des Jahrtausends und der Pleite vieler ‚start-ups' in dieser Branche von manchen ein regelrechter „Betriebsräte-Boom" (Trautwein-Kalms und Ahlers 2003) beobachtet wurde und auch wenn „hochqualifizierte Beschäftigte in wissensintensiven Feldern nicht per se einer kollektiven Organisierung abgeneigt sind" (Pernicka et al. 2010, S. 389), bleibt deren Gewerkschaftsaffinität doch deutlich geringer ausgeprägt[2]. Ähnliches gilt für atypisch Beschäftigte. Auch bei ihnen kann eine geringere Gewerkschaftsaffinität als bei Stammbelegschaften (in großen Unternehmen) vermutet werden; sie sind zudem bei der Interessenvertretung benachteiligt, weil sie sich außerhalb des Radars der betrieblichen Interessenvertretung befinden, die sich überwiegend an den Interessen der Stammbelegschaft orientiert (Brinkmann und Nachtwey 2014, S. 79; Keller 2017, S. 34).

Neue Berufsgruppen stellen für Betriebsräte eine Herausforderung dar. Mobile Arbeiter etwa wie Telearbeiter oder Mitarbeiter im Außendienst verbringen einen großen Teil ihrer Arbeitszeit außerhalb ihres Betriebes und sind allein schon deswegen für Betriebsräte schwer zu erreichen. Noch mehr gilt dies für Beschäftigte vom Typ Arbeitskraftunternehmer. Die grundlegende Individualisierung dieses Typus steht einer kollektiven Interessenvertretung entgegen; sie sind Einzelkämpfer und empfinden tarifvertragliche Regelungen eher als Einschränkung denn als Schutz. Je mehr die Arbeit selbstständig gemanagt wird, umso unattraktiver ist das Organisationsmodell kollektiver Interessenvertretung (Kalkowski und Mickler 2013). Entsprechend ist, so eine häufig geäußerte Vermutung (etwa Niewerth 2002), die Mitbestimmung in diesen Bereichen weitgehend dereguliert.

Es gibt nicht nur das eine ‚offizielle' System industrieller Beziehungen, sondern daneben haben sich „andere Modi der Regulierung von Arbeit etabliert" (Trinczek 2010, S. 855). So lassen sich etwa in der IT-Branche verstärkt auf Freiwilligkeit beruhende Formen der Interessenvertretung wie die Einrichtung eines ‚round table' als Mitbestimmungsmedium beobachten und vor allem in kleineren Unternehmen dieses Sektors sind aufgrund „des geringen Alters der

---

[2]In den USA wurden neue Mitglieder durch Aktionsformen gewonnen, die sich durchaus erfolgreich an den Taktiken von Nicht-Regierungsorganisationen orientierten; vgl. zu diesem „organizing" Rehder (2014).

11.1 Veränderungen im System der industriellen Beziehungen

Unternehmen sowie der übersichtlichen Unternehmensgröße (...) die partizipativen Arbeitskulturen integraler Bestandteil des Interessenhandelns und stellen die basale Ebene des Interessenhandelns dar" (Funder et al. 2006, S. 210). Doch insgesamt ist der Anteil der Unternehmen mit Betriebsräten in der digitalisierten Wirtschaft nicht geringer als in der Gesamtwirtschaft[3], wie Ittermann und Abel (2002) auf Basis einer schriftlichen Befragung der im Nemax gelisteten Unternehmen herausgefunden haben. Und wenn bedacht wird, dass es sich bei den Firmen des IT-Sektors keineswegs nur um die sogenannten ‚start-ups', sondern auch um ältere und etablierte Unternehmen mit entwickelten Formen institutionalisierter Mitbestimmung handelt, dann ist die These von Boes und Baukrowitz (2002, S. 280) durchaus einleuchtend, dass ein Abbau der Kerninstitutionen der deutschen Arbeitsbeziehungen, des Tarifvertrages und der Mitbestimmung nach dem Betriebsverfassungsgesetz selbst in der IT-Industrie unwahrscheinlich ist; stattdessen ist eher ein Formwandel anzunehmen.

Die mitbestimmungspolitisch bedeutsamen Trends werden derzeit vor allem auf der betrieblichen Ebene gesetzt. Der Organisationsgrad der Arbeitgeberverbände nimmt, wie gesagt, ab, was seit Beginn der 1990er-Jahre eine „kontinuierliche Schwächungstendenz der Gewerkschaften" (Schmidt und Trinczek 1999, S. 120) zur Folge gehabt hat. Die Flächentarifbindung, das heißt die Bindung von Unternehmen an die zwischen Arbeitgeberverbänden und Gewerkschaften ausgehandelten überbetrieblichen Branchentarifverträge, ist rückläufig. Es gibt eine Vielzahl von betriebsbezogenen Lösungen wie etwa Firmentarifverträge, eine Kombination aus Branchen- und Haustarifvertrag oder eine Abweichung vom Tarifvertrag (Bispinck 2005). Branchenbezogene Tarifstandards nehmen ab; rund 51 % der westdeutschen und sogar nur 36 % der ostdeutschen Beschäftigten waren im Jahr 2016 in Betrieben tätig, die einer Tarifbindung unterlagen, wobei allerdings rund die Hälfte der Arbeitnehmer, die in nicht-tarifgebundenen Betrieben arbeitet, indirekt von Tarifverträgen profitiert, da ihre Betriebe sich nach eigenen Angaben daran orientieren (Ellguth und Kohaut 2017, S. 279 f.). Zwar sind vor allem größere Unternehmen, die schon länger bestehen, noch tarifgebunden (Kohaut und Schnabel 2003), doch insgesamt nimmt die Dezentralisierung der Tarifpolitik zu (Amlinger und Bispinck 2016, S. 221; Nienhüser und Hoßfeld 2008). In den Betrieben, die den Arbeitgeberverband verlassen haben, lässt sich eine deutlich schlechtere Beziehung zwischen Belegschaft bzw. Betriebsrat und Geschäftsführung nachweisen (Hauser-Ditz et al. 2012, S. 355)

---

[3]in der allerdings, wie gleich gezeigt wird, viele betriebsratsfreie Zonen existieren.

– im Unterschied übrigens zu den Betrieben, die nie einem Arbeitgeberverband angehörten; hier ist das Konfliktaufkommen nicht höher als in tarifgebundenen Betrieben. Trotz aller Anpassungstendenzen (Streeck und Rehder 2003) muss von einer Krise des Flächentarifvertrags gesprochen werden. Dies geht einher mit einer zunehmenden „Verbetrieblichung der kollektiven Regulierung" (Trinczek 2010). Zwar ist wohl nicht von einer generellen Erosion des dualen Systems der Interessenvertretung auszugehen, doch wächst dem Betriebsrat zunehmende Bedeutung zu (Abel und Bleses 2005; Schmierl 2003). Im folgenden Kapitel wird deswegen die Interessenregulierung auf der betrieblichen Ebene behandelt – nicht nur wegen der beschriebenen Krise des Flächentarifvertrages, sondern auch, weil der Betrieb der zentrale Ort ist, an dem die Transformation von Arbeitskraft in Arbeit vollzogen und gestaltet wird; hier werden die unterschiedlichen Interessen von Arbeitnehmern und Arbeitgebern reguliert. Zudem folgt diese Konzentration auf die betriebliche Ebene der Mitbestimmungsforschung in den letzten zwei Dekaden, die sich, wie Greifenstein und Kißler (2010) in ihrer Bilanz der empirischen Untersuchungen zur Mitbestimmungsforschung herausstellen, vorrangig auf diese Ebene bezogen hat.

11.2 Verbetrieblichung: Interessenregulierung auf der betrieblichen Ebene

Viele Tarifverträge sehen mittlerweile betriebliche Ausgestaltungsmöglichkeiten vor, sodass die Befugnisse der Betriebsparteien zulasten der Tarifparteien erheblich erweitert sind. Durch diese Verbetrieblichung erfährt der Betriebsrat „einen auffallenden Bedeutungszuwachs" (Kißler et al. 2011, S. 107), da Betriebsräte Regelungen für die betriebliche Ebene finden müssen. Besonders deutlich wird dies bei der Aushandlung von flexiblen Arbeitszeiten (vgl. Abschn. 5.2), die ausschließlich auf der betrieblichen Ebene erfolgt. Nach Auffassung vieler Beobachter haben Betriebsräte gerade bei der Arbeitszeitregulierung eine erhebliche Bedeutung, und nicht nur das: Sie können davon sogar profitieren, weil Betriebsräte als Promotoren innovativer Arbeitszeitpolitik mit der Zustimmung der Beschäftigten rechnen können, die ihnen eine neue Grundlage betrieblicher Legitimation verschafft, „und zwar als Garanten der Förderung industrieller Bürgerrechte im Betrieb" (Haipeter 2006a, S. 82). Dies gilt aber nicht nur für die Regulierung von Arbeitszeiten, sondern gleichermaßen für die Entgeltfindung; auch bei der Aushandlung von Bestandteilen der Leistungsentlohnung erhalten Betriebsräte wachsenden Einfluss, denn deren Entstandardisierung

11.2 Verbetrieblichung: Interessenregulierung auf der betrieblichen Ebene

(vgl. Abschn. 6.2) erfordert ebenso Regelungen auf betrieblicher Ebene. Und auch Zielvereinbarungen können als eine Form der Verbetrieblichung der Verhandlungen um Lohn und Leistung begriffen werden (vgl. Drexel 2002), zumindest dann, wenn Betriebsräte in die Verhandlungen einbezogen sind.

Allerdings erzeugt diese Entwicklung Probleme. Zunächst einmal darf nicht übersehen werden, dass, obwohl in Betrieben mit fünf und mehr Beschäftigten gesetzlich vorgeschrieben, viele kleine und mittlere Betrieben ‚betriebsratsfreie Zonen' sind, in denen überhaupt kein Betriebsrat existiert; denn die Einrichtung dieser Institution setzt die Initiative der Belegschaftsangehörigen voraus, die darauf oftmals aus den unterschiedlichsten Gründen verzichten. Zwar arbeitet fast die Hälfte aller Beschäftigten in Deutschland in Betrieben mit einem Betriebsrat, doch zugleich ist laut Ellguth und Kohaut (2017) noch nicht einmal in jedem zehnten betriebsratsfähigen Unternehmen der Privatwirtschaft ein Betriebsrat vorhanden. Dieser geringe Wert kommt vor allem durch die quantitativ dominierenden Klein- und Mittelbetriebe zustande. In Betrieben mit fünf bis fünfzig Beschäftigten gibt es – mit abnehmender Tendenz – überhaupt nur in jedem neunzehnten Betrieb in Westdeutschland und in jedem siebzehnten Betrieb in Ostdeutschland einen Betriebsrat. In Großbetrieben mit mehr als fünfhundert Beschäftigten hingegen ist die Existenz eines Betriebsrats fast die Regel (Ellguth und Kohaut 2017, S. 282), und da mehr Menschen in Großbetrieben als in Klein- und Mittelbetrieben beschäftigt sind, kommt der auf den ersten Blick paradoxe Befund zustande, dass trotz der vielen ‚betriebsratsfreien Zonen' die Mehrheit der Beschäftigten in Unternehmen mit Betriebsräten arbeitet.

Allerdings handelt es sich bei Betrieben ohne Betriebsrat keineswegs um ein „Terrain jenseits des Tarifsystems" (Artus 2005), in denen keine Partizipationsmöglichkeiten vorhanden sind, denn es gibt – und zwar gar nicht so selten – durchaus „andere Vertretungsorgane" (Hauser-Ditz et al. 2006b) wie beispielsweise Mitarbeiterausschüsse und -sprecher oder auch ‚round tables' (Töpsch et al. 2001). In einer für die Privatwirtschaft repräsentativen Befragung von Betrieben mit mehr als zehn Beschäftigten konnte herausgefunden werden, dass solche „anderen Vertretungsorgane" (AVOs) in immerhin jedem fünften bis sechsten Betrieb „das einzige oder das wichtigste Organ der Belegschaftsvertretung" (Hauser-Ditz et al. 2008, S. 263) sind und dass in Kleinbetrieben mit bis zu fünfzig Beschäftigten diese AVOs quantitativ den Betriebsräten ebenbürtig sind.

Insgesamt scheint die Interessenvertretungspolitik von AVOs anders ausgerichtet zu sein als die von Betriebsräten; sie können „nur teilweise als originäre Interessenvertretungsorgane bezeichnet werden" (Hertwig 2011, S. 8), da sie ihr Augenmerk eher darauf legen, unternehmerische Prozesse zu optimieren, während Betriebsräte eher versuchen, Entscheidungsprozesse des Managements zu beeinflussen. Vor allem in Unternehmen, die wissensintensive Dienstleistungen anbieten, stellt statt kollektiver Interessenvertretung die Selbstvertretung das dominierende Muster dar (Abel und Pries 2005). Das schließt ein, dass angesichts markt- und ergebnisorientierter Steuerungsformen die bestehenden betrieblichen Normen und Regeln von den Beschäftigten selbst unterlaufen werden (Nies und Sauer 2012, S. 55); ein ‚Arbeiten ohne Ende' erfolgt keineswegs nur auf Anweisung des Vorgesetzten.

Aber selbst in Betrieben mit Betriebsräten ist die Verbetrieblichung der Interessenvertretung keineswegs unproblematisch. Viele Betriebsräte betrachten diese Entwicklung skeptisch bis ablehnend (Amlinger und Bispinck 2016)[4], da sie diese Entwicklung als unerwünschte Kompetenzanhäufung und Aufgabenüberlastung ansehen (Müller-Jentsch 2000; Nienhüser und Hoßfeld 2008), sodass sie die hinzugewonnenen Kompetenzen und Aufgabenbereiche gerne wieder an die Tarifvertragsparteien delegiert hätten (Trinczek 2000). Betriebsräte haben eine immer größere Zahl von Themen zu bearbeiten, die durch Normierungsprozesse nicht abgedeckt sind (Meil et al. 2003), selbst in kleineren und mittleren Unternehmen müssen sie „eine enorme Sachkenntnis beispielsweise in Bezug auf Arbeitszeitformen und Arbeitszeitkontensysteme oder hinsichtlich von Qualifizierungs- und Personalentwicklungsmaßnahmen aufweisen" (Hauser-Ditz et al. 2008, S. 17). Zugleich steht ihnen nicht das Druckmittel des Streiks zur Verfügung, sie sind nicht in jedem Fall professionalisiert genug, um Verhandlungsmacht aufzubauen, und sehen sich spätestens bei dem Verweis auf die ‚Standortfrage' genötigt, Zugeständnisse zu machen. Das Resultat ist ein deutlich höheres Maß an Unsicherheit unter Betriebsräten (Seitz 2001).

Und schließlich gerät die betriebliche Interessenvertretung durch partizipatives Management und die Prozeduren der direkten Partizipation unter Druck. Direkte Partizipation besagt, wie in Abschn. 4.3.3 erläutert, dass vom Grundsatz her alle Beschäftigten eines Unternehmens an betrieblichen Entscheidungsprozessen beteiligt sind. Damit werden Aushandlungen individualisiert; sie erfolgen zwischen dem Management und einzelnen Beschäftigten oder Vertretern von Beschäftigtengruppen wie etwa dem Gruppensprecher in den Unternehmen, in denen Gruppenarbeit eingerichtet ist. Mit den Partizipationsangeboten in den Betrieben gibt es „auch eine Form unmittelbarer betrieblicher Beteiligung

---

[4]im Unterschied übrigens zu Managern; vgl. dazu Hoßfeld und Nienhüser (2010); Nienhüser und Hoßfeld (2007).

11.2 Verbetrieblichung: Interessenregulierung auf der betrieblichen Ebene

von Beschäftigten jenseits kollektiver Formen betriebsverfassungsrechtlich abgesicherter Interessenvertretung, die manchen Beschäftigten mit einer starken Arbeitsmarktsituation und dem Anspruch auf Eigeninteressenvertretung durchaus attraktiv zu sein scheint" (Trinczek 2010, S. 863).

Dies hat Folgen für die betriebliche Interessenvertretung. Betriebsräte sind nicht mehr die einzigen Interessenvertreter, und nicht nur das: Die Struktur betrieblicher Interessenvertretung scheint sich zu ändern. So gehen Hauser-Ditz et al. (2006a, S. 366) davon aus, dass ein betriebliches Interessenvertretungssystem ausschließlicher Stellvertreterpolitik und gesamtbetrieblich kollektiver Regulierungen an Bedeutung verlieren wird, denn viele „Menschen wollen auch selbst und direkt partizipieren – und sie machen diesen Anspruch gegen reines unternehmerisches Dekretieren ebenso geltend wie gegen eine ausschließliche Stellvertreterpolitik durch den Betriebsrat". Für die betriebliche Interessenregulation bedeutet dies eine folgenreiche Veränderung. Denn in die Prozesse der mit direkter Partizipation verbundenen diskursiven Koordinierung und die damit verbundenen Aushandlungen ist der Betriebsrat oftmals nicht mehr einbezogen (Minssen 1999a). Seine Beziehung zum Management ist dadurch nicht mehr so exklusiv wie gewohnt; gefordert ist ein zumindest partieller „Verzicht auf die exklusive Zuständigkeit für die Vertretung der Arbeitnehmerinteressen" (Tietel 2006, S. 324).

Die Folgen für die betriebliche Interessenvertretung werden in der Forschung uneinheitlich beurteilt. Bosch (1997) etwa nimmt an, dass aufgrund des Generationenwechsels in Management und Betriebsrat Sachorientierung und Rationalität an die Stelle eines am Interessenmodell orientierten Interpretationsmusters getreten sind, was zu einer „Modernisierung der betrieblichen Interaktionskultur" geführt habe. Kotthoff (1995) hingegen sieht den Aushandlungspartner für Betriebsräte gewissermaßen verschwinden, da sie es wegen der sich verändernden Karrierepfade von Führungskräften (vgl. Abschn. 10.3) mittlerweile häufig mit Geschäftsführungen zu tun haben, die nur temporär begrenzt im Betrieb tätig sind und dann an andere Standorte abgezogen werden oder aus anderen Gründen den Betrieb verlassen. Die regionale Einbindung des Betriebes ist ihnen unbekannt und interessiert sie wohl auch wenig; „rotierende Manager ohne Bodenhaftung drohen gegenüber den Vorzügen regionaler Kooperation regelrecht zu erblinden" (Dörre 1999, S. 202). Dadurch „erodiert ein wichtiger Teil der sozialen Grundlagen für die bisher für Deutschland typischen kooperativen Beziehungen zwischen Arbeitgeber- und Arbeitnehmervertretern" (Freye 2009, S. 199).

Vor allem aber fühlen diese Manager sich nicht mehr dem Wohl des Betriebes verpflichtet, während Betriebsräte „den *Betrieb als Ganzes* mit all seinen ökonomischen, sozialen, ökologisch-gesundheitlichen, kulturell-lebensweltlichen und auch persönlichen Dimensionen" (Tietel 2006, S. 48; Hervorhebung im Original) im Auge haben. Zudem können Angehörige des Managements sich oftmals auf übergeordnete Anweisungen berufen, sodass in der betrieblichen Arena „,sichtbare' Entscheidungsträger fehlen, die für interessenpolitischen Rückschritt verantwortlich gemacht werden können" (Dörre 2001, S. 689). Und schließlich wird die Vermarktlichung der Unternehmen von Betriebsräten „vielfach als Schwächung des Personalwesens und als Verlust ihres traditionellen Verhandlungspartners wahrgenommen" (Faust et al. 2011, S. 334), da das Personalmanagement unter Kostendruck gerät und seine Existenzberechtigung nachweisen muss – was auch bedeuten kann, dass ihm die Existenzberechtigung abgesprochen wird.

So verändert sich das gesamte System der industriellen Beziehungen auf der betrieblichen Ebene; es lassen sich gleichermaßen Trends der Erosion und Restrukturierung beobachten, aber auch Tendenzen des Entstehens neuer Formen, Akteure und Routinen des Interessenhandelns feststellen (Schmierl 2001, S. 441). Insgesamt muss von einer „Pluralisierung und Segmentierung betrieblicher Arbeitsbeziehungen" (Trinczek 2010, S. 863) gesprochen werden. Auch in Bezug auf die industriellen Beziehungen lassen sich also Phänomene der Entgrenzung ausmachen. Damit sind nicht nur eine „Erosion, sondern vor allem auch veränderte und neue Grenzziehungen" (Deiß und Schmierl 2005, S. 303) gemeint. Denn die Erosion von Gewissheiten, die sich aus den bisherigen institutionalisierten Formen der Konfliktregulierung ergaben, geht einher mit neuen Formen und Mustern der Interessenvertretung. Die Aufgaben von Betriebsräten haben sich gewandelt; angesichts der mit der Vermarktlichung einhergehenden Veränderungsprozesse in den Unternehmen reicht eine auf eine Schutzpolitik ausgerichtete Interessenvertretung zunehmend weniger aus. Es bildet sich ein neuer Typus von Betriebsrat heraus, der in der wissenschaftlichen Diskussion als Co-Manager bezeichnet wird.

11.3 Betriebsräte als Co-Manager

In den Betrieben kommen zwischen Management und Arbeitnehmervertretern immer mehr Sachverhalte zur Verhandlung. Betriebsräte werden über Steuerungs- und Projektgruppen in die betrieblichen Veränderungsprozesse eingebunden

11.3 Betriebsräte als Co-Manager

und „übernehmen damit – nicht selten mehr, als ihnen lieb ist – ein Stück weit Mitverantwortung am unternehmerischen Geschehen" (Tietel 2006, S. 29). Die Interessenvertretung verlagert sich also nicht nur auf die betriebliche Ebene, sondern es wird geradezu erwartet, dass sie in einer neuen Form integrativer und produktiver Bestandteil der Unternehmensentwicklung wird.

Betriebsräte stellen bei Reorganisationsprozessen „keine randständige Größe" (Funder und Seitz 1997, S. 61) dar und ihr Einfluss macht sich durchaus bemerkbar. So ist in der Ausgestaltung von Gruppenarbeit, die uns oben beschäftigte (vgl. Abschn. 4.3.2), oftmals die Handschrift des Betriebsrates nachweisbar; der Grad der Autonomie bei der Arbeit etwa wird, so hat es sich in einer Befragung von Beschäftigten der Metallbranche ergeben, von den betroffenen Beschäftigten umso höher eingestuft, je stärker sie die Beteiligung des Betriebsrats an der Gestaltung der Gruppenarbeit einschätzen (Weitbrecht et al. 2002, S. 67).

Allerdings gehen Betriebsräte schon immer unterschiedlich mit den Anforderungen um, mit denen sie konfrontiert werden. Aus der immer wieder konstatierten „Varianz der Interaktionsbeziehungen zwischen Betriebsrat und Management" (Müller-Jentsch 1997, S. 275) wurden eine ganze Reihe von Betriebsratstypologien abgeleitet, deren verbindendes Element die Unterscheidung verschiedener typischer Reaktions- und Handlungsmuster von Betriebsräten im Rahmen der Austauschbeziehungen zum Management ist (vgl. etwa Artus et al. 2001; Bosch et al. 1999; Kotthoff 1981, 1994; Nienhüser 2005). Einer Typologie von Müller-Jentsch et al. (1998) zufolge wird davon ausgegangen, dass Betriebsräte dann einen größeren Einfluss auf das betriebliche Geschehen nehmen, wenn sie sich eingehender, breiter und vertiefter mit entsprechenden Fragestellungen befassen. Insgesamt unterscheiden Müller-Jentsch et al. (1998, S. 82 ff.) vier Typen von Betriebsräten: Der konventionelle Betriebsrat konzentriert sich auf die Wahrnehmung traditioneller Mitbestimmungsaufgaben und befasst sich wenig mit neuen Konzepten wie der Qualitätssicherung oder neuen Arbeitsorganisationsformen. Der zweite Typus, der engagierte Betriebsrat, beschäftigt sich zwar mit neuen Themenfeldern und versucht auch Einfluss darauf auszuüben, über den Abschluss einer Betriebsvereinbarung gehen diese Versuche der Einflussnahme aber nicht hinaus. Im Gegensatz zum engagierten Betriebsrat versucht der ambitionierte Betriebsrat nicht nur, Einfluss auf betriebliche Veränderungsprozesse zu nehmen, sondern es gelingt ihm auch.

Der Co-Manager[5] als vierter Typus schließlich übt einen starken Einfluss auf betriebliche Reorganisationsmaßnahmen aus und erweitert damit das gesetzlich abgesteckte Arbeitsfeld der Betriebsratstätigkeiten. Die Unterschiede zum ambitionierten Betriebsrat sind fließend; im Vergleich zu diesem hat der Co-Manager es jedoch mit einer größeren Vielfalt von Themen zu tun, wobei insbesondere die Themen ‚Reorganisation' und ‚neue Arbeitszeitmodelle' eine prominente Rolle spielen; vor allem aber wird er auch eigeninitiativ tätig.

Der Co-Manager findet sich insbesondere in Großunternehmen (Hauser-Ditz et al. 2008). Er hebt sich deutlich ab von seinen Kollegen; besonders deutlich wird dies im Vergleich zu seinem Antipoden, dem konventionellen Betriebsrat. Seine Arbeitsorganisation ist in vielerlei Hinsicht professionalisierter als die der anderen Betriebsratstypen; vor allem im Vergleich mit dem konventionellen Betriebsrat zeigen sich deutliche Unterschiede. Zudem wird die Belegschaft intensiv in die Politik einbezogen; beim Co-Management handelt es sich also keineswegs um eine Politik, die losgelöst von den Interessen der Belegschaften entwickelt wurde (dazu und zum Folgenden Minssen und Riese 2007).

Die Arbeitsweise der Co-Manager weist zumindest in Teilen Strukturen auf, die den Empfehlungen ähneln, die sich in der modernen Managementliteratur finden. Handlungsleitend für die Art und Weise der Organisierung von Betriebsratsarbeit ist der systematische Versuch, die Komplexität des um zahlreiche Aufgaben erweiterten Arbeitsalltags zu reduzieren. Impulsgeber für diesen Prozess sind oftmals erhebliche unternehmensinterne Restrukturierungen, die den Betriebsrat vor massive Herausforderungen stellen. Co-Management ist offenkundig mit einem Erfahrungsprozess verbunden, der von betrieblichen Veränderungen ausgelöst wird. Solche Reorganisationsprozesse können Betriebsräte oftmals rechtlich verbrieft, also mithilfe des Betriebsverfassungsgesetzes, nur begrenzt beeinflussen. Co-Management ist deswegen als ein Versuch zu sehen, über die durch das Betriebsverfassungsgesetz zugestandenen Möglichkeiten der Interessenvertretung hinaus Einfluss zu nehmen. Zu diesem Zweck werden von Betriebsräten Prinzipien und Maßnahmen der Organisierung von Arbeit adaptiert, die auch im

---

[5]Der Co-Manager geriet in der Öffentlichkeit und in Gewerkschaftskreisen in Misskredit, weil mit Co-Management vor allem die Vorgänge bei Volkswagen vor einigen Jahren assoziiert wurden, als der Betriebsratsvorsitzende und einige weitere Betriebsratsangehörige vom Unternehmen mit materiellen Vergünstigungen jeglicher Art beglückt wurden, um sie zur Zustimmung zu vom Unternehmen geplanten Vorhaben zu bewegen (zu einer Analyse dieser Vorgänge vgl. Dombois 2009). Deswegen sei schon an dieser Stelle ausdrücklich betont, dass mit ‚Co-Management' hier im Unterschied zu Attributionen in der öffentlichen Diskussion keineswegs belohnte bzw. erkaufte Fügsamkeit von Betriebsräten gemeint ist.

11.3 Betriebsräte als Co-Manager

Unternehmen seitens des Managements als wichtiges Element einer Modernisierung von Unternehmensstrukturen angesehen werden. Durch die wegen der Beschäftigung mit Themen der Restrukturierung bewirkte Allokation arbeitsorganisationsbezogenen Wissens können Betriebsräte die daraus gewonnenen Erkenntnisse bei der Organisierung ihrer eigenen Arbeit anwenden.

Zwischen betrieblichen Formen der Arbeitsorganisation und der Art und Weise der Organisierung von Betriebsratsarbeit kommt es also zu Angleichungsprozessen; in Unternehmen, in denen Formen operativer Dezentralisierung verbreitet sind, hat auch der Betriebsrat seine Arbeit häufig projektförmig organisiert. Dies ist ein wichtiges Element der Anerkennung und Reputation gegenüber dem Management; denn auf diese Weise verschafft sich der Co-Manager die erforderliche Legitimation als kompetentes und effektiv arbeitendes Gremium. Co-Management ist eng verknüpft mit den sich aus der internen Unternehmensumwelt ergebenden Aufgaben und Anforderungen und der Möglichkeit, von den Modernisierungsprozessen im Unternehmen zu lernen.

Unter ‚Co-Management' kann also eine Interessenvertretungspolitik verstanden werden, die sich aufgrund bestimmter Merkmale von anderen Politiken der Interessenvertretung, etwa engagierter oder ambitionierter, vor allem aber konventioneller Interessenvertretung abgrenzen lässt. Damit wird der Versuch beschrieben, „durch offensive und soweit möglich und nötig selbst in Vorlage gebrachte strategisch geprägte Vorschläge das Management zu Reaktionen und zum Vergleich mit ihren eigenen Konzepten zu zwingen oder es überhaupt erst zu Aktivitäten zu veranlassen" (Deiß 2000, S. 135). Es ist nicht unbedingt eine ‚bessere' im Sinne einer erfolgreicheren Politik betrieblicher Interessenvertretung; sie ist ohnehin nur möglich in Unternehmen, in denen Geschäftsführung und Betriebsrat sich nicht in einer permanenten Konfliktsituation befinden. Doch zumindest in größeren Betrieben, in denen eine Vielzahl von unterschiedlichen technisch-organisatorischen Innovationen zeitlich parallel stattfindet, kann wohl davon ausgegangen werden, dass Betriebsratspolitik ohne Co-Management heute kaum noch auskommt; hier ist Typ des Co-Managers durchaus ein „Benchmark für moderne Betriebsratsarbeit" (Kißler et al. 2011, S. 114).

Beim Co-Management geht es darum, auch jenseits der im Betriebsverfassungsgesetz festgelegten sozialen und personellen Angelegenheiten, bei denen dem Betriebsrat unterschiedliche Mitwirkungsrechte eingeräumt werden, Einfluss zu nehmen, und zwar gestalterischen Einfluss. In Anbetracht der begrenzten Durchsetzungsmöglichkeiten in vielen Bereichen kann dies nur gelingen auf der Basis einer Legitimation durch die Belegschaft, die dem Betriebsrat die erforderliche Macht verschafft, um auf der Leitungsebene der Unternehmen ernst genommen und anerkannt zu werden (Wassermann 2002,

S. 61). Ebenso Voraussetzung einer solchen Politik ist aufseiten der Betriebsräte eine hohe Professionalisierung (Wannöffel 2002), eine hohe Verhandlungs- und Gestaltungskompetenz (Lacher und Springer 2002) und die Verfügbarkeit über das erforderliche Wissen; es ist kein Zufall, dass Co-Manager eine Vielzahl von Weiterbildungsmöglichkeiten wahrnehmen und sich (auch) in dieser Hinsicht deutlich von ihren Kollegen, insbesondere den konventionellen Betriebsräten, unterscheiden (Minssen und Riese 2006). Dies mag aber auch damit zusammenhängen, dass Co-Management vor allem in großen Betrieben anzutreffen ist; hier ist auch die Anzahl freigestellter Betriebsräte[6] hoch, und freigestellte Betriebsräte wiederum zeichnen sich durch besonders hohe Weiterbildungsaktivitäten aus (Ahlene et al. 2017, S. 450).

Eine Betriebsratspolitik des Co-Managements bildet sich heraus vor dem Hintergrund tiefgreifender Umbruchprozesse. Da solche Umstrukturierungen nicht an ihr Ende gekommen sind und im Zeitalter des Finanzmarkt-Kapitalismus absehbar auch nicht kommen werden, spricht nichts für den von Artus et al. (2001, S. 286) behaupteten „transitorischen Charakter" dieses Betriebsratstypus. Ebenso wenig gibt es Anhaltspunkte dafür, dass infolge angenommener Legitimitätsdefizite das Co-Management ihrem Ende entgegensieht (Rehder 2006, S. 240). Eher muss davon ausgegangen werden, dass Co-Management in Zukunft angesichts der forcierten Modernisierungsanstrengungen in den Unternehmen sogar noch zunehmen wird; bei der Ausgestaltung von ganzheitlichen Produktionssystemen in der Automobilindustrie etwa ist Co-Management von Betriebsräten weiterhin erforderlich, um die Interessen der Beschäftigten in die Gestaltung einzubeziehen (Ittermann und Abel 2014).

Dabei hat es durchaus seine Risiken, wie von Rehder (2006) zu Recht herausgearbeitet wird. Betriebliche Interessenvertreter, die im Rahmen von innerbetrieblichen Restrukturierungsprozessen eine Mitgestaltungsfunktion übernehmen, setzen sich der Gefahr aus, für die Folgen vollzogener Reorganisationsmaßnahmen verantwortlich gemacht zu werden, ohne die diesbezüglichen Entscheidungen letztlich getroffen zu haben. Sie müssen Unternehmensentscheidungen, an denen sie beteiligt waren, mittragen, selbst wenn sie in der eigenen Belegschaft und damit Wählerschaft unpopulär sind und die eigene Wiederwahl gefährden; manchmal müssen sie, wie das Kostensenkungsprogramm

---

[6]Laut Betriebsverfassungsgesetz sind ab einer Betriebsgröße von 200 Beschäftigten Betriebsräte von ihrer beruflichen Tätigkeit freizustellen. Die Anzahl der Freistellungen nimmt mit der Betriebsgröße stetig zu; bei 10.000 Arbeitnehmern etwa sind bereits 12 Betriebsratsmitglieder freizustellen.

11.3 Betriebsräte als Co-Manager

nach dem missglückten Verkauf von Opel in 2009 zeigte, auch versuchen, aus Entscheidungen, auf deren Entstehung sie überhaupt keinen Einfluss gehabt hatten, das Beste herauszuholen, um dann letztlich, wie der Betriebsrat in Bochum nach der Schließung des dortigen Werkes, doch mit leeren Händen dazustehen.

Co-Manager überschreiten die durch das Betriebsverfassungsgesetz gesteckten Grenzen – auch dies übrigens ein Aspekt der „Entgrenzung industrieller Beziehungen" (Deiß und Schmierl 2005). Zu einer solchen Entgrenzung gehört auch das „Schwinden der *strukturierenden* Funktion des Interessengegensatzes" (Tietel 2006, S. 33; Hervorhebung im Original) als Maxime des Betriebsratshandelns. Zwar löst dieser Gegensatz sich nicht in Harmonie auf und weiterhin verstehen Betriebsräte sich als ‚Gegenspieler' der Geschäftsleitung – was übrigens in besonderer Weise für den Co-Manager gilt (Minssen und Riese 2005, S. 380) –, aber in dem Maße, in dem durch Co-Management Verantwortung für das Unternehmen insgesamt übernommen wird, verschwimmen kognitiv und real die Grenzen zwischen ‚denen' und ‚uns'. Der Interessengegensatz als handlungsleitende Maxime verschaffte trotz aller Konflikte, die dadurch ausgelöst gewesen sein mögen, Sicherheit; man wusste, wo man hingehört. Dadurch erzeugte Sicherheiten werden nun zunehmend aufgelöst. Betriebsräte, zumal die Co-Manager, sind in die Rolle von „Grenzgängern" (Tietel 2006) geraten, die heterogene Belegschaftsinteressen und wirtschaftliche Notwendigkeiten ihres Unternehmens mit ihrer eigenen Identität unter einen Hut zu bringen haben. Die „Intermediarität von Betriebsräten" (Müller-Jentsch 1997, S. 281) wird immer bedeutsamer und die Anforderungen an Betriebsräte werden immer gewichtiger. Denn von ihnen wird nicht weniger verlangt als die Ausbalancierung höchst unterschiedlicher Interessen bei gleichzeitiger Beibehaltung der eigenen Identität als Interessenvertreter der Belegschaft. Co-Management ist ein riskantes, sehr voraussetzungsvolles Unterfangen, zu dem es indes in vielen Betrieben, zumal den größeren, keine Alternative gibt.

Verständnisfragen
- Welche Elemente sind charakteristisch für das deutsche System der industriellen Beziehungen?
- Was ist mir ‚Verbetrieblichung der Interessenvertretung' gemeint? Und wodurch ist sie ausgelöst worden?
- Was sind ‚AVOs' und wo sind sie besonders stark vertreten?
- Wodurch unterscheidet sich der Co-Manager von anderen Betriebsratstypen?
- In welchem Verhältnis stehen Mitbestimmung und direkte Partizipation?

Schlussbetrachtung 12

Vermarktlichung ist zur Leitmetapher für die Organisation von Arbeit im Finanzmarkt-Kapitalismus geworden – dies kann als Resümee aus den Befunden der sozialwissenschaftlichen Arbeitsforschung gezogen werden. Die Unternehmensprozesse werden am Markt ausgerichtet, marktliche Elemente werden zur unternehmensinternen Steuerung genutzt.

Die Annahmen, wie die erforderliche Transformation von Arbeitskraft in Arbeit am besten zu bewerkstelligen ist, haben sich damit nachhaltig gewandelt. Nicht mehr externe, permanente Fremdkontrolle ist das probate Mittel, sondern die Transformation wird zur Aufgabe der Beschäftigten selbst erklärt; es werden Rahmenbedingungen definiert, innerhalb derer die Aufgabenerfüllung sicherzustellen ist. Sie haben sich an dem Erfolg ihrer Tätigkeit messen zu lassen. Die Autonomie bei der Arbeit ist, wenn man als Maßstab die Arbeit in der Industriegesellschaft anlegt, ausgeweitet worden, weil Vermarktlichung nur funktioniert, wenn den Beschäftigten zumindest in einem gewissen Rahmen Handlungs- und Entscheidungsmöglichkeiten eingeräumt werden.

Dies bringt es mit sich, dass Arbeit sich nachhaltig gewandelt hat, und vor allem, dass Arbeit nicht mehr gleich Arbeit ist. Während es früher weitgehend ausreichte, zwischen gewerblicher Arbeit und Angestelltenarbeit zu unterscheiden, sind solche einfachen Unterscheidungsmerkmale heute eindeutig zu grobschlächtig; Arbeit hat sich ausdifferenziert. Gruppenarbeit im produzierenden Gewerbe kann höchst Unterschiedliches meinen und Dienstleistungsarbeit hat so viele Facetten, dass es schwierig geworden ist, überhaupt einen gemeinsamen Begriff für diese unterschiedlichen Tätigkeiten zu finden.

Das in der Ausbildung erworbene Wissen reicht längst nicht mehr für ein ganzes (Berufs-)Leben, es muss permanent ergänzt und erweitert werden. Der Finanzmarkt-Kapitalismus ist angewiesen auf Fachkräfte, die nicht nur die für die Tätigkeit erforderlichen Qualifikationen aufweisen, sondern die auch über die für die Erledigung der Arbeitsaufgaben notwendigen Kompetenzen der Selbstorganisation und Selbstdisposition verfügen. Es gehört nicht viel Fantasie zu der Annahme, dass solchen Fachkräften angesichts des demografischen Wandels, der das Arbeitskräfteangebot verknappen wird, durchaus rosige Zeiten bevorstehen. Wer sich allerdings, aus welchen Gründen auch immer, nicht in der Lage sieht, sich die erforderlichen Qualifikationen und Kompetenzen anzueignen, wird weiterhin dauerhafte Probleme auf dem Arbeitsmarkt haben. Und auch diejenigen, die nicht bereit oder fähig sind, sich zumindest in einem gewissen Maß auf die „Zumutungen der Selbstregulation" (Minssen 1999b) einzulassen, werden es zukünftig vermutlich nicht einfach haben.

Der Markt unterstellt begrifflich die Teilnahme freier Marktteilnehmer. Davon kann in Unternehmen natürlich nicht die Rede sein; Vermarktlichung ist insofern eine Metapher, mit der auf die Anreicherung und Ergänzung, in Teilen auch auf die Ablösung von Hierarchie durch Elemente des Marktes abgehoben werden soll. Aus der Gleichzeitigkeit von Hierarchie und Markt ergeben sich die Ambivalenzen der Vermarktlichung für die Beschäftigten. Auf der einen Seite werden sie von der rigiden Vorstrukturierung ihrer Tätigkeiten befreit, auf der anderen Seite sind sie gehalten, die ihnen zur Verfügung stehenden Freiräume ökonomisch zu nutzen und ihre Arbeitskraft voll in den Dienst des Unternehmens zu stellen. Innerhalb gesetzter Grenzen haben sie sich selbst zu organisieren und aus dieser durchaus widersprüchlichen Anforderung erwachsen Beanspruchungen bis hin zu Burn-out-Syndromen.

Mit der Vermarktlichung geht die Erosion gewohnter Grenzen einher. Unternehmensgrenzen verwischen sich, die durch die Hierarchie gezogenen innerbetrieblichen Grenzen verlieren ihre Starrheit und Partizipationsmöglichkeiten werden erweitert, zugleich aber verlieren sich auch die Grenzen zwischen Arbeit und Leben. Besonders deutlich wird dies bei dem Typus von Arbeitskraft, der als Arbeitskraftunternehmer bezeichnet wird, aber auch vom Normalarbeitnehmer wird ein hohes Maß an Flexibilität verlangt, sowohl im Hinblick auf die Arbeitszeit wie auch auf den Arbeitsort. Dies verschärft sich zusätzlich durch Arbeit 4.0; die Digitalisierung der Arbeit ermöglicht mobile Arbeit auch in Bereichen, die bislang ortsgebundene Arbeit erforderten, und zu Zeiten, die außerhalb der bisher üblichen Arbeitszeiten liegen – und auch hier lässt sich wieder die Diskrepanz zwischen (erwünschter) Autonomie bei der Arbeit und einem (unerwünschten) ‚Arbeiten ohne Ende' beobachten.

Dies sind gravierende Veränderungen, aber sie führen nicht zu einem vollständig flexibilisierten Menschen. Das Normalarbeitsverhältnis bleibt für viele normatives Leitbild, die Organisationsgebundenheit ist selbst bei Managern,

12 Schlussbetrachtung

wenn man mal von den Vorstandsetagen absieht, nach wie vor hoch und auch die im psychologischen Vertrag verankerten Erwartungen an den Arbeitgeber haben sich nicht derartig verändert, dass von einem durchgängigen Bruch zu früheren Verhältnissen gesprochen werden könnte.

Die in diesem Buch beschriebenen Entwicklungen sind Resultat der gesellschaftlichen Veränderungen in den letzten drei Dekaden. Es sollte klar geworden sein, dass es sich dabei nicht um geplante Entwicklungen gehandelt hat, sondern um ungleichzeitige und durchaus widersprüchliche Prozesse, in denen sich kollektiv geteilte Annahmen über die moderne Form des Wirtschaftens nachhaltig verändert haben; alte Leitbilder, vor allem geprägt durch tayloristische Vorstellungen zur Gestaltung der Arbeitsorganisation, sind nicht völlig abgelöst, aber neue Leitbilder, vor allem geprägt durch das Menschenbild des homo oeconomicus, der seine Wahl kühl kalkulierend in der Abwägung von Aufwand und Ertrag trifft, haben sich herauskristallisiert und die alten in den Hintergrund gedrängt. Den Individuen wird nicht völlig, aber doch deutlich mehr als früher die Wahl überlassen, wie sie ihre Arbeitsaufgabe erfüllen – Hauptsache, sie erledigen sie mit Erfolg. Das hat Vorteile, weil restriktive Arbeit sich in vielen Bereichen auf dem Rückzug befindet, das hat aber auch Nachteile, weil die Einzelnen nun auf sich selbst verwiesen sind.

Die inhaltliche Nähe dieses neuen Leitbildes zu einem neo-liberalen Zeitgeist ist nicht zu übersehen, aber es wäre sicherlich verkürzt, die Leitlinien des Wirtschaftens als Folge eines neo-liberalen ‚Projekts' zu interpretieren. Dies unterstellt eine Planbarkeit sozialer Prozesse, die schon für Unternehmen nicht gegeben ist; die Prozesse, die hier als Vermarktlichung in Unternehmen interpretiert werden, beruhen ja nicht auf der Entscheidung: „Jetzt wird vermarktlicht", sondern haben sich sukzessive über einen längeren Zeitraum als Folge sich wandelnder Überzeugungen herausgebildet, was die effektivste Art des Wirtschaftens ist[1]. Umso mehr gilt dies für die Gesellschaft, also für den Finanzmarkt-Kapitalismus: Er ist keine Folge geplanter Veränderungen; eine solche Vorstellung unterstellt eine Steuerungsfähigkeit von Gesellschaft, die angesichts deren Komplexität nicht gegeben ist. Sozialer Wandel ist, wenn überhaupt, nur in Grenzen steuerbar, und Leitbilder sind es schon gar nicht; sie verändern sich, aber ihre Veränderung kann nicht geplant oder gar bewusst gesteuert werden.

---

[1]Und um es nochmals zu betonen: Solche Überzeugungen unterliegen, wie ein Rückblick zeigt, einem ständigen Wandel, und deswegen ist auch mit der derzeit so modernen Vermarktlichung nicht das letzte Wort gesprochen.

Und auch die Folgen veränderter Leitlinien des Wirtschaftens können nicht geplant und vorhergesehen werden, auch die Vermarktlichung hat inhärente Widersprüche und nicht-intendierte Effekte. Als unternehmensinternes Steuerungsprinzip steht sie in Gefahr, zu einem Übermaß an unternehmensinterner Konkurrenz zu führen, durch die der Bezug auf das Unternehmen als Ganzes verloren geht; daraus erklärt sich die Gleichzeitigkeit von Dezentralisierung und Rezentralisierung. Als Leitlinie der Reorganisation von Arbeit wiederum riskiert Vermarktlichung den sozialen Zusammenhalt im Betrieb. Sie appelliert an die Egoismen von Betriebsangehörigen, deren Erwartungen an das Unternehmen können wegen der Leistungs- und Flexibilitätszumutungen enttäuscht werden mit der Folge der ‚inneren Kündigung', sodass Vermarktlichung geradezu das Gegenteil von dem bewirkt, was damit angestrebt wird. Vermarktlichung produziert also unerwünschte, ja kontraproduktive Effekte.

Vor allem aber hat Vermarktlichung den ‚Strukturfehler' in der Überzeugung, dass alles und jedes rechenbar sei. Diese Rechenbarkeit aller Unternehmensvorgänge ist die Grundannahme, ohne die Vermarktlichung gar nicht denkbar wäre; die mit der Vermarktlichung einhergehende Orientierung an Kennziffern beruht ja geradezu auf dieser Annahme. Allerdings wirft, wie am Beispiel von Hochschulen gezeigt, die Quantifizierung qualitativer Leistungen nicht unerhebliche Probleme auf, und es spricht nichts dafür, dass dies nicht auch in anderen Bereichen der Fall ist. Prozesse der Vermarktlichung befördern mit ihrer Kennziffernorientierung eine Scheinkonkretheit in der Leistungsbemessung, die der Realität kaum entspricht, wenigstens nicht in jedem Fall.

Wir haben es derzeit also mit einer übergreifenden Leitlinie der Organisierung von Arbeit zu tun, die sich auf eine dem Finanzmarkt-Kapitalismus angemessene ‚Geisteshaltung' zurückführen lässt, doch diese Leitlinie ist in sich durchaus widersprüchlich und, das muss hinzugefügt werden, auch nicht in jedem Fall unumstritten. Dies führt zu höchst disparaten Erscheinungsformen von Arbeit. Zwar kann von Vermarktlichung als einer übergreifenden Tendenz ausgegangen werden, doch Vermarktlichung findet sich nicht gleichermaßen in jeder Branche, in jedem Unternehmen, an jeder Arbeitsstelle. Nicht jede Arbeit ist projektförmig organisiert, nicht jede Arbeit erfordert Qualifikationen und Kompetenzen auf höchstem Niveau, es gibt immer noch Arbeit mit sehr restriktiven Handlungsbedingungen und nur wenig Flexibilitätsanforderungen. Die Untersuchung der sich im Kontext von Vermarktlichung und Digitalisierung der Arbeit ausdifferenzierenden Arbeitsformen bleibt ein gewinnbringendes und spannendes Forschungsfeld.

Literatur

Abel, J. & Bleses, P. (2005): Eine Variante unter vielen? Zur Gegenwart der dualen Struktur der Interessenvertretung. WSI-Mitteilungen 58 (5), 259–264.
Abel, J. & Pries, L. (2005): Von der Stellvertretung zur Selbstvertretung? Interessenvertretung bei hochqualifizierter Arbeit in Neue-Medien-Unternehmen. In: N. Mayer-Ahuja & H. Wolf (Hrsg.): *Entfesselte Arbeit – neue Bindungen. Grenzen der Entgrenzung in der Medien- und Kulturindustrie*. Berlin: Ed. Sigma, 109–152.
Abel, J., Hirsch-Kreinsen, H. & Ittermann, P. (2014): *Einfacharbeit in der Industrie. Strukturen, Verbreitung und Perspektiven*. Berlin: Ed. Sigma.
Ahlene, E., Esteban Palomo, M., Filipiak, K., Hauser-Ditz, A. & Wannöffel, M. (2017): Weiterbildungsverhalten von Betriebsräten – Ergebnisse einer repräsentativen Befragung. *WSI-Mitteilungen 70* (6), 442–451.
Ahlers, E. (2010): Arbeitsbedingungen von Beschäftigten in Betrieben mit ergebnisorientiert gesteuerten Arbeitsformen. *WSI-Mitteilungen 63* (7), 350–356.
Ahrens, D. & Spöttl, G. (2014): Attraktivitätsverlust der Berufsbildung? *WSI-Mitteilungen 67* (8), 645–646.
Albert, M. (1992): *Kapitalismus contra Kapitalismus*. Frankfurt am Main: Campus.
Allard-Poesi, F. (2005): The Paradox of Sensemaking in Organizational Analysis. *Organization 12* (2), 169–196.
Allen, D. & Alvarez, S. (1998): Empowering Expatriates and Organizations to Improve Repatriation Effectiveness. *Human Resource Planning 21* (4), 29–39.
Allmendinger, J. & Driesch, E. v. d. (2015): Bildung in Deutschland – elf Tatsachen. In: R. Hoffmann & C. Bogedan (Hrsg.): *Arbeit der Zukunft. Möglichkeiten nutzen – Grenzen setzen*. Frankfurt am Main: Campus, 37–51.
Altmann, N., Deiß, M., Döhl, V. & Sauer, D. (1986): Ein ‚Neuer Rationalisierungstyp' – neue Anforderungen an die Industriesoziologie. *Soziale Welt 37* (2/3), 189–207.
Amlinger, M. & Bispinck, R. (2016): Dezentralisierung der Tarifpolitik – Ergebnisse der WSI-Betriebsrätebefragung 2015. *WSI-Mitteilungen 69* (3), 211–222.
Andresen, M. & Göbel, M. (2009): Reziprozitätsformen in psychologischen Verträgen. Eine empirische Untersuchung am Beispiel von Auslandsentsandten. *Zeitschrift für Personalforschung 23* (4), 312–335.
Arthur, M. B., Hall, D. T. & Lawrence, B. S. (2004): Generating New Directions in Career Theory: The Case for a Transdisciplinary Approach. In: M. B. Arthur, D. T. Hall &

B. S. Lawrence (Hrsg.): *Handbook of Career Theory.* Cambridge: Cambridge Univ. Press, 7–25.
Arthur, M. B. & Rousseau, D. M. (1996a): Introduction: The Boundaryless Career as a New Employment Principle. In: M. B. Arthur & D. M. Rousseau (Hrsg.): *The Boundaryless Career. A New Employment for a New Organizational Era.* New York, NY: Oxford Univ. Press, 3–20.
Arthur, M. B. & Rousseau, D. M. (Hrsg.) (1996b): *The Boundaryless Career. A New Employment for a New Organizational Era.* New York, NY: Oxford Univ. Press.
Artus, I. (2005): Betriebe ohne Betriebsrat: Gelände jenseits des Tarifsystems? *WSI-Mitteilungen 58* (7), 392–397.
Artus, I., Liebold, R., Lohr, K., Schmidt, E., Schmidt, R. & Strohwald, U. (2001): *Zur politischen Kultur der Austauschbeziehungen zwischen Management und Betriebsrat in der ostdeutschen Industrie.* Betriebliches Interessenhandeln Bd. 2. Opladen: Leske & Budrich.
Aspers, P. & Beckert, J. (2017): Märkte. In: A. Maurer (Hrsg.): *Handbuch der Wirtschaftssoziologie.* 2., aktualisierte und erweiterte Auflage. Wiesbaden: Springer VS, 215–240.
Aust, A. & Holst, H. (2006): Von der Ignoranz zur Organisierung? Gewerkschaftliche Strategien im Umgang mit atypisch Beschäftigten am Beispiel von Callcentern und Leiharbeit. *Industrielle Beziehungen 13* (4), 291–313.
Autor, D. H. & Dorn, D. (2013): The Growth of Low Skill Service Jobs and the Polarization of the U.S. Labor Market. *American Economic Review 103* (5), 1553–1597.
Bachmann, R. (2001): Trust, Power and Control in Trans-Organizational Relations. *Organization Studies 22* (2), 337–365.
Baecker, D. (1994): *Postheroisches Management. Ein Vademecum.* Berlin: Merve.
Baecker, D. (2012): Postheroische Führung. In: S. Grote (Hrsg.): *Die Zukunft der Führung.* Berlin Heidelberg: Springer-Verlag, 475–490.
Baethge, M. (1991): Arbeit, Vergesellschaftung, Identität. Zur zunehmenden normativen Subjektivierung von Arbeit. *Soziale Welt 42* (1), 6–20.
Baethge, M. (1999): Glanz und Elend des deutschen Korporatismus in der Berufsbildung. *WSI-Mitteilungen 52* (8), 489–497.
Baethge, M. (2004): *Ordnung der Arbeit – Ordnung des Wissens: Wandel und Widersprüche im betrieblichen Umgang mit Humanressourcen.* SOFI-Mitteilungen Nr. 32. Göttingen, 7–21.
Baethge, M. (2006): *Das deutsche Bildungs-Schisma: Welche Probleme ein vorindustrielles Bildungssystem in einer nachindustriellen Gesellschaft hat.* SOFI-Mitteilungen Nr. 34. Göttingen, 13–27.
Baethge, M., Baethge-Kinsky, V. & Kupka, P. (1998): *Facharbeit – Auslaufmodell oder neue Perspektive?* SOFI-Mitteilungen Nr. 26. Göttingen, 81–97.
Baethge, M., Bartelheimer, P., Fuchs, T., Kratzer, N. & Wilkens, I. (2005): *Berichterstattung zur sozioökonomischen Entwicklung in Deutschland. Arbeit und Lebensweisen – Erster Bericht.* Wiesbaden: VS Verlag für Sozialwissenschaften.
Baethge, M., Denkinger, J. & Kadritzke, U. (1995): *Das Führungskräfte-Dilemma. Manager und industrielle Experten zwischen Unternehmen und Lebenswelt.* Frankfurt/New York: Campus.
Baethge, M. & Wieck, M. (2015): *Wendepunkt in der deutschen Bildungsgeschichte.* Mitteilungen aus dem SOFI Nr. 22. Göttingen, 2–6.

Literatur

Baethge-Kinsky, V. & Tullius, K. (2005): *Produktionsarbeit und Kompetenzentwicklung in der Automobilindustrie – was geben flexibel standardisierte Produktionssystem für den Einsatz qualifizierter Fachkräfte her?* SOFI-Mitteilungen Nr. 33. Göttingen, 39–53.

Baethge-Kinsky, V., Marquardsen, K. & Tullius, K. (2017): *Auf der Suche nach ‚Industrie 4.0': Wenn Marketing und schnöde Wirklichkeit aufeinandertreffen.* Mitteilungen aus dem SOFI Nr. 26, 9–11.

Bahnmüller, R. (2002): Wandel in der Leistungsentlohnung: Ausmaß, Ziele, Formen. In: D. Sauer (Hrsg.): *Dienst – Leistung(s) – Arbeit. Kundenorientierung und Leistung in tertiären Organisationen.* München, 35–60.

Bahnmüller, R. & Schmidt, W. (2007): Auf halbem Weg. Erste Befunde zur ERA-Umsetzung in Baden-Württemberg. *WSI-Mitteilungen 60* (7), 358–364.

Barley, S. R. (2004): Careers, Identities, and Institutions: The Legacy of the Chicago School of Sociology. In: M. B. Arthur, D. T. Hall & B. S. Lawrence (Hrsg.): *Handbook of Career Theory.* Cambridge: Cambridge Univ. Press, 41–65.

Bartelheimer, P. (2011): Unsichere Erwerbsbeteiligung und Prekarität. *WSI-Mitteilungen 64* (8), 386–393.

BaUA (= Bundesanstalt für Arbeitsschutz und Arbeitsmedizin) (2016): *Arbeitszeitreport Deutschland 2016.* Dortmund.

Bauer, W., Schlund, S., Marrenbach, D. & Ganschar (2014): Industrie 4.0 – Volkswirtschaftliches Potenzial für Deutschland, Bitkom. https://www.bitkom.org/Publikationen/2014/Studien/Studie-Industrie-4-0-Volkswirtschaftliches-Potenzial-fuer-Deutschland/Studie-Industrie-40.pdf. Zugegriffen 31.10.2017.

Baukrowitz, A. & Boes, A. (2002): Weiterbildung in der IT-Industrie. *WSI-Mitteilungen 55* (1), 10–18.

Beck, U. (1986): *Risikogesellschaft. Auf dem Weg in eine andere Moderne.* Frankfurt am Main: Suhrkamp.

Beck, U. (1994): Jenseits von Stand und Klasse? In: U. Beck & E. Beck-Gernsheim (Hrsg.): *Riskante Freiheiten – Individualisierung in modernen Gesellschaften.* Frankfurt am Main: Suhrkamp, 43–60.

Beck, U. & Beck-Gernsheim, E. (1994): Individualisierung in modernen Gesellschaften – Perspektiven und Kontroversen einer subjektorientierten Soziologie. In: U. Beck & E. Beck-Gernsheim (Hrsg.): *Riskante Freiheiten – Individualisierung in modernen Gesellschaften.* Frankfurt am Main: Suhrkamp, 10–39.

Beck, U., Brater, M. & Tramsen, E. (1976): Beruf, Herrschaft und Identität: Ein subjektbezogener Ansatz zum Verhältnis von Bildung und Produktion. Teil 1: Die soziale Konstitution der Berufe. *Soziale Welt 27* (1), 8–44.

Becker, A., Küpper, W. & Ortmann, G. (1992): Revisionen der Rationalität. In: W. Küpper & G. Ortmann (Hrsg.): *Mikropolitik. Rationalität, Macht und Spiele in Organisationen.* 2., durchges. Auflage. Opladen: Westdeutscher Verlag, 89–113.

Beck-Gernsheim, E. (1994): Auf dem Weg in die postfamiliale Familie. Von der Notgemeinschaft zur Wahlverwandtschaft. In: U. Beck & E. Beck-Gernsheim (Hrsg.): *Riskante Freiheiten – Individualisierung in modernen Gesellschaften.* Frankfurt am Main: Suhrkamp, 115–138.

Behnke, C. & Liebold, R. (2002): Die Verteidigung der Arbeit. In: R. Schmidt, H.-J. Gergs & M. Pohlmann (Hrsg.): *Managementsoziologie – Themen, Desiderate, Perspektiven.* München und Mehring: Hampp, 156–167.

Behrens, M. (2017): Arbeitgeberverbände. In: H. Hirsch-Kreinsen, H. Minssen & R. Bohn (Hrsg.): *Lexikon der Arbeits- und Industriesoziologie*. 2. Auflage. Baden-Baden: Nomos, 42–46.
Beicht, U. & Walden, G. (2006): Individuelle Investitionen in berufliche Weiterbildung – heutiger Stand und künftige Anforderungen. *WSI-Mitteilungen 59* (6), 327–334.
Bender, G. (1997): Dezentralisierung und Kontrolle. Veränderte Formen und Bedingungen der Leistungspolitik. In: IfS, INIFES, ISF & SOFI (Hrsg.): *Jahrbuch sozialwissenschaftliche Technikberichterstattung 1996. Schwerpunkt: Reorganisation.* Berlin: Ed. Sigma, 181–217.
Bender, G. (2000): Dezentral und entstandardisiert. Neue Formen der individuellen Entgeltdifferenzierung. *Industrielle Beziehungen 7* (2), 157–179.
Bender, G. (2002): Entstandardisierte Formen der Leistungsbeurteilung. Ein Beispiel und vier Thesen. In: D. Sauer (Hrsg.): *Dienst – Leistung(s) – Arbeit. Kundenorientierung und Leistung in tertiären Organisationen.* München, 21–34.
Berger, J. (1995): Warum arbeiten die Arbeiter? Neomarxistische und neodurkheimianische Erklärungen. *Zeitschrift für Soziologie 24* (6), 407–421.
Berger, J. & Offe, C. (1980): Die Entwicklungsdynamik des Dienstleistungssektors. *Leviathan 8* (1), 41–75.
Berger, J. & Offe, C. (1982): Die Zukunft des Arbeitsmarkts. Zur Ergänzungsbedürftigkeit eines versagenden Allokationsprinzips. In: G. Schmidt, H.-J. Braczyk & J. v. d. Knesebeck (Hrsg.): *Materialien zur Industriesoziologie.* Kölner Zeitschrift für Soziologie und Sozialpsychologie Sonderheft 24. Opladen: Westdeutscher Verlag, 348–371.
Berger, U., Bernhard-Mehlich, I. & Oertel, S. (2014): Die Verhaltenswissenschaftliche Entscheidungstheorie. In: A. Kieser & M. Ebers (Hrsg.): *Organisationstheorien.* 7., aktualisierte und überarbeitete Auflage. Stuttgart: Kohlhammer, 118–163.
Bernard, U., Gfrörer, R. & Staffelbach, B. (2005): Der Einfluss von Telearbeit auf das Team: Empirisch analysiert am Beispiel eines Versicherungsunternehmens. *Zeitschrift für Personalforschung 19* (2), 120–138.
Beyer, J. (2010): Varietät verspielt? Zur Nivellierung der nationalen Differenzen des Kapitalismus durch globale Finanzmärkte. In: J. Beckert & C. Deutschmann (Hrsg.): *Wirtschaftssoziologie.* Kölner Zeitschrift für Soziologie und Sozialpsychologie Sonderheft 49. Wiesbaden: VS Verlag für Sozialwissenschaften, 305–325.
Biemann, T. & Braakmann, N. (2013): The Impact of International Experience on Objective and Subjective Career Success in Early Careers. *International Journal of Human Resource Management 24* (18), 3438–3456.
Bihagen, E., Nermo, M. & Stern, C. (2013): Class Origin and Elite Position of Men in Business Firms in Sweden, 1993-2007: The Importance of Education, Cognitive Ability, and Personality. *European Sociological Review 29* (5), 939–954.
Bispinck, R. (2005): Betriebsräte, Arbeitsbedingungen und Tarifpolitik. *WSI-Mitteilungen 58* (6), 301–307.
Blau, P. M. (1986): *Exchange and Power in Social Life.* New Brunswick (U.S.A.): Transaction Books.
BMAS (= Bundesministerium für Arbeit und Soziales) (2015): *Grünbuch Arbeiten 4.0.* Berlin.
BMAS (= Bundesministerium für Arbeit und Soziales) (2016): *Weißbuch Arbeiten 4.0.* Berlin.

Boes, A. & Baukrowitz, A. (2002): *Arbeitsbeziehungen in der IT-Industrie. Erosion oder Innovation der Mitbestimmung?* Berlin: Ed. Sigma.

Boes, A. & Kämpf, T. (2010): Zeitenwende im Büro: Angestelltenarbeit im Sog der Globalisierung. *WSI-Mitteilungen 63* (12), 611–617.

Boes, A. & Kämpf, T. (2011): *Global verteilte Kopfarbeit. Offshoring und der Wandel der Arbeitsbeziehungen.* Berlin: Ed. Sigma.

Bogumil, J. (2017): Modernisierung lokaler Politik. Erkenntnisse aus den letzten 15 Jahren. In: S. Kuhlmann & O. Schwab (Hrsg.): *Starke Kommunen – wirksame Verwaltung. Fortschritte und Fallstricke der internationalen Verwaltungs- und Kommunalforschung.* Wiesbaden: Springer Fachmedien Wiesbaden, 117–142.

Bogumil, J., Grohs, S., Kuhlmann, S. & Ohm, A. K. (2008): *Zehn Jahre Neues Steuerungsmodell. Eine Bilanz kommunaler Verwaltungsmodernisierung.* 2., unveränd. Auflage. Berlin: Ed. Sigma.

Böhle, F. (2010): Nebenfolgen der Bildungsexpansion und neue Perspektiven für die Bildungspolitik. In: N. Altmann & F. Böhle (Hrsg.): *Nach dem ‚kurzen Traum'. Neue Orientierungen in der Arbeitsforschung.* Berlin: Ed. Sigma, 99–118.

Böhle, F. (2017a): Subjektivierendes Arbeitshandeln. In: H. Hirsch-Kreinsen, H. Minssen & R. Bohn (Hrsg.): *Lexikon der Arbeits- und Industriesoziologie.* 2. Auflage. Baden-Baden: Nomos, 278–281.

Böhle, F. (2017b): Subjektivierendes Handeln – Anstöße und Grundlagen. In: F. Böhle (Hrsg.): *Arbeit als Subjektivierendes Handeln. Handlungsfähigkeit bei Unwägbarkeiten und Ungewissheit.* Wiesbaden: Springer VS, 3–34.

Böhle, F., Bolte, A., Huchler, N., Neumer, J., Porschen-Hueck, S. & Sauer, S. (2014): *Vertrauen und Vertrauenswürdigkeit. Arbeitsorganisation und Arbeitspolitik jenseits formaler Regulierung.* Wiesbaden: Springer VS.

Böhle, F. & Milkau, B. (1988): *Vom Handrad zum Bildschirm. Eine Untersuchung. zur sinnlichen Erfahrung im Arbeitsprozess.* Frankfurt/Main, New York: Campus.

Böhle, F., Voß, G. G. & Wachtler, G. (Hrsg.) (2010): *Handbuch Arbeitssoziologie.* Wiesbaden: VS Verlag für Sozialwissenschaften.

Böhm, S., Herrmann, C. & Trinczek, R. (2002): Löst Vertrauensarbeitszeit das Problem der Vereinbarkeit von Familie und Beruf? *WSI-Mitteilungen 55* (8), 435–441.

Böhm, S., Herrmann, C. & Trinczek, R. (2004): Vertrauensarbeitszeit – die Zeit des Arbeitskraftunternehmers? In: H. J. Pongratz & G. G. Voß (Hrsg.): *Typisch Arbeitskraftunternehmer? Befunde der empirischen Arbeitsforschung.* Berlin: Ed. Sigma, 139–162.

Bolino, M. C. (2007): Expatriate Assignments and Intra-Organizational Career Success: Implications for Individuals and Organizations. *Journal of International Business Studies 38* (4), 819–835.

Bosch, A. (1997): *Vom Interessenkonflikt zur Kultur der Rationalität. Neue Verhandlungsbeziehungen zwischen Management und Betriebsrat.* München und Mering: Hampp.

Bosch, A., Ellguth, P., Schmidt, R. & Trinczek, R. (1999): *Zur politischen Kultur der Austauschbeziehungen zwischen Management und Betriebsrat in der westdeutschen Industrie. Betriebliches Interessenhandeln Bd. 1.* Opladen: Leske & Budrich.

Bosch, G. (2000): Entgrenzung der Erwerbsarbeit – Lösen sich die Grenzen zwischen Erwerbs- und Nichterwerbsarbeit auf? In: H. Minssen (Hrsg.): *Begrenzte Entgrenzungen. Wandlungen von Organisation und Arbeit.* Berlin: Ed. Sigma, 249–268.

Bosch, G. (2005): Das deutsche Beschäftigungsmodell zwischen Dekommodifizierung und Vermarktlichung. In: S. I. Kurz, L. Correll & S. Janczyk (Hrsg.): *In Arbeit: Zukunft – Die Zukunft der Arbeit und der Arbeitsforschung liegt in ihrem Wandel.* Münster: Westfälisches Dampfboot, 86–102.

Bosch, G. (2014): Facharbeit, Berufe und berufliche Arbeitsmärkte. *WSI-Mitteilungen 67* (1), 5–13.

Bosch, G., Haipeter, T., Latniak, E. & Lehndorff, S. (2007): Demontage oder Revitalisierung? Das deutsche Beschäftigungsmodell im Umbruch. *Kölner Zeitschrift für Soziologie und Sozialpsychologie 59* (2), 318–339.

Bourdieu, P. (1983): Ökonomisches Kapital, kulturelles Kapital, soziales Kapital. In: R. Kreckel (Hrsg.): *Soziale Ungleichheiten.* Soziale Welt Sonderband 2. Göttingen: Schwartz, 183–198.

Braczyk, H.-J. (1997): Organisation in industriesoziologischer Perspektive. In: G. Ortmann, J. Sydow & K. Türk (Hrsg.): *Theorien der Organisation. Die Rückkehr der Gesellschaft.* Opladen: Westdeutscher Verlag, 530–575.

Braczyk, H.-J. (2001): Wandel des Unternehmensregimes. In: G. Fuchs & K. Töpsch (Hrsg.): *Baden-Württemberg – Erneuerung einer Industrieregion. Kolloquium zum Andenken an Prof. Dr. Hans-Joachim Braczyk.* Stuttgart, 39–60.

Brater, M. (2010): Berufliche Bildung. In: F. Böhle, G. G. Voß & G. Wachtler (Hrsg.): *Handbuch Arbeitssoziologie.* Wiesbaden: VS Verlag für Sozialwissenschaften, 805–837.

Brater, M. & Beck, U. (1983): Berufe als Organisationsformen menschlichen Arbeitsvermögens. In: W. Littek, W. Rammert & G. Wachtler (Hrsg.): *Einführung in die Arbeits- und Industriesoziologie.* Frankfurt: Campus, 208–224.

Brenke, K. & Beznoska, M. (2016): *Solo-Selbständige in Deutschland – Strukturen und Erwerbsverläufe.* Herausgegeben vom Bundesministerium für Arbeit und Soziales. Berlin.

Brenke, K. (2014): Heimarbeit: Immer weniger Menschen in Deutschland gehen ihrem Beruf von zu Hause aus nach. DIW Wochenbericht: 8. https://www.diw.de/documents/publikationen/73/diw_01.c.437987.de/14-8.pdf. Zugegriffen 13.11.2017.

Brinkmann, U. (2011): *Die unsichtbare Faust des Marktes. Betriebliche Kontrolle und Koordination im Finanzmarktkapitalismus.* Berlin: Ed. Sigma.

Brinkmann, U. & Nachtwey, O. (2014): Prekäre Demokratie? Zu den Auswirkungen atypischer Beschäftigung auf die betriebliche Mitbestimmung. *Industrielle Beziehungen 21* (1), 78–98.

Bröckling, U. (2007): *Das unternehmerische Selbst. Soziologie einer Subjektivierungsform.* Frankfurt am Main: Suhrkamp.

Brödner, P. (2018): Industrie 4.0 und Big Data – wirklich ein neuer Technologieschub? In: H. Hirsch-Kreinsen, P. Ittermann & J. Niehaus (Hrsg.): *Digitalisierung industrieller Arbeit. Die Vision Industrie 4.0 und ihre sozialen Herausforderungen.* 2., aktualisierte und erweiterte Auflage. Baden-Baden: edition sigma in der Nomos Verlagsgesellschaft, 323–346.

Buhr, D. (2015): *Industrie 4.0. Neue Aufgaben für die Innovationspolitik.* WISO Direkt. Bonn: Friedrich-Ebert-Stiftung.

Burawoy, M. (1979): *Manufacturing Consent. Changes in the Labor Process under Monopoly Capital.* Chicago und London: University of Chicago Press.

Buß, E. (2012): *Managementsoziologie. Grundlagen, Praxiskonzepte, Fallstudien.* 3., korrigierte Auflage. München: Oldenbourg.

Butollo, F., Ehrlich, M. & Engel, T. (2017): Amazonisierung der Industriearbeit? Industrie 4.0, Intralogistik und die Veränderung der Arbeitsverhältnisse in einem Montageunternehmen der Automobilindustrie. *Arbeit 26* (1), 33–52.

Clarke, M. (2013): The Organizational Career: Not Dead But in Need of Redefinition. *International Journal of Human Resource Management 24* (4), 684–703.

Clear, F. & Dickson, K. (2005): Teleworking Practice in Small and Medium-Sized Firms: Management Style and Worker Autonomy. *New Technology, Work and Employment 20* (3), 218–233.

Cohen, M. D., March, J. G. & Olsen, J. P. (1990): Ein Papierkorb-Modell für organisatorisches Wahlverhalten. In: J. G. March (Hrsg.): *Entscheidung und Organisation. Kritische und konstruktive Beiträge, Entwicklungen und Perspektiven.* Wiesbaden: Gabler, 329–372.

Conway, N. & Briner, R. B. (2005): *Understanding Psychological Contracts at Work. A Critical Evaluation of Theory and Research.* Oxford: Oxford Univ. Press.

Coyle-Shapiro, J. & Kessler, I. (2000): Consequences of the Psychological Contract for the Employment Relationship: A Large Scale Survey. *Journal of Management Studies 37* (7), 903–930.

D'Alessio, N. & Oberbeck, H. (1997): ‚Call-Center' als organisatorischer Kristallisationspunkt von neuen Arbeitsbeziehungen, Beschäftigungsverhältnissen und einer neuen Dienstleistungskultur. In: IfS, INIFES, ISF & SOFI (Hrsg.): *Jahrbuch sozialwissenschaftliche Technikberichterstattung 1996. Schwerpunkt: Reorganisation.* Berlin: Ed. Sigma, 157–180.

Dahrendorf, R. (1983): Wenn der Arbeitsgesellschaft die Arbeit ausgeht. In: J. Matthes (Hrsg.): *Krise der Arbeitsgesellschaft? Verhandlungen des 21. Deutschen Soziologentages in Bamberg 1982.* Frankfurt a.M./New York: Campus, 25–37.

David, P., O'Brien, J. P., Yoshikawa, T. & Delios, A. (2010): Do Shareholders or Stakeholders Appropriate the Rents from Corporate Diversification? The Influence of Ownership Structure. *Academy of Management Journal 53* (3), 636–654.

Deiß, M. (2000): Betriebsrat – quo vadis? In: U. Klitzke, H. Betz & M. Möreke (Hrsg.): *Vom Klassenkampf zum Co-Management? Perspektiven gewerkschaftlicher Betriebspolitik. Wolfgang Klever zum 60. Geburtstag.* Hamburg: VSA-Verlag, 117–146.

Deiß, M. & Schmierl, K. (2005): Die Entgrenzung industrieller Beziehungen: Vielfalt und Öffnung als neues Potential für Interessenvertretung? *Soziale Welt 56* (2/3), 295–316.

Delmestri, G. & Walgenbach, P. (2005): Mastering Techniques or Brokering Knowledge? Middle Managers in Germany, Great Britain and Italy. *Organization Studies 26* (2), 197–220.

Delmestri, G. & Walgenbach, P. (2008): Institutionelle Interferenzen: Die Adoption des Assessment-Centers durch britische, deutsche, italienische und US-amerikanische multinationale Unternehmen. In: A. Maurer & U. Schimank (Hrsg.): *Die Gesellschaft der Unternehmen – Die Unternehmen der Gesellschaft. Gesellschaftstheoretische Zugänge zum Wirtschaftsgeschehen.* Wiesbaden: VS Verlag für Sozialwissenschaften / GWV Fachverlage GmbH, 277–300.

Demszky v. d. Hagen, A. & Voß, G. G. (2010): Beruf und Profession. In: F. Böhle, G. G. Voß & G. Wachtler (Hrsg.): *Handbuch Arbeitssoziologie.* Wiesbaden: VS Verlag für Sozialwissenschaften, 751–803.

Deuse, J., Busch, F., Weisner, K. & Steffen, M. (2015): Gestaltung sozio-technischer Arbeitssysteme für Industrie 4.0. In: H. Hirsch-Kreinsen, P. Ittermann & J. Niehaus (Hrsg.): *Digitalisierung industrieller Arbeit. Die Vision Industrie 4.0 und ihre sozialen Herausforderungen*. Berlin: edition sigma in der Nomos Verlagsgesellschaft, 147–164.

Deutschmann, C. (2001): Die Gesellschaftskritik der Industriesoziologie – ein Anachronismus? *Leviathan 39* (1), 58–69.

Deutschmann, C. (2002): *Postindustrielle Industriesoziologie. Theoretische Grundlagen, Arbeitsverhältnisse und soziale Identitäten*. Weinheim und München: Juventa.

Deutschmann, C. (2005): Finanzmarkt-Kapitalismus und Wachstumskrise. In: P. Windolf (Hrsg.): *Finanzmarkt-Kapitalismus. Analysen zum Wandel von Produktionsregimen*. Kölner Zeitschrift für Soziologie und Sozialpsychologie Sonderheft 45. Wiesbaden: VS Verlag für Sozialwissenschaften, 58–84.

Deutschmann, C. (2008a): Der Typus des Unternehmers in wirtschaftssoziologischer Sicht. In: A. Maurer & U. Schimank (Hrsg.): *Die Gesellschaft der Unternehmen – Die Unternehmen der Gesellschaft. Gesellschaftstheoretische Zugänge zum Wirtschaftsgeschehen*. Wiesbaden: VS Verlag für Sozialwissenschaften / GWV Fachverlage GmbH, 40–62.

Deutschmann, C. (2008b): Die Finanzmärkte und die Mittelschichten: der kollektive Buddenbrooks-Effekt. *Leviathan 36* (4), 501–517.

Deutschmann, C. (2008c): *Kapitalistische Dynamik. Eine gesellschaftstheoretische Perspektive*. Wiesbaden: VS Verlag für Sozialwissenschaften.

Deutschmann, C. (2017): Finanzialisierung als Mehrebenenphänomen: Chancen und Probleme einer soziologischen Erklärung. In: M. Faust, J. Kädtler & H. Wolf (Hrsg.): *Finanzmarktkapitalismus? Der Einfluss von Finanzialisierung auf Arbeit, Wachstum und Innovation*. Frankfurt am Main: Campus, 101–122.

Deutschmann, C., Faust, M., Jauch, P. & Notz, P. (1995): Veränderungen der Rolle des Managements im Prozeß reflexiver Rationalisierung. *Zeitschrift für Soziologie 24* (6), 436–450.

Die Welt (2015): Maschinen könnten 18 Millionen Arbeitnehmer verdrängen. http://www.welt.de/wirtschaft/article140401411/Maschinen-koennten-18-Millionen-Arbeitnehmer-verdraengen.html. Zugegriffen 10.10.2017.

Diekmann, A. (2008): Soziologie und Ökonomie: Der Beitrag experimenteller Wirtschaftsforschung zur Sozialtheorie. *Kölner Zeitschrift für Soziologie und Sozialpsychologie 60* (3), 528–550.

Dietz, G. & Den Hartog, D. N. (2006): Measuring Trust in Organisations. *Personnel Review 35* (5), 557–588.

Dietz, M., Himsel, C. & Walwei, U. (2013): Wandel der Erwerbsformen: Welche Rolle spielen strukturelle Änderungen am Arbeitsmarkt? *Arbeit 22* (2), 85–104.

DiMaggio, P. J. & Powell, W. W. (1991): The Iron Cage Revisited: Institutional Isomorphism and Collective Rationality in Organizational Fields. In: W. W. Powell & P. J. DiMaggio (Hrsg.): *The New Institutionalism in Organizational Analysis*. Chicago and London: The University of Chicago Press, 63–82.

Doeringer, P. B. & Piore, M. J. (1971): *Internal Labor Markets and Manpower Analysis*. Lexington Mass.: Heath.

Döhl, V., Kratzer, N., Moldaschl, M. & Sauer, D. (2001): Auflösung des Unternehmens? Die Entgrenzung von Kapital und Arbeit. In: U. Beck & W. Bonß (Hrsg.): *Die Modernisierung der Moderne*. Frankfurt am Main: Suhrkamp, 219–232.

Literatur

Döhl, V., Kratzer, N. & Sauer, D. (2000): Krise der Normalarbeit(s)Politik. Entgrenzung von Arbeit – neue Anforderungen an Arbeitspolitik. *WSI-Mitteilungen 53* (1), 5-17.

Dombois, R. (1999): Der schwierige Abschied vom Normalarbeitsverhältnis. *Aus Politik und Zeitgeschichte Band 37*, 13–20.

Dombois, R. (2009): Die VW-Affäre – Lehrstück zu den Risiken deutschen Co-Managements. *Industrielle Beziehungen 16* (3), 207-231.

Dombrowski, U., Riechel, C. & Evers, M. (2014): Industrie 4.0 – Die Rolle des Menschen in der vierten industriellen Revolution. In: W. Kersten, H. Koller & H. Lödding (Hrsg.): *Industrie 4.0. Wie intelligente Vernetzung und kognitive Systeme unsere Arbeit verändern.* Schriftenreihe der Hochschulgruppe für Arbeits- und Betriebsorganisation e.V. (HAB). Berlin: Gito, 129–154.

Dörre, K. & Holst, H. (2009): Nach dem Shareholder Value? Kapitalmarktorientierte Unternehmenssteuerung in der Krise. *WSI-Mitteilungen 62* (12), 667–674.

Dörre, K. (1999): Global Players, Local Heroes. Internationalisierung und regionale Industriepolitik. *Soziale Welt 50* (2), 187–206.

Dörre, K. (2001): Das deutsche Produktionsmodell unter dem Druck des Shareholder Value. *Kölner Zeitschrift für Soziologie und Sozialpsychologie 53* (4), 675–704.

Dörre, K. (2002): *Kampf um Beteiligung. Arbeit, Partizipation und industrielle Beziehungen im flexiblen Kapitalismus.* Wiesbaden: Westdeutscher Verlag.

Dörre, K. (2012): Landnahme, das Wachstumsdilemma und die ‚Achsen der Ungleichheit'. *Berliner Journal für Soziologie 22* (1), 101–128.

Dörre, K. (2017): Prekarität. In: H. Hirsch-Kreinsen, H. Minssen & R. Bohn (Hrsg.): *Lexikon der Arbeits- und Industriesoziologie*. 2. Auflage. Baden-Baden: Nomos, 258–261.

Dörre, K. (2018): Digitalisierung – neue Prosperität oder Vertiefung gesellschaftlicher Spaltungen? In: H. Hirsch-Kreinsen, P. Ittermann & J. Niehaus (Hrsg.): *Digitalisierung industrieller Arbeit. Die Vision Industrie 4.0 und ihre sozialen Herausforderungen.* 2., aktualisierte und erweiterte Auflage. Baden-Baden: edition sigma in der Nomos Verlagsgesellschaft, 265–381.

Dörre, K. & Brinkmann, U. (2005): Finanzmarkt-Kapitalismus: Triebkraft eines flexiblen Produktionsmodells? In: P. Windolf (Hrsg.): *Finanzmarkt-Kapitalismus. Analysen zum Wandel von Produktionsregimen*. Kölner Zeitschrift für Soziologie und Sozialpsychologie Sonderheft 45. Wiesbaden: VS Verlag für Sozialwissenschaften, 85–116.

Dörre, K., Elk-Anders, R. & Speidel, F. (1997): *Globalisierung als Option. Internationalisierungspfade von Unternehmen, Standortpolitik und industrielle Beziehungen.* SOFI-Mitteilungen 25. Göttingen, 43–70.

Drexel, I. (2002): Zielvereinbarungen und Interessenvertretung – ein Instrument dezentraler Leistungs- und Entlohnungspolitik in der Praxis. *WSI-Mitteilungen 55* (6), 341–346.

Drinkuth, A. (2007): *Die Subjekte der Subjektivierung. Handlungslogiken bei entgrenzter Arbeit und ihre lokale Ordnung.* Berlin: Ed. Sigma.

Dulac, T., Coyle-Shapiro, J., Henderson, D. J. & Wayne, S. J. (2008): Not All Responses to Breach Are the Same: The Interconnection of Social Exchange and Psychological Contract Processes in Organizations. *Academy of Management Journal 51* (6), 1079–1098.

Dunkel, W., Kratzer, N. & Menz, W. (2010): ‚Permanentes Ungenügen' und ‚Veränderung in Permanenz' – Belastungen durch neue Steuerungsformen. *WSI-Mitteilungen 63* (7), 357–364.

Dunkel, W. & Weihrich, M. (2010): Arbeit als Interaktion. In: F. Böhle, G. G. Voß & G. Wachtler (Hrsg.): *Handbuch Arbeitssoziologie*. Wiesbaden: VS Verlag für Sozialwissenschaften, 177–200.

Eberling, M., Hielscher, V., Hildebrandt, E. & Jürgens, K. (2004): *Prekäre Balancen. Flexible Arbeitszeiten zwischen betrieblicher Regulierung und individuellen Ansprüchen.* Berlin: Ed. Sigma.

Ebers, M. & Gotsch, W. (2014): Institutionenökonomische Theorien der Organisation. In: A. Kieser & M. Ebers (Hrsg.): *Organisationstheorien.* 7., aktualisierte und überarbeitete Auflage. Stuttgart: Kohlhammer, 195–255.

Eichhorst, W. & Tobsch, V. (2014): *Flexible Arbeitswelten. Bericht an die Expertenkommission ‚Arbeits- und Lebensperspektiven in Deutschland'.* Gütersloh: Bertelsmann Stiftung.

Eichler, R. & Gerber, B. (2010): ETH Zürich im Wandel zwischen Tradition und Moderne. Herausforderungen für das Hochschulmanagement. *Organisationsentwicklung 29* (1), 21–29.

Ellguth, P. & Kohaut, S. (2017): Tarifbindung und betriebliche Interessenvertretung: Ergebnisse aus dem IAB-Betriebspanel 2016. *WSI-Mitteilungen 70* (4), 278–286.

Ellguth, P., Liebold, R. & Trinczek, R. (1998): ‚Double Squeeze'. Manager zwischen veränderten beruflichen und privaten Anforderungen. *Kölner Zeitschrift für Soziologie und Sozialpsychologie 50* (3), 517–535.

Engels, A. (2010): Die soziale Konstitution von Märkten. In: J. Beckert & C. Deutschmann (Hrsg.): *Wirtschaftssoziologie.* Kölner Zeitschrift für Soziologie und Sozialpsychologie Sonderheft 49. Wiesbaden: VS Verlag für Sozialwissenschaften, 67–86.

Erke, A. & Bungard, W. (2006): Erfahrungen mit Zielvereinbarungen bei teilautonomer Gruppenarbeit – Ergebnisse einer Expertenbefragung. *Zeitschrift für Arbeits- und Organisationspsychologie 50 (N. F. 24)* (3), 155–162.

Eurostat (2017): Employees Working Shifts as a Percentage of the Total of Employees, by Sex and Age. http://ec.europa.eu/eurostat/web/products-datasets/-/lfsa_ewpshi. Zugegriffen 22.10.2017.

Faßauer, G. (2009): Jenseits des Leistungsprinzips. Paradoxien marktförmiger Leistungssteuerung in Arbeitsorganisationen. In: G. Schreyögg & J. Sydow (Hrsg.): *Verhalten in Organisationen.* Managementforschung Bd. 19. Wiesbaden: Gabler, 103–140.

Faust, M. (2002a): Der ‚Arbeitskraftunternehmer' – eine Leitidee auf dem ungewissen Weg der Verwirklichung. In: E. Kuda & J. Strauß (Hrsg.): *Arbeitnehmer als Unternehmer? Herausforderungen für Gewerkschaften und berufliche Bildung.* Hamburg: VSA-Verlag, 56–80.

Faust, M. (2002b): *Karrieremuster von Führungskräften der Wirtschaft im Wandel – der Fall Deutschland in vergleichender Perspektive.* SOFI-Mitteilungen Nr. 30. Göttingen, 69–90.

Faust, M., Bahnmüller, R. & Fisecker, C. (2011): *Das kapitalmarktorientierte Unternehmen. Externe Erwartungen, Unternehmenspolitik, Personalwesen und Mitbestimmung.* Berlin: Ed. Sigma.

Faust, M., Jauch, P. & Deutschmann, C. (1998): Reorganisation des Managements: Mythos und Realität des ‚Intrapreneurs'. *Industrielle Beziehungen 5* (8), 101–118.

Faust, M., Jauch, P. & Notz, P. (2000): *Befreit und entwurzelt. Führungskräfte auf dem Weg zum ‚internen Unternehmer'.* München und Mering: Hampp.

Faust, M., Jauch, P., Brünnecke, K. & Deutschmann, C. (1995): *Dezentralisierung von Unternehmen. Bürokratie- und Hierarchieabbau und die Rolle betrieblicher Arbeitspolitik.* 2. Auflage. München und Mering: Hampp.

Faust, M. & Kädtler, J. (2017): Das (nicht nur) finanzialisierte Unternehmen. Ein konzeptioneller Vorschlag. In: M. Faust, J. Kädtler & H. Wolf (Hrsg.): *Finanzmarktkapitalismus? Der Einfluss von Finanzialisierung auf Arbeit, Wachstum und Innovation.* Frankfurt am Main: Campus, 33–99.

Felstead, A., Jewson, N., Phizacklea, A. & Walters, S. (2002): The Option to Work at Home: Another Privilege for the Favoured Few? *New Technology, Work and Employment 17* (3), 204–223.

Festing, M. & Müller, B. (2008): Expatriate Career and the Psychological Contract – An Empirical Study on the Impact of International Human Resource Management. In: M. Festing & S. Royer (Hrsg.): *Current Issues in International Human Resource Management and Strategy Research.* München: Hampp, 93–118.

Forrester, V. (1998): *Der Terror der Ökonomie.* München: Goldmann.

Forster, N. (1997): 'The Persistent Myth of High Expatriate Failure Rates': A Reappraisal. *International Journal of Human Resource Management 18* (4), 414–433.

Franzpötter, R. (2003): Die Disponiblen und die Überflüssigen – Über die abgedunkelte Kehrseite der Employabilitygesellschaft. *Arbeit 12* (2), 131–146.

Freitag, K. & Freitag, M. (2016): Was versteht man unter agiler Führung? *Organisationsentwicklung 35* (2), 69–73.

Frey, B. S. (2005): Gutachten im Wissenschaftsprozess. Analyse und ein Vorschlag. *Soziologie 34* (2), 166–173.

Frey, B. S. & Osterloh, M. (1997): Sanktionen oder Seelenmassage? Motivationale Grundlagen der Unternehmensführung. *Die Betriebswirtschaft 57* (3), 307–321.

Frey, C. B. & Osborne, M. A. (2013): The Future of Employment: How Susceptible are Jobs to Computerization? http://www.oxfordmartin.ox.ac.uk/downloads/academic/The_ Future_of_Employment.pdf. Zugegriffen 05.04.2018.

Frey, M. (2009): *Autonomie und Aneignung in der Arbeit. Eine soziologische Untersuchung zur Vermarktlichung und Subjektivierung von Arbeit.* München: Hampp.

Freye, S. (2009): *Führungswechsel. Die Wirtschaftselite und das Ende der Deutschland AG.* Frankfurt a.M.: Campus.

Frick, B., Kluge, N. & Streeck, W. (1999): *Die wirtschaftlichen Folgen der Mitbestimmung. Expertenberichte für die Kommission Mitbestimmung von Bertelsmann-Stiftung, und Hans-Böckler-Stiftung.* Frankfurt/Main: Campus.

Funder, M. (1999): *Paradoxien der Reorganisation.* München und Mering: Hampp.

Funder, M. (2017): Dezentralisierung. In: H. Hirsch-Kreinsen, H. Minssen & R. Bohn (Hrsg.): *Lexikon der Arbeits- und Industriesoziologie.* 2. Auflage. Baden-Baden: Nomos, 98–102.

Funder, M., Dörhöfer, S. & Rauch, C. (2006): *Geschlechteregalität – mehr Schein als Sein. Geschlecht, Arbeit und Interessenvertretung in der Informations- und Kommunikationsindustrie.* Berlin: Ed. Sigma.

Funder, M. & Seitz, B. (1997): Unternehmens(re)organisation und industrielle Beziehungen im Maschinenbau – Ergebnisse einer repräsentativen Studie. *WSI-Mitteilungen 50* (1), 57–64.

Furtner, M. & Baldegger, U. (2013): *Self-Leadership und Führung. Theorien, Modelle und praktische Umsetzung.* Wiesbaden: Springer Gabler.

Gerber, S., Bogumil, J., Heinze, R. G. & Grohs, S. (2009): Hochschulräte als neues Steuerungsinstrument. In: J. Bogumil & R. G. Heinze (Hrsg.): *Neue Steuerung von Hochschulen. Eine Zwischenbilanz.* Berlin: Ed. Sigma, 93–122.

Gergs, H.-J. & Schmidt, R. (2002): Generationswechsel im Management ost- und westdeutscher Unternehmen. Kommt es zu einer Amerikanisierung des deutschen Managementmodells? *Kölner Zeitschrift für Soziologie und Sozialpsychologie 54* (3), 553–578.

Gerst, D., Hardwig, T., Kuhlmann, M. & Schumann, M. (1995): *Gruppenarbeit in den 90ern: Zwischen strukturkonservativer und strukturinnovativer Gestaltungsvariante.* SOFI-Mitteilungen Nr. 22. Göttingen, 39–65.

Gewiese, T. (o. J.): Die betriebliche Verbreitung von Arbeitszeitkonten. Institut für Arbeitsmarkt- und Berufsforschung. http://doku.iab.de/betriebspanel/ergebnisse/2005_06_26_04_azkbetriebe.pdf. Zugegriffen 25.10.2017.

Gmür, M. & Schwerdt, B. (2005): Der Beitrag des Personalmanagements zum Unternehmenserfolg. Eine Metaanalyse nach 20 Jahren Erfolgsfaktorenforschung. *Zeitschrift für Personalforschung 19* (3), 221–251.

Göbel, M., Ortmann, G. & Weber, C. (2007): Reziprozität. Kooperation zwischen Nutzen und Pflicht. In: G. Schreyögg & J. Sydow (Hrsg.): *Kooperation und Konkurrenz.* Managementforschung Bd. 17. Wiesbaden: Betriebswirtschaftlicher Verlag Dr. Th. Gabler I GWV Fachverlage GmbH, 161–205.

Gold, M. & Fraser, J. (2002): Managing Self-Management: Successful Transitions to Portfolio Careers. *Work, Employment and Society 16* (4), 579–597.

Görtz, R. von, Heidler, R. & Jansen, D. (2010): Chancen für neue Forschungslinien? Leistungsorientierte Mittelvergabe und ‚ergebnisoffene' Forschung. *Bayerisches Staatsinstitut für Hochschulforschung und Hochschulplanung (Hrsg.): Beiträge zur Hochschulforschung 32* (2), 8–32.

Gottschall, K. & Henninger, A. (2005): Freelancer in den Kultur- und Medienberufen: freiberuflich, aber nicht freischwebend. In: N. Mayer-Ahuja & H. Wolf (Hrsg.): *Entfesselte Arbeit – neue Bindungen. Grenzen der Entgrenzung in der Medien- und Kulturindustrie.* Berlin: Ed. Sigma, 153–183.

Gottwald, M. & Klemm, M. (2009): Globale Organisation – globale Manager – globale Klasse? Eine empirische Rekonstruktion der Funktion und Bedeutung des Globalmanagementdiskurses in transnationalen Organisationen. *Österreichische Zeitschrift für Soziologie 34* (4), 77–103.

Greifenstein, R. & Kißler, L. (2010): *Mitbestimmung im Spiegel der Forschung. Eine Bilanz der empirischen Untersuchungen 1952-2010.* Berlin: Ed. Sigma.

Groh-Samberg, O., Mau, S. & Schimank, U. (2014): Investieren in den Status: Der voraussetzungsvolle Lebensführungsmodus der Mittelschichten. *Leviathan 42* (2), 219–248.

Groß, H. & Seifert, H. (2017): Regulierte Flexibilität – Betriebliche Regelungsstrukturen von Arbeitszeitkonten. *WSI-Mitteilungen 70* (6), 432–441.

Groß, H., Seifert, H. & Sieglen, G. (2007): Formen und Ausmaß verstärkter Arbeitszeitflexibilisierung. *WSI-Mitteilungen 60* (4), 202–208.

Gunz, H. (1989): The Dual Meaning of Managerial Careers: Organizational and Individual Levels of Analysis. *Journal of Management Studies 26* (3), 225–250.

Haipeter, T. (2003): Erosion der Arbeitsregulierung? Neue Steuerungsformen der Produktion und ihre Auswirkungen auf die Regulierung von Arbeitszeit und Leistung. *Kölner Zeitschrift für Soziologie und Sozialpsychologie 55* (3), 521–542.

Haipeter, T. (2006a): Arbeits(zeit)politik zwischen Innovation und Eigensinn. *Arbeit 15* (2), 73–84.

Haipeter, T. (2006b): Bankkaufleute in der Reorganisation. Zur Lage der Erstausbildung im Bankgewerbe. *Zeitschrift für Soziologie 35* (1), 57–76.

Haipeter, T., Lehndorff, S., Schilling, G., Voss-Dahm, D. & Wagner, A. (2002): Vertrauensarbeitszeit. Analyse eines neuen Rationalisierungskonzepts. *Leviathan 30* (3), 360–383.

Haipeter, T. & Slomka, C. (2014): Fragmentierende Finanzialisierung. Erfolgsentgelte in der deutschen Metall- und Elektroindustrie. *Zeitschrift für Soziologie 43* (3), 212–230.

Hall, D. T. (2004): The Protean Career: A Quarter-Century Journey. *Journal of Vocational Behavior 65* (1), 1–13.

Hamori, M. & Koyuncu, B. (2011): Career Advancement in Large Organizations in Europe and the United States: Do International Assignments Add Value? *International Journal of Human Resource Management 22* (4), 843.

Harris, H., Brewster, C. & Erten, C. (2005): Auslandseinsatz, aber wie? Klassisch oder alternative Formen: neueste empirische Erkenntnisse aus Europa und den USA. In: G. K. Stahl, W. Mayrhofer & T. M. Kühlmann (Hrsg.): *Internationales Personalmanagement – neue Aufgaben, neue Lösungen*. München und Mehring: Hampp, 271–291.

Hartmann, E. (2015): Arbeitsgestaltung für Industrie 4.0: Alte Wahrheiten, neue Herausforderungen. In: A. Botthof & E. A. Hartmann (Hrsg.): *Zukunft der Arbeit in Industrie 4.0*. Berlin, Heidelberg: Springer, 9–20.

Hartmann, M. (1995): Deutsche Topmanager: Klassenspezifischer Habitus als Karrierebasis. *Soziale Welt 46* (4), 440–468.

Hartmann, M. (2001): Eine Münchner Schule ist nicht in Sicht: Kritisches zum Stand der Individualisierungsdebatte. *Leviathan* (3), 304–313.

Hartmann, M. (2002): *Der Mythos von den Leistungseliten. Spitzenkarrieren und soziale Herkunft in Wirtschaft, Politik, Justiz und Wissenschaft*. Frankfurt/New York: Campus.

Hartmann, M. (2007): *Eliten und Macht in Europa. Ein internationaler Vergleich*. Frankfurt/New York: Campus.

Hartmann, M. (2009): Die transnationale Klasse – Mythos oder Realität? *Soziale Welt 60* (3), 285–303.

Hartmann, M. (2015): Topmanager 2015. Die transnationale Klasse – Mythos oder Realität revisited. *Soziale Welt 66* (1), 37–53.

Hartmann, M. (2017): Managementkarriere. In: H. Hirsch-Kreinsen, H. Minssen & R. Bohn (Hrsg.): *Lexikon der Arbeits- und Industriesoziologie*. 2. Auflage. Baden-Baden: Nomos, 211–214.

Hartmann, M. & Kopp, J. (2001): Elitenselektion durch Bildung oder durch Herkunft? Promotion, soziale Herkunft und der Zugang zu Führungspositionen in der deutschen Wirtschaft. *Kölner Zeitschrift für Soziologie und Sozialpsychologie 53* (3), 436–466.

Hasse, R. & Krücken, G. (2005): Organisationsgesellschaft und Weltgesellschaft im soziologischen Neo-Institutionalismus. In: W. Jäger & U. Schimank (Hrsg.): *Organisationsgesellschaft – Facetten und Perspektiven*. Wiesbaden: VS Verlag für Sozialwissenschaften, 124–147.

Hauff, S. (2007): Flexibilisierung von Beschäftigung und die Erosion psychologischer Verträge aus Sicht der ArbeitnehmerInnen. *Arbeit 16* (1), 36–53.

Hauff, S. (2008): Zwischen Flexibilität und Sicherheit. Zur aktuellen Entwicklung von Werten in der Arbeitswelt. *Soziale Welt 59* (1), 53–74.

Hauser-Ditz, A., Hertwig, M. & Pries, L. (2006a): Betriebsräte und ‚Andere Vertretungsorgane'. Verbreitung und Kontext betrieblicher Beschäftigtenvertretungen in der deutschen Privatwirtschaft. *Industrielle Beziehungen 13* (4), 340–369.

Hauser-Ditz, A., Hertwig, M. & Pries, L. (2006b): Betriebsräte und andere Vertretungsorgane im Vergleich – Strukturen, Arbeitsweisen und Beteiligungsmöglichkeiten. *WSI-Mitteilungen 59* (9), 500–506.

Hauser-Ditz, A., Hertwig, M. & Pries, L. (2008): *Betriebliche Interessenregulierung in Deutschland. Arbeitnehmervertretung zwischen demokratischer Teilhabe und ökonomischer Effizienz*. Frankfurt/Main: Campus.

Hauser-Ditz, A., Hertwig, M. & Pries, L. (2012): Verbetrieblichung und betrieblicher Konflikt. *Kölner Zeitschrift für Soziologie und Sozialpsychologie 64* (2), 329–359.

Häußermann, H. & Siebel, W. (1995): *Dienstleistungsgesellschaften*. Frankfurt am Main: Suhrkamp.

Heidenreich, M. (1998): Die duale Berufsausbildung zwischen industrieller Prägung und wissensgesellschaftlichen Herausforderungen. *Zeitschrift für Soziologie 27* (5), 321–340.

Heidenreich, M. (2003): Die Debatte um die Wissensgesellschaft. In: S. Böschen (Hrsg.): *Wissenschaft in der Wissensgesellschaft*. Wiesbaden: Westdeutscher Verlag, 25–51.

Heinze, R. G. (2009): *Rückkehr des Staates? Politische Handlungsmöglichkeiten in unsicheren Zeiten*. Wiesbaden: VS Verlag für Sozialwissenschaften.

Heinze, R. G. (2011): *Die erschöpfte Mitte. Zwischen marktbestimmten Soziallagen, politischer Stagnation und der Chance auf Gestaltung*. Weinheim und Basel: Juventa.

Henninger, A. (2003): Wer versorgt den Arbeitskraftunternehmer? Überlegungen zur Entgrenzung von Arbeit und Leben bei Alleinselbständigen. In: K. Schönberger & S. Springer (Hrsg.): *Subjektivierte Arbeit – Mensch, Organisation und Technik in einer entgrenzten Arbeitswelt*. Frankfurt am Main/New York: Campus, 165–181.

Henninger, A. & Papouschek, U. (2006): Entgrenzte Erwerbsarbeit als Chance oder Risiko? Mobile Pflege und die Medien- und Kulturbranche im Vergleich. *Berliner Journal für Soziologie 16* (2), 189–209.

Hermann, A. & Mayrhofer, W. (2005): Internationale Karrieren – theoretische und empirische Ergebnisse. In: G. K. Stahl, W. Mayrhofer & T. M. Kühlmann (Hrsg.): *Internationales Personalmanagement – neue Aufgaben, neue Lösungen*. München und Mehring: Hampp, 215–247.

Herr, H. (2009): Vom regulierten Kapitalismus zur Instabilität. *WSI-Mitteilungen 62* (12), 635–642.

Herrmann, C., Promberger, M., Singer, S. & Trinczek, R. (1999): *Forcierte Arbeitszeitflexibilisierung. Die 35-Stunden-Woche in der betrieblichen und gewerkschaftlichen Praxis*. Berlin: Ed. Sigma.

Hertwig, M. (2011): *Die Praxis ‚Anderer Vertretungsorgane'. Formen, Funktionen und Wirksamkeit*. Berlin: Ed. Sigma.

Hertwig, M. (2016): Dynamiken, Mythen und Paradoxien von Leiharbeit und Werkverträgen. Personalwirtschaftliche Strategien im Finanzmarktkapitalismus. In: T. Haipeter, E. Latniak & S. Lehndorff (Hrsg.): *Arbeit und Arbeitsregulierung im Finanzmarktkapitalismus. Chancen und Grenzen eines soziologischen Analysekonzepts*. Wiesbaden: Springer VS, 73–101.

Herzog-Stein, A. & Seifert, H. (2010): Stabile Beschäftigung durch flexible Arbeitszeiten. *Arbeit 19* (2/3), 147–163.

Heyse, V. & Erpenbeck, J. (2009): *Kompetenztraining. 64 modulare Informations- und Trainingsprogramme für die betriebliche, pädagogische und psychologische Praxis*. 2., überarb. und erw. Auflage. Stuttgart: Schäffer-Poeschel.

Hildebrandt, E. & Seltz, R. (1989): *Wandel betrieblicher Sozialverfassung durch systemische Kontrolle? Die Einführung computergestützter Produktionsplanungs- und -steuerungssysteme im bundesdeutschen Maschinenbau.* Berlin: Ed. Sigma.

Hildebrandt, E. & Wotschak, P. (2006): Langzeitkonten und Lebenslaufpolitik. *WSI-Mitteilungen 59* (11), 592–600.

Hinke, R. (2003): Zielvereinbarungen in der Praxis der ostdeutschen Metall- und Elektroindustrie. *WSI-Mitteilungen 56* (6), 377–385.

Hipp, L. & Stuth, S. (2013): Management und Teilzeit? Eine empirische Analyse zur Verbreitung von Teilzeitarbeit unter Managerinnen und Managern in Europa. *Kölner Zeitschrift für Soziologie und Sozialpsychologie 65* (1), 101–128.

Hirnle, C. & Hess, T. (2005): Bewertung unternehmensübergreifender IT-Investitionen in Unternehmensnetzwerken: ein Property-Rights basierter Zugang. Institut für Wirtschaftsinformatik und Neue Medien der Ludwig-Maximilian-Universität München. Arbeitsbericht 4. http://www.wim.bwl.uni-muenchen.de/download/epub/ab_2005_04.pdf. Zugegriffen 16.11.2017.

Hirsch-Kreinsen, H. (1995): Dezentralisierung: Unternehmen zwischen Stabilität und Integration. *Zeitschrift für Soziologie 24* (6), 422–435.

Hirsch-Kreinsen, H. (2009): *Wirtschafts- und Industriesoziologie. Grundlagen, Fragestellungen, Themenbereiche.* 2., aktualisierte Auflage. Weinheim und München: Juventa.

Hirsch-Kreinsen, H. (2010): Entgrenzung von Unternehmen und Arbeit. In: J. Beckert & C. Deutschmann (Hrsg.): *Wirtschaftssoziologie.* Kölner Zeitschrift für Soziologie und Sozialpsychologie Sonderheft 49. Wiesbaden: VS Verlag für Sozialwissenschaften, 447–465.

Hirsch-Kreinsen, H. (2014a): Wandel von Produktionsarbeit – ‚Industrie 4.0'. *WSI-Mitteilungen 67* (6), 421–429.

Hirsch-Kreinsen, H. (2014b): *Wandel von Produktionsarbeit – ‚Industrie 4.0'.* Soziologisches Arbeitspapier Nr. 38. Dortmund.

Hirsch-Kreinsen, H. (2015): *Digitalisierung von Arbeit: Folgen, Grenzen und Perspektiven.* Soziologisches Arbeitspapier Nr. 43. Dortmund.

Hirsch-Kreinsen, H. (2017): Digitalisierung industrieller Einfacharbeit. Entwicklungspfade und arbeitspolitische Konsequenzen. *Arbeit 26* (1), 7–32.

Hirsch-Kreinsen, H. (2018): *Arbeit 4.0: Pfadabhängigkeit statt Disruption.* Soziologisches Arbeitspapier Nr. 52. Dortmund.

Hirsch-Kreinsen, H., Minssen, H. & Bohn, R. (Hrsg.) (2017): *Lexikon der Arbeits- und Industriesoziologie.* 2. Auflage. Baden-Baden: Nomos.

Hirsch-Kreinsen, H. & Schulte, A. (2002): Internationalisierung von Unternehmen: Das Phänomen der Rückverlagerung. *WSI-Mitteilungen 55* (7), 389–396.

Hitzler, R. & Honer, A. (1994): Bastelexistenz. Über subjektive Konsequenzen der Individualisierung. In: U. Beck & E. Beck-Gernsheim (Hrsg.): *Riskante Freiheiten – Individualisierung in modernen Gesellschaften.* Frankfurt am Main: Suhrkamp, 307–315.

Hoffmann, E. & Walwei, U. (1998): Normalarbeitsverhältnis: ein Auslaufmodell? Überlegungen zu einem Erklärungsmodell für den Wandel der Beschäftigungsformen. *Mitteilungen aus der Arbeitsmarkt- und Berufsforschung 31* (2), 409–425.

Holtgrewe, U. (2005a): Kunden und Dienstleistungsorganisationen – ein Blick in die organisationssoziologische Werkzeugkiste. In: H. Jacobsen & S. Voswinkel (Hrsg.): *Der Kunde in der Dienstleistungsbeziehung. Beiträge zur Soziologie der Dienstleistung.* Wiesbaden: VS Verlag für Sozialwissenschaften, 37–56.

Holtgrewe, U. (2005b): Subjekte als Grenzgänger der Organisationsgesellschaft? In: W. Jäger & U. Schimank (Hrsg.): *Organisationsgesellschaft – Facetten und Perspektiven*. Wiesbaden: VS Verlag für Sozialwissenschaften, 344–368.

Holtgrewe, U. & Kerst, C. (2002): Zwischen Kundenorientierung und organisatorischer Effizienz – Callcenter als Grenzstellen. *Soziale Welt 53* (2), 141–160.

Holtgrewe, U., Voswinkel, S. & Wagner, G. (Hrsg.) (2000): *Anerkennung und Arbeit*. Konstanz: Universitätsverlag Konstanz.

Holzer, B. (2008): Organisierte Globalität: Entgrenzung, Vernetzung und Institutionalisierung transnationaler Unternehmen. In: A. Maurer & U. Schimank (Hrsg.): *Die Gesellschaft der Unternehmen – Die Unternehmen der Gesellschaft. Gesellschaftstheoretische Zugänge zum Wirtschaftsgeschehen*. Wiesbaden: VS Verlag für Sozialwissenschaften / GWV Fachverlage GmbH, 265–276.

Höpner, M. (2003): *Wer beherrscht die Unternehmen? Shareholder Value, Managerherrschaft und Mitbestimmung in Deutschland*. Frankfurt am Main: Campus.

Höpner, M. (2004): Was bewegt die Führungskräfte? Von der Agency-Theorie zur Soziologie des Managements. *Soziale Welt 55* (3), 263–282.

Hoßfeld, H. & Nienhüser, W. (2010): Alles auf Betriebsebene regeln? Dezentralisierung der Tarifbeziehungen aus Sicht betrieblicher Akteure. *WSI-Mitteilungen 63* (3), 126–134.

Howaldt, J., Kopp, R. & Schultze, J. (2018): Zurück in die Zukunft? Ein kritischer Blick auf die Diskussion zur Industrie 4.0. In: H. Hirsch-Kreinsen, P. Ittermann & J. Niehaus (Hrsg.): *Digitalisierung industrieller Arbeit. Die Vision Industrie 4.0 und ihre sozialen Herausforderungen*. 2., aktualisierte und erweiterte Auflage. Baden-Baden: edition sigma in der Nomos Verlagsgesellschaft, 347–364.

Hübler, O. (2003): Fördern oder behindern Betriebsräte die Unternehmensentwicklung? *Perspektiven der Wirtschaftspolitik 4* (4), 379–397.

Huchler, N., Voß, G. G. & Weihrich, M. (2012): Markt, Herrschaft, Solidarität und Subjektivität. Ein Vorschlag für ein integratives Mechanismen- und Mehrebenenkonzept. *Arbeits- und Industriesoziologische Studien 5* (1), 78–99.

Hüther, O. & Krücken, G. (2011): Wissenschaftliche Karriere und Beschäftigungsbedingungen. Organisationssoziologische Überlegungen zu den Grenzen neuer Steuerungsmodelle an deutschen Hochschulen. *Soziale Welt 62* (3), 305–325.

Huy, N. Q. (2002): Emotional Balancing of Organizational Continuity and Radical Change: The Contribution of Middle Managers. *Administrative Science Quarterly 47* (1), 31–69.

Hyll, M. (2014): *Karrierereformen im Wandel. Herausforderungen für Individuen und Organisationen*. München und Mering: Hampp.

IG Metall (2017): *Arbeitszeit -sicher, gerecht und selbstbestimmt. Ergebnisse, Zahlen und Fakten zur Arbeitszeit*. o. O.

Imai, M. (1992): *Kaizen. Der Schlüssel zum Erfolg der Japaner im Wettbewerb*. München: Ullstein.

Imbusch, P. & Friedrichs, A.-S. (2012): Wirtschaftseliten und soziale Desintegrationsprozesse – Gesellschaftliche Verantwortung vor und nach der Finanzkrise. In: W. Heitmeyer & P. Imbusch (Hrsg.): *Desintegrationsdynamiken. Integrationsmechanismen auf dem Prüfstand*. Wiesbaden: Springer VS, 101–140.

Inkson, K., Gunz, H., Ganesh, S. & Roper, J. (2012): Boundaryless Careers: Bringing Back Boundaries. *Organization Studies 33* (3), 323–340.

Ittermann, P. & Abel, J. (2002): Gratwanderung zwischen Tradition und Innovation – Reifeprüfung der New Economy. *Industrielle Beziehungen 9* (4), 463–470.

Ittermann, P. & Abel, J. (2014): Neue Herausforderungen für die Grenzinstitution. Ganzheitliche Produktionssysteme und ihre Folgen für die Betriebsratsarbeit. *Industrielle Beziehungen 22* (2), 99–115.

Ittermann, P. & Niehaus, J. (2015): Industrie 4.0 und Wandel von Industriearbeit. Überblick über Forschungsstand und Trendbestimmungen. In: H. Hirsch-Kreinsen, P. Ittermann & J. Niehaus (Hrsg.): *Digitalisierung industrieller Arbeit. Die Vision Industrie 4.0 und ihre sozialen Herausforderungen*. Berlin: edition sigma in der Nomos Verlagsgesellschaft, 33–51.

Ittermann, P. & Niehaus, J. (2015): Industrie 4.0 und Wandel von Industriearbeit. Überblick über Forschungsstand und Trendbestimmungen. In: H. Hirsch-Kreinsen, P. Ittermann & J. Niehaus (Hrsg.): *Digitalisierung industrieller Arbeit. Die Vision Industrie 4.0 und ihre sozialen Herausforderungen*. Berlin: edition sigma in der Nomos Verlagsgesellschaft, 33–51.

Jaeger, M. (2009): Steuerung durch Anreizsysteme an Hochschulen. Wie wirken formelgebundene Mittelverteilung und Zielvereinbarungen? In: J. Bogumil & R. G. Heinze (Hrsg.): *Neue Steuerung von Hochschulen. Eine Zwischenbilanz*. Berlin: Ed. Sigma, 45–65.

Jäger, W. (1999): *Reorganisation der Arbeit. Ein Überblick zu aktuellen Entwicklungen*. Hagener Studientexte zur Soziologie Bd. 4. Opladen/Wiesbaden: Westdeutscher Verlag.

Jansen, D., Wald, A., Franke, K., Schmoch, U. & Schubert, T. (2007): Drittmittel als Performanzindikator der wissenschaftlichen Forschung. Zum Einfluss von Rahmenbedingungen auf Forschungsleistungen. *Kölner Zeitschrift für Soziologie und Sozialpsychologie 59* (1), 125–149.

Jürgens, K. (2004): Kein Seiltanz ohne Netz. Zur Funktionalität individueller und betrieblicher Grenzziehungen. In: H. J. Pongratz & G. G. Voß (Hrsg.): *Typisch Arbeitskraftunternehmer? Befunde der empirischen Arbeitsforschung*. Berlin: Ed. Sigma, 163–186.

Jürgens, K. (2005): Perspektiverweiterung statt Kriseninszenierung. Ein Beitrag zum Diskurs über die Zukunft der Arbeits- und Industriesoziologie. *Arbeit 14* (3), 173–190.

Jürgens, K. (2007): Die Ökonomisierung von Zeit im flexiblen Kapitalismus. *WSI-Mitteilungen 60* (4), 167–173.

Jürgens, K., Hoffmann, R. & Schildmann, C. (2017): *Arbeit transformieren! Denkanstöße der Kommission „Arbeit der Zukunft"*. Bielefeld: Transcript.

Jürgens, U. (2006): Die Begleitforschung in der wissenschaftlichen Außensicht. In: M. Schumann, M. Kuhlmann, F. Sanders & H. J. Sperling (Hrsg.): *Auto 5000: ein neues Produktionskonzept. Die deutsche Antwort auf den Toyota-Weg?* Hamburg: VSA-Verlag, 124–133.

Jürgens, U. (2008): Corporate Governance: Eine kritische Rekonstruktion der Grundlagen, Anwendungen und Entwicklungen aus soziologischer Sicht. In: A. Maurer & U. Schimank (Hrsg.): *Die Gesellschaft der Unternehmen – Die Unternehmen der Gesellschaft. Gesellschaftstheoretische Zugänge zum Wirtschaftsgeschehen*. Wiesbaden: VS Verlag für Sozialwissenschaften / GWV Fachverlage GmbH, 105–123.

Kädtler, J. (2005): *Finanzmärkte – zur Soziologie einer organisierten Öffentlichkeit*. SOFI-Mitteilungen Nr. 33. Göttingen, 31–37.

Kädtler, J. (2010): Finanzmärkte und Finanzialisierung. In: F. Böhle, G. G. Voß & G. Wachtler (Hrsg.): *Handbuch Arbeitssoziologie.* Wiesbaden: VS Verlag für Sozialwissenschaften, 619–639.

Kädtler, J. (2016): Konfliktpartnerschaft – zwischen Auslaufmodell und sozialer Innovation. *Industrielle Beziehungen 23* (3), 334–347.

Kädtler, J. & Sperling, H. J. (2001): *Worauf beruht und wie wirkt die Herrschaft der Finanzmärkte auf der Ebene von Unternehmen? Oder: Taugt Finanzialisierung als neue Software für die Automobilindustrie?* SOFI-Mitteilungen Nr. 29. Göttingen, 23–45.

Kagermann, H., Helbig, J., Hellinger, A. & Wahlster, W. (2013): *Umsetzungsempfehlungen für das Zukunftsprojekt Industrie 4.0. Deutschlands Zukunft als Produktionsstandort sichern. Abschlussbericht des Arbeitskreises Industrie 4.0.* Berlin: Forschungsunion; Geschäftsstelle der Plattform Industrie 4.0.

Kalkowski, P. (2002): Neue Steuerungsinstrumente – Überwindung der Bürokratie oder Bürokratie im neuen Gewand? Zur betrieblichen Arbeitsregulation in der Telekommunikation. *Arbeit 11* (2), 129–142.

Kalkowski, P. (2017): Projekte (Projektarbeit, Projektmanagement). In: H. Hirsch-Kreinsen, H. Minssen & R. Bohn (Hrsg.): *Lexikon der Arbeits- und Industriesoziologie.* 2. Auflage. Baden-Baden: Nomos, 262–264.

Kalkowski, P. & Mickler, O. (2009): *Antinomien des Projektmanagements. Eine Arbeitsform zwischen Direktive und Freiraum.* Berlin: Ed. Sigma.

Kalkowski, P. & Mickler, O. (2013): Regulationsweisen projektförmiger Arbeit in der Automobil-, ITK- und Medienbranche. *Industrielle Beziehungen 20* (2), 96–115.

Kämpf, T. (2008): *Die neue Unsicherheit. Folgen der Globalisierung für hochqualifizierte Arbeitnehmer.* Frankfurt/Main: Campus.

Kasper, H., Scheer, P. J. & Schmidt, A. (2002): *Managen und Lieben. Führungskräfte im Spannungsfeld zwischen Beruf und Privatleben.* Frankfurt/Wien: Carl Ueberreuter.

Keller, B. (2017): Interessenvertretung bei atypischen Beschäftigungsverhältnissen – ein strategisches Dilemma. *WSI-Mitteilungen 70* (1), 27–35.

Keller, B. & Seifert, H. (2006): Atypische Beschäftigungsverhältnisse: Flexibilität, soziale Sicherheit und Prekarität. *WSI-Mitteilungen 59* (5), 235–240.

Kels, P. & Vormbusch, U. (2009): Transnationale Projektarbeit. Berufsbiografische Strategien der Sicherung von Autonomie, Zugehörigkeit und Identität. *Österreichische Zeitschrift für Soziologie 34* (4), 60–76.

Kempermann, H. (2014): *Industrie 4.0.* Thema Wirtschaft Bd. 141. Köln: Institut der Deutschen Wirtschaft Medien.

Kern, H. (2000): Rückgekoppelte Autonomie – Steuerungselemente in lose gekoppelten Systemen. In: A. Hanft (Hrsg.): *Hochschulen managen? Zur Reformierbarkeit der Hochschulen nach Managementprinzipien.* Neuwied: Luchterhand, 25–38.

Kern, H. & Sabel, C. F. (1994): Verblaßte Tugenden. Zur Krise des deutschen Produktionsmodells. In: N. Beckenbach & W. van Treeck (Hrsg.): *Umbrüche gesellschaftlicher Arbeit.* Soziale Welt Sonderband 9. Göttingen: Schwartz, 605–624.

Kern, H. & Schumann, M. (1970): *Industriearbeit und Arbeiterbewußtsein.* Frankfurt am Main: Europäische Verlagsanstalt.

Kern, H. & Schumann, M. (1984): *Das Ende der Arbeitsteilung? Rationalisierungsprozesse in der industriellen Produktion.* München: Beck.

Kerst, C. & Holtgrewe, U. (2003): Interne oder externe Flexibilität? Call Center als kundenorientierte Organisationen. In: F. Kleemann & I. Matuschek (Hrsg.): *Immer Anschluss unter dieser Nummer. Rationalisierte Dienstleistung und subjektivierte Arbeit in Call Centern.* Berlin: Ed. Sigma, 85–107.

Kersten, W., Koller, H. & Lödding, H. (Hrsg.) (2014): *Industrie 4.0. Wie intelligente Vernetzung und kognitive Systeme unsere Arbeit verändern.* Schriftenreihe der Hochschulgruppe für Arbeits- und Betriebsorganisation e.V. (HAB). Berlin: Gito.

Kesselring, S. & Vogl, G. (2010): *Betriebliche Mobilitätsregime. Die sozialen Kosten mobiler Arbeit.* Berlin: Ed. Sigma.

Keupp, H. (2010): Individualisierung. Riskante Chancen zwischen Selbstsorge und Zonen der Verwundbarkeit. In: P. A. Berger & R. Hitzler (Hrsg.): *Individualisierungen. Ein Vierteljahrhundert ‚jenseits von Stand und Klasse'?* Wiesbaden: VS Verlag für Sozialwissenschaften / Springer Fachmedien GmbH, 245–261.

Kieser, A. & Walgenbach, P. (2010): *Organisation.* 6., überarb. Auflage. Stuttgart: Schäffer-Poeschel.

Kieser, A. (2010): Unternehmen Wissenschaft. *Leviathan 38* (3), 347–367.

Kieser, A. (2014a): Der situative Ansatz. In: A. Kieser & M. Ebers (Hrsg.): *Organisationstheorien.* 7., aktualisierte und überarbeitete Auflage. Stuttgart: Kohlhammer, 164–194.

Kieser, A. (2014b): Managementlehren – von Regeln guter Praxis über den Taylorismus zur Human Relations Bewegung. In: A. Kieser & M. Ebers (Hrsg.): *Organisationstheorien.* 7., aktualisierte und überarbeitete Auflage. Stuttgart: Kohlhammer, 73–117.

Kißler, L., Greifenstein, R. & Schneider, K. (2011): *Die Mitbestimmung in der Bundesrepublik Deutschland. Eine Einführung.* Wiesbaden: VS Verlag für Sozialwissenschaften.

Kleemann, F. (2005): *Die Wirklichkeit der Teleheimarbeit. Eine arbeitssoziologische Untersuchung.* Berlin: Ed. Sigma.

Kleemann, F. (2012): Subjektivierung von Arbeit – Eine Reflexion zum Stand des Diskurses. *Arbeits- und Industriesoziologische Studien 5* (2), 6–20.

Kleemann, F. (2015): Sammelbesprechung Arbeits- und Industriesoziologie. *Soziologische Revue 38* (1), 44–62.

Kleemann, F. (2017): Mobile und ortsungebundene Arbeit. In: H. Hirsch-Kreinsen, H. Minssen & R. Bohn (Hrsg.): *Lexikon der Arbeits- und Industriesoziologie.* 2. Auflage. Baden-Baden: Nomos, 222–225.

Kleemann, F. & Matuschek, I. (Hrsg.) (2003): *Immer Anschluss unter dieser Nummer. Rationalisierte Dienstleistung und subjektivierte Arbeit in Call Centern.* Berlin: Ed. Sigma.

Kleemann, F., Matuschek, I. & Voß, G. G. (2002): Subjektivierung von Arbeit. Ein Überblick zum Stand der soziologischen Diskussion. In: M. Moldaschl & G. G. Voß (Hrsg.): *Subjektivierung von Arbeit.* München und Mehring: Hampp, 53–100.

Klein-Schneider, H. (2005): *Leistungs- und erfolgsorientiertes Entgelt: Betriebs- und Dienstvereinbarungen Analyse und Handlungsempfehlungen.* 2., unveränderte Auflage. Düsseldorf: Edition der Hans-Böckler-Stiftung.

Klemm, M. & Popp, M. (2006): Nomaden wider Willen: Der Expatriate als Handlungstypus zwischen Alltagswelt und objektiver Zweckbestimmung. In: W. Gebhard & R. Hitzler (Hrsg.): *Nomaden, Flaneure, Vagabunden. Wissensformen und Denkstile der Gegenwart.* Wiesbaden: VS Verlag für Sozialwissenschaften, 126–139.

Kletti, J. (2015): Industrie 4.0: MES ermöglicht Dezentralisierung. *Digital Manufacturing Magazin* (1). https://www.digital-manufacturing-magazin.de/sites/default/files/magazine-pdf/dm_2015-01_archiv.pdf. Zugegriffen 13.10.2017.

Klimecki, R. & Litz, S. (2002): Impliziter Arbeitsvertrag und ‚grenzenlose' Karriere. *Personal* (10), 22–25.

Kneer, G., Nassehi, A. & Schroer, M. (Hrsg.) (1997): *Soziologische Gesellschaftsbegriffe. Konzepte moderner Zeitdiagnosen.* München: Fink.

Kocka, J. (2017): Eigentümer – Manager – Investoren. Unternehmer im Wandel des Kapitalismus. In: A. Maurer (Hrsg.): *Handbuch der Wirtschaftssoziologie.* 2., aktualisierte und erweiterte Auflage. Wiesbaden: Springer VS, 551–570.

Kohaut, S. & Schnabel, C. (2003): Zur Erosion des Flächentarifvertrags: Ausmaß, Einflussfaktoren und Gegenmaßnahmen. *Industrielle Beziehungen 10* (2), 193–219.

Köhler, C., Barteczko, S., Schröder, S. & Bohler, K.-F. (2014): Der Arbeitskraftunternehmer ist tot – es lebe der Arbeitskraftunternehmer! Anmerkungen zur Frage der Selbstvermarktung abhängig Beschäftigter. *AIS-Studien 7* (1), 109–125.

Köhler, C., Grotheer, M., Krause, A., Krause, I., Schröder, T. & Struck, O. (2008): *Offene und geschlossene Beschäftigungssysteme. Determinanten, Risiken und Nebenwirkungen.* Wiesbaden: VS Verlag für Sozialwissenschaften / GWV Fachverlage GmbH.

Köhler, C. & Krause, A. (2010): Betriebliche Beschäftigungspolitik. In: F. Böhle, G. G. Voß & G. Wachtler (Hrsg.): *Handbuch Arbeitssoziologie.* Wiesbaden: VS Verlag für Sozialwissenschaften, 387–412.

Köhler, C., Loudovici, K. & Struck, O. (2007): Generalisierung von Beschäftigungsrisiken oder anhaltende Arbeitsmarktsegmentation? *Berliner Journal für Soziologie 17* (3), 387–406.

Köhler, C., Schröder, S. & Weingärtner, S. (2017): Arbeitsmärkte. Wirtschaftssoziologische Perspektiven. In: A. Maurer (Hrsg.): *Handbuch der Wirtschaftssoziologie.* 2., aktualisierte und erweiterte Auflage. Wiesbaden: Springer VS, 275–305.

König, K. (2009): Hierarchie und Kooperation. Die zwei Seelen einer Zielvereinbarung zwischen Staat und Hochschule. In: J. Bogumil & R. G. Heinze (Hrsg.): *Neue Steuerung von Hochschulen. Eine Zwischenbilanz.* Berlin: Ed. Sigma, 29–44.

Konsortium Bundesbericht wissenschaftlicher Nachwuchs (2017): *Bundesbericht wissenschaftlicher Nachwuchs. Statistische Daten und Forschungsbefunde zu Promovierenden und Promovierten in Deutschland.* Bielefeld: W. Bertelsmann Verlag.

Koppetsch, C. (2006): Zwischen Disziplin und Expressivität. Zum Wandel beruflicher Identitäten im neuen Kapitalismus. Das Beispiel der Werbeberufe. *Berliner Journal für Soziologie 16* (2), 155–172.

Kotthoff, H. & Wagner, A. (2008): *Die Leistungsträger. Führungskräfte im Wandel der Firmenkultur – eine Follow-up-Studie.* 2., unveränd. Auflage. Berlin: Ed. Sigma.

Kotthoff, H. (1981): *Betriebsräte und betriebliche Herrschaft. Eine Typologie von Partizipationsmustern in Industriebetrieb.* Frankfurt/M.: Campus.

Kotthoff, H. (1994): *Betriebsräte und Bürgerstatus. Wandel und Kontinuität betrieblicher Mitbestimmung.* München und Mering: Hampp.

Kotthoff, H. (1995): Betriebsräte und betriebliche Reorganisation – Zur Modernisierung eines ‚alten Hasen'. *Arbeit 4* (4), 425–447.

Kotthoff, H. (1998): *Führungskräfte im Wandel der Firmenkultur. Quasi-Unternehmer oder Arbeitnehmer?* 2., durchges. Auflage. Berlin: Ed. Sigma.

Kotthoff, H. (2010): ,Betriebliche Sozialordnung' als Basis ökonomischer Leistungsfähigkeit. In: J. Beckert & C. Deutschmann (Hrsg.): *Wirtschaftssoziologie*. Kölner Zeitschrift für Soziologie und Sozialpsychologie Sonderheft 49. Wiesbaden: VS Verlag für Sozialwissenschaften, 428–449.

Kotthoff, H. (2017): Betriebliche Sozialordnung. In: H. Hirsch-Kreinsen, H. Minssen & R. Bohn (Hrsg.): *Lexikon der Arbeits- und Industriesoziologie*. 2. Auflage. Baden-Baden: Nomos, 91–95.

Kotthoff, H. & Matthäi, I. (2001): Die Stellung des Personalwesens im dezentralisierten Unternehmen: Dienstleistung oder Politik im Sinne des Ganzen? In: J. Abel & H. J. Sperling (Hrsg.): *Umbrüche und Kontinuitäten. Walther Müller-Jentsch zum 65. Geburtstag*. München und Mehring: Hampp, 49–68.

Kratzer, N. (2003): *Arbeitskraft in Entgrenzung. Grenzenlose Anforderungen, erweiterte Spielräume, begrenzte Ressourcen*. Berlin: Ed. Sigma.

Kratzer, N. (2005): Vermarktlichung und Individualisierung. Zur Produktion von Ungleichheit in der reflexiven Modernisierung. *Soziale Welt* 56 (2/3), 247–266.

Kratzer, N. (2017): Entgrenzung. In: H. Hirsch-Kreinsen, H. Minssen & R. Bohn (Hrsg.): *Lexikon der Arbeits- und Industriesoziologie*. 2. Auflage. Baden-Baden: Nomos, 116–119.

Kratzer, N. & Nies, S. (2009): *Neue Leistungspolitik bei Angestellten. ERA, Leistungssteuerung, Leistungsentgelt*. Berlin: Ed. Sigma.

Kratzer, N. & Sauer, D. (2007): Welche Arbeitszeitpolitik? Ein neues Verhältnis von Zeitökonomie und Zeitpolitik. *WSI-Mitteilungen* 60 (4), 174–187.

Kraus, K. & Raeder, S. (2008): Flexibilisierung von Beschäftigung – Funktion und Wandel der Vermittlungsform ,Beruf' und ,psychologischer Vertrag'. *Arbeit* 17 (3), 209–221.

Krause, I., Oertel, S. & Walgenbach, P. (2012): Veränderungen in betrieblichen Beschäftigungsverhältnissen: Ergebnisse einer empirischen Untersuchung. *Zeitschrift für Personalforschung* 26 (4), 346–375.

Kriegesmann, B. & Striewe, F. (2010): Partizipation, Arbeitszufriedenheit und Belastung von Unternehmensberatern. Empirische Befunde zu den Auswirkungen der Arbeit in wissensintensiven Arbeitsformen. *Industrielle Beziehungen* 17 (1), 73–101.

Krishnan, R., Martin, X. & Noorderhaven, N. G. (2006): When Does Trust Matter to Alliance Performance? *Academy of Management Journal* 49 (5), 894–917.

Krömmelbein, S. (2004): Arbeitskommunikation und Identität. Ein Beitrag zur Subjektivierung von Arbeit. *WSI-Mitteilungen* 56 (1), 28–34.

Kropf, J. (2005): *Flexibilisierung – Subjektivierung – Anerkennung. Auswirkungen von Flexibilisierungsmaßnahmen auf die Anerkennungsbeziehungen in Unternehmen*. München: Biblion-Verlag.

Krücken, G. (2017): Die Transformation von Universitäten in Wettbewerbsakteure. *Bayerisches Staatsinstitut für Hochschulforschung und Hochschulplanung (Hrsg.): Beiträge zur Hochschulforschung* 39 (3-4), 10–29.

Krug, G. (2009): In-Work Benefits for Low-Wage Jobs: Can Additional Income Reduce Employment Stability? *European Sociological Review* 25 (4), 459–474.

Kuda, E. & Strauß, J. (Hrsg.) (2002): *Arbeitnehmer als Unternehmer? Herausforderungen für Gewerkschaften und berufliche Bildung*. Hamburg: VSA-Verlag.

Kühl, S. & Schnelle, T. (2009): Führen ohne Hierarchie. Macht, Vertrauen und Verständigung im Prozess des Lateralen Führens. *Organisationsentwicklung* 28 (2), 51–61.

Kühl, S. (2001): Die Heimtücke der eigenen Organisationsgeschichte. Paradoxien auf dem Weg zum dezentralisierten Unternehmen. *Soziale Welt 52* (4), 383–401.

Kühl, S. (2002): Innovation trotz Imitation. Wie verändern sich Organisationsleitbilder? *Industrielle Beziehungen 9* (2), 157–185.

Kühl, S. (2005a): Profit als Mythos – Über den Erfolg und Misserfolg im Exit-Kapitalismus. In: P. Windolf (Hrsg.): *Finanzmarkt-Kapitalismus. Analysen zum Wandel von Produktionsregimen*. Kölner Zeitschrift für Soziologie und Sozialpsychologie Sonderheft 45. Wiesbaden: VS Verlag für Sozialwissenschaften, 117–144.

Kühl, S. (2005b): Testfall Dezentralisierung. Die organisationssoziologische Wendung in der Diskussion über neue Arbeitsformen. In: M. Faust, M. Funder & M. Moldaschl (Hrsg.): *Die ‚Organisation' der Arbeit*. München und Mering: Hampp, 111–145.

Kühl, S. (2007): Die geringe Hebelwirkung von Personalentwicklung. Ein Diskussionsbeitrag. *Organisationsentwicklung 26* (1), 42–45.

Kühl, S. & Matthiesen, K. (2012): Wenn man mit Hierarchie nicht weiterkommt: Zur Weiterentwicklung des Konzepts des Lateralen Führens. In: S. Grote (Hrsg.): *Die Zukunft der Führung*. Berlin Heidelberg: Springer-Verlag, 531–556.

Kuhlmann, M. (2006): Good Practice einer integrierten Fabrikorganisation. In: M. Schumann, M. Kuhlmann, F. Sanders & H. J. Sperling (Hrsg.): *Auto 5000: ein neues Produktionskonzept. Die deutsche Antwort auf den Toyota-Weg?* Hamburg: VSA-Verlag, 91–117.

Kuhlmann, M. (2009): Perspektiven der Arbeitspolitik nach der Krise: Entwicklungslinien und Handlungsbedingungen. *WSI-Mitteilungen 62* (12), 675–682.

Kuhlmann, M. & Schumann, M. (2000): Was bleibt von der Arbeitersolidarität? Zum Arbeits- und Betriebsverständnis bei innovativer Arbeitspolitik. *WSI-Mitteilungen 53* (1), 18–27.

Kuhlmann, M. & Schumann, M. (2015): Digitalisierung fordert Demokratisierung der Arbeitswelt heraus. In: R. Hoffmann & C. Bogedan (Hrsg.): *Arbeit der Zukunft. Möglichkeiten nutzen – Grenzen setzen*. Frankfurt am Main: Campus, 122–140.

Kuhlmann, M., Sperling, H. J. & Balzert, S. (2004): *Konzepte innovativer Arbeitspolitik. Good-Practice-Beispiele aus dem Maschinenbau, der Automobil-, Elektro- und Chemischen Industrie*. Berlin: Ed. Sigma.

Kutzner, E. & Kock, K. (2003): Zur Strukturierung von Arbeitsbeziehungen in Call Centern. In: F. Kleemann & I. Matuschek (Hrsg.): *Immer Anschluss unter dieser Nummer.* Berlin: Ed. Sigma, 163–181.

Lacher, M. & Springer, R. (2002): Leistungspolitik und Co-Management in der Old Economy. *WSI-Mitteilungen 55* (6), 353–358.

Lamla, J. (2010): Wirtschaftssoziologie. In: G. Kneer & M. Schroer (Hrsg.): *Handbuch Spezielle Soziologien*. Wiesbaden: VS Verlag für Sozialwissenschaften / GWV Fachverlage GmbH, 663–684.

Lanzendorf, U. & Pasternak, P. (2009): Hochschulpolitik im Ländervergleich. In: J. Bogumil & R. G. Heinze (Hrsg.): *Neue Steuerung von Hochschulen. Eine Zwischenbilanz*. Berlin: Ed. Sigma, 13–28.

Latniak, E. (1997): *Technikgestaltung und regionale Projekte. Eine Auswertung aus steuerungstheoretischer Perspektive*. Wiesbaden: Deutscher Universitätsverlag.

Latniak, E. (2016): ‚Matching concepts'? Zum Verhältnis von Finanzialisierung, indirekter Steuerung und Kontrolle. In: T. Haipeter, E. Latniak & S. Lehndorff (Hrsg.): *Arbeit und*

Arbeitsregulierung im Finanzmarktkapitalismus. Chancen und Grenzen eines soziologischen Analysekonzepts. Wiesbaden: Springer VS, 45–71.
Legnaro, A. (2008): Arbeit, Strafe und Freiraum der Subjekte. *Berliner Journal für Soziologie 18* (1), 52–57.
Linehan, M. & Scullion, H. (2002): Repatriation of European Female Corporate Executives: An Empirical Study. *International Journal of Human Resource Management 13* (2), 254–267.
Lohr, K. (2003): Subjektivierung von Arbeit. Ausgangspunkt einer Neuorientierung der Industrie- und Arbeitssoziologie? *Berliner Journal für Soziologie 13* (4), 511–529.
Lohr, K. (2017): Subjektivierung von Arbeit. In: H. Hirsch-Kreinsen, H. Minssen & R. Bohn (Hrsg.): *Lexikon der Arbeits- und Industriesoziologie.* 2. Auflage. Baden-Baden: Nomos.
Lohr, K. & Nickel, H. M. (2009): Subjektivierung von Arbeit – riskante Chancen. In: K. Lohr & H. M. Nickel (Hrsg.): *Subjektivierung von Arbeit – riskante Chancen.* 2. Auflage. Münster: Westfälisches Dampfboot, 207–239.
Luhmann, N. (1976): *Funktionen und Folgen formaler Organisation.* Schriftenreihe der Hochschule Speyer Bd. 20. 3. Auflage. Berlin: Duncker & Humblot.
Luhmann, N. (1992): Organisation. In: W. Küpper & G. Ortmann (Hrsg.): *Mikropolitik. Rationalität, Macht und Spiele in Organisationen.* 2., durchges. Auflage. Opladen: Westdeutscher Verlag.
Luhmann, N. (1993): Organisation und Entscheidung. In: N. Luhmann (Hrsg.): *Soziologische Aufklärung 3. Soziales System, Gesellschaft, Organisation.* 3. Auflage. Opladen: Westdeutscher Verlag, 335–389.
Luhmann, N. (1994): Copierte Existenz und Karriere. Zur Herstellung von Individualität. In: U. Beck & E. Beck-Gernsheim (Hrsg.): *Riskante Freiheiten – Individualisierung in modernen Gesellschaften.* Frankfurt am Main: Suhrkamp, 191–200.
Luhmann, N. (1997): *Die Gesellschaft der Gesellschaft.* Frankfurt am Main: Suhrkamp.
Luhmann, N. (2000 [1968]): *Vertrauen. Ein Mechanismus der Reduktion sozialer Komplexität.* 4. Auflage. Stuttgart: Lucius und Lucius.
Luhmann, N. (2000): *Organisation und Entscheidung.* Opladen: Westdeutscher Verlag.
Luhmann, N. (2016a): Der neue Chef. In: N. Luhmann (Hrsg.): *Der neue Chef.* 2. Auflage. Berlin: Suhrkamp, 7–42.
Luhmann, N. (2016b): Spontane Ordnungsbildung. In: N. Luhmann (Hrsg.): *Der neue Chef.* 2. Auflage. Berlin: Suhrkamp, 43–89.
Luhmann, N. (2016c): Unterwachung oder Die Kunst, Vorgesetzte zu lenken. In: N. Luhmann (Hrsg.): *Der neue Chef.* 2. Auflage. Berlin: Suhrkamp, 90–106.
Lutz, B. (1975): *Krise des Lohnanreizes. Ein empirisch-historischer Beitrag zum Wandel der Formen betrieblicher Herrschaft am Beispiel der deutschen Stahlindustrie.* Arbeiten des Instituts für Sozialwissenschaftliche Forschung München. Frankfurt-Köln: Europäische Verlagsanstalt.
Lutz, B. (1984): *Der kurze Traum immerwährender Prosperität. Eine Neuinterpretation industriell-kapitalistischer Entwicklung im Europa des 20. Jahrhunderts.* Frankfurt a.M./New York: Campus.
Lutz, B. (1987a): *Arbeitsmarktstruktur und betriebliche Arbeitskräftestrategie. Eine theoretisch-historische Skizze zur Entstehung betriebszentrierter Arbeitsmarktsegmentation.* Frankfurt/Main, New York: Campus.

Lutz, B. (1987b): Das Ende des Technikdeterminismus und die Folgen. Soziologische Technikforschung vor neuen Aufgaben und neuen Problemen. In: B. Lutz (Hrsg.): *Technik und sozialer Wandel. Verhandlungen des 23. deutschen Soziologentages in Hamburg 1986*. Frankfurt: Campus, 34–52.

Lütz, S. (2017): Finanzmärkte. In: A. Maurer (Hrsg.): *Handbuch der Wirtschaftssoziologie*. 2., aktualisierte und erweiterte Auflage. Wiesbaden: Springer VS, 385–413.

Maitlis, S. (2005): The Social Processes of Organizational Sensemaking. *Academy of Management Journal 48* (1), 21–49.

Mallon, M. (1998): The Portfolio Career: Pushed or Pulled to it? *Personnel Review 27* (5), 361–377.

Manning, S. & Sydow, J. (2005): Arbeitskräftebindung in Projektnetzwerken der Fernsehfilmproduktion. Die Rolle von Vertrauen, Reputation und Interdependenz. In: N. Mayer-Ahuja & H. Wolf (Hrsg.): *Entfesselte Arbeit – neue Bindungen. Grenzen der Entgrenzung in der Medien- und Kulturindustrie*. Berlin: Ed. Sigma, 185–219.

Manning, S. & Wolf, H. (2005): Bindung von Arbeit und Arbeitskraft – Eine theoretische Perspektive auf Grenzen der Entgrenzung. In: N. Mayer-Ahuja & H. Wolf (Hrsg.): *Entfesselte Arbeit – neue Bindungen. Grenzen der Entgrenzung in der Medien- und Kulturindustrie*. Berlin: Ed. Sigma, 25–57.

Marx, K. (1972): *Das Kapital*. Marx Engels Werke Bd. 23. Berlin: Dietz Verlag.

Marx, K. & Engels, F. (1974 [1848]): *Manifest der kommunistischen Partei*. Marx Engels Werke Bd. 4. Berlin: Dietz Verlag.

Matuschek, I. & Kleemann, F. (2003): Jobben als Berufung? Zur partikular-intrinsischen Arbeitsmotivation von Beschäftigten in High-Quality-Call-Centern. In: F. Kleemann & I. Matuschek (Hrsg.): *Immer Anschluss unter dieser Nummer. Rationalisierte Dienstleistung und subjektivierte Arbeit in Call Centern*. Berlin: Ed. Sigma, 183–204.

Matuschek, I., Kleemann, F. & Brinkhoff, C. (2004): ,Bringing Subjecitivity back in'. Notwendige Ergänzung zum Konzept des Arbeitskraftunternehmers. In: H. J. Pongratz & G. G. Voß (Hrsg.): *Typisch Arbeitskraftunternehmer? Befunde der empirischen Arbeitsforschung*. Berlin: Ed. Sigma, 114–138.

Matuschek, I. & Voß, G. G. (2008): Multiple Entgrenzung des fliegenden Personals im kommerziellen Luftverkehr – eine arbeitssoziologische Theorieperspektive. In: I. Matuschek (Hrsg.): *Luft – Schichten – Arbeit, Organisation und Technik im Luftverkehr*. Berlin: Ed. Sigma, 181–203.

Mayer-Ahuja, N. (2006): Normalarbeitsverhältnis in Internetfirmen? Zur schleichenden Entwertung eines Konzeptes. *WSI-Mitteilungen 59* (6), 335–340.

Mayer-Ahuja, N. (2011): *Jenseits der ‚neuen Unübersichtlichkeit'. Annäherungen an Konturen der gegenwärtigen Arbeitswelt*. SOFI Arbeitspapier. Göttingen.

Mayer-Ahuja, N. & Wolf, H. (2005): Arbeit am Netz: Formen der Selbst- und Fremdbindung bei Internetdienstleistern. In: N. Mayer-Ahuja & H. Wolf (Hrsg.): *Entfesselte Arbeit – neue Bindungen. Grenzen der Entgrenzung in der Medien- und Kulturindustrie*. Berlin: Ed. Sigma, 61–108.

Mayntz, R. (2014): Die Finanzmarktkrise im Licht einer Theorie funktioneller Differenzierung. *Kölner Zeitschrift für Soziologie und Sozialpsychologie 66* (1), 1–19.

Meil, P., Heidling, E. & Schmierl, K. (2003): *Die (un-)sichtbare Hand: Nationale Systeme der Arbeitsregulierung in der Ära des Shareholder Value. Ein internationaler Vergleich: Deutschland, Frankreich, USA*. München: ISF München.

Mense-Petermann, U. (2005): Zum Problem der Herstellung de-facto-akzeptierter Entscheidungen in transnationalen Integrationsprozessen. *Soziale Welt 56* (4), 381–397.

Mense-Petermann, U. (2014): Von der Kaminkarriere zur boundaryless und protean career? Zum Verhältnis von organisationaler und individueller Karrieresteuerung am Beispiel von Auslandseinsätzen. *Arbeit 23* (3), 5–21.

Mense-Petermann, U. & Klemm, M. (2009): Der ‚Globalmanager' als neuer Managertypus? Eine Fallstudie zu Transnationalisierungsprozessen im Management. *Zeitschrift für Soziologie 38* (6), 477–493.

Menz, W. & Siegel, T. (2002): Repolitisierung der Leistungsfrage? In: D. Sauer (Hrsg.): *Dienst – Leistung(s) – Arbeit. Kundenorientierung und Leistung in tertiären Organisationen.* München, 79–96.

Merton, R. K. (1995): Manifeste und latente Funktionen. In: R. K. Merton (Hrsg.): *Soziologische Theorie und soziale Struktur.* Berlin: de Gruyter, 17–81.

Meyer, J. W. & Rowan, B. (1977): Institutionalized Organizations: Formal Structure as Myth and Ceremony. *American Journal of Sociology 83* (2), 340–363.

Minssen, H. & Wilkesmann, U. (2003): Lassen Hochschulen sich steuern? *Soziale Welt 54* (2), 123–143.

Minssen, H. (1999a): Direkte Partizipation contra Mitbestimmung? Herausforderung durch diskursive Koordinierung. In: W. Müller-Jentsch (Hrsg.): *Konfliktpartnerschaft. Akteure und Institutionen der industriellen Beziehungen.* 3. Auflage. München und Mehring: Hampp, 129–156.

Minssen, H. (1999b): *Von der Hierarchie zum Diskurs? Die Zumutungen der Selbstregulation.* München: Hampp.

Minssen, H. (2006a): *Arbeits- und Industriesoziologie. Eine Einführung.* Frankfurt/New York: Campus.

Minssen, H. (2006b): Challenges of Teamwork in Production. Demands of Communication. *Organization Studies 7* (1), 103–127.

Minssen, H. (2009a): *Bindung und Entgrenzung. Eine Soziologie international tätiger Manager.* München und Mering: Hampp.

Minssen, H. (2009b): Karriere durch Auslandsentsendungen? *Österreichische Zeitschrift für Soziologie 34* (4), 41–50.

Minssen, H. (2013): Innovative Projektgruppen im Finanzmarkt-Kapitalismus. In: J. Abel, G. Bender & K. Hahn (Hrsg.): *Traditionell innovativ. Festschrift für Hartmut Hirsch-Kreinsen zum 65. Geburtstag.* Berlin: Ed. Sigma, 193–205.

Minssen, H. (2017a): Mikropolitik. In: H. Hirsch-Kreinsen, H. Minssen & R. Bohn (Hrsg.): *Lexikon der Arbeits- und Industriesoziologie.* 2. Auflage. Baden-Baden: Nomos, 217–221.

Minssen, H. (2017b): Unternehmen. In: A. Maurer (Hrsg.): *Handbuch der Wirtschaftssoziologie.* 2., aktualisierte und erweiterte Auflage. Wiesbaden: Springer VS, 307–329.

Minssen, H. (Hrsg.) (2000): *Begrenzte Entgrenzungen. Wandlungen von Organisation und Arbeit.* Berlin: Ed. Sigma.

Minssen, H. & Piorr, R. (2004): Warum entspricht die Vielfalt von Personalentwicklungsmaßnahmen nicht der Anzahl der Unternehmen, die sie einsetzen? Personalentwicklung und verborgene Bilder von Organisationen. In: C. Reinhardt (Hrsg.): *Verborgene Bilder – grosse Wirkung. Was Personalentwicklung an Hochschulen bewegt.* Bielefeld: UVW Universitätsverlag Webler, 13–32.

Minssen, H. & Riese, C. (2005): Der Co-Manager und seine Arbeitsweise. Die interne Arbeitsorganisation von Betriebsräten im Öffentlichen Personennahverkehr. *Industrielle Beziehungen 12* (4), 367–392.

Minssen, H. & Riese, C. (2006): Qualifikation und Kommunikationsstrukturen des Co-Managers – Zur Typologie von Betriebsräten. *Arbeit 15* (1), 43–59.

Minssen, H. & Riese, C. (2007): *Professionalität der Interessenvertretung. Arbeitsbedingungen und Organisationspraxis von Betriebsräten*. Berlin: Ed. Sigma.

Minssen, H. & Wehling, P. (2011): Psychologischer Vertrag und Anerkennung. Das Beispiel Expatriates. *Zeitschrift für Personalforschung 25* (4), 313–334.

Mintzberg, H. (1983): *Power in and Around Organizations*. Englewood Cliffs, NJ.

Moldaschl, M. (2001): Herrschaft durch Autonomie. Dezentralisierung und widersprüchliche Arbeitsanforderungen. In: B. Lutz (Hrsg.): *Entwicklungsperspektiven von Arbeit. Ergebnisse aus dem Sonderforschungsbereich 333 der Universität München*. Berlin: Akaddmie-Verlag, 132–164.

Moldaschl, M. (2002): Subjektivierung – eine neue Stufe in der Entwicklung der Arbeitswissenschaften? In: M. Moldaschl & G. G. Voß (Hrsg.): *Subjektivierung von Arbeit*. München und Mehring: Hampp, 23–52.

Moldaschl, M. & Sauer, D. (2000): Internalisierung des Marktes. Zur neuen Dialektik von Kooperation und Herrschaft. In: H. Minssen (Hrsg.): *Begrenzte Entgrenzungen. Wandlungen von Organisation und Arbeit*. Berlin: Ed. Sigma, 205–224.

Mückenberger, U. (1985): Die Krise des Normalarbeitsverhältnisses. *Zeitschrift für Sozialreform 31* (7), 457–475.

Müller-Jentsch, W. (1997): *Soziologie der industriellen Beziehungen. Eine Einführung*. Frankfurt/Main: Campus.

Müller-Jentsch, W. (2000): Wandel der Unternehmens- und Arbeitsorganisation und seine Auswirkungen auf die Interessenbeziehungen zwischen Arbeitgebern und Arbeitnehmern. In: M. Funder, H. P. Euler & G. Reber (Hrsg.): *Entwicklungstrends der Unternehmensreorganisation. Internationalisierung, Dezentralisierung, Flexibilisierung*. Linz: Trauner, 163–177.

Müller-Jentsch, W. (2003): *Organisationssoziologie. Eine Einführung*. Frankfurt/New York: Campus.

Müller-Jentsch, W. (2007): *Strukturwandel der industriellen Beziehungen. ‚Industrial Citizenship' zwischen Markt und Regulierung*. Wiesbaden: VS Verlag für Sozialwissenschaften.

Müller-Jentsch, W. (2017): Industrielle Beziehungen. In: H. Hirsch-Kreinsen, H. Minssen & R. Bohn (Hrsg.): *Lexikon der Arbeits- und Industriesoziologie*. 2. Auflage. Baden-Baden: Nomos, 178–183.

Müller-Jentsch, W. (Hrsg.) (1999): *Konfliktpartnerschaft. Akteure und Institutionen der industriellen Beziehungen*. 3. Auflage. München und Mehring: Hampp.

Müller-Jentsch, W., Malinowski, N. & Seitz, B. (1998): *Betriebsrätebefragung und Analyse der Industriepolitik im Maschinen- und Anlagenbau. Modernisierung von Arbeitssystemen und industriellen Beziehungen im Maschinenbau*. Abschlußbericht zum DFG-Forschungsprojekt, Bochum.

Münch, R. (2002): Die ‚Zweite Moderne': Realität oder Fiktion? Kritische Fragen an die Theorie der ‚reflexiven' Modernisierung. *Kölner Zeitschrift für Soziologie und Sozialpsychologie 54* (3), 417–443.

Münch, R. (2006a): Drittmittel und Publikationen. Forschung zwischen Normalwissenschaft und Innovation. *Soziologie 35* (4), 440–461.

Münch, R. (2006b): Wissenschaft im Schatten von Kartell, Monopol und Oligarchie. Die latenten Effekte der Exzellenzinitiative. *Leviathan 34* (4), 466–486.

Münch, R. & Pechmann, M. (2009): Der Kampf um Sichtbarkeit. Zur Kolonisierung des wissenschaftsinternen Wettbewerbs durch wissenschaftsexterne Evaluationsverfahren. In: J. Bogumil & R. G. Heinze (Hrsg.): *Neue Steuerung von Hochschulen. Eine Zwischenbilanz*. Berlin: Ed. Sigma, 67–92.

Münchner Kreis (2013): Arbeit in der digitalen Welt. Zusammenfassung der Ergebnisse der AG1-Projektgruppe anlässlich des IT-Gipfels-Prozesses 2013. http://www.forschungsnetzwerk.at/downloadpub/arbeit-in-der-digitalen-welt.pdf. Zugegriffen 31.01.2018.

Nachtwey, O. & Staab, P. (2015): Die Avantgarde des digitalen Kapitalismus. *Mittelweg 36 24* (6), 59–84.

Neckel, S. (2011): Der Gefühlskapitalismus der Banken: Vom Ende der Gier als ‚ruhiger' Leidenschaft. *Leviathan 39* (1), 39–53.

Neubauer, W. (1997): Interpersonales Vertrauen als Management-Aufgabe in Organisationen. In: M. Schweer (Hrsg.): *Interpersonales Vertrauen. Theorien und empirische Befunde*. Opladen: Westdeutscher Verlag, 105–120.

Neuberger, O. (1997): Individualisierung und Organisierung. Die wechselseitige Erzeugung von Individuum und Organisation durch Verfahren. In: G. Ortmann, J. Sydow & K. Türk (Hrsg.): *Theorien der Organisation. Die Rückkehr der Gesellschaft*. Opladen: Westdeutscher Verlag, 487–522.

Nida-Rümelin, J. (2014): *Der Akademisierungswahn. Zur Krise beruflicher und akademischer Bildung*. Bonn: Bundeszentrale für Politische Bildung.

Nienhüser, W. (2005): Der Einfluss des Betriebsrats-Typs auf die Nutzung und Bewertung von Betriebsvereinbarungen. Ergebnisse einer empirischen Untersuchung. *Industrielle Beziehungen 12* (1), 5–27.

Nienhüser, W. (2006): Substanzielle und symbolische Personalmanagement-Forschung – das Beispiel des ‚Personalmanagement-Professionalisierungs-Index' der Deutschen Gesellschaft für Personalführung. *Zeitschrift für Personalforschung 20* (1), 42–57.

Nienhüser, W., Glück, E. & Hoßfeld, H. (2016): Einstellungen zur Mitbestimmung der Arbeitnehmer – Welchen Einfluss haben Mitbestimmungserfahrungen? *WSI-Mitteilungen 59* (3), 161–171.

Nienhüser, W. & Hoßfeld, H. (2007): Regulierungsform und Verbetrieblichungsneigung von Managern und Betriebsräten. Ergebnisse einer empirischen Erhebung. *Industrielle Beziehungen 14* (4), 289–315.

Nienhüser, W. & Hoßfeld, H. (2008): *Verbetrieblichung aus der Perspektive betrieblicher Akteure*. Frankfurt am Main: Bund-Verlag.

Nies, S. & Sauer, D. (2012): Arbeit – mehr als Beschäftigung? Zur arbeitssoziologischen Kapitalismuskritik. In: K. Dörre, D. Sauer & V. Wittke (Hrsg.): *Kapitalismustheorie und Arbeit. Neue Ansätze soziologischer Kritik*. Frankfurt a.M./New York: Campus, 34–62.

Niewerth, C. (2002): ‚Das brauchen wir nicht!'. Mitbestimmung in der New Economy. In: A. Hartmann & H. Mathieu (Hrsg.): *Dienstleistungen in der neuen Ökonomie. Struktur, Wachstum und Beschäftigung*. Berlin: Friedrich-Ebert-Stiftung, 117–130.

Notz, P. (2008): *Frauen, Manager, Paare. Wer managt die Familie?* 3., erweiterte und völlig überarbeitete Auflage. Mering: Rainer Hampp Verlag.

Ogger, G. (1995): *Nieten in Nadelstreifen. Deutschlands Manager im Zwielicht.* München: Droemer Knaur.

Orr, D. & Cristóbal López, V. (2016): *Infobrief – Weiterbildung in Deutschland im internationalen Vergleich.* FiBS-Forum Nr. 58. Berlin: Forschungsinstitut für Bildungs- und Sozialökonomie.

Ortmann, G. (1992): Macht, Spiel, Konsens. In: W. Küpper & G. Ortmann (Hrsg.): *Mikropolitik. Rationalität, Macht und Spiele in Organisationen.* 2., durchges. Auflage. Opladen: Westdeutscher Verlag, 13–26.

Ortmann, G., Windeler, A., Becker, A. & Schulz, H.-J. (1990): *Computer und Macht in Organisationen. Mikropolitische Analysen.* Opladen: Westdeutscher Verlag.

Pautsch, A. (2009): Neue Organisationsmodelle für Hochschulen – ein Ländervergleich. *Bayerisches Staatsinstitut für Hochschulforschung und Hochschulplanung (Hrsg.): Beiträge zur Hochschulforschung 31* (4), 36–49.

Pawlik, T. (2000): *Personalmanagement und Auslandseinsatz. Kulturelle und personalwirtschaftliche Aspekte.* Wiesbaden: Gabler.

Pekruhl, U. (2001): *Partizipatives Management. Konzepte und Kulturen.* München und Mehring: Hampp.

Pellert, A. (1999): *Die Universität als Organisation. Die Kunst, Experten zu managen.* Wien: Böhlau.

Pernicka, S., Reichel, A. & Lücking, S. (2010): Zur Logik kollektiven Handelns bei WissensarbeiterInnen. *Industrielle Beziehungen 17* (4), 372–392.

Pfeiffer, S. (2015a): Arbeit und Bildung. In: R. Hoffmann & C. Bogedan (Hrsg.): *Arbeit der Zukunft. Möglichkeiten nutzen – Grenzen setzen.* Frankfurt am Main: Campus, 363–379.

Pfeiffer, S. (2015b): Warum reden wir eigentlich über Industrie 4.0? Auf dem Weg zum digitalen Despotismus. *Mittelweg 36 24* (6), 14–36.

Pfeiffer, S. (2016): Berufliche Bildung 4.0? Überlegungen zur Arbeitsmarkt- und Innovationsfähigkeit. *Industrielle Beziehungen 23* (1), 25–44.

Pfeiffer, S. & Suphan, A. (2018): Industrie 4.0 und Erfahrung – das unterschätzte Innovations- und Gestaltungspotenzial der Beschäftigten im Maschinen- und Automobilbau. In: H. Hirsch-Kreinsen, P. Ittermann & J. Niehaus (Hrsg.): *Digitalisierung industrieller Arbeit. Die Vision Industrie 4.0 und ihre sozialen Herausforderungen.* 2., aktualisierte und erweiterte Auflage. Baden-Baden: edition sigma in der Nomos Verlagsgesellschaft, 275–301.

Piele, C. & Piele, A. (2017): Mobile Arbeit. Eine Analyse des verarbeitenden Gewerbes auf Basis der IG-Metall-Beschäftigtenbefragung 2017. Fraunhofer-Institut für Arbeitswirtschaft und Organisation. https://www.businessmanagement.iao.fraunhofer.de/content/dam/businessmanagement/MobileProzent20Arbeit.pdf. Zugegriffen 12.11.2017.

Pietsch, G. (2006): Wertorientierte Personalarbeit zwischen Mythos und Wirklichkeit. *Zeitschrift für Personalforschung 20* (2), 160–182.

Piwinger, M. & Bazil, V. (2014): Impression Management: Identitätskonzepte und Selbstdarstellung in der Wirtschaft. In: A. Zerfaß & M. Piwinger (Hrsg.): *Handbuch Unternehmenskommunikation. Strategie – Management – Wertschöpfung.* 2., vollst. überarb. Auflage. Wiesbaden: Springer Gabler, 471–490.

Pohlmann, M. (2009): Globale ökonomische Eliten? Eine Globalisierungsthese auf dem Prüfstand der Empirie. *Kölner Zeitschrift für Soziologie und Sozialpsychologie 61* (4), 513–534.

Pohlmann, M. (2017): Management. In: H. Hirsch-Kreinsen, H. Minssen & R. Bohn (Hrsg.): *Lexikon der Arbeits- und Industriesoziologie*. 2. Auflage. Baden-Baden: Nomos, 207–211.

Pohlmann, M. & Bär, S. (2009): Grenzenlose Karrieren? Hochqualifiziertes Personal und Top-Führungskräfte in Ökonomie und Medizin. *Österreichische Zeitschrift für Soziologie 34* (4), 13–40.

Pohlmann, M. & Grewer, H.-G. (2003): Dienstleistungsarbeit im Zeichen von Vermarktlichung und neuer Leistungsorientierung. In: M. Pohlmann, D. Sauer, G. Trautwein-Kalms & A. Wagner (Hrsg.): *Dienstleistungsarbeit: auf dem Boden der Tatsachen. Befunde aus Handel, Industrie, Medien und IT-Branche*. Berlin: Ed. Sigma, 295–305.

Pohlmann, M. & Markova, H. (2011): *Soziologie der Organisation. Eine Einführung*. Stuttgart: UTB.

Pohlmann, M. (2002): Management, Organisation und Sozialstruktur. Zu neuen Fragestellungen und Konturen der Managementsoziologie. In: R. Schmidt, H.-J. Gergs & M. Pohlmann (Hrsg.): *Managementsoziologie. Themen, Desiderate, Perspektiven*. München: Hampp, 227–244.

Pongratz, H. J. (2009): Konkurrenz und Integration in Reorganisationsprozessen. Zur Problematik ‚schöpferischer Zerstörung' innerhalb von Organisationen. *Zeitschrift für Soziologie 60* (2), 179–197.

Pongratz, H. J. & Voß, G. G. (2000): Vom Arbeitnehmer zum Arbeitskraftunternehmer – Zur Entgrenzung der Ware Arbeitskraft. In: H. Minssen (Hrsg.): *Begrenzte Entgrenzungen. Wandlungen von Organisation und Arbeit*. Berlin: Ed. Sigma, 225–247.

Pongratz, H. J. & Voß, G. G. (2003a): *Arbeitskraftunternehmer. Erwerbsorientierungen in entgrenzten Arbeitsformen*. Berlin: Ed. Sigma.

Pongratz, H. J. & Voß, G. G. (2003b): Berufliche Sicherheit und Spaß an Herausforderung. Erwerbsorientierungen in Gruppen- und Projektarbeit. *WSI-Mitteilungen 56* (4), 228–234.

Pongratz, H. J. & Voß, G. G. (2004): Arbeitskraft und Subjektivität. Einleitung und Stellungnahme aus Sicht der Arbeitskraftunternehmer-These. In: H. J. Pongratz & G. G. Voß (Hrsg.): *Typisch Arbeitskraftunternehmer? Befunde der empirischen Arbeitsforschung*. Berlin: Ed. Sigma, 7–31.

Popitz, H., Bahrdt, H. P., Jüres, E. A. & Kesting, H. (1976 [1957]): *Technik und Industriearbeit. Soziologische Untersuchungen in der Hüttenindustrie*. 3., unveränderte Auflage. Tübingen: Mohr.

Preißer, R. (2004): Grenzen der Entgrenzung. Risiken des Arbeitskraftunternehmers. In: H. J. Pongratz & G. G. Voß (Hrsg.): *Typisch Arbeitskraftunternehmer? Befunde der empirischen Arbeitsforschung*. Berlin: Ed. Sigma, 281–301.

Pringle, J. K. & Mallon, M. (2003): Challenges for the Boundaryless Career Odyssey. *International Journal of Human Resource Management 14* (5), 839–853.

Promberger, M., Wenzel, U., Pfeifer, S., Hacket, A. & Hirseland, A. (2008): Beschäftigungsfähigkeit, Arbeitsvermögen und Arbeitslosigkeit. *WSI-Mitteilungen 61* (2), 70–76.

Pross, H. & Boetticher, K. W. (1971): *Manager des Kapitalismus. Untersuchung über leitende Angestellte in Großunternehmen*. Frankfurt am Main: Suhrkamp.

Raeder, S. & Grote, G. (2001): Flexibilität ersetzt Kontinuität – Veränderte psychologische Kontrakte und neue Formen persönlicher Identität. *Arbeit 10* (4), 352–364.

Raelin, J. A. (2012): The Manager as Facilitator of Dialogue. *Organization 20* (6), 818–839.

Ramsauer, C. (2015): Industrie 4.0 – Die Produktion der Zukunft. *WINGBusiness 6* (3), 6–12.

Ravasi, D. & Schultz, M. (2006): Responding to Organizational Identity Threats: Exploring the Role of Organizational Culture. *Academy of Management Journal 49* (3), 433–458.

Rehder, B. (2006): Legitimitätsdefizite des Co-Managements. Betriebliche Bündnisse für Arbeit als Konfliktfeld zwischen Arbeitnehmern und betrieblicher Interessenvertretung. *Zeitschrift für Soziologie 35* (3), 227–242.

Rehder, B. (2014): Vom Korporatismus zur Kampagne? Organizing als Strategie der gewerkschaftlichen Erneuerung. In: W. Schroeder (Hrsg.): *Handbuch Gewerkschaften in Deutschland.* 2., überarb., erw. und aktualisierte Auflage. Wiesbaden: Springer VS, 241–264.

Rehder, B. (2016): Konflikt ohne Partnerschaft? Arbeitsbeziehungen im Dienstleistungssektor. *Industrielle Beziehungen 23* (3), 366–373.

Reitz, T. & Draheim, S. (2006): Die Rationalität der Hochschulreform. Grundzüge eines postautonomen Wissensregimes. *Soziale Welt 57* (4), 373–396.

Richter, C. (2017): *Vertrauen innerhalb von Organisationen. Ein soziologisches Modell.* Bielefeld: Transcript.

Rieder, K. & Matuschek, I. (2003): Kritische Situationen in Dienstleistungsinteraktionen. In: F. Kleemann & I. Matuschek (Hrsg.): *Immer Anschluss unter dieser Nummer. Rationalisierte Dienstleistung und subjektivierte Arbeit in Call Centern.* Berlin: Ed. Sigma, 205–222.

Robinson, S. L. (1996): Trust and Breach of the Psychological Contract. *Administrative Science Quarterly 41* (3), 574–599.

Roper, J., Ganesh, S. & Inkson, K. (2010): Neoliberalism and Knowledge Interests in Boundaryless Careers Discourse. *Work, Employment and Society 24* (4), 661–679.

Rousseau, D. M. (1989): Psychological and Implied Contracts in Organizations. *Employee Responsibilities and Rights Journal 2* (2), 121–139.

Rousseau, D. M. (1990): New Hire Perceptions of Their Own and the Employer's Obligations: A Study of Psychological Contract. *Journal of Organizational Behavior 11* (4), 389–400.

Rudolph, H. & Rothe, K. (2007): Vom ‚Normalarbeitsverhältnis' zur Employability. Gut beraten? *WSI-Mitteilungen 60* (5), 239–245.

Ruiner, C., Wilkens, U. & Küpper, M. (2013): Ménage à trois – Die Relevanz des Kunden in der psychologischen Vertragsbeziehung bei projektförmiger Wissensarbeit. *Zeitschrift für Personalforschung 27* (4), 354–372.

Ruiner, C. & Wilkesmann, M. (2016): *Arbeits- und Industriesoziologie.* Paderborn: Wilhelm Fink.

Sarges, W. (2009): Warum Assessment Center häufig zu kurz greifen – und zumeist das Falsche zu messen versuchen. *Zeitschrift für Arbeits- und Organisationspsychologie 53* (2), 79–82.

Sauer, D. (2005a): *Arbeit im Übergang. Zeitdiagnosen.* Hamburg: VSA-Verlag.

Sauer, D. (2005b): Arbeit unter (Markt)Druck: Ist noch Raum für innovative Arbeitspolitik? *WSI-Mitteilungen 58* (4), 179–186.
Sauer, D. (2010): Vermarktlichung und Vernetzung der Unternehmens- und Betriebsorganisation. In: F. Böhle, G. G. Voß & G. Wachtler (Hrsg.): *Handbuch Arbeitssoziologie*. Wiesbaden: VS Verlag für Sozialwissenschaften, 545–568.
Sauer, D. & Döhl, V. (1997): Die Auflösung des Unternehmens? Entwicklungstendenzen der Unternehmensreorganisation in den 90er-Jahren. In: IfS, INIFES, ISF & SOFI (Hrsg.): *Jahrbuch sozialwissenschaftliche Technikberichterstattung 1996. Schwerpunkt: Reorganisation*. Berlin: Ed. Sigma, 19–76.
Sauer, D. & Menz, W. (2014): Renaissance des Industriekapitalismus? Entwicklungslinien moderner Arbeit und Perspektiven demokratischer Beteiligung. In: D. Wetzel, J. Hofmann & H.-J. Urban (Hrsg.): *Industriearbeit und Arbeitspolitik. Kooperationsfelder von Wissenschaft und Gewerkschaften*. Hamburg: VSA, 47–60.
Scheibner, N., Hapkemeyer, J. & Banko, L. (2016): *Engagement erhalten – innere Kündigung vermeiden. Wie steht es um das Thema innere Kündigung in der betrieblichen Praxis?* iga.Report Nr. 33. Dresden: Zukunft der Arbeit GmbH.
Scherger, S. (2010): Den Pudding an die Wand nageln... Individualisierungsprozesse im Spiegel empirischer Studien – Probleme und Präzisierungen. In: P. A. Berger & R. Hitzler (Hrsg.): *Individualisierungen. Ein Vierteljahrhundert ‚jenseits von Stand und Klasse'?* Wiesbaden: VS Verlag für Sozialwissenschaften / Springer Fachmedien Wiesbaden GmbH, 119–138.
Schiek, D. & Apitzsch, B. (2013): Doing Work. Atypische Arbeit in der Film- und der Automobilbranche im Vergleich. *Berliner Journal für Soziologie 23* (2), 181–204.
Schimank, U. (2002): Organisationen. Akteurkonstellationen – Korporative Akteure – Sozialsysteme. In: J. Allmendinger & T. Hinz (Hrsg.): *Organisationssoziologie*. Kölner Zeitschrift für Soziologie und Sozialpsychologie Sonderheft 42. Wiesbaden: Westdeutscher Verlag, 29–54.
Schimank, U. (2005): *Die Entscheidungsgesellschaft. Komplexität und Rationalität der Moderne*. Hagener Studientexte zur Soziologie. Wiesbaden: VS Verlag für Sozialwissenschaften.
Schimank, U. (2007): Die Anlagefonds und der Mittelstand: Paul Windolfs und Christoph Deutschmanns Studien über den ‚Finanzmarkt-Kapitalismus'. *Leviathan 35* (1), 47–61.
Schimank, U. (2008): Gesellschaftliche Ökonomisierung und unternehmerisches Agieren. In: A. Maurer & U. Schimank (Hrsg.): *Die Gesellschaft der Unternehmen – Die Unternehmen der Gesellschaft. Gesellschaftstheoretische Zugänge zum Wirtschaftsgeschehen*. Wiesbaden: VS Verlag für Sozialwissenschaften / GWV Fachverlage GmbH, 220–236.
Schimank, U. (2009): Die Moderne: eine funktional differenzierte kapitalistische Gesellschaft. *Berliner Journal für Soziologie 19* (3), 327–351.
Schimank, U. & Volkmann, U. (Hrsg.) (2007): *Soziologische Gegenwartsdiagnosen I. Eine Bestandsaufnahme*. 2. Auflage. Wiesbaden: VS Verlag für Sozialwissenschaften/GWV Fachverlage GmbH.
Schmidt, G. (1999): Kein Ende der Arbeitsgesellschaft. Überlegungen zum Wandel des Paradigmas der Arbeit in ‚frühindustrialisierten Gesellschaften' am Ende des 20 Jahrhunderts. In: G. Schmidt (Hrsg.): *Kein Ende der Arbeitsgesellschaft*. Berlin: Ed. Sigma, 9–28.

Schmidt, G. (2010): Arbeit und Gesellschaft. In: F. Böhle, G. G. Voß & G. Wachtler (Hrsg.): *Handbuch Arbeitssoziologie*. Wiesbaden: VS Verlag für Sozialwissenschaften, 127–147.

Schmidt, R. (2017a): Fordismus/Massenproduktion. In: H. Hirsch-Kreinsen, H. Minssen & R. Bohn (Hrsg.): *Lexikon der Arbeits- und Industriesoziologie*. 2. Auflage. Baden-Baden: Nomos, 143–148.

Schmidt, R. (2017b): Taylorismus. In: H. Hirsch-Kreinsen, H. Minssen & R. Bohn (Hrsg.): *Lexikon der Arbeits- und Industriesoziologie*. 2. Auflage. Baden-Baden: Nomos, 292–296.

Schmidt, R. & Trinczek, R. (1999): Der Betriebsrat als Akteur der industriellen Beziehungen. In: W. Müller-Jentsch (Hrsg.): *Konfliktpartnerschaft. Akteure und Institutionen der industriellen Beziehungen*. 3. Auflage. München und Mehring: Hampp, 103–128.

Schmiede, R. (2015): Homo faber digitalis? Zur Dialektik von technischem Fortschritt und Arbeitsorganisation. *Mittelweg 36* 24 (6), 37–58.

Schmierl, K. (2001): Hybridisierung der industriellen Beziehungen in der Bundesrepublik – Übergangsphänomen oder neuer Regulationsmodus? *Soziale Welt* 52 (4), 427–448.

Schmierl, K. (2003): Wird das deutsche Modell der Arbeitsregulierung die Umschichtungen in der Arbeitsgesellschaft überleben? *WSI-Mitteilungen* 55 (11), 651–658.

Schmierl, K. (2008): *Eine neue AERA in Thüringen. Einführung und Umsetzung des Entgeltrahmenabkommens in ausgewählten Pilotbetrieben*. Forschungsberichte aus dem Institut für Sozialwissenschaftliche Forschung e.V. München.

Schmierl, K. (2010): Lohn und Leistung. In: F. Böhle, G. G. Voß & G. Wachtler (Hrsg.): *Handbuch Arbeitssoziologie*. Wiesbaden: VS Verlag für Sozialwissenschaften, 359–383.

Schroeder, W. (2016): Konfliktpartnerschaft – still alive. Veränderter Konfliktmodus in der verarbeitenden Industrie. *Industrielle Beziehungen* 23 (3), 374–392.

Schroer, M. (2010): Individualisierung als Zumutung. Von der Notwendigkeit zur Selbstinszenierung in der visuellen Kultur. In: P. A. Berger & R. Hitzler (Hrsg.): *Individualisierungen. Ein Vierteljahrhundert ‚jenseits von Stand und Klasse'?* Wiesbaden: VS Verlag für Sozialwissenschaften / Springer Fachmedien Wiesbaden GmbH, 275–289.

Schumann, M. (2003): *Struktureller Wandel und Entwicklung der Qualifikationsanforderungen*. SOFI-Mitteilungen Nr. 31. Göttingen, 105–112.

Schumann, M. (2005): *Mitbestimmung als Medium ressourcenorientierter, innovativer Unternehmenspolitik*. SOFI-Mitteilungen Nr. 33. Göttingen, 7–15.

Schumann, M., Baethge-Kinsky, V., Kuhlmann, M., Kurz, C. & Neumann, U. (1994): *Trendreport Rationalisierung. Automobilindustrie, Werkzeugmaschinenbau, chemische Industrie*. 2. Auflage. Berlin: Ed. Sigma.

Schumann, M., Kuhlmann, M., Sanders, F. & Sperling, H. J. (2005): Anti-tayloristisches Fabrikmodell – AUTO 5000 bei Volkswagen. *WSI-Mitteilungen* 58 (1), 3–10.

Schumann, M., Kuhlmann, M., Sanders, F. & Sperling, H. J. (Hrsg.) (2006): *Auto 5000: ein neues Produktionskonzept. Die deutsche Antwort auf den Toyota-Weg?* Hamburg: VSA-Verlag.

Schwarzbach, F. (2005): *Entscheidungsfindung in Projektteams. Zum Umgang mit unterschiedlichen Perspektiven und Rationalitäten*. München und Mering: Hampp.

Schwemmle, M. & Wedde, P. (2012): *Digitale Arbeit in Deutschland. Potenziale und Problemlagen*. Bonn: Friedrich-Ebert-Stiftung Medienpolitik.
Scott, W. R. (1995): *Institutions and Organizations*. Thousand Oaks/London/New Delhi: Sage.
Seifert, H. (2001): Zeitkonten: Von der Normalarbeitszeit zu kontrollierter Flexibilität. *WSI-Mitteilungen 54* (6), 84–91.
Seitz, B. (2001): Industrielle Beziehungen im Maschinenbau: Betriebsräte und Management auf dem Weg zu neuen Verhandlungsmustern? In: J. Abel & H. J. Sperling (Hrsg.): *Umbrüche und Kontinuitäten. Walther Müller-Jentsch zum 65. Geburtstag*. München und Mehring: Hampp, 113–127.
Senge, K. (2007): Was ist neu am Neo-Institutionalismus? *Österreichische Zeitschrift für Soziologie 32* (1), 42–65.
Senge, K. (2017): Neo-Institutionalismus. In: H. Hirsch-Kreinsen, H. Minssen & R. Bohn (Hrsg.): *Lexikon der Arbeits- und Industriesoziologie*. 2. Auflage. Baden-Baden: Nomos, 228–231.
Sengenberger, W. (1987): *Struktur und Funktionsweise von Arbeitsmärkten. Die Bundesrepublik Deutschland im internationalen Vergleich*. Frankfurt/Main: Campus.
Sennett, R. (2010): *Der flexible Mensch. Die Kultur des neuen Kapitalismus*. 7. Auflage. Berlin: Berliner Taschenbuch-Verlag.
Shamir, B. & Lapidot, Y. (2003): Trust in Organizational Superiors: Systemic and Collective Considerations. *Organization Studies 24* (3), 463–491.
Simmel, G. (1992 [1908]): *Soziologie. Untersuchungen über die Formen der Vergesellschaftung*. Frankfurt am Main: Suhrkamp.
Simon, H. A. (1948): *Administrative Behavior. A Study of Decision-Making Processes in Administrative Organization*. New York: Macmillan.
Simpson, R. & Ituma, A. (2009): The 'Boundaryless' Career and Career Boundaries: Applying an Institutionalist Perspective to ICT Workers in the Context of Nigeria. *Human Relations 62* (5), 727–761.
Skinner, D., Dietz, G. & Weibel, A. (2014): The Dark Side of Trust: When Trust becomes a 'poisoned chalice'. *Organization 21* (2), 206–224.
Soeffner, H.-G. (2010): Die Kritik der soziologischen Vernunft. In: H.-G. Soeffner (Hrsg.): *Unsichere Zeiten. Herausforderungen gesellschaftlicher Transformationen; Verhandlungen des 34. Kongresses der Deutschen Gesellschaft für Soziologie in Jena 2008*. Wiesbaden: VS-Verlag, 45–54.
Sopp, P. & Wagner, A. (2017): *Vertragliche, tatsächliche und gewünschte Arbeitszeiten*. SOEPpapers on Multidisciplinary Panel Data Research Nr. 907. DIW Berlin.
Spath, D. (Hrsg.) (2013): *Produktionsarbeit der Zukunft – Industrie 4.0*. Stuttgart: Fraunhofer-Verlag.
Springer Gabler Verlag (o. J.): Gabler Wirtschaftslexikon, Stichwort: Management. http://wirtschaftslexikon.gabler.de/Archiv/55279/management-v9.html. Zugegriffen 07.03.2018.
Springer, R. (1999): *Rückkehr zum Taylorismus? Arbeitspolitik in der Automobilindustrie am Scheideweg*. Frankfurt/New York: Campus.
Staehle, W. H., Conrad, P. & Sydow, J. (1999): *Management. Eine verhaltenswissenschaftliche Perspektive*. 8. Auflage. München: Vahlen.

Stahl, G. K., Miller, E. L. & Tung, R. L. (2002): Toward the Boundaryless Career:. A Closer Look at the Expatriate Career Concept and the Perceived Implications of an International Assignment. *Journal of World Business 37* (3), 216–227.

Statista (2018): Durchschnittliche Wochenarbeitszeit von Vollzeitbeschäftigten in den Ländern der Europäischen Union (EU-28) im Jahr 2016 (in Stunden). https://de.statista.com/statistik/daten/studie/75864/umfrage/durchschnittliche-wochenarbeitszeit-in-den-laendern-der-eu/. Zugegriffen 10.02.2018.

Statistisches Bundesamt (2016a): *Arbeitsmarkt auf einen Blick Deutschland und Europa*. Wiesbaden.

Statistisches Bundesamt (2016b): *Bevölkerung und Erwerbstätigkeit 2015. Beruf, Ausbildung und Arbeitsbedingungen der Erwerbstätigen in Deutschland*. Wiesbaden.

Statistisches Bundesamt (2016c): Statistisches Jahrbuch 2016. https://www.destatis.de/DE/Publikationen/StatistischesJahrbuch/ProdGewerbeDienstleistungen.pdf?__blob=publicationFile. Zugegriffen 29.09.2017.

Statistisches Bundesamt (2017a): *Atypische Beschäftigung*. https://www.destatis.de/DE/ZahlenFakten/GesamtwirtschaftUmwelt/Arbeitsmarkt/Erwerbstaetigkeit/TabellenArbeitskraefteerhebung/AtypKernerwerbErwerbsformZR.html. Zugegriffen 07.11.2017.

Statistisches Bundesamt (2017b): *Berufliche Weiterbildung in Unternehmen. Fünfte Europäische Erhebung über die berufliche Weiterbildung in Unternehmen (CVTS5)*. Wiesbaden.

Steinert, H. (2010): Die nächste Universitätsreform ist schon da. Über die drei Reformen der letzten Jahrzehnte, die Schäden, die sie angerichtet haben, und einige Gründe, warum der erreichte Zustand nicht bestehen bleiben kann. *Soziologie 39* (3), 310–324.

Steinmann, H. & Schreyögg, G. (2005): *Management. Grundlagen der Unternehmensführung. Konzepte – Funktionen – Fallstudien*. 6., vollst. überarb. Auflage. Wiesbaden: Gabler.

Stichweh, R. (2006): Die Universität in der Wissensgesellschaft: Wissensbegriffe und Umweltbeziehungen der modernen Universität. *Soziale Systeme 12* (1), 33–53.

Streeck, W. (2010): *Die Macht der Unschärfe*. MaxPlanckForschung 3/10. Köln, 10–15.

Streeck, W. (2016): Vom Konflikt ohne Partnerschaft zur Partnerschaft ohne Konflikt: Industrielle Beziehungen in Deutschland. *Industrielle Beziehungen 23* (1), 47–60.

Streeck, W. & Rehder, B. (2003): Der Flächentarifvertrag: Krise, Stabilität und Wandel. *Industrielle Beziehungen 10* (3), 341–362.

Sullivan, S. E. (1999): The Changing Nature of Careers: A Review and Research Agenda. *Journal of Management 25* (3), 457–484.

Thomä, J. (2014): Fachkräftemangel im Handwerk? Eine Spurensuche. *WSI-Mitteilungen 67* (8), 590–598.

Tietel, E. (2006): *Konfrontation – Kooperation – Solidarität. Betriebsräte in der sozialen und emotionalen Zwickmühle*. Berlin: Ed. Sigma.

Timm, E. & Wieland, R. (2003): Arbeitspsychologie im Call Center: Aktuelle Trends der Call-Center-Arbeitsgestaltung. In: F. Kleemann & I. Matuschek (Hrsg.): *Immer Anschluss unter dieser Nummer. Rationalisierte Dienstleistung und subjektivierte Arbeit in Call Centern*. Berlin: Ed. Sigma, 223–240.

Töpsch, K., Menez, R. & Malanowski, N. (2001): Ist Wissensarbeit regulierbar? Arbeitsregulation und Arbeitsbeziehungen in der IT-Branche. *Industrielle Beziehungen 8* (3), 306–332.

Trappman, V. & Draheim, S. (2009): Lebenslanges Lernen: Gewerkschaften und Kompetenzentwicklung im aktivierenden Sozialstaat. *WSI-Mitteilungen* 62 (10), 533–539.

Trautwein-Kalms, G. & Ahlers, E. (2003): High Potentials unter Druck – Gestaltung der Arbeits- und Leistungsbedingungen von Software-Experten und IT-Dienstleistern. In: M. Pohlmann, D. Sauer, G. Trautwein-Kalms & A. Wagner (Hrsg.): *Dienstleistungsarbeit: auf dem Boden der Tatsachen. Befunde aus Handel, Industrie, Medien und IT-Branche.* Berlin: Ed. Sigma, 243–294.

Trinczek, R. (1999): ‚Es gibt sie, es gibt sie nicht, es gibt sie, es…' – Die Globalisierung der Wirtschaft im aktuellen sozialwissenschaftlichen Diskurs. In: G. Schmidt (Hrsg.): *Globalisierung. Ökonomische und soziale Herausforderungen am Ende des zwanzigsten Jahrhunderts.* Soziale Welt Sonderband 13. Baden-Baden: Nomos-Verlag-Ges., 55–75.

Trinczek, R. (2000): Flexibilisierung als neue Herausforderung für Management und Betriebsrat. In: M. Funder, H. P. Euler & G. Reber (Hrsg.): *Entwicklungstrends der Unternehmensreorganisation. Internationalisierung, Dezentralisierung, Flexibilisierung.* Linz: Trauner, 247–267.

Trinczek, R. (2010): Betriebliche Regulierung von Arbeitsbeziehungen. In: F. Böhle, G. G. Voß & G. Wachtler (Hrsg.): *Handbuch Arbeitssoziologie.* Wiesbaden: VS Verlag für Sozialwissenschaften, 841–872.

Türk, K. (1989): *Neuere Entwicklungen in der Organisationsforschung. Ein Trendreport.* Stuttgart: Enke.

Ulich, E. (1992): *Arbeitspsychologie.* 2., verb. Auflage. Zürich und Stuttgart: Verlag der Fachvereine – Schäffer-Poeschel Verlag.

Volmer, J. & Spurk, D. (2011): Protean and Boundaryless Career Attitudes: Relationships with Subjective and Objective Career Success. *Zeitschrift für ArbeitsmarktForschung* 43 (3), 207.

Voß, G. G. (2017): Arbeitskraftunternehmer. In: H. Hirsch-Kreinsen, H. Minssen & R. Bohn (Hrsg.): *Lexikon der Arbeits- und Industriesoziologie.* 2. Auflage. Baden-Baden: Nomos, 49–52.

Voß, G. G. & Pongratz, H. J. (1998): Der Arbeitskraftunternehmer. Eine neue Form der Grundform Arbeitskraft? *Kölner Zeitschrift für Soziologie und Sozialpsychologie* 50 (1), 131–158.

Voß, G. G. & Rieder, K. (2006): *Der arbeitende Kunde. Wenn Konsumenten zu unbezahlten Mitarbeitern werden.* Korrigierte 1. Auflage. Frankfurt/Main: Campus.

Voss-Dahm, D. (2003): Zwischen Kunden und Kennziffern – Leistungspolitik in der Verkaufsarbeit des Einzelhandels. In: M. Pohlmann, D. Sauer, G. Trautwein-Kalms & A. Wagner (Hrsg.): *Dienstleistungsarbeit: auf dem Boden der Tatsachen. Befunde aus Handel, Industrie, Medien und IT-Branche.* Berlin: Ed. Sigma, 67–111.

Voss-Dahm, D. (2009): *Über die Stabilität sozialer Ungleichheit im Betrieb. Verkaufsarbeit im Einzelhandel.* Berlin: Ed. Sigma.

Voswinkel, S. (2000): Das mcdonaldistische Produktionsmodell – Schnittstellenmanagement interaktiver Dienstleistungsarbeit. In: H. Minssen (Hrsg.): *Begrenzte Entgrenzungen. Wandlungen von Organisation und Arbeit.* Berlin: Ed. Sigma, 177–201.

Voswinkel, S. (2001): *Anerkennung und Reputation – Die Dramaturgie industrieller Beziehungen. Mit einer Fallstudie zum ‚Bündnis für Arbeit'.* Konstanz: UVK Verlagsgesellschaft.

Voswinkel, S. (2003): Leistung und Anerkennung – Sind Zielvereinbarungen eine Lösung? In: U.-M. Hangebrauck, K. Kock, E. Kutzner & G. Muesmann (Hrsg.): *Handbuch Betriebsklima.* München und Mehring: Hampp, 179–196.

Voswinkel, S. (2005a): Reziprozität und Anerkennung in Arbeitsbeziehungen. In: F. Adloff & S. Mau (Hrsg.): *Vom Geben und Nehmen. Zur Soziologie der Reziprozität.* Frankfurt/Main: Campus, 237–256.

Voswinkel, S. (2005b): Die Organisation der Vermarktlichung von Organisationen. Das Beispiel erfolgsbezogenen Entgelts. In: W. Jäger & U. Schimank (Hrsg.): *Organisationsgesellschaft – Facetten und Perspektiven.* Wiesbaden: VS Verlag für Sozialwissenschaften, 287–312.

Voswinkel, S. (2007): Krise des Arbeitsrechts. Individualisierung der Anerkennungsverhältnisse. *WSI-Mitteilungen 60* (8), 427–433.

Voswinkel, S. (2012): Verstrebungen der Fluiditat. Ansprüche von Beschäftigten und Politiken von Organisationen im Wandel der Anerkennungsverhältnisse. *Industrielle Beziehungen 19* (4), 412–431.

Voswinkel, S. (2017): Anerkennung. In: H. Hirsch-Kreinsen, H. Minssen & R. Bohn (Hrsg.): *Lexikon der Arbeits- und Industriesoziologie.* 2. Auflage. Baden-Baden: Nomos, 17–20.

Voswinkel, S. & Korzekwa, A. (2005): *Welche Kundenorientierung? Anerkennung in der Dienstleistungsarbeit.* Berlin: Ed. Sigma.

Wächter, H. (2013): Human Resource Management – Eine Annäherung in kritischer Absicht. *Industrielle Beziehungen 20* (4), 343–366.

Wagner, G. (2004): *Anerkennung und Individualisierung.* Konstanz: UVK Verlagsgesellschaft.

Walgenbach, P. (2014): Institutionalistische Ansätze in der Organisationstheorie. In: A. Kieser & M. Ebers (Hrsg.): *Organisationstheorien.* 7., aktualisierte und überarbeitete Auflage. Stuttgart: Kohlhammer, 295–345.

Walter, M. (2015): *Weiterbildungsfinanzierung in Deutschland. Aktueller Stand, Entwicklung, Problemlagen und Perspektiven.* Bertelsmann Stiftung. Gütersloh.

Walton, S. & Mallon, M. (2004): Redefining the Boundaries? Making Sense of Career in Contemporary New Zealand. *Asia Pacific Journal of Human Resources 42* (1), 75–95.

Wannöffel, M. (2002): *Professionalisierung der Betriebsratsarbeit?* Jahrbuch Arbeit Bildung Partizipation 19/20. Recklinghausen, 141–152.

Wassermann, W. (2002): *Die Betriebsräte. Akteure für Demokratie in der Arbeitswelt.* Münster: Westfälisches Dampfboot.

Weber, M. (1976 [1922]): *Wirtschaft und Gesellschaft. Grundriss der verstehenden Soziologie.* 5., rev. Auflage, besorgt von Johannes Winckelmann. Tübingen: Mohr.

Weber, W. & Kabst, R. (2000): Internationalisierung mittelständischer Unternehmen: Organisationsform und Personalmanagement. In: J. Gutmann & R. Kabst (Hrsg.): *Internationalisierung im Mittelstand – Chancen, Risiken, Erfolgsfaktoren.* Wiesbaden: Gabler, 3–89.

Wehling, P. (2007): *Kommunikation in Organisationen. Das Gerücht im organisationalen Wandlungsprozess.* Wiesbaden: Deutscher Universitäts-Verlag.

Weick, K. E. (1995): *Sensemaking in Organizations.* Thousand Oaks, Calif.: Sage.

Weitbrecht, H., Mehrwald, S. & Motzkau, H. (2002): Der Betriebsrat als Ressource bei der Einführung von Gruppenarbeit. *Industrielle Beziehungen 9* (1), 55–78.

Wilkens, U. (2004a): Häufige Unternehmenswechsel hochqualifizierter Arbeitskräfte – Bindungsorientierungen von Arbeitskraftunternehmern. In: H. J. Pongratz & G. G. Voß (Hrsg.): *Typisch Arbeitskraftunternehmer? Befunde der empirischen Arbeitsforschung.* Berlin: Ed. Sigma, 33–56.

Wilkens, U. (2004b): *Management von Arbeitskraftunternehmern. Psychologische Vertragsbeziehungen und Perspektiven für die Arbeitskräftepolitik in wissensintensiven Organisationen.* Wiesbaden: Deutscher Universitäts-Verlag.

Wilkens, U. (2006): Der psychologische Vertrag hochqualifizierter Arbeitskraftunternehmer als Herausforderung für die Personalpolitik wissensintensiver Unternehmen. In: W. Nienhüser (Hrsg.): *Beschäftigungspolitik von Unternehmen. Theoretische Erklärungsansätze und empirische Erkenntnisse.* Empirische Personal- und Organisationsforschung 26. München: Hampp, 115–149.

Wilkesmann, U. (2005): Die Organisation von Wissensarbeit. *Berliner Journal für Soziologie 15* (1), 55–72.

Wilkesmann, U., Rascher, I. & Berlepsch, P. v. (2004): *Wissensmanagement. Theorie und Praxis der motivationalen und strukturellen Voraussetzungen.* München und Mering: Hampp.

Wilkesmann, U., Wilkesmann, M., Virgillito, A. & Bröcker, T. (2011): *Erwartungen an Interessenvertretungen. Analysen anhand repräsentativer Umfragedaten.* Berlin: Ed. Sigma.

Williamson, O. E. (1985): *The Economic Institutions of Capitalism. Firms Markets Relational Contracting.* New York [u.a.]: Free Press.

Willke, H. (1996): *Systemtheorie II: Interventionstheorie.* 2., bearbeitete Auflage. Stuttgart: Lucius & Lucius

Willke, H. (1998): Wissensarbeit in intelligenten Organisationen. Forschung an der Universität Bielefeld: 18/1998. http://www.uni-bielefeld.de/presse/fomag/uni18_pdf/willke_s20_24.pdf. Zugegriffen 03.10.2017.

Willke, H. (2001): Wissensgesellschaft. In: G. Kneer, A. Nassehi & M. Schroer (Hrsg.): *Klassische Gesellschaftsbegriffe der Soziologie.* München: Fink, 379–398.

Wilz, S. M. (2005): Der Arbeitskraftunternehmer – Yeti oder Prototyp? Ein Plädoyer für aktive Grenzgängerei zwischen Arbeits-, Industrie- und Organisationssoziologie. In: M. Faust, M. Funder & M. Moldaschl (Hrsg.): *Die ‚Organisation' der Arbeit.* München und Mering: Hampp, 195–223.

Wilz, S. M. (2017): Entscheidungsprozesse. In: H. Hirsch-Kreinsen, H. Minssen & R. Bohn (Hrsg.): *Lexikon der Arbeits- und Industriesoziologie.* 2. Auflage. Baden-Baden: Nomos, 119–122.

Windolf, P. (2002): Die Zukunft des Rheinischen Kapitalismus. In: J. Allmendinger & T. Hinz (Hrsg.): *Organisationssoziologie.* Kölner Zeitschrift für Soziologie und Sozialpsychologie Sonderheft 42. Wiesbaden: Westdeutscher Verlag, 415–442.

Windolf, P. (2005): Was ist Finanzmarkt-Kapitalismus? In: P. Windolf (Hrsg.): *Finanzmarkt-Kapitalismus. Analysen zum Wandel von Produktionsregimen.* Kölner Zeitschrift für Soziologie und Sozialpsychologie Sonderheft 45. Wiesbaden: VS Verlag für Sozialwissenschaften, 20–57.

Windolf, P. (2008): Eigentümer ohne Risiko – Die Dienstklasse des Finanzmarkt-Kapitalismus. *Zeitschrift für Soziologie 37* (6), 516–535.

Windolf, P. (2017): Finanzmarkt-Kapitalismus. In: H. Hirsch-Kreinsen, H. Minssen & R. Bohn (Hrsg.): *Lexikon der Arbeits- und Industriesoziologie*. 2. Auflage. Baden-Baden: Nomos, 136–140.
Witschi, U., Schlager, G. & Scheutz, U. (1998): Projektmanagement in komplexer werdenden Situationen. Vom Nutzen des systemischen Ansatzes beim Projektmanagement. *Organisationsentwicklung 17* (1), 76–87.
Wolf, H. (1994): Rationalisierung und Partizipation. *Leviathan 22* (2), 243–259.
Wolf, H. (1997): Das dezentrale Unternehmen als imaginäre Institution. *Soziale Welt 48* (2), 207–224.
Wolter, M. I., Mönnig, A., Hummel, M., Weber, E., Zika, G., Helmrich, R., Maier, T. & Neuber-Pohl, C. (2016): *Wirtschaft 4.0 und die Folgen für Arbeitsmarkt und Ökonomie. Szenario-Rechnungen im Rahmen der BIBB-IAB-Qualifikations- und Berufsfeldprojektionen*. IAB Forschungsbericht Nr. 13. Nürnberg.
Womack, J. P., Jones, D. T. & Roos, D. (1991): *Die zweite Revolution in der Automobilindustrie*. Frankfurt/New York: Campus.
Wortmann, M. (2008): *Komplex und Global. Strategien und Strukturen multinationaler Unternehmen*. Wiesbaden: VS Verlag für Sozialwissenschaften/GWV Fachverlage GmbH.
Wotschak, P., Hildebrandt, E. & Scheier, F. (2008): Langzeitkonten. Neue Chancen für die Gestaltung von Arbeitszeiten und Lebensläufen? *WSI-Mitteilungen 61* (11/12), 619–626.
Zagenczyk, T. J., Gibney, R., Kiewitz, C. & Restubo, S. L. D. (2009): Mentors, Supervisors and Role Models: Do They Reduce the Effects of Psychological Contract Breach? *Human Resource Management Journal 19* (3), 237–259.
Zeit-Online (2015): Zu schön, um wahr zu sein. http://www.zeit.de/2015/17/sozialpsychologie-professor-daten-manipulation. Zugegriffen 13.04.2018.
Zeit-Online (2017): Arbeiten in der Großraumhölle. www.zeit.de/karriere/2017-01/call-center-mitarbeiter-arbeitsbedingungen-lohn. Zugegriffen 27.09.2017.

Sachverzeichnis

A
Akkord, 112
Anerkennung, 1, 9, 40, 55, 60, 94, 106, 108, 112, 115, 116, 119, 154, 174, 187
  formale, 134
  gesellschaftliche, 133
  persönliche, 134
Angestellte, 22, 29, 30, 42, 62, 82, 104, 113, 114, 125, 160, 173
Arbeit
  4.0, 6, 8, 31, 71, 76, 80, 81, 85, 102, 192, 194
  Humanisierung, 61
  mobile, 81, 82, 178
  Zukunft, 73, 85, 87
Arbeiterbewusstsein, 2
Arbeitsbedingungen, 2, 21, 50, 74, 87, 145, 147, 158, 159
  Analyse, 3
  im Management, 172
Arbeitsgestaltung, 35, 51, 55, 60, 62, 66, 67, 73, 74, 106
Arbeitshandeln, subjektivierendes, 105
Arbeitskraft
  als Ware, 11, 26, 122, 134
  Transformation in Arbeit, 7–9, 25, 26, 28, 29, 31, 32, 38, 42, 43, 56, 104, 107, 109, 121, 134, 158, 180, 191
  Unternehmer, 9, 119–123, 125, 126, 158, 178, 192

Arbeitsleistung, 8, 26, 29–32, 37, 38, 40–42, 44, 56, 65, 107–110, 112, 113, 115–117, 119, 121, 123, 144, 152, 154, 181
Arbeitsmarkt, 11, 15, 46, 91, 95, 129, 173, 192
  berufsfachlicher, 132
  externer, 167
  interner, 165
  überbetrieblicher, 131, 132, 139
  unstrukturierter, 130
Arbeitsorganisation, 7, 12, 28, 42, 46, 64, 113, 136, 149, 186, 187, 193
Arbeitsplatz, 67, 72, 82, 85, 88, 93, 119, 139
Arbeitspolitik, 62
Arbeitsprozesse, 29–31, 56, 79, 82, 84, 104–107, 120, 139, 150
Arbeitsteilung, 28, 56
Arbeitsvertrag, 8, 25, 29, 30, 39, 41, 44, 95, 117, 119, 121, 126
  Unbestimmtheit, 26
Arbeitszeit, 8, 12, 21, 26, 59, 66, 81, 87, 89, 91–94, 96, 109, 121, 173, 178, 192
  Entkopplung von Betriebszeit, 88
  Flexibilisierung, 81, 85, 88, 94
  Kontrolle, 93
  tatsächliche, 86
  vereinbarte, 86
  Verlängerung, 87
Arbeitszeitkonto, 91, 92, 177

© Springer Fachmedien Wiesbaden GmbH 2019
H. Minssen, *Arbeit in der modernen Gesellschaft*, Studientexte zur Soziologie,
https://doi.org/10.1007/978-3-658-22358-8

Arbeitszufriedenheit, 36
Assessment Center, 169
Ausbildung, 9, 10, 90, 124, 129, 132–135, 137, 140, 152, 169, 191
 betriebsinterne, 130
Automatisierung, 58, 72, 73
Automobilindustrie, 2, 56–58, 60, 76, 188
Autonomie, 3, 6, 22, 52–54, 60, 94, 98, 104, 106–108, 112, 146, 148, 185, 191, 192

B

Belastungen, 30, 113, 127
Beratung, 23, 124, 151
Berufsausbildung, 9, 132–135, 137, 138, 141
Betriebsgröße, 179
Betriebsrat, 10, 14, 66, 83, 109, 176–184, 186
 als Co-Manager, 10, 184, 186, 187, 189
Betriebsratstypologie, 185
Betriebsratswahlen, 4, 154, 193
Betriebsvereinbarungen, 86, 185
Beziehungen, industrielle, 10, 95, 97, 175, 177, 184
Bürokratie, 27, 108

C

Call Center, 145, 147–149, 158
Co-Manager, 184, 186, 189
Computer Integrated Manufacturing, 73
Crowdworking, 84

D

Dezentralisierung, 8, 9, 45, 47, 51, 53, 59, 66, 69, 70, 79, 179, 194
 operative, 55, 68, 77, 133, 146, 187
  Formen, 59
  Gruppenarbeit, 60
 strategische, 51–53, 55
  Formen, 52
  Prozesse, 53
  Steuerungsprobleme, 53

Dienstleistungen, 2, 28, 49, 82, 140, 143–145, 149, 156, 157, 177
 interaktive, 156
 Merkmale, 143
 wissensintensive, 182
Dienstleistungsarbeit, 9, 143–145, 147, 150, 151, 157, 158, 191
 personenbezogene, 82
Dienstleistungsgesellschaft, 4, 143, 145
Dienstleistungssektor, 7, 71, 95, 121, 125, 143, 154, 177
 tertiärer, 143
Differenzierung, 12, 60, 80, 97, 114, 119
Digitalisierung, 6, 8, 31, 71, 75, 76, 80, 82, 83, 85, 102, 192, 194

E

Effizienz, 50, 54, 114, 150
Einfacharbeit, 30, 31, 72, 134
Ein-Linien-Organisation, 68
Einzelhandel, 3, 150, 151, 157
Entgrenzung, 8, 65, 79, 81, 84, 93, 98–100, 102–104, 106, 121, 122, 124, 130, 173, 184, 192
 industrieller Beziehungen, 189
 multiple, 100, 101
 Prozesse, 80
Entscheidungen, 4, 16, 17, 33, 34, 45, 47–49, 51, 66, 72, 77, 159, 160, 162, 165, 188
 in Organisationen, 45, 46
 rational erklärliche, 47
Erfahrungswissen, 105, 135, 136, 171
Erwerbsarbeit, 1, 31, 83, 96–98, 106, 116, 144
Expatriates, 10, 99–102, 119, 126, 127, 171, 174

F

Facharbeiter, 72, 132–134, 136, 138
 Qualifikationen, 132
Familie, Vereinbarkeit mit Beruf, 65, 83, 92, 94

Finanzmarkt-Kapitalismus, 5–8, 11, 14–19, 23, 24, 31, 32, 38, 45, 103, 110, 120, 122, 172, 176, 177, 188, 191, 193
Flächentarifvertrag, 96, 180
Flexibilisierung, 8, 9, 12, 81, 85, 88, 92–94, 106, 113, 117, 120, 130, 148, 173
   des Arbeitsortes, 82
Flexibilität, 7, 36, 47, 51, 56, 57, 114, 118, 121, 135, 148, 192
   von Wissensarbeitern, 147
Fließband, 75, 109
Fordismus, 1, 4–6, 11, 12, 16, 21, 23, 79
Formalstruktur, 28, 38
Führung, 65, 81, 108, 111, 161, 162
   agile, 162
Führungskräfte, 160–162, 167, 169, 171–173

G
Geschlecht, 12, 83, 87, 89, 90, 95, 97
Gewerkschaften, 14, 15, 26, 88, 109, 175–177, 179
Gruppe, informelle, 42
Gruppenarbeit, 21, 58–63, 68, 125, 182, 191
   strukturinnovative, 62
   strukturkonservative, 72
   teilautonome, 60, 68
Gruppensprecher, 182

H
Habitus, 114, 164, 169, 174
Handlungsspielraum, 8, 22, 59, 62, 64, 69, 103
Hawthorne-Experiment, 42
Herrschaft, 20, 39, 107
Hierarchie, 3, 7, 12, 20–22, 28, 30, 31, 36, 39, 52, 53, 55, 62, 65, 67–69, 80, 109, 136, 155, 160, 162, 166, 192
   flache, 166
Homeoffice, 31, 81–84

I
Industrie 4.0, 6, 8, 53, 70–77, 80
Institutionalisierung, 33
Integration, 4, 39, 60, 75, 98, 112, 146, 174
   moralische, 39
   soziale, 79
   von Aufgaben, 133
Interaktion, 146
Interessenvertretung, 10, 149, 175, 177, 182, 184–187
   duales System, 180
   kollektive, 175, 178
   Selbstvertretung, 182
   Verbetrieblichung, 10, 182, 189
Internet der Dinge, 76
Intrapreneur, 52, 125
Isomorphismus, 50, 51
   mimetischer, 51
IT-Sektor, 179
IuK-Technologien, 80

J
Just-in-time, 61

K
Kaminkarriere, 10, 165, 166, 168, 174
Kapital
   und Arbeit, 11, 26
   Verwertung, 57
Karriere, 40, 101, 102, 117, 123, 137, 159, 163, 164, 166–168, 170, 171, 173, 174
   interner Aufstieg, 167
   Kaminkarriere, 10
Kennziffern, 6, 9, 18, 19, 22, 35, 54, 65, 69, 104, 112, 150–152, 156, 157, 173, 194
Kommunikation, 65, 67–69, 71, 113, 146, 147, 149
Kompetenz, 9, 22, 32, 35, 71, 104, 110, 133–138, 140, 141, 150, 151, 157, 162, 168, 171, 192, 194
Konflikt, 11, 65, 66, 80, 110, 174, 176, 177, 189

Kontextsteuerung, 54, 108, 151
Kontingenz, 22, 25, 72
Kontrolle, 17, 20, 27, 30, 31, 39, 42, 43, 53–55, 93, 103, 104, 109, 121, 122, 124, 148, 157, 160
Kooperation, 53, 65, 69, 104, 114, 135, 175
   regionale, 183
Koordinationsmechanismen, 53, 65
Koordinierung, 69, 183
   bürokratische, 68, 69
   diskursive, 65, 66, 68, 69, 73, 77, 111
   hierarchische, 69
KVP (Kontinuierlicher Verbesserungsprozess), 59

L
Lean production, 56, 58, 76
Lebenswelt, 84, 99
Legitimation, 180, 187
Leitlinien, 5, 6, 17, 22, 31, 34, 45, 55, 56, 58, 104, 121, 173, 192–194
Lernbereitschaft, 134
Linienorganisation, 64–66
Lohn, 8, 21, 23, 26, 29, 42, 56, 95, 109, 114, 117, 181

M
Macht, 7, 18, 46, 65, 108, 162, 187
Management, partizipatives, 111, 182
Manager, 3, 10, 17, 83, 101, 102, 111, 115, 126, 130, 159, 160, 164–167, 169–171, 174, 192
   rotierender, 183
   und Familie, 173, 174
   weiblicher, 173
Maschinenbau, 2, 57
Massenproduktion, 1, 11, 12, 57, 58, 61, 80
Meister, 161
Mikroelektronik, 6
Mikropolitik, 3, 7, 29, 48, 72
Mitbestimmung, 67, 85, 175–178, 189
   Effektivität, 177
   institutionalisierte, 179

Mitgliedschaft, 26–28, 117
Mobilität, 10, 12, 82, 102, 129, 132, 171, 174
   von Managern, 169
Modernisierung, 3, 183, 187
Motivation, 36, 42, 67, 109, 112, 149
   extrinsische, 153
   intrinsische, 153, 162

N
Neo-Institutionalismus, 34, 49, 50
Netzwerk, 15, 76, 79, 84, 97
Normalarbeitsverhältnis, 12, 94–98, 106, 118–120, 125, 126, 192
Normalarbeitszeit, 85
Normalleistung, 110, 112
Null-Karriere, 163

O
Organisationskultur, 39, 40
Organisationsstruktur, 46, 50, 64, 68, 155
Organisieren, 108, 178, 186, 194

P
Partizipation, 62, 66, 67, 69, 185
   direkte, 182, 189
   fluktuierende, 48, 49
Personalentwicklung, 33, 35–38, 44
Personalmanagement, 8, 32–35, 37, 38, 169, 184
   Aufgaben, 32
   Kostendruck, 32
Planung, 37, 54, 60, 65, 66, 69, 108, 122, 160
   langfristige, 54
Polarisierungsthese, 74
Prekarität, 79, 97, 115, 132, 158
Produktionskonzepte, neue, 57, 59, 69
Produktionsmodell, deutsches, 9, 132, 133, 137
Produktivität, 50, 54, 57, 61, 65, 110, 114, 150

Professionalisierung, 146, 182, 186, 188
Profit-Center, 20, 52
Projektgruppe, 21, 59, 63–66, 68, 125, 184

Q
Qualifikation, 35, 58, 74, 87, 131, 141, 149
  Polarisierung, 74
Qualifizierung, betriebsspezifische, 132, 139
Qualitätszirkel, 59, 68

R
Rationalisierung
  systemische, 74
  technikzentrierte, 73
Rationalisierungsleitbild, 17–19, 22, 23, 31, 34, 38, 56, 110, 120, 121, 177, 192, 194
Rationalisierungsstrategie, 61, 94, 104, 105, 157
Rationalität, 34, 46–51, 112, 183
Regeln, 26–28, 30, 37, 39, 42, 49, 65, 106, 115, 131, 157, 182
  Dress- und Benimm-Codes, 164
  implizite, 94
Reorganisation, 6, 7, 21, 45, 47, 53, 105, 117, 139, 177, 186, 194
Reprofessionalisierung, 57
Ressourcenausstattung, 65
Reziprozität, 40, 41, 44, 101, 116
Rheinischer Kapitalismus, 15, 18, 175

S
Schichtarbeit, 82, 88, 89, 93
Segmentationstheorie, 129–131, 141
Segmentierung, 184
Selbstorganisation, 9, 21, 31, 62, 103, 107, 109, 110, 125, 135, 136, 138, 177, 192
Solo-Selbstständige, 124
Sozialordnung, betriebliche, 3, 39, 40, 46, 47, 85, 99, 114

Spezialisierung, 56, 118, 132
Spiele, mikropolitische, 28
Standardisierung, 30, 56, 61, 108, 146, 148, 150
Steuerung, 8, 9, 18, 20, 22, 53–55, 63, 65, 66, 68–70, 94, 113, 122, 151, 156, 157, 160, 191
Strategie, 18, 30, 31, 48, 52, 54, 55, 71, 80, 111, 121, 125, 137, 168, 172
Streik, 176, 182
Strukturierung, 103, 133
Subjektivierung, 8, 103–108, 110, 117, 120, 121, 138, 157
  Beurteilung, 108
Subjektivität, 30, 104–108, 115, 120
Systemregulierer, 135

T
Taylorismus, 30, 31, 56, 57, 147, 149, 150, 157
Technik, 2, 58, 72–74, 76
Technikdeterminismus (Ende), 74
Teilzeitarbeit, 87, 89, 90, 96, 97, 174
Telearbeit, 81–84
Thomas-Theorem, 14
Transformationsproblematik, 25, 28, 107, 158
Typenbildung, 123

U
Ungewissheit, 8, 22, 23, 30, 43, 50, 100, 102, 106, 125, 159, 182
Unternehmen, fokales, 50

V
Verbetrieblichung, 10, 122, 180, 182, 189
Verhandlungen, 29, 181, 184
Vermarktlichung, 8, 9, 11, 19, 21, 22, 24, 31, 45, 54, 69, 79, 93, 103, 104, 112, 113, 117, 121, 130, 134, 150–153, 157, 158, 173, 177, 184, 191, 192, 194
  im Dienstleistungsbereich, 149

Vertrag, psychologischer (impliziter), 8, 9, 39–44, 101, 117–120, 166, 167, 172, 193
Vertrauen, 40, 43, 44, 65, 94, 99, 117, 162, 166
Vertrauensarbeitszeit, 93, 94

Wissen, 23, 43, 59, 65, 66, 80, 105–108, 132, 139, 140, 145, 146, 188, 191
Transfer, 171
Wissensarbeit, 3, 115, 145–147, 149, 158
Wissensgesellschaft, 4, 5, 135, 145
Work-life-balance, 92

W
Weiterbildung, 9, 35, 124, 129, 138–141
Wenn-dann-Regeln, 49

Z
Zeitsouveränität, 85, 92, 93
Zielvereinbarungen, 22, 69, 110–112, 114, 151, 181

The manufacturer's authorised representative in the EU is Springer Nature Customer Service Centre GmbH, Europaplatz 3, 69115 Heidelberg, Germany. If you have any concerns regarding our products, please contact ProductSafety@springernature.com

Printed and bound by CPI Group (UK) Ltd, Croydon, CR0 4YY
25/03/2026
02078194-0005